Bike Guide

# Allgäuer Alpen

Stephan Baur · Sebastian Baur



ROTHER
BERGVERLAG

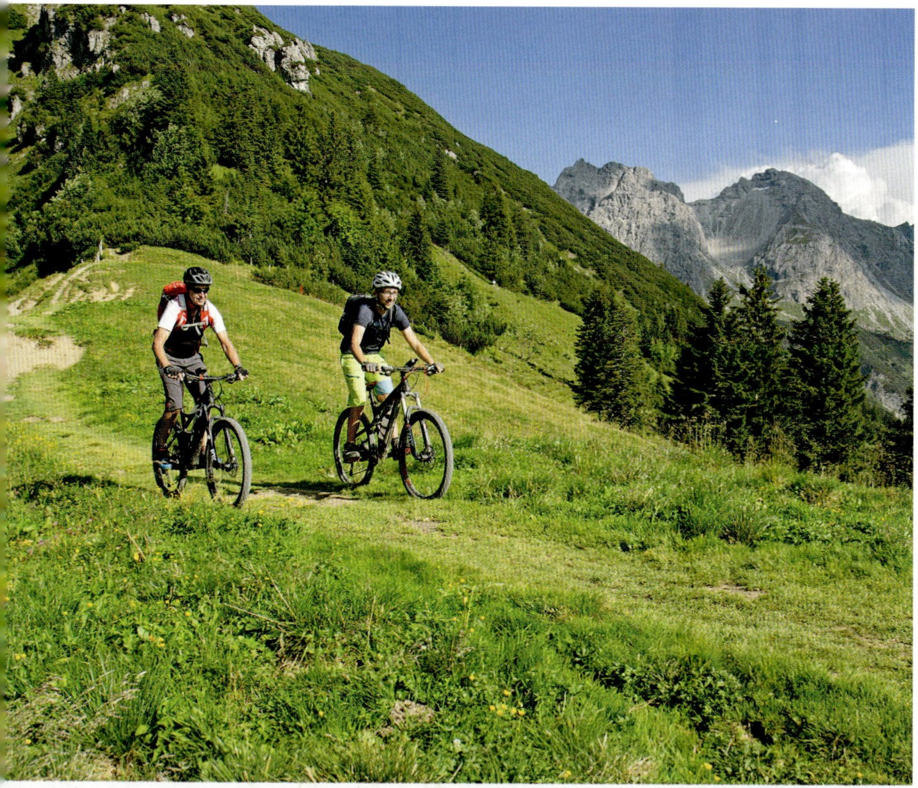

Umschlagbilder:
Vorne: Flowige Trailabfahrt am Breitenberg bei Pfronten (Tour 36).
Hinten: Auffahrt zum Gundsattel. Im Hintergrund der mächtige Allgäuer Hauptkamm mit Trettach (Tour 11).

Bild links:
Nur noch wenige Meter bis zur Innerkuhgehrenalpe (Tour 11).

Alle 142 Fotos stammen von den Autoren.

Kartografie:
Tourenkärtchen im Maßstab 1:50.000, 1:75.000 und 1:100.000,
Übersichtskarte im Maßstab 1:500.000
© Freytag & Berndt, Wien



2., aktualisierte Auflage 2022

ISBN 978-3-7633-5024-7

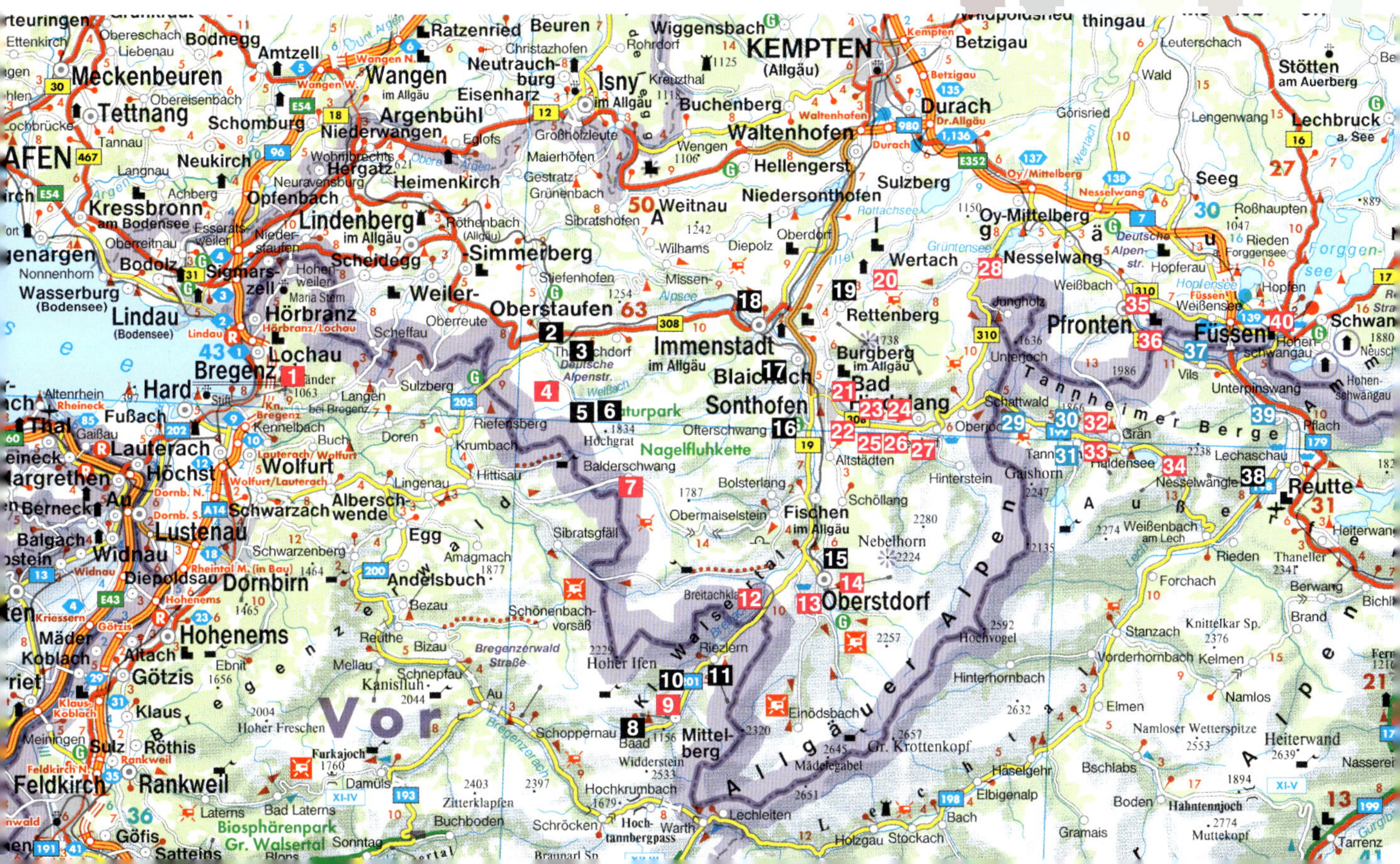

Meckenbeuren
Tettnang
Kressbronn am Bodensee
Wasserburg (Bodensee)
Lindau (Bodensee)
Bregenz
Hard
Lauterach
Höchst
Lustenau
Dornbirn
Hohenems
Götzis
Feldkirch
Rankweil
Wangen im Allgäu
Argenbühl
Lindenberg im Allgäu
Scheidegg
Simmerberg
Weiler-Simmerberg
Oberstaufen
Isny im Allgäu
KEMPTEN (Allgäu)
Waltenhofen
Durach
Immenstadt im Allgäu
Blaichach
Sonthofen
Fischen im Allgäu
Oberstdorf
Bad Hindelang
Wertach
Nesselwang
Oy-Mittelberg
Pfronten
Füssen
Reutte
Mittelberg
Riezlern
Nagelfluhkette
Naturpark
Bregenzerwald
Tannheimer Berge
Allgäuer Alpen
Lechtaler Alpen
Vor
Nebelhorn 2224
Hochvogel 2592
Hoher Ifen
Gr. Krottenkopf
Biosphärenpark Gr. Walsertal

# Vorwort

Von deftig über feuerscharf bis lieblich-süß – treffender könnte man die Bikeregion der Allgäuer Alpen wohl aus einer Gourmetperspektive nicht beschreiben. Die Fülle an Moutainbiketouren bietet für jeden Geschmack etwas: eine gemütliche Auffahrt auf einem Forstweg im schattigen Bergwald, eine anschließende Einkehr auf einer urigen Alpe mit Allgäuer Schmankerln, bei denen ein Stück Käse vom Senn natürlich nicht fehlen sollte, dazu ein kühles Bier auf der sonnigen Terrasse, ein kurzer Abstecher zu Fuß auf einen aussichtsreichen Gipfel und als krönenden Abschluss einen abwechslungsreichen, flowigen Trail oder eine rasante Abfahrt zurück ins Tal. Als sogenannten Nachtisch gönnt man sich noch einen erfrischenden Sprung in einen der tiefblauen Allgäuer Seen oder lässt bei einer guten Tasse Kaffee die Tour Revue passieren.

Von Lindau am Bodensee bis nach Füssen am Lech sind es gerade mal 80 km Luftlinie. Auf diesem doch eher kleinen Flecken Erde ballt sich jedoch ein extrem vielseitiges Angebot an Touren. Sowohl der Einsteiger als auch der ambitionierte Biker wird auf seinem Niveau seine persönliche Genusstour finden, denn Biken in den Allgäuer Alpen sorgt bei jedermann und jeder Könnensstufe für Glücksmomente.

Über drei Jahre hinweg waren wir auf der Suche nach den interessantesten und schönsten Touren in den Allgäuer Alpen, um die 40 Highlights für diesen Bike Guide auszuwählen und zu beschreiben.

Wir, das sind zwei Brüder: ein Naturwissenschaftler und ein Geisteswissenschaftler. Zwei völlig verschiedene Welten, doch eine gemeinsame Leidenschaft. Die Liebe zu den Bergen und zum Mountainbiken brachte uns zu diesem gemeinsamen Buchprojekt. Was gibt es Schöneres, als gemeinsam durch die Allgäuer Berge zu radeln, eine Tour nach der anderen zu erkunden und nebenbei ein Buch zu schreiben? Am liebsten ließen wir unsere Biketouren mit einer guten Tasse Espresso in der Hand und einem breiten Grinsen im Gesicht ausklingen und genossen zufrieden unser Autorendasein. Dabei tüftelten und diskutierten wir schon an den nächsten Touren herum und schmiedeten neue Pläne. Nicht alle Ideen erwiesen sich als brauchbar; das mussten wir so manches Mal mit langen Schiebe- und Tragepassagen und auf zugewachsenen Wegen am eigenen Leibe erfahren. Doch Spaß hat es allemal gemacht. Schon bald setzten sich die unzähligen Touren wie ein großes Puzzlespiel für unser Buch zusammen. Etliche Schweißtropfen, zig abgefahrene Reifenprofile und noch mehr geflickte Schläuche gehörten bei der Erstellung des Bike Guides zum Repertoire. Bei schlechtem Wetter widmeten wir uns stundenlangen Fachsimpeleien über technische Details, der Auswertung der GPS-Daten sowie der Erstellung von Höhenprofilen. So entstand nach und nach aus vielen kleinen Bausteinen dieser Bike Guide. Alle damit verbundenen Anstrengungen haben sich mehr als gelohnt und uns viele unvergessliche und erlebnisreiche Tage auf dem Bike beschert.

Oft genossen wir den Charme der Allgäuer Berge allein auf unserem Bike. Doch am schönsten waren die Touren zusammen mit unseren Freunden und insbesondere mit unserem Onkel Toni. Die Biketouren wurden so zu einem ganz besonderen Erlebnis. Ein herzliches Dankeschön gebührt allen, die uns mit viel Geduld und Humor begleitet und unterstützt haben. Des Weiteren geht ein ganz besonderer Dank an

Annette und an unseren Papa, die unsere Texte sprachlich überarbeitet und hier und da aufgepeppt haben.

Abschließend möchten wir noch erwähnen, dass wir immer offen und dankbar für Kritik, Verbesserungsvorschläge oder Anmerkungen sind, wenn diese an den Verlag gesendet werden.
Wir wünschen allen Lesern viel Freude mit unserem Bike Guide und tolle, genussreiche und unfallfreie Biketouren in den wunderschönen Allgäuer Alpen. Und denken Sie unterwegs immer an das wichtige Allgäuer Sprichwort »Bloß it hudla«.

Langenneufnach, im Sommer 2022,

Stephan und Sebastian Baur

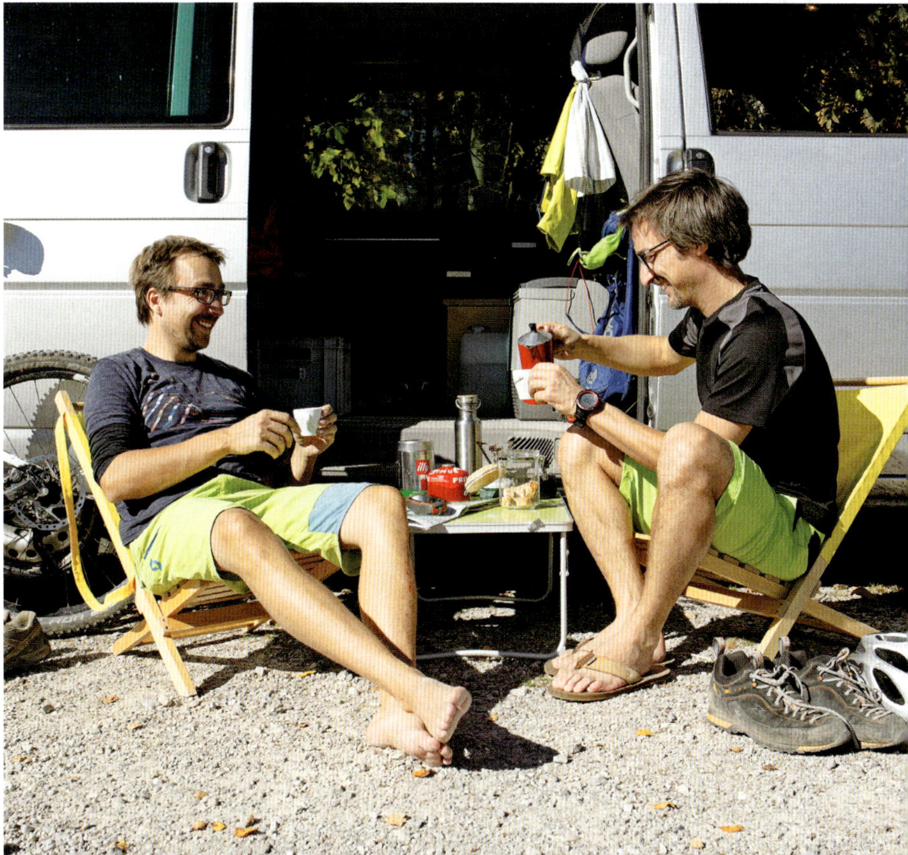

*Die Autoren Stephan und Sebastian Baur bei der verdienten Kaffeepause.*

# Inhaltsverzeichnis

# Bikerevier Allgäuer Alpen

Extrem steile Grashänge im satten Grün, bunte Blütenmeere, karge schroffe Felsgipfel, sanfte Hügel, urige Alpen (allgäuerisch für Almen), weidendes Braunvieh, plätschernde Gebirgsbäche, tiefe Tobel und glasklare Gebirgsseen prägen das typische Allgäuer Landschaftsbild. Neben den landschaftlichen Besonderheiten zeichnet sich die Gegend durch einzigartige kulturelle und sprachliche Eigenheiten aus. Geografisch lässt sich die Region nicht eindeutig eingrenzen. Grob gesagt, verteilt sich das Allgäu auf den südlichsten Teil des bayerischen Regierungsbezirkes Schwaben und kleine Teile des baden-württembergischen Landkreises Ravensburg. Das Allgäu entspricht jedoch nicht den Allgäuer Alpen. Während das Allgäu größtenteils zu Deutschland gehört, liegen die Allgäuer Alpen nur etwa zur Hälfte auf deutschem Boden. Der Rest befindet sich in Vorarlberg und Tirol, also auf österreichischem Boden. Die Tourenauswahl verteilt sich über das gesamte Gebiet der Allgäuer Alpen, die sich über eine Länge von etwa 75 Kilometern und eine Breite von etwa 50 Kilometern ausdehnen. Nach der Alpenvereinseinteilung der Ostalpen wird das Tourengebiet im Westen durch den Bodensee sowie den Bregenzer Wald und im Osten durch den Lech, die Trennlinie zwischen Allgäuer Alpen und Ammergauer Alpen, begrenzt. Die höchsten Gipfel, wie Großer Krottenkopf, Mädelegabel, Hochvogel, ragen mit über 2600 Meter in die Höhe. Zum westlichen Teil der Allgäuer Alpen zählen unter anderen die Nagelfluhkette und Hörnergruppe. Im zentralen Bereich um Oberstdorf liegen der bekannte Allgäuer Hauptkamm, die Berge des Kleinwalsertals, die Höfatsgruppe, die Daumengruppe sowie die Hornbachkette. Die Tannheimer Berge stellen den östlichen Teil der Allgäuer Alpen dar. Am nördlichen Rand liegen die sanften grünen Hügel der Allgäuer Voralpen.

Die Tourenmöglichkeiten zwischen Lindau und Füssen sind so vielfältig, dass die hier vorgestellten Routen nur eine exemplarische Auswahl darstellen können und darüber hinaus zum Selberentdecken einladen sollen. Die Tourenauswahl stellt eine bunte Mischung in einem breiten Spektrum dar. Die Auffahrten verlaufen vorwiegend auf guten Forstwegen, Schotterpisten oder auch Asphaltwegen. Bekannt ist das Allgäu auch für seine extrem steilen Rampen, teilweise bis zu 30 %. Mehrere Täler im Allgäu zu einer Rundtour miteinander zu verbinden, ist aufgrund der steilen Übergänge nicht immer möglich. Das Gesamtbikeerlebnis wird dadurch jedoch kaum eingeschränkt. Enthalten sind neben den großen Allgäuer Bike-Klassikern auch eher unbekannte und einsamere Ziele. Bike & Hike-Möglichkeiten krönen mehrere Touren mit einem 360-Grad-Panorama. Abfahrten gibt es von der gut befestigten, flachen Schotterpiste bis hin zum steilen, anspruchsvollen Trail, der durch Stufen, Wurzeln, Felsen und enge Serpentinen gewürzt ist.

Somit sollte sowohl für den Bike-Einsteiger bzw. Genuss-Biker als auch für konditionsstarke und geübte Biker etwas dabei sein. Auch für Trail-Liebhaber sind einige Highlights vertreten. Diejenigen, die anstatt eines Trails eine einfache Abfahrt bevorzugen, finden bei einigen Touren eine entsprechende Variante.

Die obligatorische Einkehr in einer der unzähligen bewirtschafteten urigen Alpen, die sogar namensgebend für die Region waren, gehört für eine Biketour in den Allgäuer Alpen zum Pflichtprogramm.

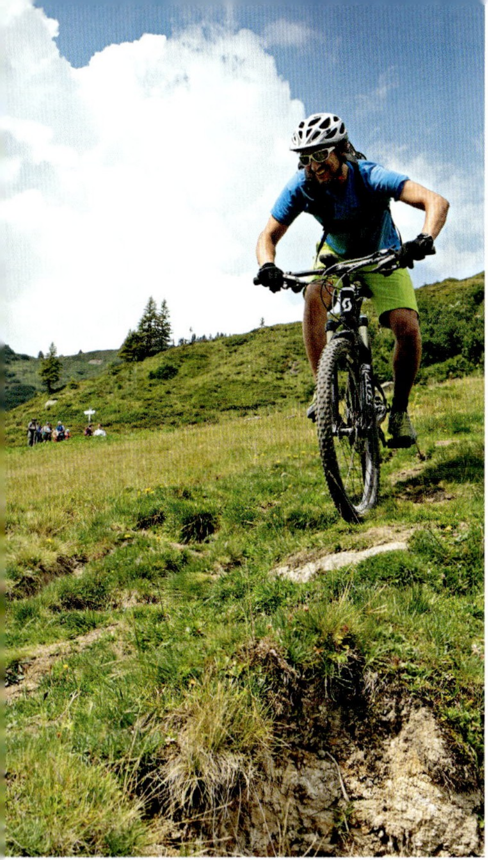

# Hinweise zur Benutzung des Führers



Alle 40 Mountainbiketouren dieses Führers sind nach einem einheitlichen Schema beschrieben, das auf den folgenden Seiten dargestellt wird. Die Nummerierung der Touren erfolgt grob von West (Lindau) nach Ost (Füssen). Eine Übersichtskarte (Seite 3), in der die Lage der einzelnen Touren eingezeichnet ist, verschafft einen ersten Überblick. Aus einer Übersichtstabelle (Seite 214) können die wichtigsten Tourendaten entnommen werden.

## Titelbalken

Tourennummer und Tourenname werden im Titelbalken dargestellt. Einen groben Anhaltspunkt über den Anspruch der Tour liefert bereits die Farbe des Titelbalkens: blau (leichte Tour), rot (mittelschwere Tour) und **schwarz** (schwere Tour).
Bei dieser Einordnung (blau, rot, schwarz) wird sowohl die technische als auch die konditionelle Herausforderung der Tour berücksichtigt. Notwendige Fahrtechnik und Kondition werden also in Kombination gewertet. Eine detailliertere und separate Bewertung erfolgt im Infokasten jeder Tour.

*Abfahrtsspaß am Walmendinger Horn (Tour 8).*

## Infokasten

In diesem hellrot hinterlegten Abschnitt jeder Tour sind die wichtigsten Angaben zur Einschätzung und Planung der Tour aufgeführt. Die Informationen umfassen folgende Punkte:

### Strecke

Unter diesem Punkt befinden sich alle »technischen« Angaben zur Tour, wie z. B. Streckenlänge und Fahrzeit.

- Streckenlänge: Alle Touren wurden mit hochwertigen GPS-Geräten aufgezeichnet. Die gefahrenen Kilometer wurden anschließend mithilfe der GPS-Daten ermittelt und sind im Roadbook mit einer Nachkommastelle aufgelistet.
- Fahrzeit: Bei den angegebenen Zeiten handelt es sich um reine Fahrzeiten. Zusätzlicher Zeitbedarf für Orientierung, Pausen, Umwege, Reparaturen usw. ist nicht mit berücksichtigt. In der Regel sollte für eine reale Dauer der Tour etwa die Hälfte der reinen Fahrzeit hinzugerechnet werden. Da die Fahrzeit individuell, je nach Kondition und fahrtechnischem Können, stark schwankt, handelt es sich hier um einen

grob bemessenen Wert (30-Minuten-Staffelung). Damit lässt sich jedoch gut abschätzen, ob es sich um eine lange Tagestour oder um einen kurzen Nachmittagsausflug handelt. Die angegebene Fahrzeit haben wir mit folgenden Annahmen ermittelt: Für 1000 Hm fahrbaren Anstieg rechnen wir etwa zwei Stunden, für 10 bis 15 km Strecke eine Stunde und für 500 Hm Trail-Abfahrt eine halbe Stunde.

- Höhenmeter: Aufsummierte Höhenmeter der gesamten Tour inklusive aller Gegenanstiege.
- Tiefster/höchster Punkt: Diese beiden Angaben wurden aus den GPS-Daten ermittelt und können bereits bei der Tourenplanung Aufschluss über die während der Tour zu erwartenden klimatischen Bedingungen geben. Gerade wenn wir eine Tour sehr früh (Altschnee?) oder sehr spät im Jahr angehen wollen, können diese Höhenangaben sehr hilfreich sein.
- Steigung: Die Angabe der Steigung erfolgt in Prozent, wie es auch auf Verkehrsschildern üblich ist. 100 % Steigung würden dementsprechend einem Steigungswinkel von 45 Grad entsprechen. Alle Steigungsangaben beschränken sich auf die Bergauffahrt. Hier wird zwischen zwei Angaben unterschieden: mittlere und maximale Steigung. Die mittlere Steigung zeigt die allgemeine Tendenz einer Tour an. Lange Flachpassagen wurden hierbei bewusst nicht berücksichtigt. Die angegebene Maximalsteigung bezieht sich auf relevante, also noch fahrbare Passagen, die auf einer Länge von etwa 100 m diese maximale Steigung aufweisen.

### Anspruch

Die Bewertung der konditionellen und fahrtechnischen Anforderungen einer Tour erfolgt nach einem 5-Punkte-System.

Neben der Streckenlänge und den zu bewältigenden Höhenmetern fließen bei der konditionellen Anforderung auch Steigung und Wegbeschaffenheit in die Bewertung mit ein.

Die Einstufung der fahrtechnischen Anforderung betrifft hauptsächlich die Schwierigkeit der Abfahrt und erfolgt auf der Grundlage der Wegbeschaffenheit und auch Steilheit.

●○○○○ Asphalt, überwiegend gut befestigte, breite Schotter-, Wald- und Forstwege; leichte Steigungen und Gefälle; weite Kurven.

●●○○○ Schotterwege mit losem Untergrund oder Waldwege mit kleinen Wurzeln (auch bergauf gut fahrbar).

●●●○○ Einfache, flüssige Trails ohne nennenswerte Hindernisse; Steigungen und Gefälle leicht bis mäßig; griffige Böden, weite Kehren.

●●●●○ Flüssige Trails mit kleinen Hindernissen (Wurzeln, Steine, kleine Felsplatten, Rinnen); Steigungen und Gefälle erheblich; flüssig zu fahrende Kehren, Schiebepassagen kommen vor.

●●●●● Trails mit größeren Hindernissen (Stufen, Steine, größere Wurzeln, höhere Felsplatten); Steigungen und Gefälle groß; enge Kurven, Spitzkehren; kurze Schiebe-/Tragepassagen.

Bei Touren mit längeren Trail-Passagen haben wir die Bewertung um die Angabe des Schwierigkeitsgrades entsprechend der Singletrail-Skala S0 bis S5 (www.singletrail-skala.de) in der Regel im Resümee bzw. in der Beschreibung der Variante ergänzt.

### Verpflegungsmöglichkeiten

Gasthäuser, Wirtshäuser, bewirtschaftete Berghütten und Almen (Alpen) sind hier aufgeführt. Viele Berghütten und Almen sind nicht das ganze Jahr oder nur an be-

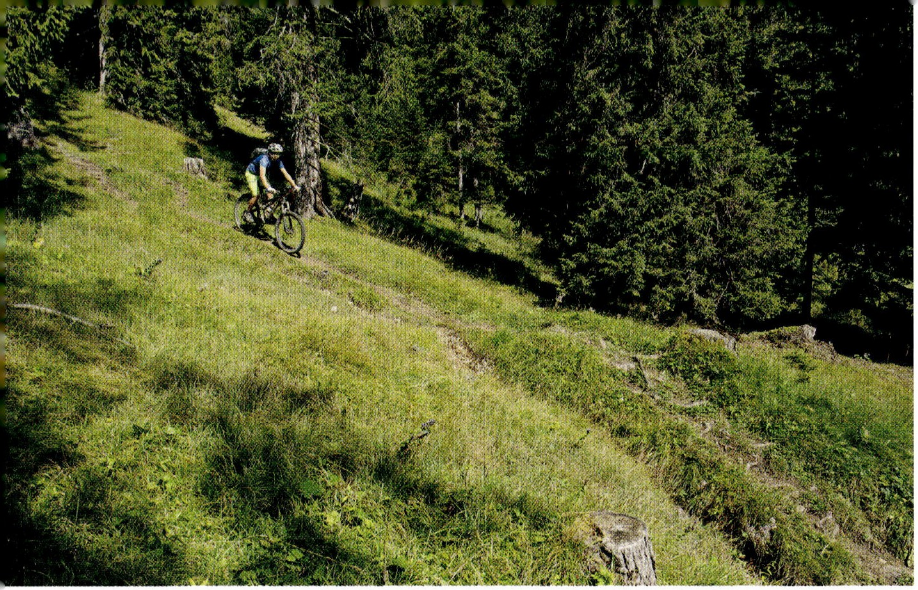

*Flowig geht's durch den Bergwald und ein breites Grinsen ist garantiert (Tour 34, Variante A).*

stimmten Tagen bewirtschaftet. Wir geben meist Öffnungszeiten und Kontaktdaten an.

**Anfahrt/Ausgangspunkt**

Als Ausgangspunkt der Touren haben wir eindeutige und markante Punkte (z. B. Informationstafeln auf einem Parkplatz oder ein Bahnhofsgebäude) gewählt, die präzise beschrieben werden und damit leicht zu finden sind. Bei der Orientierung mithilfe des Roadbooks nicht vergessen, dass der Kilometerzähler beim Start der Tour auf Null gestellt wird! Bei der Anfahrtsbeschreibung gehen wir davon aus, dass wir aus dem Großraum München, Augsburg, Ulm bzw. Stuttgart, also von Norden, anreisen.

**Karte**

Falls Sie zusätzliches Kartenmaterial mitnehmen möchten, geben wir an dieser Stelle entsprechende Empfehlungen.

**Resümee**

Für eine rasche Einschätzung fasst das Resümee in wenigen Sätzen den Gesamtcharakter sowie die Besonderheiten der Tour zusammen. Diese Informationen geben einen ersten kleinen Vorgeschmack und Überblick auf bzw. über die Tour.

**Varianten**

Manchmal kann die Tour abgekürzt oder durch eine attraktive Wegstrecke verlängert werden. Dann gibt es Touren, bei denen sich ein Abstecher zu einem weiteren Ziel, z. B. einer schön gelegenen Berghütte, anbietet. Bei etlichen Touren gibt es speziell bei der Abfahrt verschiedene Möglichkeiten. So kann in der Regel auf einem Forstweg abgefahren werden, oder wir wählen einen attraktiven Trail. Die Varianten sind in den Tourenkarten gestrichelt eingezeichnet und werden zudem als GPS-Track bereitgestellt. Im Infokasten werden die einzelnen Varianten aufgezählt und knapp beschrieben. Existieren bei einer Tour mehrere Varianten, so erhält jede Variante eine separate Bezeichnung. Für einige längere Varianten gibt es nach dem Roadbook für den Hauptweg eine Extra-Wegbeschreibung in Form eines Fließtextes (keine Roadbooks für die Varianten).

**Bike & Hike**

Bei einigen Touren bietet sich ein Ausflug zu Fuß auf einen Gipfel oder zu einer Hütte an. Diese Wege sind in der jeweiligen Tourenkarte gepunktet eingezeichnet. Die wichtigsten Informationen (z. B. Höhenmeter und Gehzeiten) gibt es im Infokasten.

**E-Bike**

Auch im Gebirge steigt die Anzahl der E-Biker von Jahr zu Jahr. Nicht verwunderlich, da unterstützt durch Motor und Akku mit deutlich weniger Anstrengung und Schweißtropfen die gleichen Ziele erreicht werden können. Eingeschränkt durch eine begrenzte Akkukapazität und das durchaus hohe Radelgewicht ist nicht für alle E-Biker das ganze Spektrum an Mountainbiketouren geeignet. Die breite Masse der E-Biker bevorzugt einen guten Untergrund und meidet sehr steile Abfahrten sowie Trailabschnitte auf hohem Niveau. Für diese breite Masse an E-Bikern sind mehr als die Hälfte der beschriebenen 40 Touren geeignet.

Alle für E-Bikes ausgewählten Touren sind nach den beschriebenen Aspekten gut geeignet und manche sogar wärmstens zu empfehlen.

Wie gut eine Tour für E-Bikes tauglich ist, wird im entsprechenden Abschnitt »E-Bike« im Infoblock jeder Tour unter Tauglichkeit angegeben. Die Bewertung erfolgt hierbei in drei Kategorien nach folgendem Punkte-System:

○○ Touren, die für E-Biker wenig bis gar nicht geeignet sind: Tragepassagen, längere anspruchsvolle Trailabschnitte, sehr steile Abfahrten auf schlechtem Untergrund, sehr lange Touren (Akkukapazität).

○● Touren, die für E-Biker geeignet sind: keine Tragepassagen, jedoch kurze Schiebepassagen möglich, einfache Trailabschnitte, steilere Auf- und Abfahrten auf nicht immer bestem Untergrund.

●● Touren, die für E-Biker sehr zu empfehlen sind: sowohl Auf- als auch Abfahrt auf stets gut befestigtem Untergrund, keine Trailabschnitte, moderat steile Auf- und Abfahrten.

Bei Bedarf werden direkt nach dieser Bewertung spezielle und besondere Informationen für E-Bike-Nutzer angegeben. Für eine rasche Einschätzung wird die E-Bike-Tauglichkeit zudem bei jeder Tour in der Übersichtstabelle auf den Seiten 214/215 in der Spalte ganz rechts angegeben.

## Etappentext

Hintergrundwissen und der grobe Verlauf der Tour mit allen Besonderheiten werden im Etappentext ausführlich beschrieben.

## Tourenkarten

Sämtliche Tourenkarten sind in den Maßstäben 1:50.000 und 1:75.000 erstellt. Ausnahmen sind die Karten der »großen« Touren Nagelfluhrunde Ost (Tour 6), Rund um den Hohen Ifen (Tour 10) und Rappenalptal (Tour 13) im Maßstab 1:100.000. In den Karten ist der Verlauf der Haupttour (durchgezogene Linie), der Varianten (gestrichelt) und der Hike-Passagen (gepunktet) dargestellt. Die Fahrtrichtung wird mithilfe von Pfeilen symbolisiert. An der Strecke liegende Parkplätze (als mögliche Alternativen für den Tourenstart) sind ebenfalls eingetragen. Durch die eingezeichneten Wegpunkte (WP) ist die Verknüpfung zur Karte und zum Roadbook sichergestellt.

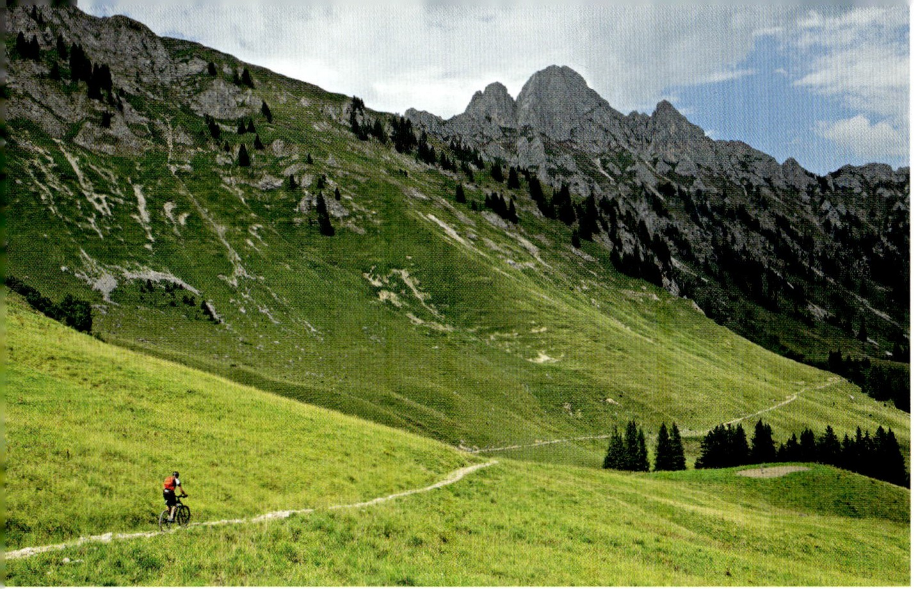

*Panoramatrail mit Blick ins Lechtal und auf die Südwand der Gehrenspitze (Tour 38, Variante B).*

## Höhenprofile

Alle Höhenprofile wurden auf Grundlage der GPS-Daten erstellt. Aus Gründen der Übersichtlichkeit sind in manchen Höhenprofilen nicht alle Wegpunkte eingezeichnet. In den Profilen ist die Wegbeschaffenheit (Asphalt, Piste und Singletrail) farblich dargestellt.

**Asphalt, grau:** Alle Straßen mit festem (asphaltiertem) Belag. Diese Abschnitte werden häufig auch vom Autoverkehr genutzt. Auch asphaltierte Radwege gehören zu dieser Kategorie.

**Piste, blau:** Hier werden alle Wege zusammengefasst, die zwar breit genug für zweispurige Fahrzeuge sind, aber in aller Regel nicht von Autos befahren werden, wie z. B. Forstwege. Der Untergrund kann sehr unterschiedlich sein: von Forstautobahnen mit perfektem Untergrund bis hin zu Karrenwegen mit grobem Schotterbelag.

**Trails, rot:** Schmale Wege, die ausschließlich einspurig befahren werden können. Wege dieser Kategorie haben wir in der Regel noch zusätzlich mit der Schwierigkeitseinteilung der Singletrail-Skala (www.singletrail-skala.de) bewertet.

Die Einteilung der Wege in Pisten oder Trails sagt nicht immer etwas über die technische Anforderung aus. Eine ausgewaschene, grobschottrige Piste ist anspruchsvoller zu fahren als ein flowiger Trail.

## Symbole

Ort mit Einkehrmöglichkeit
Einkehrmöglichkeit
Schutzhaus, Unterstand
Parkplatz
Bus-/Bahnanschluss
Seilbahn / Sessellift
Gipfel / Pass, Sattel
Kirche, Kapelle / Aussichtsplatz
Campingplatz / Picknickplatz
Abzweig
Brücke
Wasserfa

## Roadbook

Jeder Eintrag (Zeile) im Roadbook ist mit Kilometer- und Höhenangabe versehen. Die Daten wurden mit GPS-Geräten ermittelt. Wo es Sinn macht, wurde der Eintrag mit einem Wegsymbol (z. B. Symbol für eine Kreuzung) versehen, um schnelles und sicheres Navigieren sicherzustellen. Die Wegpunkte (im Roadbook fett gedruckt) sind mit der entsprechenden Nummer in Klammern versehen. So ist die Verknüpfung des Roadbooks mit den Karten, mit dem Höhenprofil und dem GPS-Track ein Kinderspiel.

Um die Orientierung mit dem Roadbook so einfach wie möglich zu machen, haben wir bewusst auf zu viele und zu detaillierte Beschreibungen verzichtet. Solange wir einfach auf dem Hauptweg oder in der eingeschlagenen, ausgeschilderten Richtung bleiben, wird dies im Roadbook in der Regel nicht explizit beschrieben. D. h., entweder sind die Wege ausgeschildert und wir folgen einfach der Richtungsangabe bis zum nächsten Roadbook-Eintrag oder wir bleiben auf dem deutlich erkennbaren Hauptweg! Sollte der Verlauf der Strecke unklar sein oder von der ursprünglichen Richtung abweichen, ist er auch als Punkt im Roadbook aufgeführt. Schwierig zu findende oder leicht zu übersehende Abzweige haben wir besonders gekennzeichnet (»Achtung!«). Um die Wegbeschreibungen so kurz und übersichtlich wie möglich zu halten, werden dicht aufeinanderfolgende Abzweigungen oder, wenn sinnvoll, auch längere Abschnitte zu einem Wegpunkt (Zeile) zusammengefasst.

Alle Kilometer- und Höhenangaben wurden mit hochwertigen GPS-Geräten auf Tour erfasst, anschließend überprüft und mit den Angaben in Karten abgeglichen. Trotzdem können diese Angaben mit Fehlern bzw. Ungenauigkeiten behaftet sein. Gerade bei längeren Strecken können sich diese Fehler aufsummieren und zu erheblichen Abweichungen führen. Wir empfehlen deshalb, den Fahrradcomputer von Zeit zu Zeit mit den Angaben im Roadbook zu vergleichen und gegebenenfalls anzupassen. Natürlich können vor Ort auch Veränderungen eintreten. So ist es keine Seltenheit, dass neue Wege gebaut und alte Wege z. B. verbreitert werden. Die Beschreibung im Roadbook ist eine Momentaufnahme zum Zeitpunkt der Recherche.

## GPS-Daten

Immer mehr Biker benutzen zu Recht ein GPS-Gerät. Dieser kleine Kasten am Lenker macht die Orientierung zum Kinderspiel, und so kann man sich voll und ganz auf das Biken konzentrieren. Wir stellen Ihnen für alle 40 Touren inklusive aller Varianten und Bike & Hike-Touren GPS-Tracks im gängigen GPX-Format auf der Homepage des Bergverlag Rother (www.rother.de) kostenlos zum Download zur Verfügung:

**2. Auflage**

**Passwort: 502402sga**

Weitere Informationen und Hinweise zu den bereitgestellten GPS-Tracks und zum Umgang mit diesen finden Sie in einem PDF-Dokument, das ebenfalls auf der Homepage bereitgestellt wird.

*Klassische Tourenplanung mit kühlem Bier, ganz ohne GPS.*

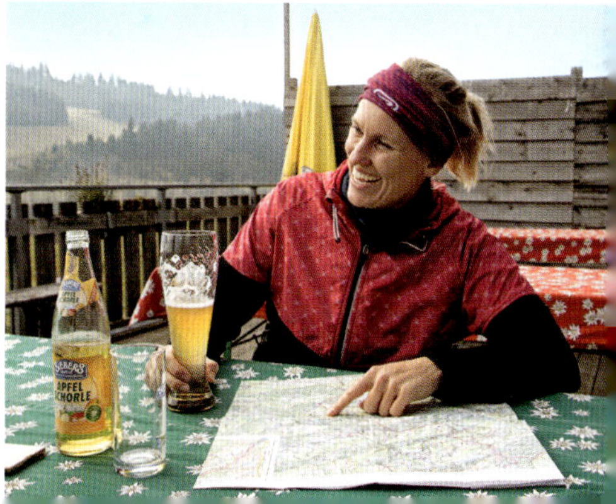

# Infos zur Tourenplanung

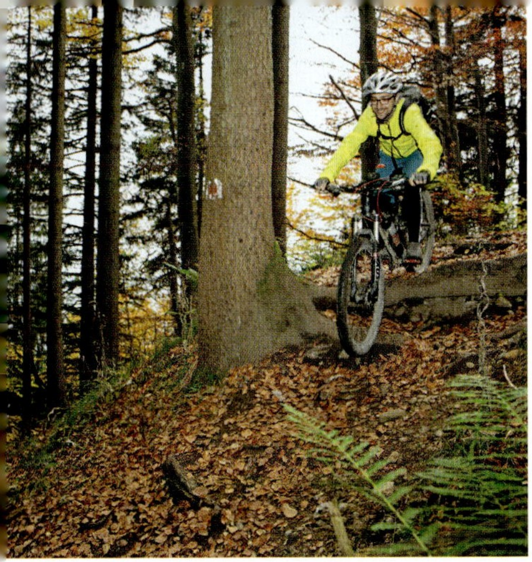

*Volle Konzentration bei den Wurzelstufen auf den Falkentrails (Tour 19).*

## Tourenauswahl

Die 40 beschriebenen Touren und die zahlreichen Varianten stellen eine bunte Mischung an Mountainbiketouren dar. Wir beschreiben sowohl kurze Touren für den Feierabend als auch sehr lange Tagestouren. Die technisch einfacheren Touren verlaufen ausschließlich auf Straßen und Forstwegen, die technisch anspruchsvolleren Touren weisen einen möglichst hohen Trail-Anteil auf, wobei der maximale Schwierigkeitsgrad in der Regel bei S2 bis S3 liegt. Das Tourenspektrum ist damit konditionell und technisch sehr breit. Falls möglich bzw. sinnvoll, haben wir einen Ausgangspunkt für die Touren gewählt, der mit öffentlichen Verkehrsmitteln erreichbar ist.

## Bikesaison

Die ideale Radelzeit liegt in der Regel zwischen den Monaten April und Oktober. Oft ist im Frühling der hartnäckige Altschnee ein nicht zu unterschätzendes Problem, das eine Tour schnell zur Quälerei oder zu einem nicht umsetzbaren und auch gefährlichen Unternehmen machen kann. Die Altschneesituation hängt natürlich von der Ausrichtung (Süd- oder Nordhänge) und der Höhe ab. Um die Einschätzung zu erleichtern, geben wir bei jeder Tour die maximale Höhe an. Die Ausrichtung der Tour kann der Karte entnommen werden. Eine wertvolle Informationsquelle für die aktuelle Situation vor Ort sind Webcams, und oft kann ein kurzer Anruf bei einem Hüttenwirt oder Tourismusbüro letzte Unklarheiten beseitigen.

## Wetterprognosen

Gute Wetterprognosen für die Region gibt es unter:

- www.alpenverein.de (Link Bergwetter/ Bayerische-und-Allgaeuer-Alpen)
- www.bergfex.de (ebenfalls gute Wetter-App)

## Verhalten und Sicherheit unterwegs

Die Zahl der Mountainbiker und Wanderer im Gebirge nimmt immer mehr zu und oft werden dieselben Pfade und Forstwege genutzt. An schönen Wochenenden kommt man sich auf bekannten Touren zum Teil wie am Stachus in München vor. Um Konflikte zu vermeiden, sollten die zwei Punkte Sicherheit und Rücksicht immer höchste Priorität haben. Rücksicht sollten wir nehmen auf andere Biker, auf Wanderer und natürlich auch auf die Natur. Das Gebirge ist ein sensibles Ökosystem: Verbotsschilder müssen respektiert werden und eine rasante Abfahrt bereitet auch ohne das Hinterlassen von tiefen Bremsspuren Freude. Sind auf einer Tour Wanderer unterwegs, so können wir sie auch ohne Klingel mit einem kurzen, freundlichen Ruf vorwarnen. Und das kleine Wort »Danke« bewirkt oft

Wunder und führt in den meisten Fällen zu einem entspannten Miteinander von Wanderern und Mountainbikern.
Auch durch eine gute Tourenplanung können wir viele Konflikte vermeiden. So entspannt schon ein zeitlich antizyklisches Verhalten die Situation, und vielleicht muss es an einem schönen Wochenende auch nicht der ganz große Bike-Klassiker sein. Stattdessen entscheiden wir uns alternativ für eine weniger frequentierte Tour.

## Trail-Regeln

Die Trail-Regeln der Deutschen Initiative Mountainbike (www.dimb.de):

- Fahre nur auf Wegen.
- Hinterlasse keine Spuren.
- Halte dein Mountainbike unter Kontrolle.
- Respektiere andere Naturnutzer.
- Nimm Rücksicht auf Tiere.
- Plane im Voraus.

## Rechtliches

Mehrere der 40 beschriebenen Touren bzw. Teile davon verlaufen auf österreichischem Gebiet. Nach aktueller Rechtslage ist in Österreich das Mountainbiken ausschließlich auf dafür freigegebenen Mountainbike-Strecken erlaubt. Grundlage für diese Regelung ist das Forstgesetz aus dem Jahre 1975. Unsere beschriebenen Bike-Touren verlaufen meist exakt auf diesen offiziell genehmigten und ausgeschilderten Mountainbike-Strecken. Ist dies in Ausnahmefällen nicht der Fall, wird mit dem Satz »Die Tour bzw. ein Teil der Tour ist nicht als Mountainbike-Tour ausgeschildert und verläuft auf österreichischem Gebiet.« im Infoblock unter »Hinweis« darauf hingewiesen.

## Notruf

- Bergrettung Deutschland: **112**
- Bergrettung Österreich: **140**
- Polizei Deutschland: **110**

*Die Paradegipfel der Tannheimer direkt vor der Nase: Rote Flüh (links), Gimpel, Köllenspitze und Gehrenspitze (Tour 34).*

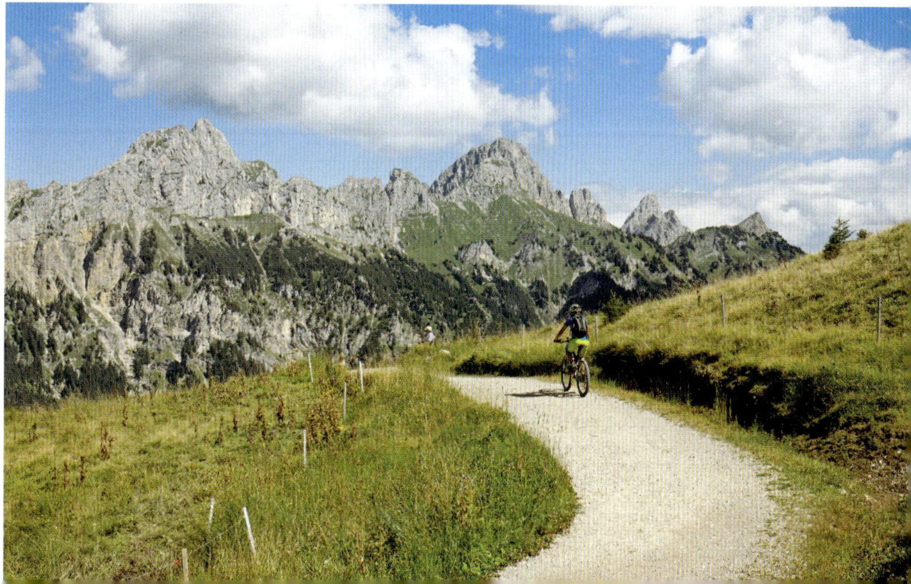

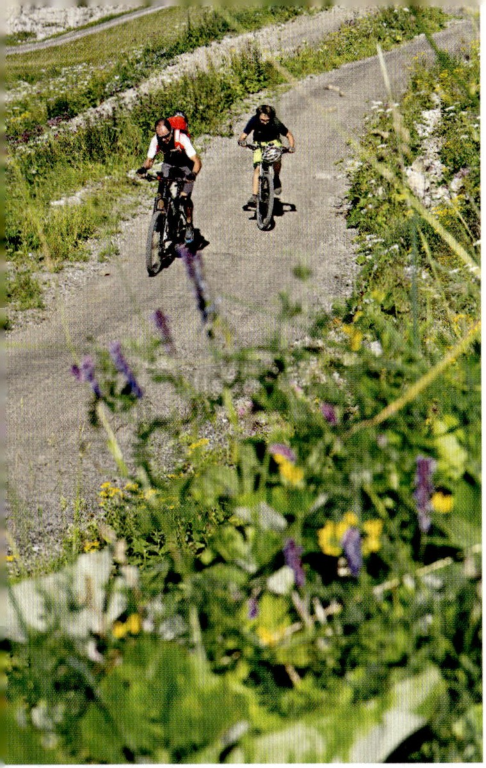

*Oben: Nebelhorn, noch steiler geht kaum (Tour 15).*
*Unten: Panorama pur bei der Auffahrt zur Kanzelwand (Tour 11).*

## Zusätzliche Karten

Die Tourenkarten in diesem Bike Guide bieten einen sehr guten Überblick über die jeweilige Tour. In Kombination mit dem Roadbook sollte damit die Orientierung auf der Tour in aller Regel kein Problem darstellen. Wir empfehlen aber trotzdem, besonders bei längeren Touren, die Mitnahme einer klassischen Karte, um auf unvorhersehbare Ereignisse (z. B. Wetterumschwung) reagieren zu können.

Welche Karte Sie für welche Tour benötigen, können Sie bei jeder Tour dem Informationsblock entnehmen. Wir empfehlen die Freytag&Berndt- oder die Kompass-Karten im Maßstab 1:50.000. Die Alpenvereinskarten (1:25.000) beinhalten die meisten Details, jedoch sind sie etwas unpraktisch, da man für manche Tour zwei Karten mitnehmen muss, um den gesamten Bereich abzudecken.

Zudem haben wir sehr gute Erfahrungen mit den frei verfügbaren digitalen Open Source MTB-Karten (Open-MTB-Map) gemacht, die Sie auch unproblematisch auf ein GPS-Gerät laden können.

Abkürzungen für die im Infoblock angegebenen Karten:

- DAV: Alpenvereinskarte
- f&b: Wanderkarte von Freytag&Berndt
- Kompass: Kompass-Karte
- LDBV: Karte des Landesamts für Digitalisierung, Breitband und Vermessung

## Ausrüstung

Neben dem passenden Bike (wir empfehlen ein Fully) gehört zur vollständigen Ausrüstung für eine Tour auch geeignete Kleidung (Radschuhe, Radhose, Handschuhe, Helm und Brille). Im Rucksack sollten zudem dabei sein: ein Wechselshirt, Regen- oder Windjacke, eventuell Arm- und Beinlinge, Getränk, Verpflegung, Pumpe, Reparaturset (Schlauch, Flickset, kleines Werkzeug), ein Erste-Hilfe-Set, ein aufgeladenes Handy, Bargeld, eventuell zusätzliche Karten.

Für die Orientierung unterwegs anhand des Roadbooks ist ein Kilometerzähler (Tacho) unerlässlich. Ein zusätzlicher oder integrierter Höhenmesser ist eine sinnvolle Ergänzung. Bei Verwendung eines GPS-Gerätes: Ersatzbatterien nicht vergessen!

Ausführlichere Antworten auf Fragen zur Ausrüstung sowie viele Tipps zur Mountainbike-Fahrtechnik finden Sie in zahlreichen Büchern, die zu diesem Thema erschienen sind, wie z. B. »Mountainbiken: Alpin-Lehrplan 7« von Matthias Laar und Axel Head (BLV Buchverlag).

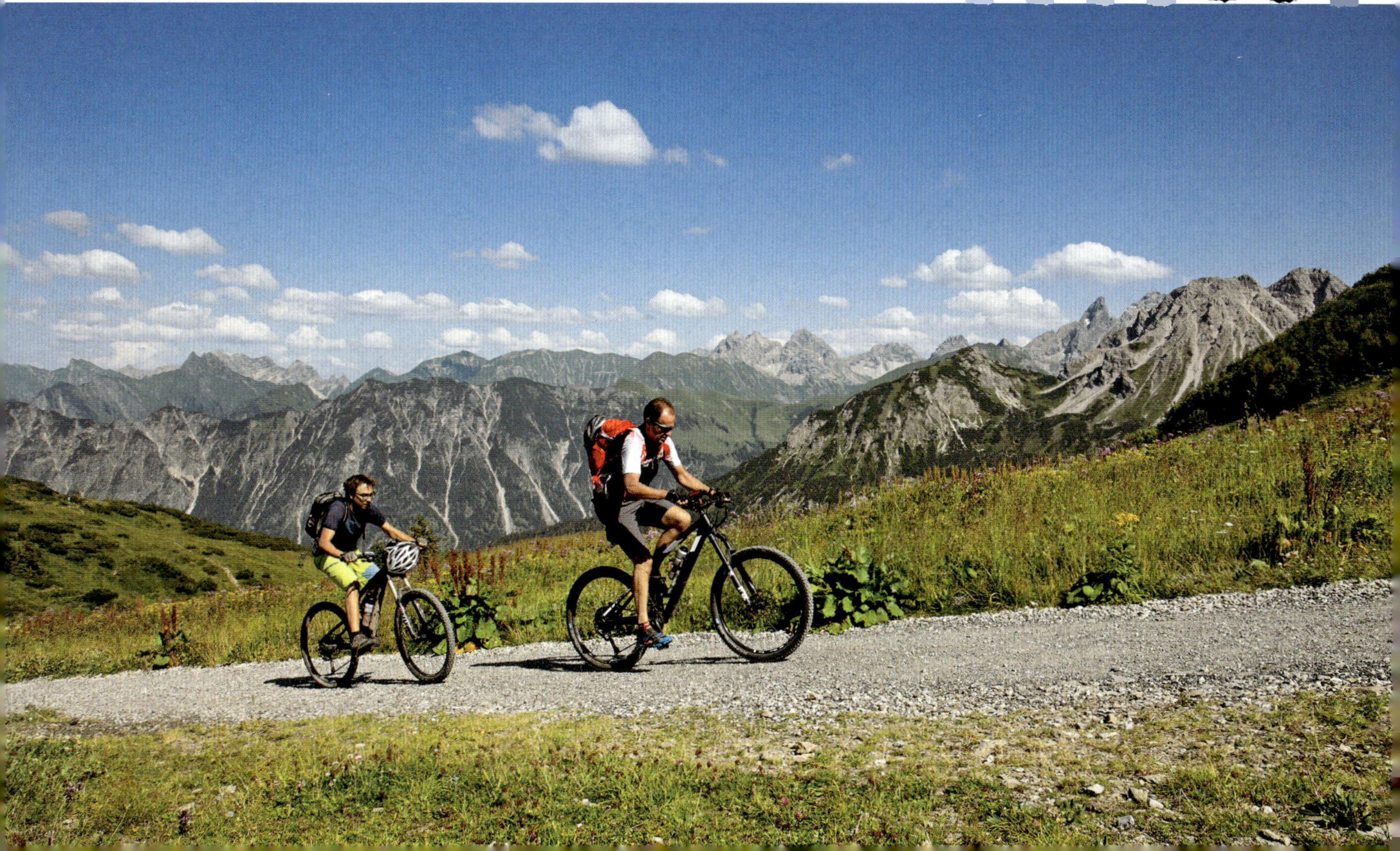

# 1 Pfänder

**Strecke**
23,9 km, 3.00 Std., 820 Hm, tiefster/höchster Punkt 399/1062 m, mittlere Steigung 8 %, maximale Steigung 16 %.

**Anspruch**
Kondition: ●●●○○
Fahrtechnik: ●●●○○

**E-Bike** ●○
Kurze Schiebepassage über Stufen zwischen Hochberg (7) und Fesslerhof (8).

**Verpflegungsmöglichkeiten**
Gasthaus Pfänderdohle: www.pfaender.at/gastronomie/pfaenderdohle/; Berghaus Pfänder: Anfang Mai bis Ende Sept., www.pfaender.at/gastronomie/berghaus-pfaender/; Gasthaus Pfänderspitze: Mo Ruhetag, www.pfaender.at/gastronomie/pfaenderspitze/; Jausenstation Fesslerhof: Anfang Mai bis Ende Okt., Mo und Do Ruhetag, https://fesslerhof.com.

**Anfahrt/Ausgangspunkt**
Von der A96 kommend die letzte Ausfahrt (Nr. 1) vor dem Pfändertunnel nehmen und nach Lochau fahren. Entlang der Ortsdurchfahrt gibt es mehrere Parkmöglichkeiten, z. B. hinter dem Gemeindeamt, hinter der Polizei oder vor der Kurve beim Gasthof Wellenhof, von hier ist schon der Bodensee sichtbar. Exakter Ausgangspunkt: Parkplatz am Wellenhof. Alternativ können wir auch mit der Bahn anreisen. Ausstieg Bahnhof »Bregenz Hafen« oder Bahnhof »Lindau«.

**Karte**
f&b WK 364.

**Resümee**
Der Ausflug auf den am Bodensee gelegenen Pfänder, den Hausberg von Bregenz, zählt zu den aussichtsreichsten Touren in diesem Bike Guide: See, Stadt, Berge – all das bietet dieser Rundkurs. Da die Tour überwiegend auf Asphalt- und Forstwegen verläuft und lediglich ein einziges kurzes Trailstück minimale technische Fähigkeiten erfordert, ist diese Tour auch für Einsteiger mit etwas Kondition geeignet.

Der Pfänder mit seinem Sendemast ist vielen nur als Namensgeber für den Autobahntunnel am Nadelöhr zwischen Lindau und Bregenz bekannt. Doch er bietet einen der einzigartigsten und berühmtesten Aussichtspunkte der gesamten Region. Bei klarer Wetterlage können bis zu 240 Alpengipfel in vier Ländern – Deutschland, Österreich, Liechtenstein und der Schweiz – gesichtet werden. Der Blick schweift von den großen und kleinen Gipfeln der Alpen über das flache Rheintal, den gesamten Bodensee bis hin zu den Ausläufern des Schwarzwaldes sowie des oberschwäbischen Hügellandes. Von hier oben betrachtet liegt uns der Bodensee mit seiner Inselaltstadt Lindau unmittelbar zu Füßen – ein wahrlich erhabenes Gefühl!
Die Rundtour startet in der Vorarlberger Gemeinde Lochau. Das gemütliche Einrollen auf dem Bodenseeradweg am Ufer der Bregenzer Bucht entlang wartet mit imposanten Ausblicken auf den mächtigen Säntis und die Bregenzer Seebühne auf. Schnell sind wir in Bregenz, der quirligen Landeshauptstadt von Vorarlberg, angekommen. Der weitere Streckenverlauf führt an einigen Sehenswürdigkeiten, dem Kornmarktplatz, dem Rathaus und der Pfarrkirche St. Gallus, vorbei. Spätestens

jetzt bekommen wir den beachtlichen Höhenunterschied von etwa 670 m zwischen Bodensee und Pfändergipfel zu spüren. Nach den ersten bezwungenen Höhenmetern erreichen wir den Gebhardsberg. Dort lädt die Burgruine Hohenbregenz zur Besichtigung ein.
Der Wald bietet immer wieder reichlich Schatten für die teilweise doch recht steile Auffahrt. Oben an der Bergstation angekommen werden wir von einer überwältigenden Aussicht belohnt, die wir bei einer Rast genießen sollten. Nach dem wir den Trubel rund um die Pfänderspitze hinter uns gelassen haben, folgen wir dem »Käsewanderweg«, der uns über die Geschichte des Käses, die Alpwirtschaft und »Üsre Bura« (Unsere Bauern) informiert. Ohne nennenswerte Höhenmeter geht es dabei auf dem etwa 1000 m hohen Pfänderrücken hinüber zum Hochberg. Von hier aus erscheinen die einzelnen Gipfel der Nagelfluhkette zum Greifen nahe. Eine kurze, aber einfache Trailabfahrt mit der einen oder anderen Stufe bringt uns zur Jausenstation Fesslerhof. An den Wurstspezialitäten aus der hauseigenen Bergmetzgerei und dem Vorarlberger Käse werden wir kaum vorbei kommen. Auf der Terrasse mit herrlichem Bodenseeblick lassen wir uns die Schmankerl schmecken, bevor wir die Abfahrt antreten. Vom Fesslerhof können wir es ganz entspannt und ohne Anstrengung auf Schotterwegen und Asphalt hinab zum Bodensee und zurück zu unserem Ausgangspunkt Lochau rollen lassen.

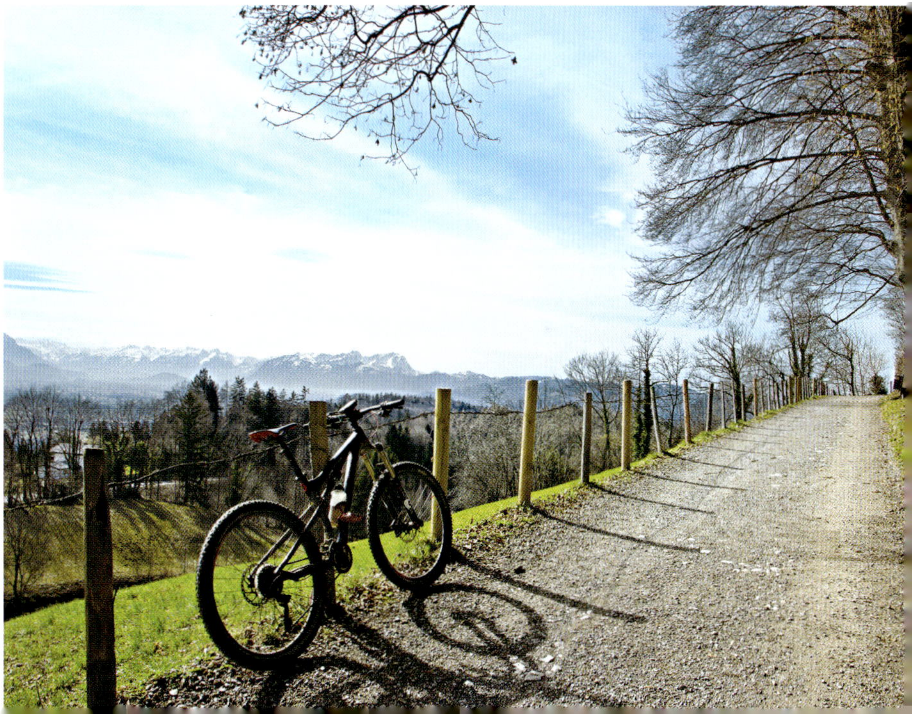

*Ein kurzer Halt lohnt sich, um den Ausblick auf das Rheintal und den Alpstein mit Säntis zu genießen.*

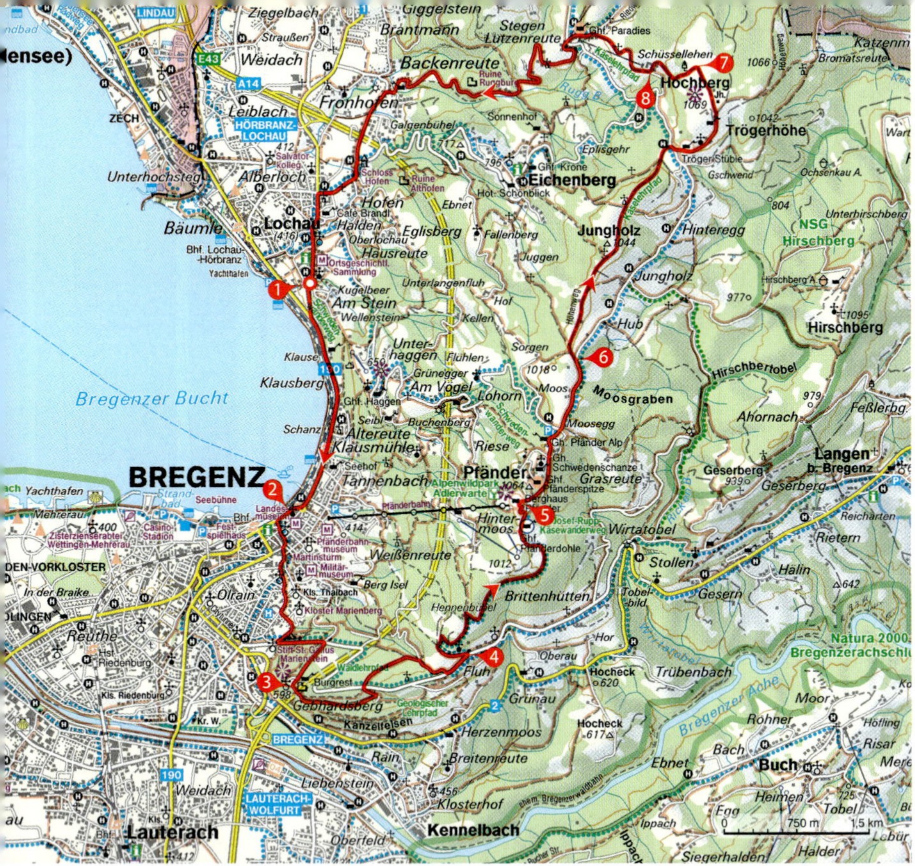


**0,0** 407 m — Startpunkt Parkplatz am »Wellenhof« in **Lochau (1)**. Rechts auf die »Landstraße« in Ri. Bodensee.

**0,5** 401 m — Wir überqueren linkshaltend die große Straße und nehmen den Radweg entlang der Bahngleise in Ri. Bregenz.

**2,5** 401 m — Am Kreisverkehr vorbei zum **Bahnhof Bregenz Hafen (2)**, geradeaus weiter.

**2,7** 399 m — Am Pizzaverkauf bzw. an der Ampel links in »Rathausstraße«, geradeaus am »Kornmarkt« vorbei.

**2,9** 402 m — Am Brunnen vorbei und rechts über den Platz zur »Kirchstraße«, wir folgen dem weiteren Straßenverlauf.

**3,1** 405 m — An Y-Gabel rechts bergauf, weiterhin auf der »Kirchstraße« bleiben.

**3,4** 423 m — Links über Brücke zur Kirche St. Gallus und am Kirchplatz rechts abbiegen. Am Zebrastreifen links auf »Schlossbergstraße«.

**3,7** 425 m — Am Krankenhaus links weiter auf die »Schlossbergstraße«.

**3,9** 434 m — Beginn Piste bergauf, nach wenigen Metern links in Ri. »Fluh, Gebhardsberg«, immer parallel zur Straße.

**4,6** 518 m — Wir überqueren die Straße und fahren auf Asphaltstraße weiter bergauf in Ri. »Gebhardsberg«. Bald erreichen wir einen Parkplatz, den wir geradeaus überqueren.

5,2 573 m — **Gebhardsberg (3)**. Blick zur Burg Hohenbregenz und ins Rheintal mit umliegenden Bergen. Wir folgen immer der Beschilderung in Ri. »Fluh«. Kurze steile Passagen. Weiter entlang kleinem Rinnsal.

6,5 682 m — Wir überqueren die Straße, geradeaus weiter in Ri. »Fluh, Pfänder«, wenige Meter bergab, dann immer bergauf der Beschilderung folgen.

7,6 735 m — Wir biegen links auf die Asphaltstraße ab und geradeaus weiter.

7,8 743 m — In **Fluh (4)** fahren wir am Brunnen/Wegkreuz links bergauf in Ri. »Pfänder, Pfänderdohle« (nur in Bergrichtung erlaubt). Immer bergauf der Beschilderung folgen.

9,9 989 m — An der Y-Gabelung links bergab halten, gleich sehen wir die Pfänderspitze.

10,5 975 m — Wir lassen die »Pfänderdohle« rechts liegen und fahren weiter bergauf. Die letzten Meter müssen wir zur Bergstation schieben (Weg für Bike gesperrt).

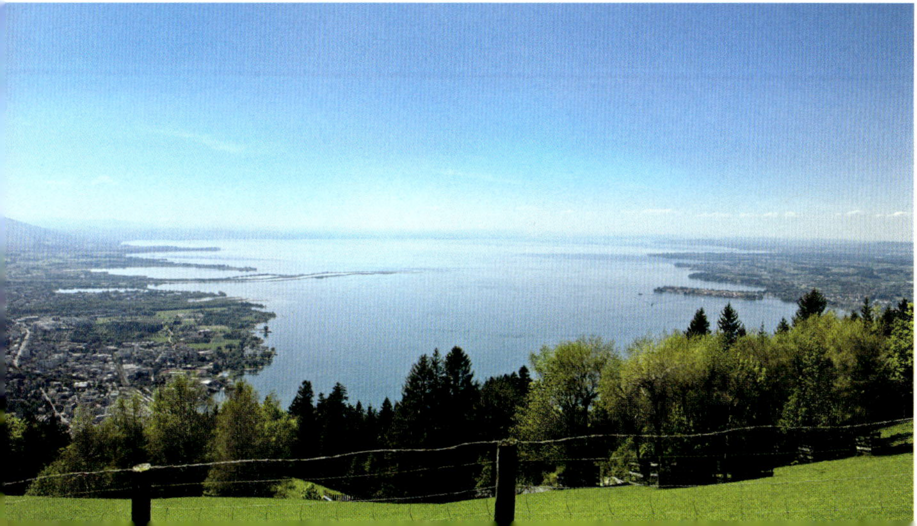

10,9 1021 m — **Bergstation Pfänder (5)**. Wir schieben das Bike neben der Treppe hoch zu den beiden Aussichtspunkten. In wenigen Minuten können wir von hier auf die Pfänderspitze laufen. Hinter dem Spielplatz beginnt eine kleine Straße in Ri. »Moosegg«. Von hier lassen wir es leicht bergab rollen.

11,5 1005 m — An Y-Gabelung links abbiegen, weiter vorbei an der Pfänder Alp und am Parkplatz.

11,9 1004 m — »Moosegg«. An der Kreuzung geradeaus dem Straßenverlauf in Ri. »Hochberg Höhenweg« folgen.

12,7 997 m — Im Wald zweigen wir links auf den **Höhenweg Hochberg (6)** ab und folgen immer der Beschilderung »Hochberg«. Uns begleiten immer wieder informative Tafeln rund um den Käse.

15,1 985 m — Wir treffen auf eine Straße, die wir rechts haltend überqueren und anschließend leicht bergauf in Ri. »Hochberg« fahren.

15,8 1035 m — Es folgen zwei hintereinander liegende Y-Gabelungen; die erste rechts, die zweite links. Weiter leicht bergauf.

*Hier oben an der Bergstation Pfänder liegt uns das Schwäbische Meer mit seiner Inselaltstadt Lindau zu Füßen.*

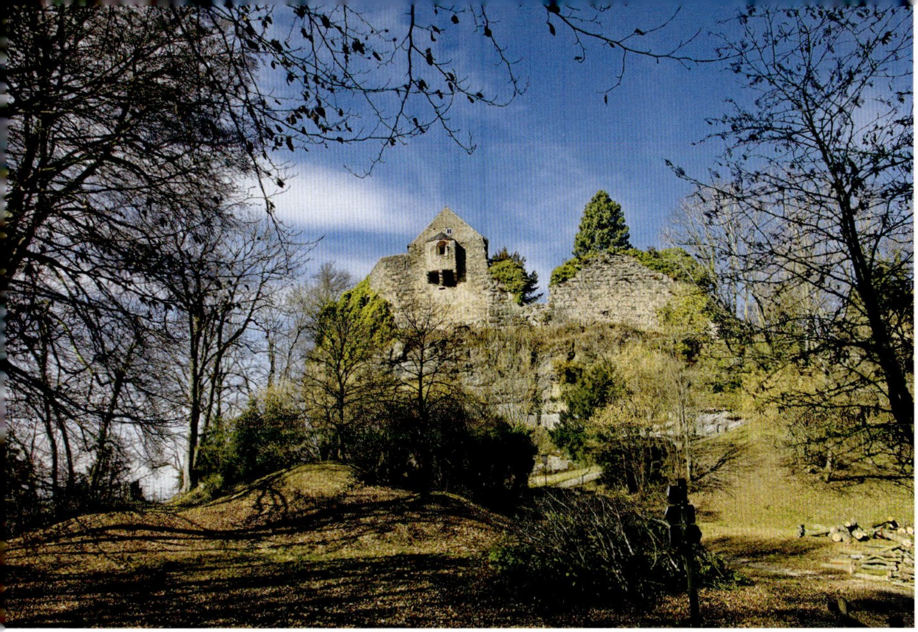

Burg Hohenbregenz.

**16,3** 1062 m — An der **Hochbergalpe (7)** beginnt links davon der kurze Trail, der zunächst über die Wiese führt. Im Wald fahren wir vorsichtig über kleine Stufen mit Querbalken. Schon bald wird der Weg wieder breiter und wir lassen es nach Schüssellehen rollen.

**17,0** 971 m — Wir fahren durch den **Fesslerhof (8)** und gleich nach dem Hof rechts auf der Piste bergab.

**17,9** 887 m — Am Mühlenhof links auf der Straße bergab zur Ortschaft Lutzenreute. An der Kreuzung in der Ortsmitte geradeaus bergab in Ri. »Ruggburg«. Wir fahren solange bergab, bis wir wieder in eine Ortschaft kommen.

**21,3** 494 m — Wir biegen links ab in »Am Halbenstein«. Bald fahren wir über eine kleine Brücke und sofort rechts.

**21,6** 463 m — An der Kreuzung links in Ri. »Lochau«. Jetzt immer der Straße folgend geradeaus weiter.

**23,0** 429 m — Wir fahren an der Kreuzung links weiter auf »Hofriedenstraße«.

**23,9** 407 m — Immer dem Straßenverlauf folgen, bis wir am **Parkplatz am »Wellenhof« (1)** zurück sind.

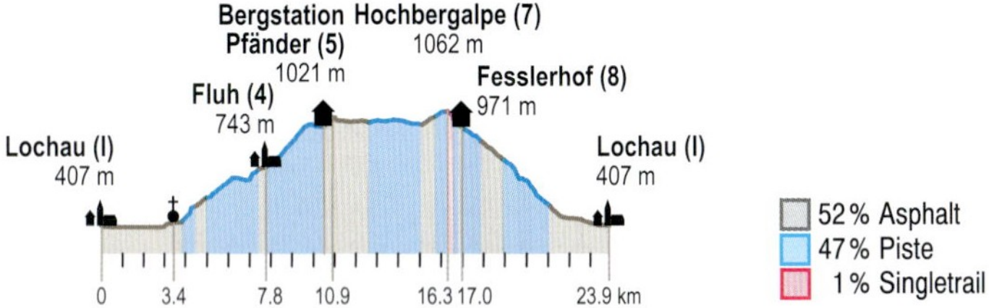

# 2 Salmaser Höhe

**Strecke**
27,0 km, 4.30 Std., 730 Hm
tiefster/höchster Punkt 731/1254 m, mittlere Steigung 9 %, maximale Steigung 25 %.

**Anspruch**
Kondition: ●●●●○
Fahrtechnik: ●●●●○

**E-Bike** ○○

**Verpflegungsmöglichkeiten**
Alpe Mohr: kein Ruhetag, www.alpe-mohr.de; Pfarralpe: Mo Ruhetag, www.pfarralpe.de; Alpe Schönesreuth: Mo Ruhetag, www.alpe-schoenesreuth.de; Allgäuer Kräuteralm: www.allgaeuer-kraeuteralm.de. Zahlreiche Einkehrmöglichkeiten in Oberstaufen.

**Anfahrt/Ausgangspunkt**
Von der A7 kommend am »Kreuz Allgäu« abfahren und weiter der Beschilderung nach Immenstadt folgen. Auf der B308 nach Oberstaufen. Ausfahrt »Zentrum Oberstaufen« und rechts zum Bahnhof. Zahlreiche Parkmöglichkeiten am Bahnhof. Alternativ mit dem Zug nach Oberstaufen. Exakter Ausgangspunkt: WC-Häuschen auf dem Parkplatz vor dem Bahnhof.

**Karte**
Kompass Nr. 3.

**Resümee**
Diese Biketour besticht mit einem langen flowigen Trailspaß der Extraklasse auf dem Höhenzug zwischen Oberstaufen und Großem Alpsee. Aufgrund der relativ niedrigen Maximalhöhe kann schon im Frühjahr das technische Fahrkönnen (max. S2) auf die Probe gestellt und verbessert werden. Schöne Ausblicke auf den Alpsee.

**Variante**
Für alle Mountainbiker, die noch zusätzliche 280 Hm sammeln möchten, ist diese Variante auf den Staufner Berg gedacht. Am Anfang oder am Ende der eigentlichen Biketour kann die Variante direkt von Oberstaufen aus eingeplant werden. Nach einer recht steilen Auffahrt werden wir mit einer schönen, aber nicht zu unterschätzenden Trailabfahrt belohnt.

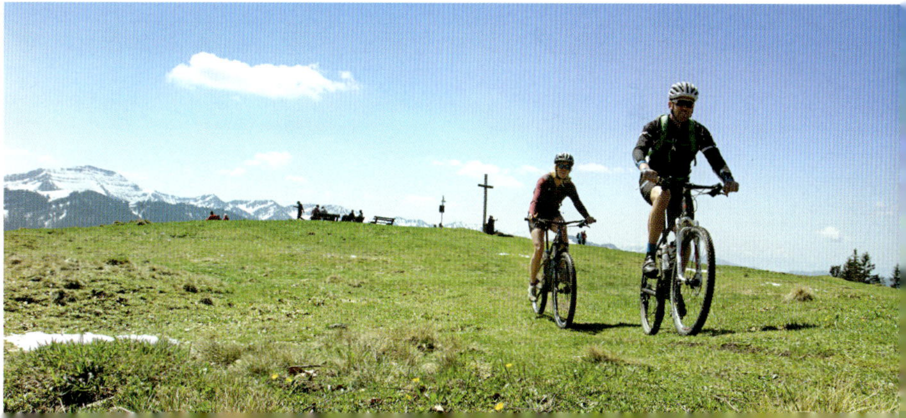

*Salmaser Höhe: Der Trailspaß kann beginnen!*

Auf dieser beliebten und schönen Tour im Alpenvorland befahren wir auf einer Hügelkette einen der längsten Trails im gesamten Raum des Allgäus. Ein Singletrail der Extraklasse: lange flowige Passagen über Alpwiesen, kurze, etwas fordernde Stufenpassagen mit Absätzen über Wurzeln und Nagelfluhgestein. Anspruchsvolle Spitzkehren werden uns auf dieser Tour nicht begegnen. Insgesamt ein recht einfacher und flüssig zu fahrender Trail mit wenigen Stellen, die dem Biker technische Fähigkeiten im S2-Niveau abverlangen.
Startpunkt ist der Bahnhof in Oberstaufen. Wir fahren durch Deutschlands einzigen Kurort, der die sogenannte Schrothkur im Angebot hat. Dabei handelt es sich um ein spezielles Naturheilverfahren mit Trink- und Trockentagen. Wir sollten auf dieser Tour jedoch das Trinken nicht vergessen!
Nachdem wir Oberstaufen hinter uns gelassen haben, erreichen wir schnell den Ortsteil Kalzhofen. Hier beginnt eine asphaltierte und wenig befahrene Mautstraße, der wir im weiteren Verlauf folgen. Fortan zieht sich der Weg in angenehmer und harmonischer Steigung bergauf. Wir lassen die beliebte und meist rege besuchte Alpe Mohr rechts liegen, fahren an der Alpe Hompessen vorbei und weiter hoch zum Sattel. Spätestens jetzt ist es mit dem gemütlichen Anstieg vorbei, denn von nun an manövrieren wir unser Bike über Stock und Stein. Vom Sattel aus folgen wir dem Wanderweg nach rechts in Richtung Salmaser Höhe. Mit geschicktem Einsatz von Technik und Kraft bezwingen wir den wurzeligen Trail durch den Wald. Das letzte Stück führt über eine Alpwiese mit zwei steilen Passagen. Hier heißt es den Lenker kräftig nach unten drücken! Von der Salmaser Höhe (1254 m) haben wir einen herrlichen Blick

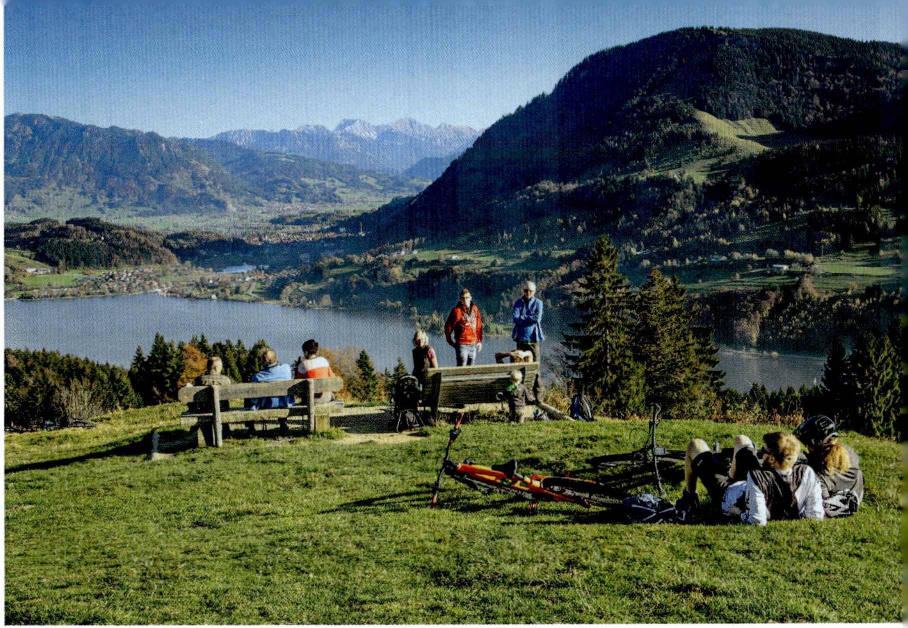

*Der Große Alpsee, dahinter Immenstadt und der Grünten (linker Bildrand).*

auf die mächtig aufragende Silhouette der Nagelfluhkette mit all ihren Gipfeln. Am Ende des Konstanzer Tals sehen wir bereits den Großen Alpsee, an dessen Ufer wir später ein Stück entlangfahren werden.
Nach einer kurzen Rast treten wir das eigentliche Schmankerl der Tour an – der schier endlose Trailspaß kann beginnen. In leichtem Auf und Ab geht es in Richtung Osten durch kleine Waldstücke und über freie Alpwiesen zur Thaler Höhe. Immer wieder können wir uns an den fantastischen Ausblicken sattsehen. Dazu sollten wir jedoch sicherheitshalber absteigen! Von der Thaler Höhe folgen wir weiterhin den Bergrücken in Richtung Alpsee. Vorsicht ist immer wieder an den zahlreichen Viehgattern geboten, die für uns manchmal etwas lästig, jedoch für die ansässigen Landwirte ein unerlässliches Muss sind. Daher ist es für uns eine Selbstverständlichkeit, sämtliche Gatter wieder fest zu verschließen, sodass ein Entkommen des Viehs nicht möglich ist. Es lohnt sich ein kleiner Abstecher zum Alpseeblick. Von hier aus liegt uns der Große Alpsee direkt zu Füßen und im Hintergrund ragt der Grünten, der »Wächter des Allgäus«, auf.
Wer eine Stärkung benötigt, sollte sich die nahegelegene Pfarralpe nicht entgehen lassen. Hier erwarten uns bodenständige Brotzeiten und hausgemachte Kuchen, die wir auf der Terrasse unter den großen und alten Bäumen genießen können. Nach dem Waldstück wird die traumhaft flowige Trailabfahrt über eine Alpwiese jedem Biker ein Lächeln ins Gesicht zaubern. Unten am Alpsee angekommen, folgen wir dem Bodensee-Königssee-Radweg nach Westen. Flach und ohne große Anstrengungen geht es zurück nach Oberstaufen zu unserem Ausgangspunkt.

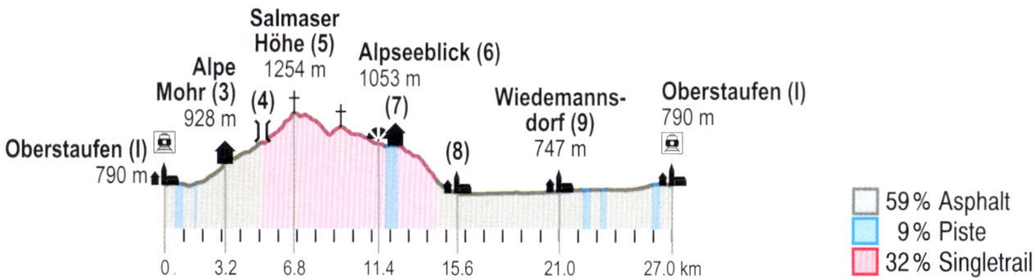


| | | |
|---|---|---|
| **0,0** | 790 m | Wir starten am Bahnhof **Oberstaufen (1)** am WC-Häuschen und fahren in nördlicher Richtung am Bahnhofsgebäude vorbei, überqueren die Bahngleise und folgen der »Immenstädter Straße«. |
| **0,57** | 801 m | Am Ortsrand von Oberstaufen rechts auf Radweg weiter in Ri. »Salmas«. |
| **1,3** | 780 m | Am **Abzweig Kalzhofen (2)** links nach Kalzhofen. |
| **1,6** | 795 m | Am Ortsschild nehmen wir rechts die Piste über eine Wiese. Vorbei am Café Sonnenstüble, weiter rechts auf »Meerau«. |
| **2,0** | 807 m | Rechts weiter auf Hompessenweg, am kleinen Parkplatz vorbei, geradeaus weiter auf der Mautstraße in Ri. »Kalzhofer Höhe«. |
| **3,2** | 928 m | An der **Alpe Mohr (3)** geradeaus weiter. An der Alpe Hompessen ebenfalls geradeaus. |
| **5,2** | 1065 m | Wir erreichen einen **Sattel (4)**. Hier rechts weiter auf Trail in Ri. »Salmaser Höhe«. Über Wiese bergauf und weiter im Wald. |
| **6,2** | 1158 m | Wir treffen im Wald auf eine Piste. Hier geradeaus bergauf weiter, dem Trail folgen, am Kreuz vorbei und steil über Wiese (kurzes Schiebestück) zur Salmaser Höhe. |

| | |
|---|---|
| **6,8**<br>1254 m | **Salmaser Höhe (5)**. Weiter auf Trail in Ri. »Thaler Höhe, Alpsee«. Fortan stets diesem Trail auf dem Höhenzug folgen. |
| **8,8**<br>1114 m | Wir überqueren eine Asphaltstraße und fahren auf Trail in Ri. »Thaler Höhe« geradeaus weiter. An der Thaler Höhe geradeaus. |
| **11,4**<br>1053 m | Vom **Alpseeblick (6)** ein paar Meter auf gleichem Weg zurück und rechts in Ri. »Pfarralpe«. |
| **11,8**<br>1040 m | Wir treffen auf eine Piste, hier links zur schon sichtbaren Pfarralpe. |
| **12,0**<br>1047 m | Von der **Pfarralpe (7)** zum vorigen Abzweig zurück und weiter geradeaus. |
| **12,5**<br>1043 m | Rechts auf Trail in Ri. »Siedelalpe, Alpsee«. |
| **13,5**<br>971 m | An der Wegkreuzung unmittelbar am Waldrand rechts bergab in Ri. »Alpe Schönsreuthe« mit Alpseeblick. |
| **14,5**<br>814 m | An der Alpe Schönsreuthe rechts auf Teer nach Trieblings. |
| **15,6**<br>740 m | In **Trieblings (8)** auf dem Bodensee-Königssee-Radweg weiter in Ri. »Oberstaufen«. Stets auf diesem gut ausgeschilderten Radweg bleiben. |
| **21,0**<br>747 m | In **Wiedemannsdorf (9)** unmittelbar vor den Bahngleisen rechts weiter auf »Mühlenweg«. Der Straßenverlauf macht zunächst einen Links- und dann einen Rechtsknick, bis wir wieder parallel zu den Bahngleisen fahren. |
| **22,0**<br>759 m | Geradeaus durch Lamprechts hindurch, immer an den Bahngleisen entlang. Durch Salmas hindurch. |
| **24,3**<br>760 m | Rechts in ein Betriebsgelände abbiegen. Dieses überqueren und weiter bis zum Radweg. Dem Radweg in Ri. »Kalzhofen, Oberstaufen« folgen. |
| **25,7**<br>780 m | Am **Abzweig Kalzhofen (2)** links abbiegen und auf dem bekannten Weg zurück zum Bahnhof. |
| **27,0**<br>790 m | **Bahnhof Oberstaufen (1)**. |

**Variante Staufner Berg:**

Vom Bahnhof in Oberstaufen fahren wir in Richtung Südosten (»Hündletalstation«) an den Bahngleisen entlang. Durch eine Unterführung hindurch, links am Kraftwerk »Ortswärme Oberstaufen« vorbei und nochmals durch eine Unterführung. Von nun an immer der Beschilderung »Staufner Berg« folgen, bis wir am höchsten Punkt ankommen. Am Sendemast auf dem Staufner Berg beginnt die Trailabfahrt. Bald treffen wir auf den bekannten Weg der Auffahrt, hier nochmals wenige Meter bergauf und rechts auf den Trail abbiegen. Wir bleiben immer auf diesem Trail, überwinden eine Stahltreppe, kommen schließlich aus dem Wald heraus und sehen Oberstaufen. Jetzt entweder die eigentliche Tour in Angriff nehmen oder zurück zum Bahnhof.

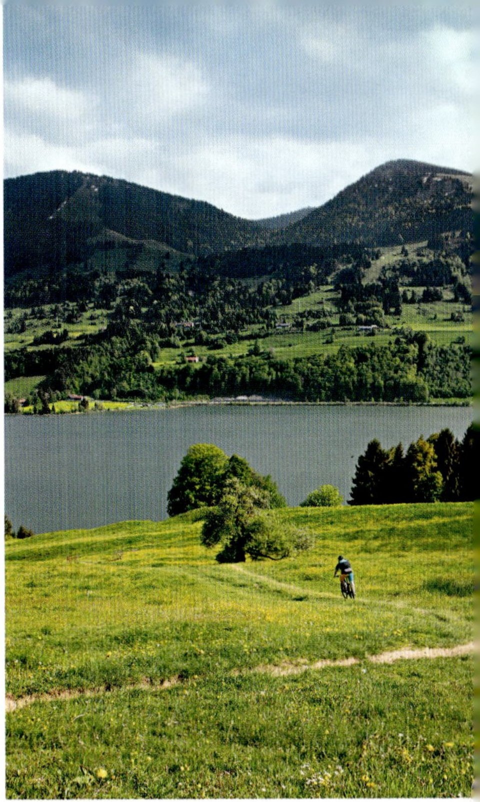

*Der flowige Wiesentrail hinab zum Großen Alpsee.*

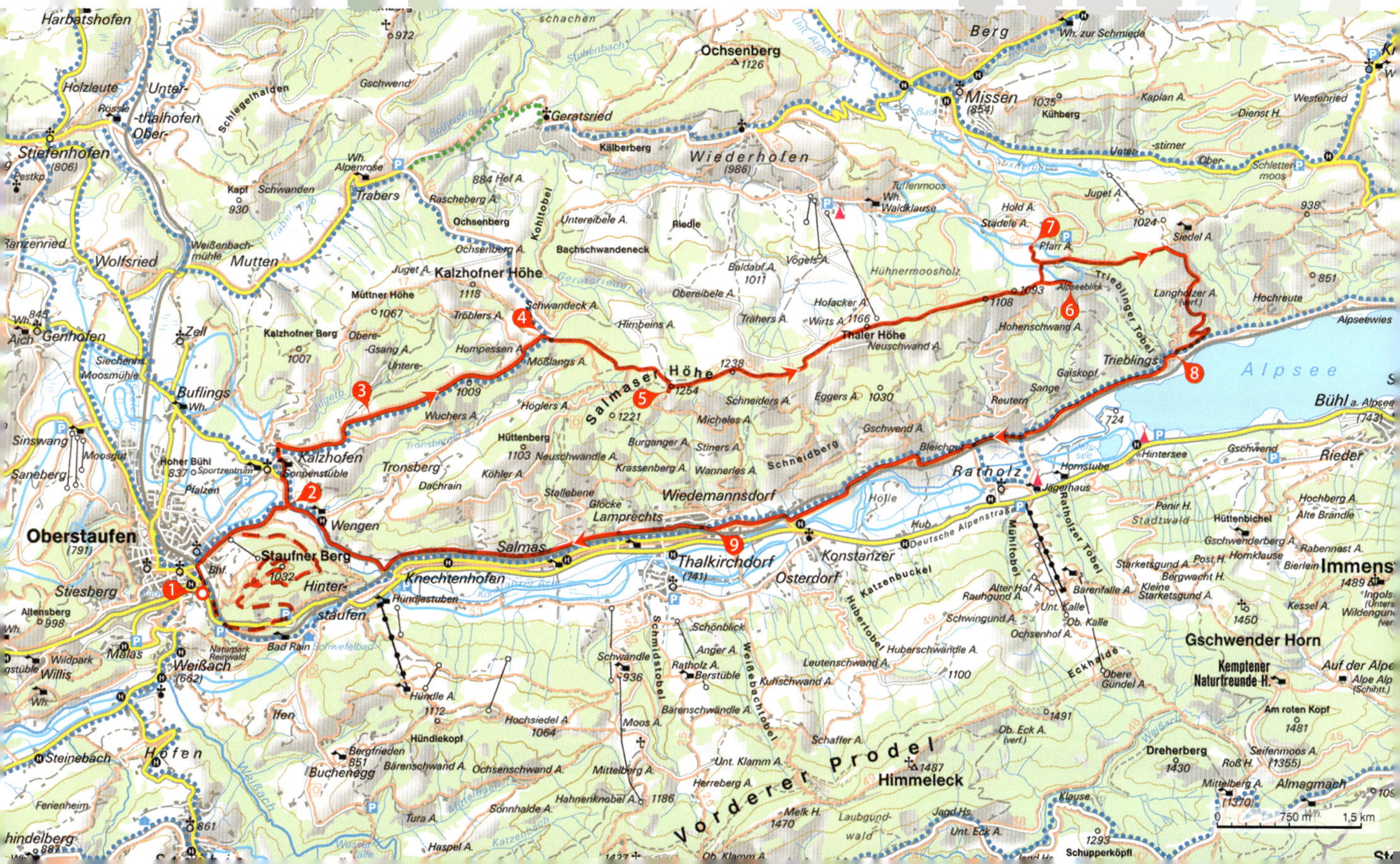
Harbatshofen
Ochsenberg
1126
Berg
Missen
(854)
Geratsried
Wiederhofen
(986)
Stiefenhofen
(806)
Trabers
Kalzhofner Höhe
1118
Thaler Höhe
Salmaser Höhe
1254
Alpsee
Bühl a. Alpsee
Kalzhofen
Oberstaufen
(791)
Staufner Berg
1032
Wengen
Salmas
Wiedemannsdorf
Thalkirchdorf
(741)
Knechtenhofen
Konstanzer
Ratholz
Immenstadt
Gschwender Horn
Himmeleck
1487
Vorderer Prodel
Weißach
(662)
Steinebach
Hofen
Buchenegg
Genhofen
Buflings
Wolfsried
Mutten
Zell
Trieblings
Missen
Hochreute
Rieder
Alpsee
750 m
1,5 km

# 3 Rund um den Prodel

**Strecke**
35,0 km, 4.30 Std., 1280 Hm, tiefster/höchster Punkt 763/1426 m, mittlere Steigung 15 %, maximale Steigung 26 %.

**Anspruch**
Kondition: ●●●●○
Fahrtechnik: ●●●●○

**E-Bike** ●○
Mit E-Bike über Variante Kemptener Naturfreundehaus, teilweise steil, kurze Schiebepassagen zwischen Hündlekopf (2) und Bärenfalle (5).

**Verpflegungsmöglichkeiten**
Hündle Berggaststätte: http://huendle.eu; Sennalpe Obere Hündle: Mitte Mai bis Anfang Okt., Di Ruhetag, http://huendle.eu; Moosalpe: Tel. +49 8325 1033, Mi Ruhetag; Sennalpe Kuhschwand: Mai bis Okt., www.kuhschwand.de; Alpe Obere Kalle: Mitte Mai bis Anfang Nov., Mo Ruhetag (außer Ferien/Feiertage), www.obere-kalle.de; Alpe Unteregg: Mitte Mai bis Mitte Sept., www.alpe-unteregg.de; Mittlere Simatsgundalpe; Alpe Sonnhalde: April bis Okt., www.alpesonnhalde.org.

**Anfahrt/Ausgangspunkt**
Von der A7 kommend am »Kreuz Allgäu« abfahren und weiter der Beschilderung nach Immenstadt folgen. Auf der B308 in Richtung »Oberstaufen«. Am Kreisverkehr kurz vor Oberstaufen die Abfahrt zur »Hündelbahn« nehmen. Zahlreiche Parkplätze an der Talstation der Hündlebahn. Alternativ mit dem Zug nach Oberstaufen und wenige Kilometer zum Ausgangsort radeln. Exakter Ausgangspunkt: große Infotafel direkt neben der Kasse der Talstation Hündlebahn.

**Karte**
LDBV UK50-47.

**Resümee**
Eine große Tour mit viel Abwechslung! Knackige Anstiege, geniale Trailabschnitte, etliche Alpen mit bester Verpflegung, grandiose Naturspektakel, Einsamkeit und Trubel. Eine gehörige Portion Kondition und Geschick für Singletrails sollte man für diese Tour mitbringen.

**Variante**
Wer die steile Auffahrt zur Eckhalde und die Trailabfahrt umgehen möchte, ist mit dieser Variante gut beraten. Hier umfahren wir in einem großen Bogen diese beiden technischen Passagen. Zunächst geht es zur Alpe Starkatsgund, weiter zum Kemptener Naturfreundehaus und schließlich zur Seifenmoosalpe. Insgesamt ist diese Variante etwa 3 km länger als die Hauptroute. Auch wenn sie technisch deutlich einfacher ist, kommen wir um eine steile, jedoch asphaltierte Auffahrt nicht herum.

**Bike & Hike**
Die bekannten Buchenegger Wasserfälle sind zu Fuß vom Parkplatz »Wasserfälle« in etwa 20 Min. zu erreichen. Ein steil abfallender, schattiger und schön angelegter Weg führt hinunter zu den Wasserfällen. Im freien Fall stürzen die Wassermassen der Weißach in die ausgespülten Gumpen, umrahmt von senkrechten Nagelfluhwänden. Das »Gumpenjucken«, wie das Klippenspringen hier im Allgäu heißt, überlassen wir besser den mutigen Profis. Mehrere Todesfälle haben sich in den vergangenen Jahren hier ereignet. Eine Abkühlung im rauschenden Wasser macht auch ohne waghalsige Sprünge jede Menge Spaß.

Unter dem Namen »Rund um den Prodel« werden sich die meisten auswärtigen Biker nicht viel vorstellen können. Doch hinter diesem unscheinbaren Namen stecken jede Menge Abwechslung, Fahrspaß und landschaftliche Hochgenüsse. Als Prodel wird der kilometerlange Bergkamm zwischen der südlich gelegenen Nagelfluhkette und dem nördlich anschließenden Konstanzer Tal bezeichnet. Das Konstanzer Tal wird von der Konstanzer Ach durchflossen und verbindet den Großen Alpsee mit Oberstaufen. Eckhalde, Himmeleck, Klammen, Denneberg oder Spitzlerberg nennen sich einzelne Gipfel dieses Höhenzuges. Sie rangieren alle auf einer Höhe zwischen 1200 m und knapp unter der 1500-m-Marke. Die Hänge dieses Kamms bilden einen Flickenteppich aus Wiesen, Alpweiden und Waldstücken.

Gestartet wird die Tour an der Talstation der Hündlebahn. Wer die Anreise mit dem Zug wählt, kann problemlos die wenigen Kilometer von Oberstaufen hierher radeln. Eine Strecke zum Warmradeln wird hier vergebens gesucht, denn auf den ersten Metern bekommen wir gleich in voller Gänze die Steilheit dieser Auffahrt zu spüren. Bei einer Durchschnittssteigung von 15 % und weitaus höheren Maximalsteigungen wird uns auf den ersten Höhenmetern bis zur Bergstation der Hündlebahn garantiert warm. Von hier oben können wir den Blick über das Konstanzer Tal, auf den gegenüberliegenden Höhenzug mit der Salmaser Höhe und auf den Großen Alpsee schweifen lassen. Dieses Panorama werden wir immer wieder aus den unterschiedlichsten Perspektiven erleben.

Weiter geht es zum Hündlekopf (1112 m) oder, wie man hier einfach sagt, »Hündle«. Wir empfehlen die Tour im Frühjahr, besonders im April, einzuplanen, wenn die höhergelegenen Biketouren meist noch unter einer dicken Schneedecke verborgen

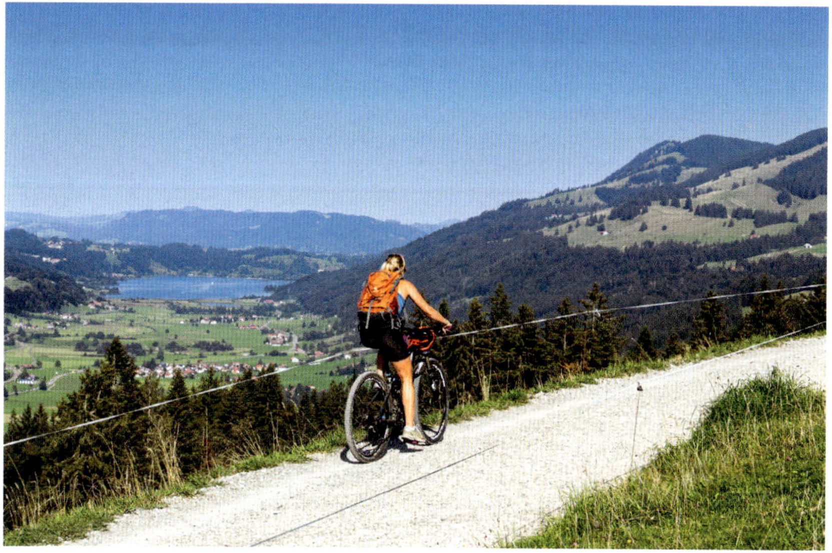

*Vor uns der Große Alpsee und das Konstanzer Tal.*

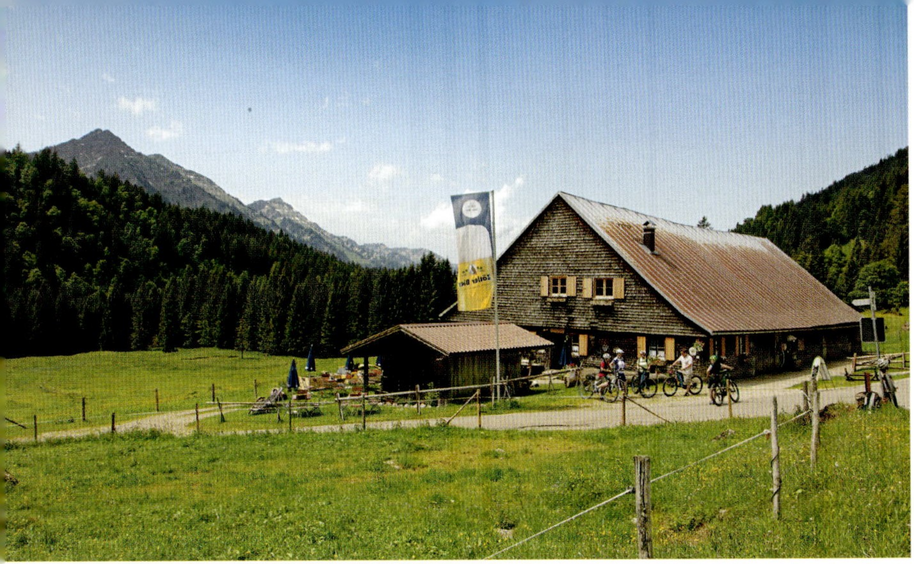

*Alpe Unteregg, im Hintergrund die Nagelfluhkette.*

liegen. Denn dann tut sich hier ein einmaliges und faszinierendes Naturschauspiel auf: die weithin bekannte Krokusblüte. Es leuchten dann unzählige weiße und violette Krokusse, die zusammen einen wunderschönen bunten Blütenteppich auf die Alpwiesen zaubern.

An der Hochsiedelalpe zweigen wir nach rechts auf einen Wiesentrail ab. Nach wenigen Metern bringt uns der Trail hinunter zur Moosalpe, die seit 2018 die Besucher in neuem Glanz zur Einkehr lockt. Der folgende Abschnitt ist von Einsamkeit, schönen Bergwäldern und saftigen Alpwiesen, die für das Allgäu so typisch sind, geprägt. Wir arbeiten uns von Alpe zu Alpe in Richtung Osten zur Bärenfalle vor. Es geht in einem stetigen Auf und Ab an der Bärenschwendlealpe, Kuhschwandalpe, Schaffneralpe, Leutenschwandalpe, Rauhgundalpe und Unteren Kalle vorbei. Immer wieder wechseln sich Asphaltstraßen, Schotterpisten und Trails ab, sodass nie Langeweile aufkommt. Spätestens an der Bärenfalle, der Alpsee Bergwelt, ist Schluss mit der bis dahin einsamen und ruhigen Idylle. Hier trifft man fast immer auf großen touristischen Trubel. An manchen Tagen herrscht fast schon eine Stimmung wie auf dem Rummelplatz. Die zahlreichen Attraktivitäten, wie der Alpseecoaster, die längste deutsche Ganzjahresrodelbahn, der Kletterwald oder der große Abenteuerspielplatz mit überdimensional großen Tiernachbauten aus Holz, locken Touristen von Nah und Fern an. Wir versuchen trotz der steilen Rampen zur Alpe Obere Kalle dem Remmidemmi schnell zu entkommen. Lassen wir von dieser sehr typischen und urigen Alpe den Blick nach oben schweifen, dann sehen wir das Gipfelkreuz der Eckhalde, das den höchsten Punkt der Tour markiert. Bei etwas genauerem Hinsehen erkennen wir auch schon den nicht sehr einladenden steilen Weg nach oben. Unter den neugierigen Blicken der Alpgäste kämpfen wir uns Meter für Meter mühsam voran, mit der Hoffnung, sich keine Blöße geben zu müssen. Ein meist flüssig zu fahrender Waldtrail mit größeren und kleineren Stufen, Erosionsrinnen und Wurzeln entschädigt für die hart verdiente Auffahrt. Auf einem Forstweg rollt man zur Alpe Unteregg und weiter das Ehrenschwanger Tal hinaus zur Talstation der Hochgratbahn. Direkt an der Talstation überqueren wir die Weißach und folgen dem Bachverlauf auf dem kleinen Waldtrail, der keinerlei Schwierigkeiten parat hält. Im weiteren Verlauf rund um den Mittelbach passieren wir mehrere Alpen, die zur Einkehr verführen. Schließlich noch am Parkplatz »Wasserfälle« vorbei, durch den Weiler Buchenegg und zurück zur Hündlebahn.

**0,0**
763 m
Von der großen Infotafel direkt neben der Kasse der **Talstation Hündlebahn (1)** fahren wir in Ri. Westen. Zunächst entlang der Sommerrodelbahn und weiter bergauf in Ri. »Hündle Bergstation«. Es geht gleich recht steil, jedoch geteert los.

**1,9**
1046 m
Vorbei an der Berggaststätte Hündle und der Bergstation. Schöner Blick über das Konstanzer Tal und zum Großen Alpsee.

**2,3**
1069 m
Wenige Meter nach der Sennalpe Obere Hündle rechts bergauf zum greifbar nahen Hündlekopf. Der Trail zum Gipfel ist bis auf die letzten Meter durchwegs fahrbar. Wir fahren rechts um den Gipfel und von hinten nach oben.

**2,5**
1112 m
Vom Gipfel des **Hündlekopfs (2)** fahren wir wenige Meter über einen Wiesentrail in Ri. Osten zur schon sichtbaren Piste und weiter zur Liftanlage.

**3,3**
1088 m
Wir treffen auf eine gut ausgebaute Piste und fahren rechts in Ri. Osten weiter. Im Frühjahr passieren wir hier ein überwältigendes Meer an Krokusblüten.

**3,8**
1073 m
Bei der Hochsiedelalpe zweigen wir rechts auf einen Wiesentrail ab und fahren bis zur nächsten Liftanlage. Von dort kurzes Stück links bergab durch den Wald und weiter über die Wiese.

**4,5**
1002 m
Auf der Piste links weiter in Ri. »Moosalpe«.

*Blick vom »Hündle« auf die Nordseite des Hochgrats.*

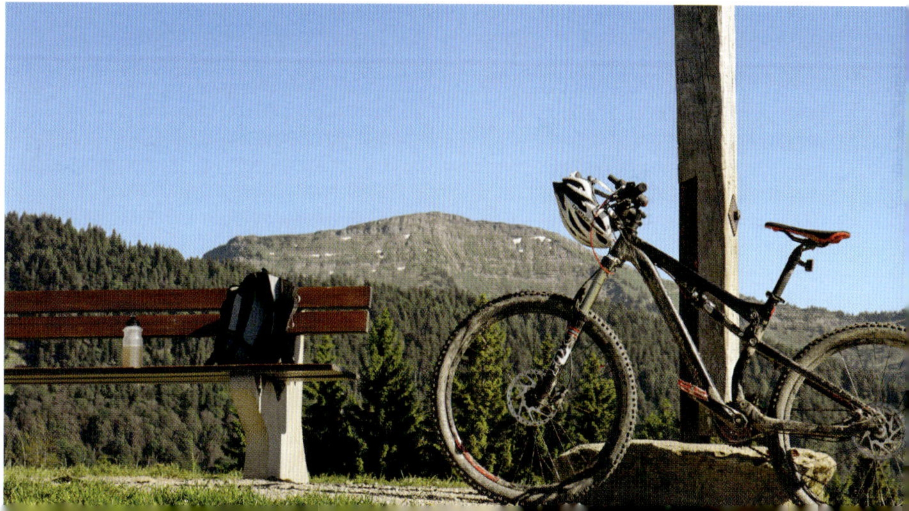

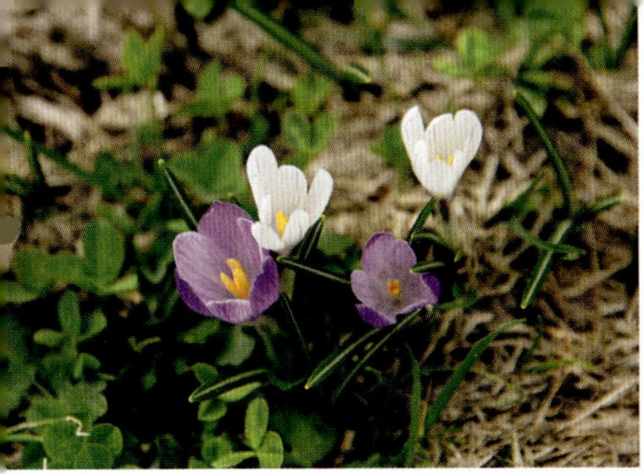

*Weiße und violette Krokusblüten.*

**4,7**
1004 m
An der **Moosalpe (3)** biegen wir rechts ab auf die Teerstraße in Ri. »Kuhschwand Alpe«.

**5,9**
1068 m
Kurz vor der Untere Klamm Alpe links abbiegen und auf diesem Weg bleiben. Vorbei an Bärenschwändle Alpe.

**7,4**
1071 m
An der **Sennalpe Kuhschwand (4)** nehmen wir den Trail rechts bergauf. An der Schaffneralpe wird der Trail wieder zur Piste. Immer auf diesem Weg bleiben, wir durchqueren später eine kleine Furt.

**9,1**
1046 m
Ab der Leutenschwandalpe geht es weiter auf einer Asphaltstraße in Ri. »Rauhgundalpe«. An den folgenden zwei Abzweigen fahren wir jeweils geradeaus.

**10,7**
1051 m
Unmittelbar vor der Rauhgundalpe biegen wir rechts auf die grobschottrige Piste ab, später wird ein kleiner Bach überquert.

**11,7**
1068 m
An der Alpe Untere Kalle rechts über den Wiesenweg bergauf in Ri. »Bärenfalle«. Kurz vor der Bergstation treffen wir auf einen Asphaltweg.

**12,1**
1100 m
Wir erreichen die turbulente **Bärenfalle (5)**. Am beschilderten Abzweig nehmen wir die Auffahrt zur »Alpe Obere Kalle«. Vorsicht: Hier sind sehr viele Wanderer unterwegs!
*Variante Kemptener Naturfreundehaus: geradeaus weiter.*

**12,6**
1197 m
Schon nach kurzer Zeit sind wir an der Alpe Obere Kalle angekommen. Jetzt wird es ernst: Der steile Trail hoch zum schon sichtbaren Gipfelkreuz beginnt! Bei schönem Wetter haben wir zahlreiche Zuschauer, wie wir uns nach oben quälen. Einige von uns werden stellenweise schieben müssen.

**13,8**
1426 m
Geschafft: Gipfelkreuz **Eckhalde (6)**. Ab hier beginnt der Trailspaß. Wir biegen links ab und folgen dem Trail in Ri. Osten.

**14,3**
1404 m
Wir biegen rechts ab und fahren über Wurzeln und kleinere Stufen immer bergab, vorbei an der verfallenen Obere Gündelalpe. Vorsicht: tiefe Erosionsrinnen.

**15,0**
1265 m
Am Wegweiser fahren wir nicht wie beschildert geradeaus, sondern biegen scharf rechts in einen mit Gras bewachsenen Waldarbeitsweg ab.

**15,1**
1236 m
Wir treffen auf eine **Piste (7)** und fahren rechts weiter *(hier trifft Variante Kemptener Naturfreundehaus wieder*

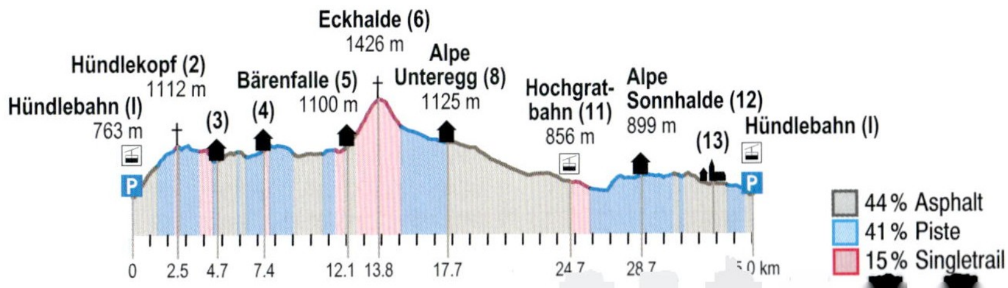

*auf den Hauptweg)*. Wir lassen es ohne große Anstrengungen immer leicht bergab durch das Weißachtal rollen.

17,7
1125 m
An der **Alpe Unteregg (8)** fahren wir geradeaus auf der Teerstraße weiter in Ri. »Talstation Hochgrat«.

19,5
1076 m
Hier fahren wir scharf **links bergab (9)** und folgen immer der Beschilderung in Ri. »Talstation Hochgrat«.

22,1
912 m
An der **Schranke (10)** geradeaus weiter wie Beschilderung und vorbei an der Mittleren Simatsgundalpe und der kleinen Kapelle.

*Im Frühjahr erwarten uns auf dieser Tour unzählige Krokusse.*

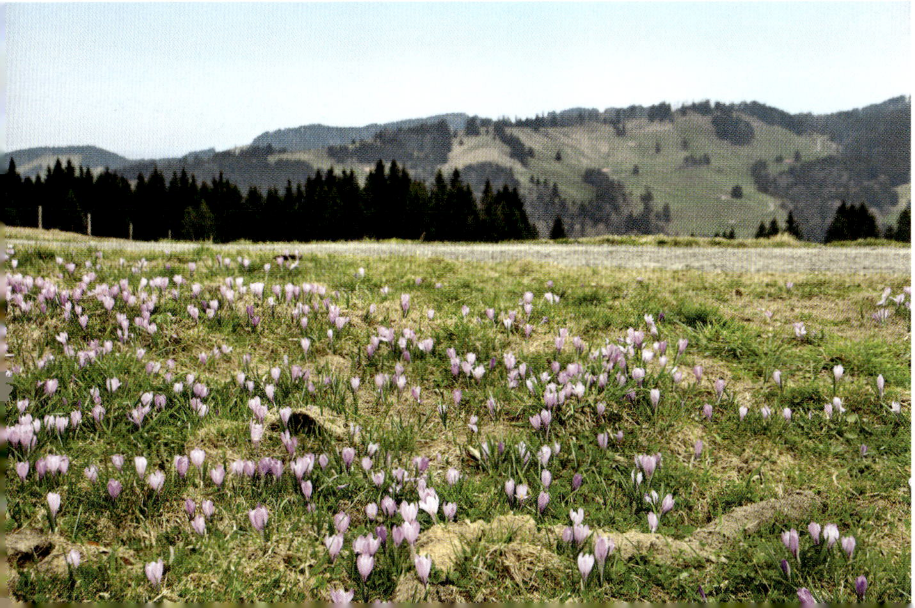

24,7
856 m
Vorbei am großen Parkplatz und unmittelbar vor der **Talstation Hochgratbahn (11)** rechts über den Parkplatz zur kleinen Brücke. Diese überqueren und weiter auf dem Wanderweg und später auf der Piste entlang der Weißach in Ri. »Buchenegger Wasserfälle«. An den folgenden Kreuzungen immer geradeaus weiter.

26,8
795 m
Wir überqueren einen kleinen Bach mithilfe eines Steges und fahren die grobschottrige Piste bergauf.

28,7
899 m
An der **Alpe Sonnhalde (12)** geradeaus vorbei.

29,2
902 m
Linkskehre weiter in Ri. »Buchenegg«, vorbei an der Ochsenschwandalpe, dem Parkplatz der Buchenegger Wasserfälle und an Seppls Gartenwirtschaft.

32,8
851 m
An der Kapelle in **Buchenegg (13)** links weiter in Ri. »Hündle Talstation«.

33,7
826 m
Wir lassen die Ansiedlung Buchenegg hinter uns und fahren an Wiesen vorbei, bis wir einen Wald erreichen. Gleich im Wald nehmen wir den ersten Abzweig rechts auf eine Piste. Ohne Orientierungsprobleme fahren wir zurück zum Ausgangspunkt.

35,0
763 m
**Talstation Hündlebahn (1)**.

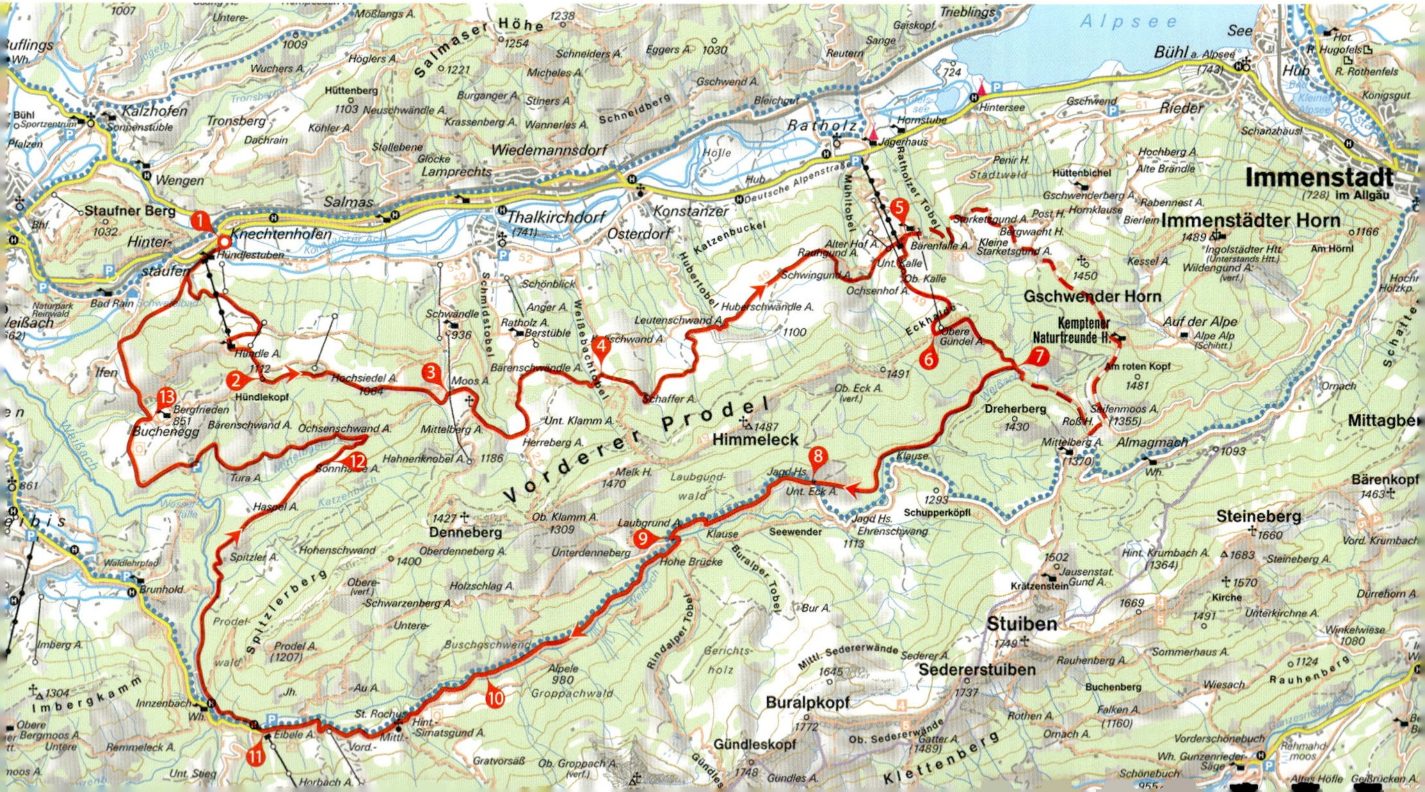
Alpsee
Bühl a. Alpsee
Immenstadt
im Allgäu
Immenstädter Horn
Gschwender Horn
Kemptener Naturfreunde H.
Knechtenhofen
Hündlestuben
Staufner Berg
Hinterstaufen
Thalkirchdorf
Konstanzer
Osterdorf
Ratholz
Jägerhaus
Hintersee
Wiedemannsdorf
Lamprechts
Salmas
Salmaser Höhe
Kalzhofen
Wengen
Tronsberg
Hündlekopf
Hochsiedel A.
Buchenegg
Bergfrieden
Vorderer Prodel
Himmeleck
Denneberg
Spitzlerberg
Buralpkopf
Gündleskopf
Stuiben
Sedererstuiben
Steineberg
Mittagberg
Bärenkopf
Almagmach
Dreherberg
Klettenberg
Imbergkamm
Eibele A.
St. Rochus
Groppachwald
Laubgrund A.
Jagd Hs.
Unt. Eck A.
Obere Gündel A.
Eckhalde
Schaffer A.
Mittelberg A.
Rieder
Hub
1
2
3
4
5
6
7
8
9
10
11
12
13

# 4 Hochhäderich

**Strecke**
26,2 km, 4.00 Std., 1110 Hm, tiefster/höchster Punkt 809/1520 m, mittlere Steigung 12 %, maximale Steigung 23 %.

**Anspruch**
Kondition: ●●●○○
Fahrtechnik: ●●●●○

**E-Bike** ○○

**Verpflegungsmöglichkeiten**
Imberghaus: Mo und Di Ruhetag (Mai bis Juni), www.imberghaus.de; Alpstüble Moos: Mi Ruhetag, Tel. +43 664 2814917, www.pferdeschlittenfahrt.at; Almhotel Hochhäderich: www.almhotel.at; Berggasthof Hochhäderich: Juni bis Ende Okt., Mi Ruhetag, www.hochhaederich.info; Berggasthof Falkenhütte: Mo Ruhetag, www.falkenhuette.de; Oberstiegalpe: Di Ruhetag, www.oberstiegalpe.de; Untere Lauchalpe: Mo Ruhetag, Tel. +49 08386 8177.

**Anfahrt/Ausgangspunkt**
Von der A7 kommend am »Kreuz Allgäu« abfahren und weiter der Beschilderung nach Immenstadt folgen. Auf der B308 nach Oberstaufen. In Oberstaufen der Beschilderung nach »Steibis« folgen, durch Steibis hindurch und am Ortsrand rechts dem Schild »Skiarena Imbergbahn« nach. Parken am Golfplatz oder an der Talstation. Exakter Ausgangspunkt: kleiner Parkplatz am Golfplatz gegenüber der »alten Käsküche«.

**Karte**
f&b WK 364.

**Resümee**
Aussichtsreiche Rundtour mit dem Highlight, dass wir mit dem Bike bis wenige Meter unterhalb des Hochhäderichs fahren können. Belohnt werden wir mit einem Traumpanorama! Die drei relativ angenehmen Anstiege und die dazwischenliegenden entspannten Abschnitte sorgen für ein konditionelles Auf und Ab. Das Highlight dieser Tour ist für die meisten aber sicher die technische Trailabfahrt (stellenweise S2) von der Falkenhütte.

**Variante**
Wer die Trailabfahrt von der Falkenhütte lieber den ambitionierteren Bikern überlässt, der ist mit der Variante über die Schneeloch- und die Unterstiegalpe richtig beraten. Hier bewegen wir uns ausschließlich auf einfachen Pisten und Asphaltwegen. Bei der Unteren Lauchalpe führen beide Routen wieder zusammen.

*Treten, treten, treten ...*

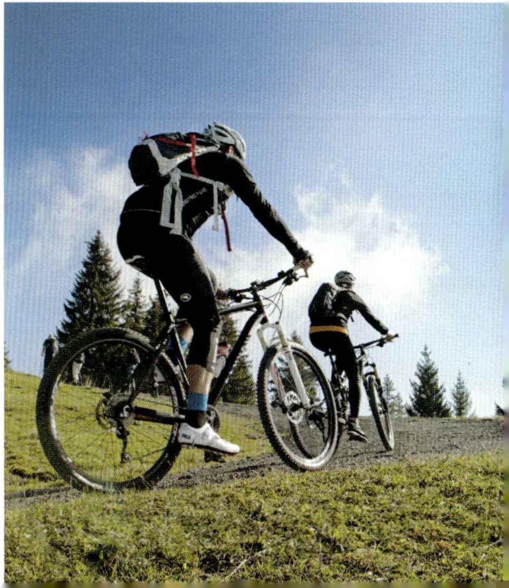

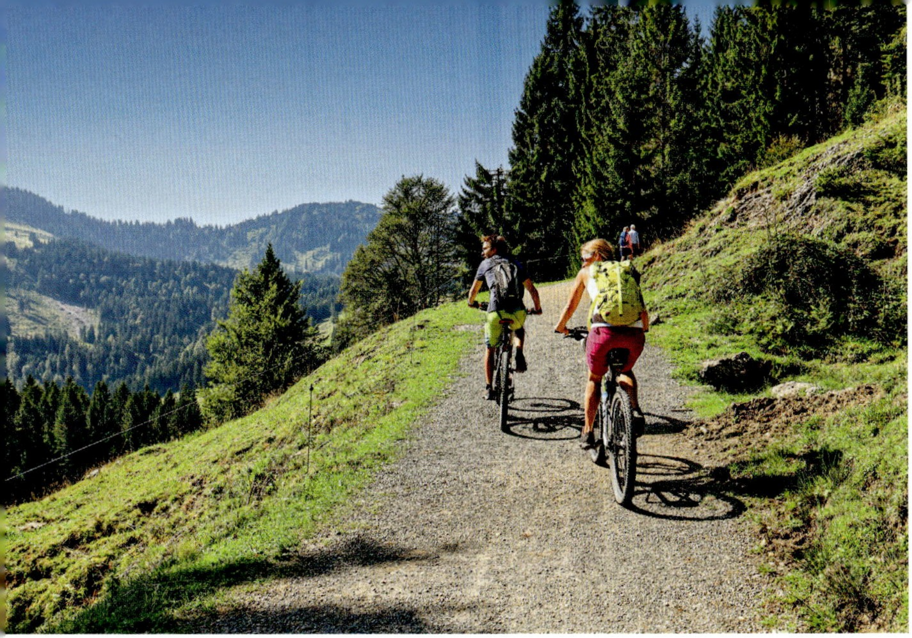

*Auf dem Erlebnisweg oberhalb des Berggasthofs Hochbühl.*

Schwitzen, schauen, staunen und schlemmen – diese vier Wörter beschreiben die Rundtour im westlichen Teil der Nagelfluhkette sehr treffend. Bei den insgesamt drei Anstiegen – zum Imberg, zum Hochhäderich und zur Falkenhütte – wird die eine oder andere Schweißperle tropfen. Glücklicherweise halten sich die Steigungen im Rahmen und ein guter Untergrund sorgt für den nötigen Grip. Zum Schauen und Staunen gibt es beachtlich viel. Zum einen erwarten uns grandiose Ausblicke auf das Alpenvorland, die Allgäuer Alpen, den Bregenzerwald, den Albstein mit dem mächtigen Säntis bis hin zum Bodensee. Und zum anderen führt uns der Weg direkt am Naturschutzgebiet Kojenmoos bzw. Hochhäderichmoore vorbei. Dieser Komplex stellt eines der wertvollsten Hochlagenmoore im nördlichen Alpenraum dar und fungiert als wichtiger Wasser- und Kohlenstoffdioxidspeicher. Aus Respekt und Achtung vor diesem einzigartigen Stück Natur bleiben wir stets auf den ausgewiesenen Wegen und Pfaden. Neben all diesen Eindrücken und Strapazen sollte man genug Zeit einplanen, um in einer der zahlreichen Alpen oder in den Gasthöfen einzukehren.

Wir starten am Golfplatz etwas südlich von Steibis. Auf einer geteerten Mautstraße geht es sofort bergauf. Die etwa 300 Hm bis zum Imberg sind schnell überwunden. Ab jetzt geht es ohne große Anstrengungen weiter in Richtung Westen. Auf diesem Abschnitt der Tour haben wir einen perfekten Blick auf die Nagelfluhkette, bevor wir später von dort oben herabblicken. An Wochenenden ist hier mit vielen Wanderern zu rechnen. Der Erlebnisweg bietet interessante Infos zur Alpwirtschaft, zum Vieh und zur Nagelfluhkette. So kann man z. B. in einem »Mini-Steinbruch« mit Hammer,

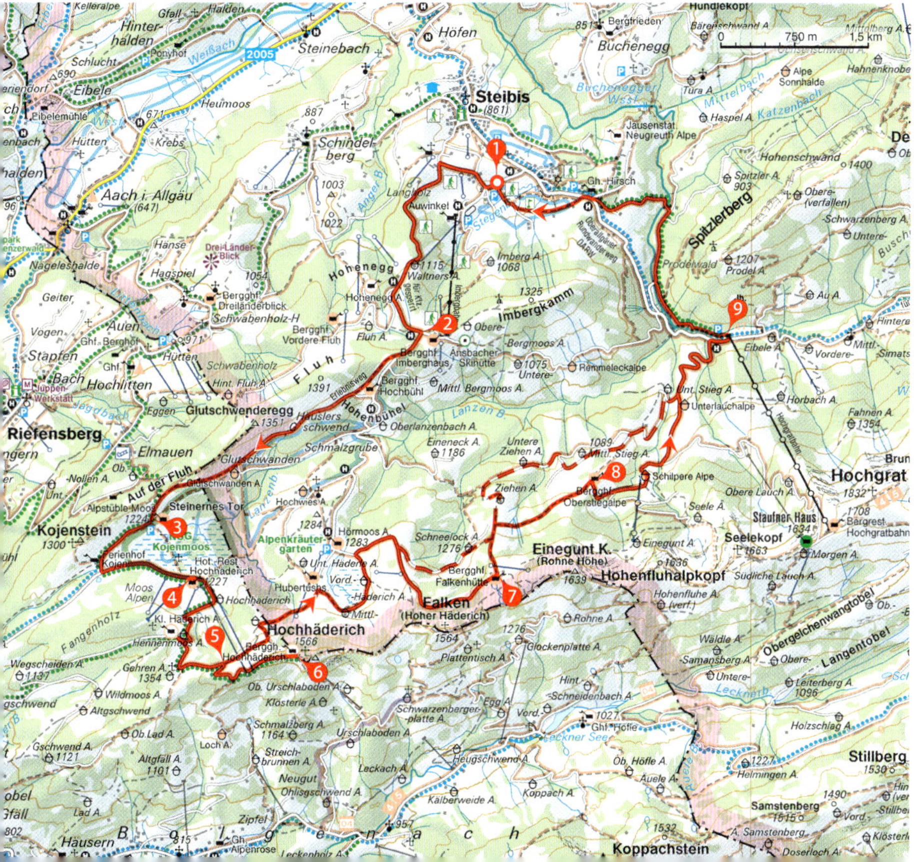


Meißel und Schutzbrille das Nagelfluhgestein aus nächster Nähe begutachten und bearbeiten. Erholt kommen wir am Almhotel Hochhäderich an, von wo aus wir durch das Skigebiet zum westlichsten Gipfel der Nagelfluhkette, dem Hochhäderich, hochtreten. Nach weiteren 300 Hm sind wir am höchsten Punkt der Tour, dem Berggasthof, angekommen. Ein Fußmarsch von weniger als 5 Min. bringt uns auf den Hochhäderich (1566 m). Hier sollten wir innehalten und uns an dem überwältigenden Panorama erfreuen. Der einzigartige Logenplatz des Berggasthofs rundet die bodenständigen Spezialitäten oder die hausgemachten Kuchen perfekt ab.

Nach einer kurzen Abfahrt auf dem bekannten Auffahrtsweg treffen wir auf eine Linkskehre, wo wir nach rechts auf einen Trail abzweigen. Ab hier beginnt ein kurzer Trailgenuss: flowig, aussichtsreich und ohne besondere Schwierigkeiten. Der weitere Wegverlauf führt uns nach einem Flachstück auf einem guten Schotterweg und später auf Asphalt steil hinauf zur Falkenhütte. Hinter der Hütte beginnt der schwierigste Teil der Tour: Es erwartet uns ein Singletrail mit zahlreichen Wurzeln, Stufen, Absätzen. Zunächst geht es steil bergab, anschließend folgt eine mehr oder weniger flache Hang-

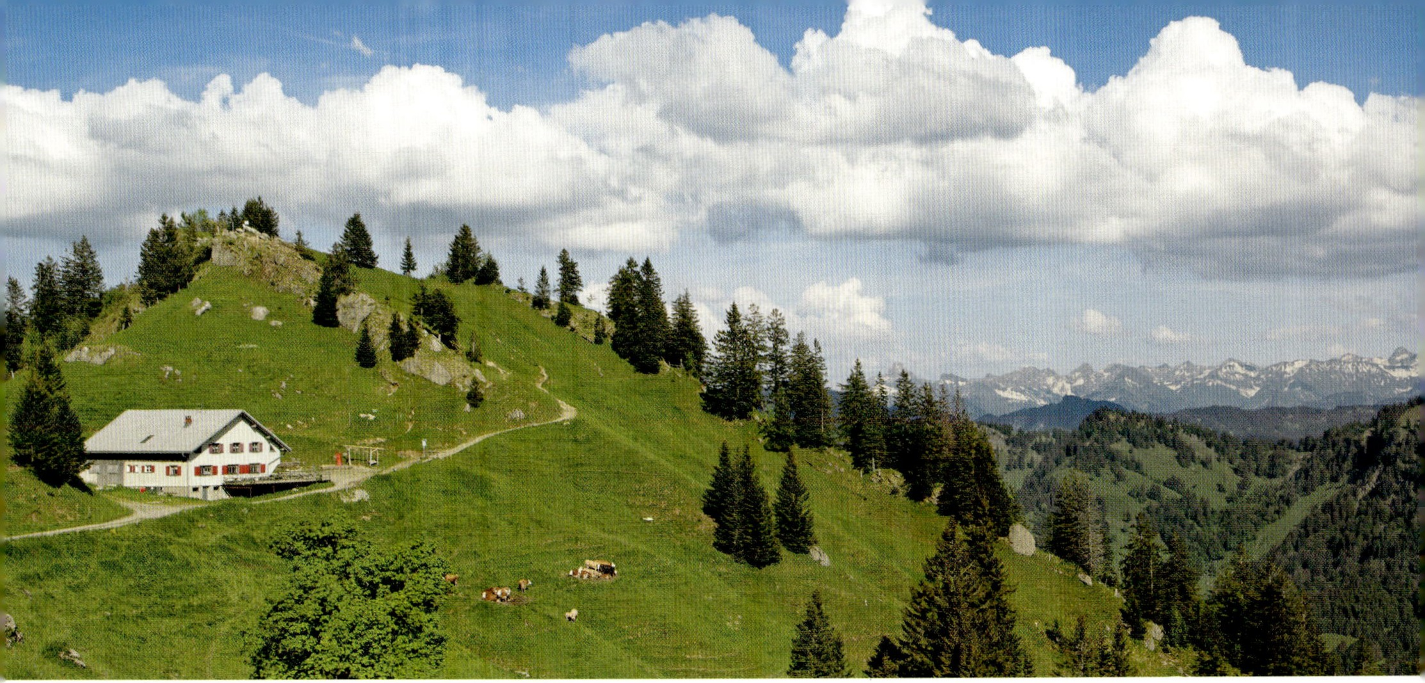

*Berggasthaus Hochhäderich und direkt dahinter der gleichnamige Gipfel.*

querung. Dieser Trail verlangt gewisse technische Fähigkeiten. Alternativ bietet sich die einfachere Variante über das Schneeloch an. Vorbei an mehreren urigen Alpen mit Einkehrmöglichkeit geht es zur Talstation der Hochgratbahn. Von hier folgen wir einem schönen Wanderweg entlang der Weißach und überqueren den Tarzansteg, bevor es hinauf in Richtung Steibis geht. Besonders auf dem letzten Stück durch den Golfplatz ist nochmals Helmpflicht angesagt: Vorsicht, fliegende Golfbälle!

**0,0** 891 m
Wir starten am kleinen **Parkplatz am Golfplatz (1)** gegenüber der »alten Käsküche« und folgen fortan der Beschilderung »Berggasthof Imberg«. Es geht an einer Schranke vorbei und weiter auf der wenig befahrenen Mautstraße. Die Waltnersalpe lassen wir rechts liegen.

**2,9** 1205 m
An der **Bushaltestelle Imberg (2)** haben wir die ersten Höhenmeter bezwungen und biegen nach rechts ab.

**3,3** 1209 m
Weiter geht es rechts auf einer Piste in Ri. »Kojen« auf dem »Alperlebnispfad« mit einem kleinen Kindersteinbruch und -klettersteig. Bitte Rücksichtnahme auf die Wanderer. Nach dem Erlebnispfad geht es gleich wenige Höhenmeter steil bergauf, jedoch wieder asphaltiert. An der Alpe Häuslers Gschwend fahren wir geradeaus.

**5,3** 1213 m
Nach einer kurzen Abfahrt erreichen wir die Alpe Glutschwanden, an der wir in Ri. »Kojen« geradeaus vorbei fahren. Am folgenden Abzweigen geradeaus.

**6,3** 1224 m
Das Gelände der **Moosalpe (3)** durchqueren wir geradeaus.

**7,1** 1209 m
Kurz nach der Kojenalpe biegen wir links ab und orientieren uns an der Beschilderung »Hochhäderich«.

**8,3** 1227 m
Wir umfahren das **Almhotel Hochhäderich (4)** und folgen der asphaltierten Auffahrt.

**9,2** 1320 m
An der Imbisstube Hennenmoos biegen wir nach links ab. Der Untergrund wechselt immer wieder zwischen Piste und Asphalt. An der Gehrenalpe halten wir uns links bergauf.

**10,1** 1398 m
In einer Rechtskehre befindet sich ein **Abzweig (5)**, den wir uns für die Abfahrt später merken. Wir fahren jetzt aber weiter bergauf.

**11,4** 1520 m
Am **Berggasthof Hochhäderich (6)** haben wir den höchsten Punkt der Tour erreicht. In wenigen Minuten gelangen wir zu Fuß zum Gipfel. Zurück geht es auf bekannter Strecke bis zum besagten Abzweig.

**12,6** 1398 m
Am **Abzweig (5)** fahren wir auf der Piste flach geradeaus unter einem Lift hindurch. Der Weg wird langsam zum Trail. Wir kommen an einer kleinen Hütte vorbei. Hier folgen wir der Beschilderung in Ri. »Hörmoosalpe«. Der Trail wird breiter.

**14,1** 1287 m
Wir biegen nach rechts auf die Piste ab, die gleich wieder zum Trail wird. Links sehen wir das Hubertushaus. Es geht an zwei Alpen vorbei.

**15,2** 1277 m
An der Teerstraße fahren wir rechts bergauf in Ri. »Falkenhütte«.

**15,8** 1337 m
Geradeaus bergauf. Den Abzweig »Schneeloch« merken sich diejenigen, die später den Trail von der Falkenhütte umfahren möchten.

**17,3** 1432 m
Nach einer Einkehr in der quirligen **Falkenhütte (7)** müssen wir uns entscheiden: Entweder nehmen wir die knackige Trailabfahrt oder die einfachere Abfahrt über Pisten

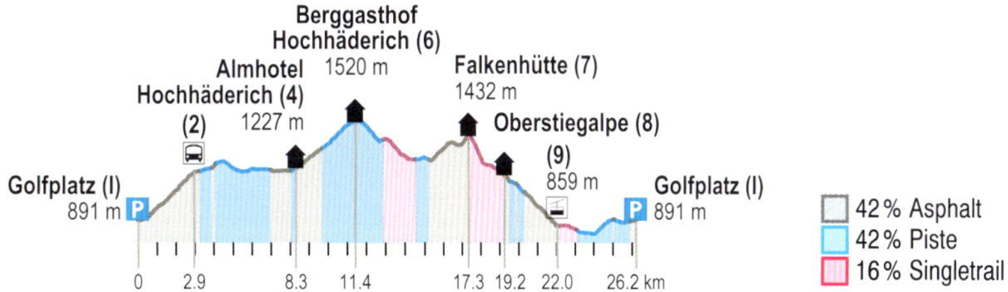

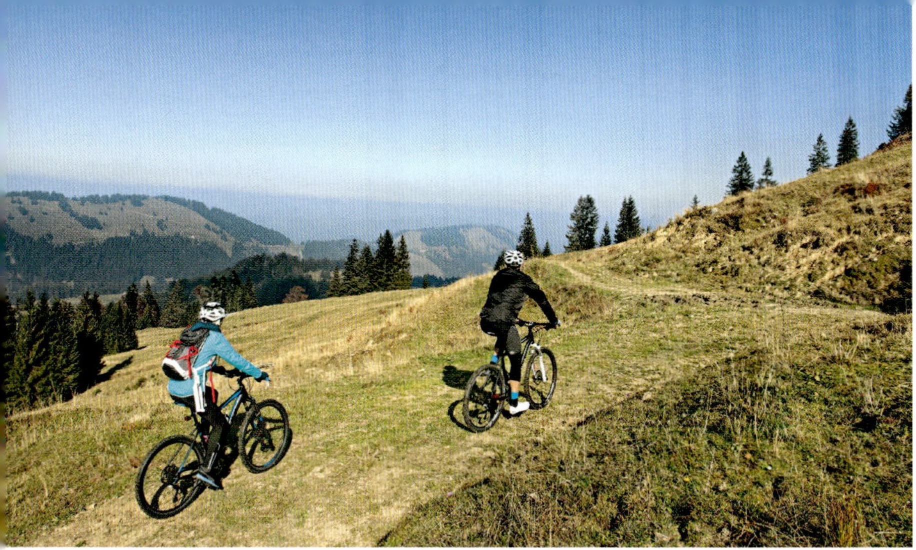

*Der Trailspaß kann beginnen ...*

und Asphaltwege. Gleich hinter der Falkenhütte geht es links über den Trail bergab in Ri. »Hochgrat Talstation«.

**18,0** 1275 m – Mitten auf der Wiese biegen wir nach rechts ab. Wem es bereits jetzt mit den Trails reicht, der kann auch geradeaus auf der einfacheren Variante weiterfahren.

**19,2** 1182 m – An der **Oberstiegalpe (8)** rechts in Ri. »Hochgrat Talstation«. Wir kommen an der Alpe Schilpere vorbei.

**20,3** 1075 m – Hier lassen wir es weiterhin geradeaus nach unten zur Talstation Hochgratbahn rollen. Die Untere Lauchalpe bleibt rechts liegen.

**22,0** 859 m – Hinter der **Talstation Hochgratbahn (9)** überqueren wir links eine kleine Brücke und folgen der Beschilderung »Tarzansteg« auf dem Wanderweg. Wir fahren entlang der Weißach. Später wird der Weg breiter. Am Abzweig geradeaus weiter, nicht über die Brücke.

**24,0** 809 m – Es geht links über den Tarzansteg weiter und noch ein letztes Mal bergauf. Der Beschilderung nach Steibis bzw. Golfplatz folgen. Nach dem Anstieg erreichen wir die Hauptstraße, die wir überqueren. Auf der linken Seite folgen wir dem Radweg quer über den Golfplatz, bis wir wieder am Ausgangspunkt angekommen sind.

**26,2** 891 m – Angekommen: **Parkplatz am Golfplatz (1)**.

**Variante:**

Von der Falkenhütte fahren wir etwa 1,5 km zurück zum Abzweig »Schneeloch«. Hier biegen wir rechts auf eine Piste ein. Wir fahren an der **Schneelochalpe** vorbei und weiter über eine Wiese zur Ziehenalpe. Zunächst geht es auf Schotter und später auf Asphalt steil bergab. Nach einem kurzen, aber mühsamen Gegenanstieg zur Mittleren Stiegalpe rollt es schon wieder bergab. An der urigen Unterstiegalpe können wir uns – falls nötig – nochmals für die letzten Kilometer stärken. Wir überqueren einen kleinen Bach und folgen nun wieder der Hauptroute.

# 5 Nagelfluhrunde West

**Strecke**
39,1 km, 6.00 Std., 1790 Hm, tiefster/höchster Punkt 757/1726 m, mittlere Steigung 13 %, maximale Steigung 29 %.

**Anspruch**
Kondition: ●●●●●
Fahrtechnik: ●●●○○

**E-Bike** ○○

**Verpflegungsmöglichkeiten**
Untere Lauchalpe: siehe Tour 4; Staufner Haus: Anfang Mai bis Ende Okt., www.staufner-haus.de; Bergrestaurant Hochgrat: https://hochgrat.de/einkehren/einkehren-mit-ausblick; Scheidwangalpe: Ende Mai bis Mitte Okt., Tel. +49 8321 3324; Jausenstation Neuschwand: Mai bis Okt., Di Ruhetag, Tel. +43 664 1615074; Alpengasthof Höfle: Ende Mai bis Mitte Okt., Mo Ruhetag, www.hoeflegasthof.com; Hochwiesalpe; Berggasthof Hochbühl: Mi Ruhetag, www.berggasthof-hochbuehl.de; Imberghaus: siehe Tour 4; Alpe Remmelegg: nur am Wochenende geöffnet, Tel. +49 1515 2531295.

**Anfahrt/Ausgangspunkt**
Von der A7 kommend am »Kreuz Allgäu« abfahren und weiter der Beschilderung nach Immenstadt folgen. Auf der B308 nach Oberstaufen. In Oberstaufen der Beschilderung nach »Steibis« folgen, durch Steibis hindurch, weiter dem Schild »Hochgratbahn« nach. Großer Parkplatz an der Talstation. Exakter Ausgangspunkt: direkt unter den Seilen der Hochgratbahn.

**Karte**
f&b WK 364.

**Resümee**
Die verdammt steile »Höllenauffahrt« zum Hochgrat bildet den Auftakt dieser langen, kräftezehrenden Rundtour um den Westteil der Nagelfluhkette. Der zweite Anstieg lässt nicht lange auf sich warten. Belohnt werden wir jedoch mit traumhaften Ausblicken, langen Abfahrten und etlichen Einkehrmöglichkeiten. Diese Tour sollte man unbedingt mal gemacht haben!

**Bike & Hike**
Von der Bergstation der Hochgratbahn lässt sich der Hochgrat (1832 m) ohne Schwierigkeiten in ca. 20 Min. zu Fuß besteigen. Für den grandiosen Ausblick vom höchsten Gipfel der Nagelfluhkette lohnt sich der Abstecher allemal!

**Hinweis**
Tour 5 kann gut mit Tour 6 zu einer extrem langen Rundtour um die gesamte Nagelfluhkette kombiniert werden. Die anstrengende Auffahrt zum Hochgrat fällt dann weg, gestartet wird ebenfalls an der Talstation Hochgratbahn. Die Tour wird im Uhrzeigersinn empfohlen. Grober Streckenverlauf: Talstation Hochgratbahn – Alpe Mittelberg – Mittag – Gunzesrieder Säge – Alpe Scheidwang – Lecknertal – Hennenmoosalpe – Bergstation Imberg – Talstation Hochgratbahn.

Aus der relativ bekannten, etwa 20 km langen Nagelfluhkette ragen zwei Gipfel besonders hervor: der Hochgrat und das Rindalphorn. Beide fallen nach Norden mit den typisch schräg geschichteten Steilflanken aus Nagelfluh ab, während die Südseiten des gesamten Kammes deutlich flacher sind. Der Gipfel des Hochgrats markiert mit 1832 m den höchsten Punkt des Massivs. Diese Tour führt uns

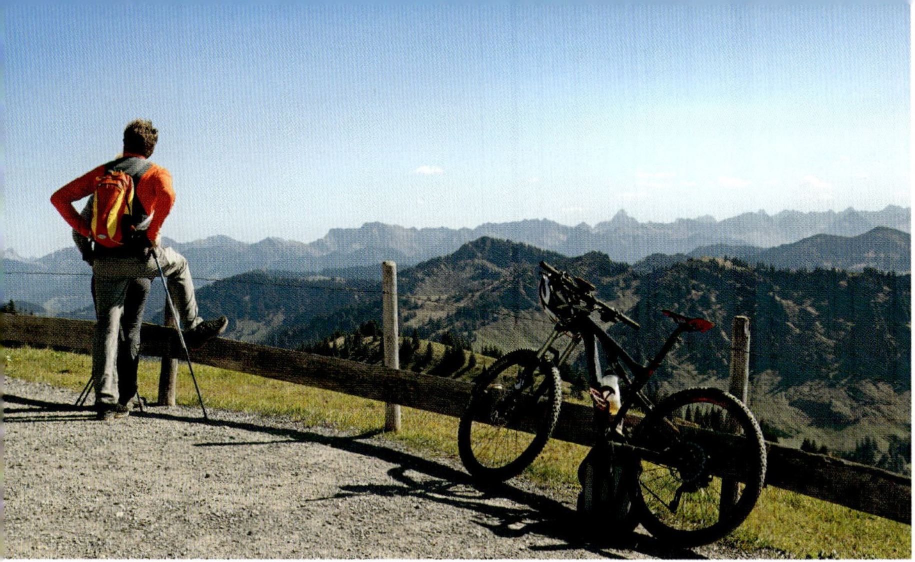

*Ein »hochgratiges« Panorama von der Bergstation aus.*

bis knapp unterhalb des Gipfels. Geradezu typisch für das Allgäuer Bikerevier sind ein hoher Anteil an asphaltierten Wegen sowie sehr steilen Auffahrten auf oft schlechten Schotterpisten gesäumt von zahlreichen Alpen am Wegesrand. All dies trifft perfekt auf die hier beschriebene Tour, insbesondere auf die Auffahrt zum Hochgrat, zu.

Wir starten an der Talstation der Hochgratbahn. Vor uns liegt die steile Nordseite des Hochgrats. Gleich zu Beginn bekommen wir die grammatikalische Steigerung steil, steiler, am steilsten am eigenen Leib zu spüren. Diese gefürchtete Auffahrt gilt unter den einheimischen Mountainbikern zu Recht als einer der heftigsten Anstiege des gesamten Allgäus. Auf einer Streckenlänge von 6 km bewältigen wir einen Höhenunterschied von knapp 870 m mit Steigungen um die 30 % auf einem teilweise üblen Untergrund. An der Oberen Lauchalpe haben wir bereits das erste Steilstück geschafft. Hier heißt es tief durchatmen, denn wer seinen Blick gen Himmel schweifen lässt, wird bemerken, dass der Weg gleich nochmal gewaltig steil nach oben zur Bergstation zieht. Wer die gesamte Auffahrt packt, ohne vom Sattel zu müssen, darf sich zur absoluten Bike-Elite zählen. Doch wer erst einmal oben angekommen ist, egal wie, wird von der grandiosen Fernsicht überwältigt sein. Die perfekte 360-Grad-Sicht gibt es jedoch erst nach einem kurzen Bike & Hike oben am Gipfel des Hochgrats. Mit etwas Glück können wir die Paraglider beobachten, wie sie mit Leichtigkeit ins Tal hinabschweben.

Auch für uns geht es nun wieder hinab. Auf einem sehr leichten Trail fahren wir den Hang unterhalb des Hochgratgipfels in Richtung Südosten entlang und schließlich hinab zur Oberen Gelchenwangalpe. Von hier lassen wir es auf einem Asphaltweg zur Scheidwangalpe rollen. Die Alpe stellt den Übergang zwischen dem Gunzesrieder Tal (Aubachtal) und dem Lecknertal dar. An schönen Tagen kommen viele Rennradfahrer von Sonthofen aus dem Illertal hier herauf. Für die Rennradler stellt die Scheidwangalpe die Endstation dar, doch für uns beginnt hier eine lange, leicht fallende Abfahrt durch das Lecknertal bis nach Hittisau bzw. Bolgenach.

Es geht an mehreren Einkehrmöglichkeiten und am Leckner See vorbei. Der kleine See liegt etwa auf einer Höhe von 1000 m und weist eine Wassertiefe von lediglich 3 m auf. Bei genauerem Hinsehen werden wir wunderbare Spiegelungen der umliegenden Berge auf der Wasseroberfläche beobachten können.

In Bolgenach haben wir den tiefsten Punkt der Tour erreicht, was bedeutet, dass vor uns die zweite Auffahrt liegt. Wir folgen der Beschilderung in Richtung »Hochhäderich«. Ein kleines asphaltiertes Sträßchen bringt uns hinauf zur Hennenmoosalpe. Die größten Anstrengungen liegen bereits hinter uns. Zunächst geht es durch das kleine Skigebiet hinab zum Almhotel Hochhäderich und flach weiter zur Hochwiesalpe. Es folgt eine sehr kurze Abfahrt zum Lanzenbach und ein letztes Mal heißt es für wenige Meter bergaufradeln. Vorbei am Berggasthof Hochbühl, an der Bergwachthütte und weiter zur Bergstation Imberg. Von da an geht es nur noch bergab. Das Bikeverbotsschild gilt für den linken oberen Weg. Trotzdem ist es sehr gerne gesehen, wenn die ersten paar Meter bis zur ersten Alpe auf der linken Seite geschoben oder zumindest sehr vorsichtig und rücksichtsvoll gefahren werden. Der weitere Wegverlauf ist stellenweise recht steil, was ein ebenfalls angepasstes Fahren erfordert. Die letzten Meter verlaufen auf der Teerstraße zurück zur Hochgratbahn.

*Durch das wildromantische Lecknertal. Rechts die Südseite der Nagelfluhkette.*

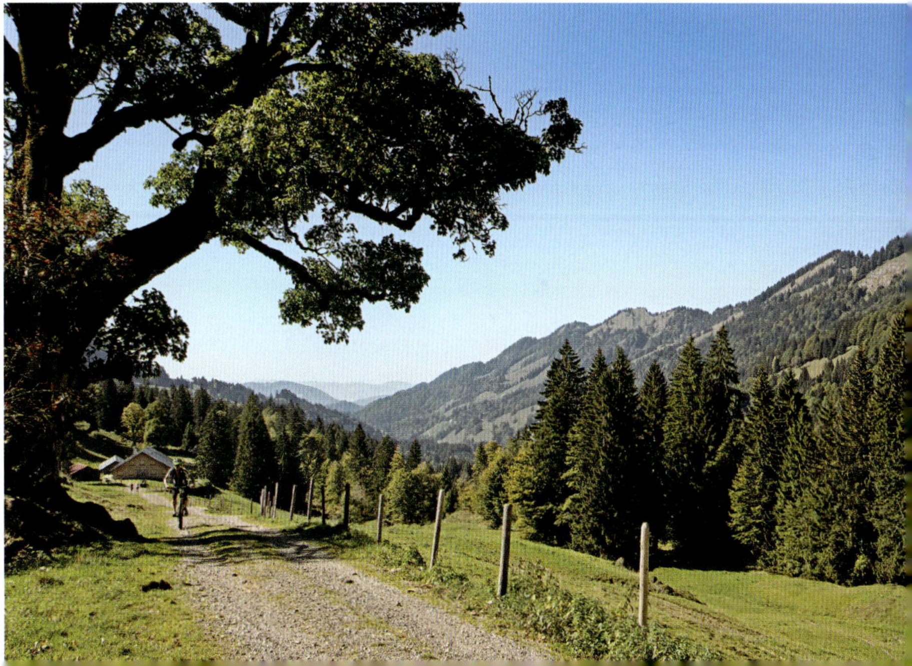

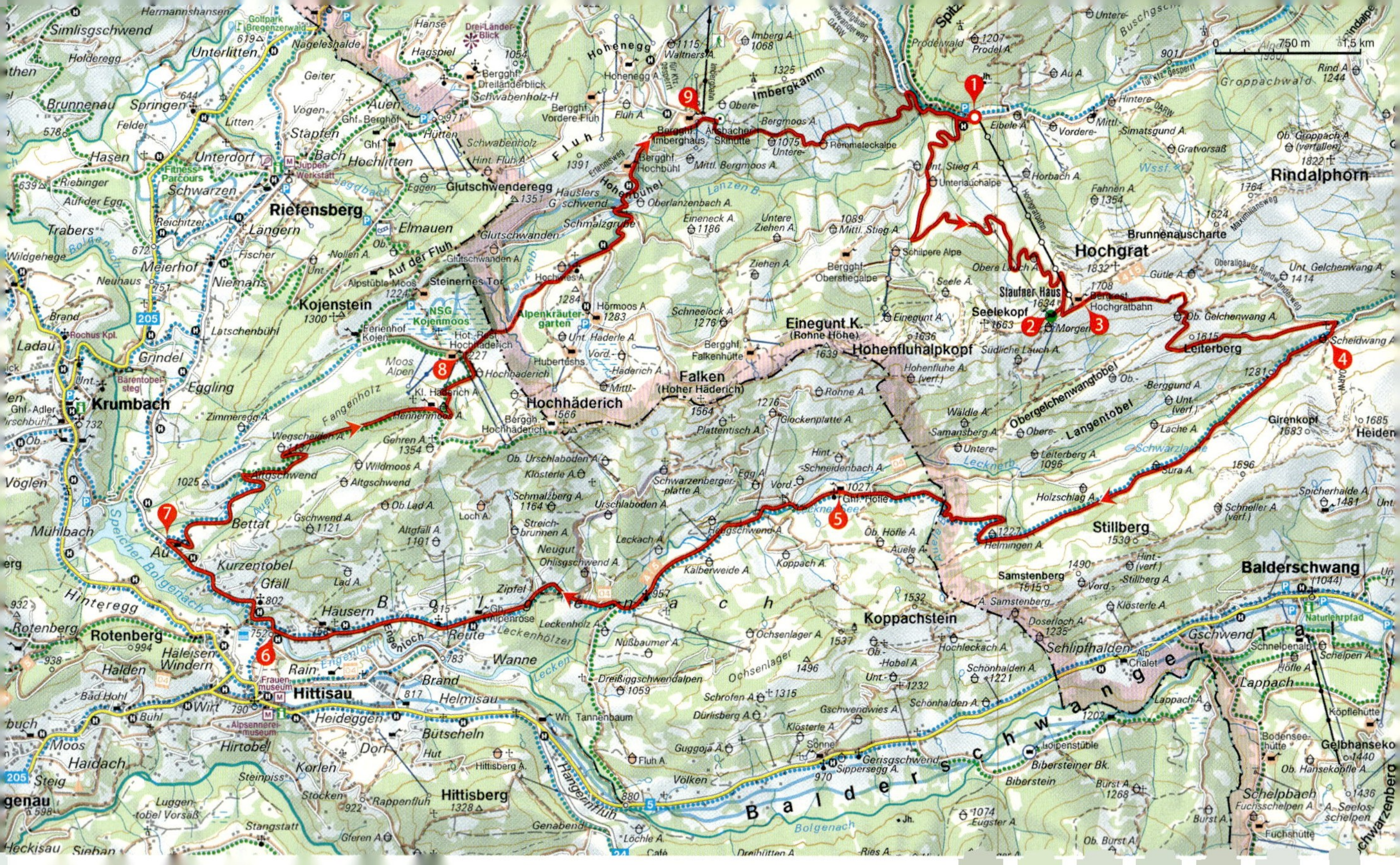

750 m
1,5 km
Hermannshansen
Simlisgschwend
Golfpark Bregenzerwald
Unterlitten
Nageleshalde
Drei-Länder-Blick
Hagspiel
Bergghf. Dreiländerblick
Schwabenholz-H
Hohenegg
Imberg A.
Imbergkamm
Spitz
Prodel A.
Untere
Buschgschwend
Rindalphorn
Groppachwald
Holderegg
Brunnenau
Springen
Litten
Auen
Vögen
Stapfen
Bach
Hochlitten
Unterdorf
Hasen
Felder
Riebinger
Fitness Parcours
Schwarzen
Riefensberg
Längern
Elmauen
Glutschwenderegg
Glutschwanden
Auf der Fluh
Traders
Meierhof
Niemans
Fischer
Kojenstein
Steinernes Tor
Alpstüble-Moos
NSG Kojenmoos
Alpenkräutergarten
Hörmoos A.
Schneelock A.
Einegunt K. (Rohne Höhe)
Hohenfluhalpkopf
Hochgrat
Staufner Haus
Seelekopf
Hochgratbahn
Brunnenauscharte
Ob. Gelchenwang A.
Leiterberg
Scheidwang A.
Girenkopf
Heiden
Bergghf. Imberghaus
Bergghf. Hochbühl
Hohenbühl
Schmalzgrube
Fluh
Oberlanzenbach A.
Eineneck A.
Untere Ziehen A.
Mittl. Stieg A.
Schilpere Alpe
Unterlauchalpe
Bergghf. Oberstiegalpe
Bergghf. Falkenhütte
Falken (Hoher Häderich)
Hochhäderich
Hot.-Rest. Hochhäderich
Hubertushs
Krumbach
Latschenbühl
Rochus Kpl.
Ladau
Grindel
Eggling
Bärentobelsteg
Fangenholz
Wegscheiden A.
Zimmeregg A.
Altgschwend
Wildmoos A.
Vöglen
Mühlbach
Bettat
Au
Kurzentobel
Gfäll
Häusern
Zipfel
Alpenrose
Reute
Wanne
Leckenhölzer
Rotenberg
Häleisen
Windern
Halden
Hittisau
Frauenmuseum
Alpsennerei-museum
Heideggen
Bütscheln
Helmisau
Brand
Dorf
Hut
Hittisberg
Moos
Haidach
Hirtobel
Korlen
Steig
Rappenfluh
Stangstatt
Hangenfluh
Balderschwang
Gschwend
Lappach
Schlipfhalden
Koppachstein
Samstenberg
Stillberg
Helmingen A.
Lecknersee
Ghf. Höfle
Schwarzenberger-platte A.
Urschlaboden A.
Glockenplatte A.
Plattentisch A.
Obergelchenwangtobel
Langentobel
Schwarzlach
Holzschlag A.
Sura A.
Spicherhalde A.
Ochsenlager
Schönhalden A.
Dreißiggschwendalpen
Loipenstüble
Bibersteiner Bk.
Biberstein
Sippersegg A.
Gerisgschwend
Völken
Tannenbaum
Bolgenach
Naturlehrpfad
Schelpbach
Gelbhansekopf
Schnelpenalpe
Bodenseehütte
Fuchshütte
Balderschwanger Tal

**0,0**
859 m

Wir starten direkt unter den Seilen der **Talstation Hochgratbahn (1)** und fahren auf der Teerstraße wenige Meter in Ri. Westen. Am ersten Abzweig links ab und fortan bergauf. Wir orientieren uns an der Beschilderung »Staufner Haus, Hochgrat«.

**1,2**
985 m

An der Unteren Lauchalpe geradeaus weiter.

**1,8**
1059 m

Am Waldrand in einer Kehre nach links bergauf. Ab hier verlässt uns der Asphalt, es wird auf der Schotterpiste mühsamer. Wir gelangen in einen Kessel, den wir in einem Bogen ausfahren. Es geht an der Materialseilbahn des Staufner Hauses vorbei.

**4,3**
1411 m

An der Oberen Lauchalpe heißt es durchatmen: Die ersten Steilstücke liegen zwar hinter uns, doch es erwarten uns weitere und noch steilere Rampen.

**5,3**
1623 m

Entweder fahren wir am Abzweig gleich weiter geradeaus und quälen uns die letzten Höhenmeter nach oben oder wir biegen hier zum **Staufner Haus (2)** ab und stärken uns. Die Bergstation ist zum Greifen nahe.

**6,0**
1708 m

Wir fahren an der **Bergstation Hochgrat (3)** vorbei und nehmen den unteren Wanderweg in Ri. »Scheidwangalpe«. Wir queren zunächst den Südhang unterhalb des Gipfels, bevor es bergab geht.

*Bike & Hike: Von hier erreichen wir zu Fuß in knapp 20 Min. den Gipfel des Hochgrats.*

**7,5**
1575 m

An der Oberen Gelchenwangalpe geht es auf dem Teerweg weiter in Ri. »Scheidwangalpe«. Wir sehen schon den kurzen Gegenanstieg, den wir nach wenigen Minuten erklommen haben. Bis zur Scheidwangalpe blei-

*Rast im Lecknertal.*

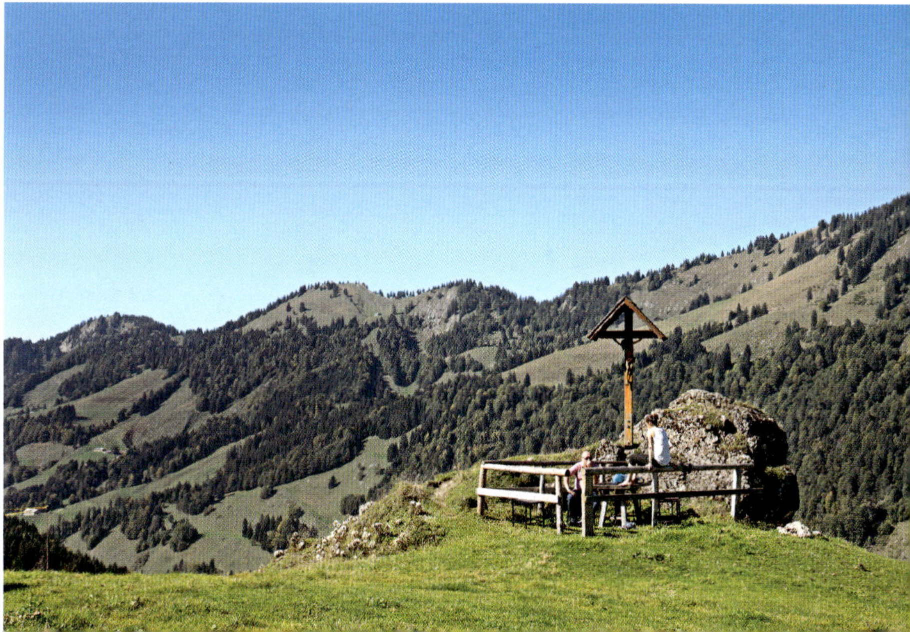

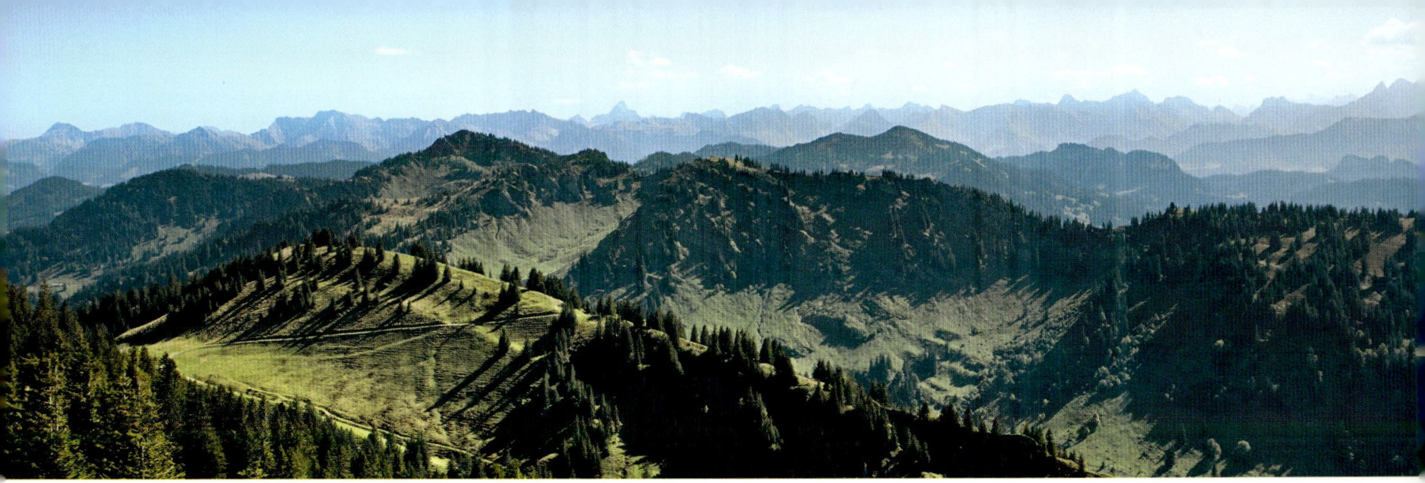

*Ein majestätischer Blick auf die Allgäuer Alpen.*

ben wir stets auf diesem Teerweg.

**10,2** 1307 m Wir erreichen die **Scheidwangalpe (4)**, hier westlich in Ri. »Lecknersee/Helmigenalpe«. Während der folgenden Kilometer wechselt der Untergrund immer wieder zwischen Schotter und Teer. In etwa 800 m halten wir uns links.

**12,5** 1246 m Wir fahren an der Sura-Alpe geradeaus weiter.

**14,4** 1232 m An der Helmigenalpe vorbei in Ri. »Lecknersee/Hittisau«. Jetzt geht es auf einem Asphaltweg rechts bergab. Wir lassen die Jausenstation Neuschwand links liegen.

**16,9** 1030 m Wir überqueren geradeaus das Gelände der **Höflealpe (5)**. Weiter wie Beschilderung und vorbei am Lecknersee. Wir folgen stets der Beschilderung nach Hittisau.

**23,6** 757 m An der **Hauptstraße (6)** fahren wir rechts bergauf in Ri. »Riefensberg«.

**25,2** 812 m Nachdem wir eine Brücke überquert und ein rot geschindeltes Hotel passiert haben, beginnt die **Auffahrt Hochhäderich (7)**. Es geht scharf rechts bergauf in Ri. »Hochhäderich«.

**27,1** 998 m Wir biegen nochmals scharf nach rechts in Ri. »Hennenmoosalpe« ab und folgen der Radbeschilderung.

**29,9** 1312 m An der Hennenmoosalpe haben wir die zweite Auffahrt des Tages geschafft. Von hier lassen wir es zum Almhotel Hochhäderich hinunterrollen.

30,9
1227 m

Direkt am Schleppliftthäuschen neben dem **Almhotel Hochhäderich (8)** biegen wir nach rechts in Ri. »Hochwies« ab. An den folgenden Abzweigen immer der Beschilderung folgen. Wir nehmen Rücksicht auf die Wanderer.

32,4
1222 m

An der Hochwiesalpe fahren wir geradeaus weiter in Ri. »Hochbühl«. Die Teerstraße führt uns hinab zum Lanzenbach, ein kurzer Anstieg bringt uns zum schon sichtbaren Berggasthof Hochbühl. Von hier aus folgen wir der Beschilderung zur Bergstation Imberg.

35,1
1220 m

Wir erreichen die **Bergstation Imberg (9)**. Für heute geht es nur noch bergab. Östlich der Bergstation teilt sich der Weg. Wir nehmen die Abfahrt bergab. Der linke Weg ist für Biker gesperrt. Es geht an der Alpe Remmelegg vorbei. Schon bald wird die Abfahrt steiler.

38,2
837 m

Es geht auf der Zubringerstraße der Talstation Hochgratbahn scharf nach rechts weiter.

39,1
859 m

Wir haben die **Talstation Hochgratbahn (1)** erreicht.

*Der 200 Jahre alte Alpengasthof Höfle im Lecknertal.*

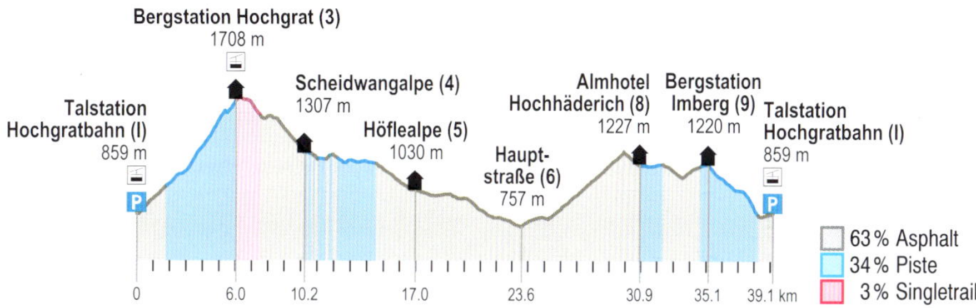


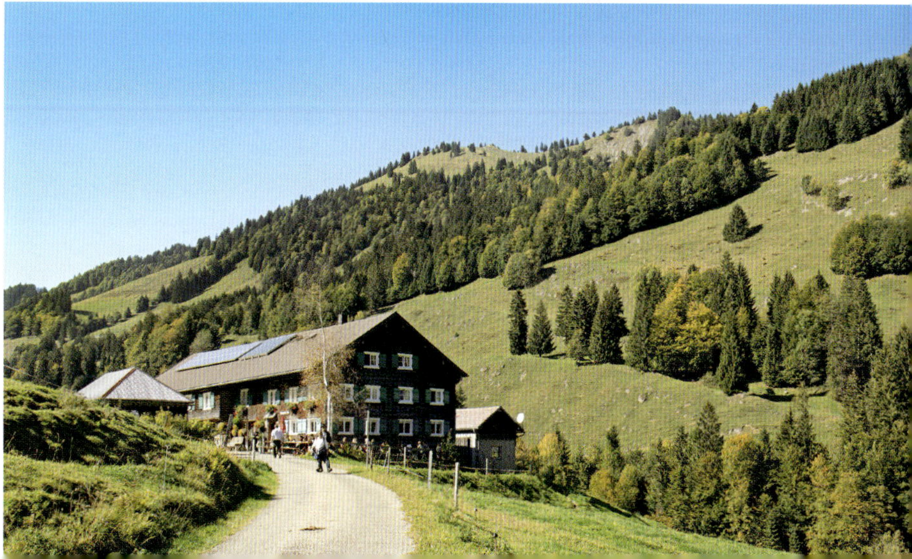

# 6 Nagelfluhrunde Ost

**Strecke**
42,3 km, 7.00 Std., 2100 Hm, tiefster/höchster Punkt 859/1727 m, mittlere Steigung 12 %, maximale Steigung 25 %.

**Anspruch**
Kondition: ●●●●●
Fahrtechnik: ●●●●○

**E-Bike** ○○

**Verpflegungsmöglichkeiten**
Mittlere Simatsgundalpe; Alpe Unteregg: siehe Tour 3; Alpe Mittelberg: Anfang Juni bis Mitte Okt., www.alpe-mittelberg.de; Rasthaus am Mittag (Mittelstation): http://rasthaus-am-mittag.de; Gipfelwirt am Mittag (Bergstation): Tel. +49 8323 3555; Sennalpe Gerstenbrändle: Mo Ruhetag, www.gerstenbrändle.de; Scheidwangalpe, Bergrestaurant Hochgrat, Staufner Haus: siehe Tour 5.

**Anfahrt/Ausgangspunkt**
Von der A7 kommend am »Kreuz Allgäu« abfahren und weiter der Beschilderung nach Immenstadt folgen. Auf der B308 nach Oberstaufen. In Oberstaufen der Beschilderung nach »Steibis«, durch Steibis hindurch, weiter der Beschilderung »Hochgratbahn« folgen. Großer Parkplatz an der Talstation. Exakter Ausgangspunkt: direkt unter den Seilen der Hochgratbahn.

**Karte**
LDBV UK50-47.

**Resümee**
Eine der konditionell wahrscheinlich anstrengendsten Touren in diesem Bike Guide. Die drei Auffahrten – zur Alpe Mittelberg, zum Mittag und zum Hochgrat – werden ihren Tribut fordern. Zwischendurch sorgen die steile Abfahrten und der kurze Trail für den Adrenalinkick. Die strategisch perfekt gelegenen Alpen versorgen uns mit ausreichend Energiezufuhr. Wer diese Rundtour geschafft hat, darf wahrlich stolz auf sich sein.

**Bike & Hike**
Von der Bergstation der Hochgratbahn lässt sich der Hochgrat (1832 m) ohne Schwierigkeiten in ca. 20 Min. zu Fuß besteigen. Für den grandiosen Ausblick vom höchsten Gipfel der gesamten Nagelfluhkette lohnt sich der Abstecher allemal!

**Hinweis**
Kombinierbar mit Tour 5, Infos siehe dort.

Der Schlachtruf dieser grandiosen Rundtour um den östlichen Teil der Nagelfluhkette lautet: lang und extrem knackig. Diese Tour rangiert in diesem Bike Guide im Bereich der Superlative, was Strecke, Höhenmeter und Kondition angeht. Eben ein echter Allgäuer Konditionstest!

Es erwarten uns nicht weniger als drei Auffahrten, die sich in ihrer Intensität beträchtlich steigern. Der erste Anstieg bis zur Alpe Mittelberg (1369 m) erweist sich zwar mit 11 km als wahrer Kilometerfresser, weist aber eine moderate Steigung auf. Die zweite Auffahrt – hoch zum Mittag und zum Bärenköpfle (1476 m) – spricht schon gänzlich andere Bände, denn diese 500 Hm müssen wir uns in durchwegs steilem Gelände erarbeiten. Doch der wahre Auffahrtshöhepunkt steht uns noch bevor. Schlussendlich zäumen wir nämlich den Hochgrat von hinten, also von der

Südseite her auf. Bis zur Scheidwangalpe (1307 m) ist es zwar stellenweise auch schon recht steil, dennoch gut fahrbar. Nach einer kurzen Verschnaufpause an der Alpe geht es dann endlich richtig zur Sache. Auch wenn die südliche Auffahrt den besseren Ruf als die Nordauffahrt genießt, bleibt uns hier nichts erspart. Ein quälend steiler Teerweg vorbei an alten Bäumen und herumliegenden Gesteinsbrocken aus Nagelfluh bringt uns zur Oberen Gelchenwangalpe (1575 m). Hier endet der Asphalt und es geht auf einem schottrigen Trail nach oben. Nur sehr wenige Biker werden diesen Weg bis zur Bergstation der Hochgratbahn an einem Stück hochdrücken können, denn die kurzen, aber steilen Passagen und die kleinen Stufen erschweren das Durchhalten immens. Mit dicken Oberschenkeln erreichen wir die Bergstation. Hier ist aufgrund der Seilbahn meist viel los. Auf die zahlreichen Wanderer nehmen wir selbstverständlich Rücksicht und fahren an ihnen mit ausreichend Abstand und angepasstem Tempo vorbei.

Wer das Gipfelglück sucht und noch genug Motivation und Kraft hat, kann zu Fuß in etwa 20 Min. zum Gipfel des Hochgrats hinaufsteigen. Die Schinderei wird mit einem überragenden »hochgratigen« Ausblick auf die Allgäuer, Österreichische und sogar Schweizer Bergwelt sowie ins Alpenvorland und auf den Bodensee belohnt. Gipfel wie Zugspitze, Hochvogel, Großer Krottenkopf, Trettach, Biberkopf, Großer Widderstein, Hoher Ifen, Schesaplana, Altmann und Säntis, um nur ein paar namhafte Berge zu erwähnen, sind perfekt auszumachen.

Ansonsten suchen wir sofort das naheliegende Staufner Haus zur verdienten Einkehr auf. Hier können wir auf der Terrasse in aller Ruhe unseren Puls auf ein normales

*Ein Traumpanorama auf die Allgäuer Alpen.*

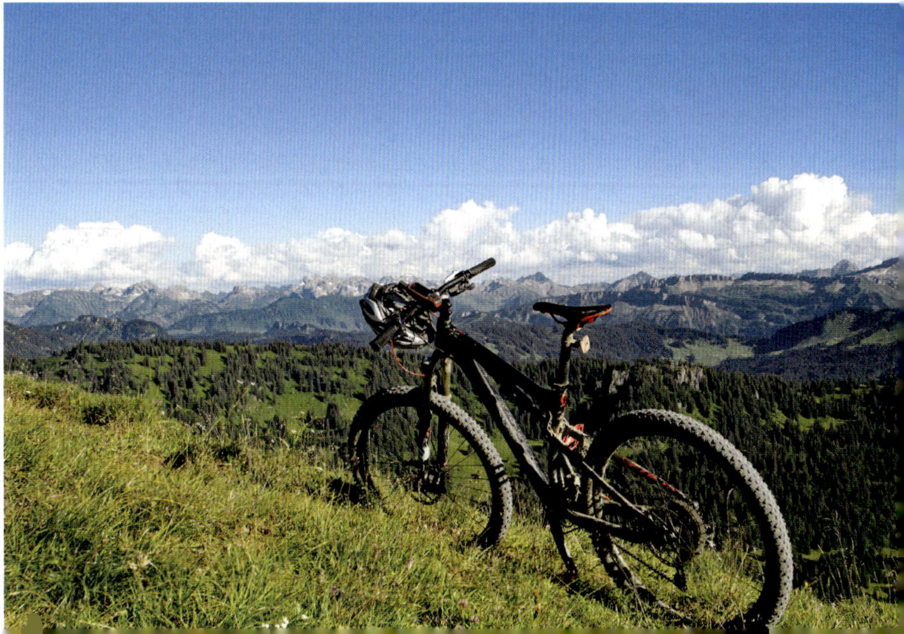

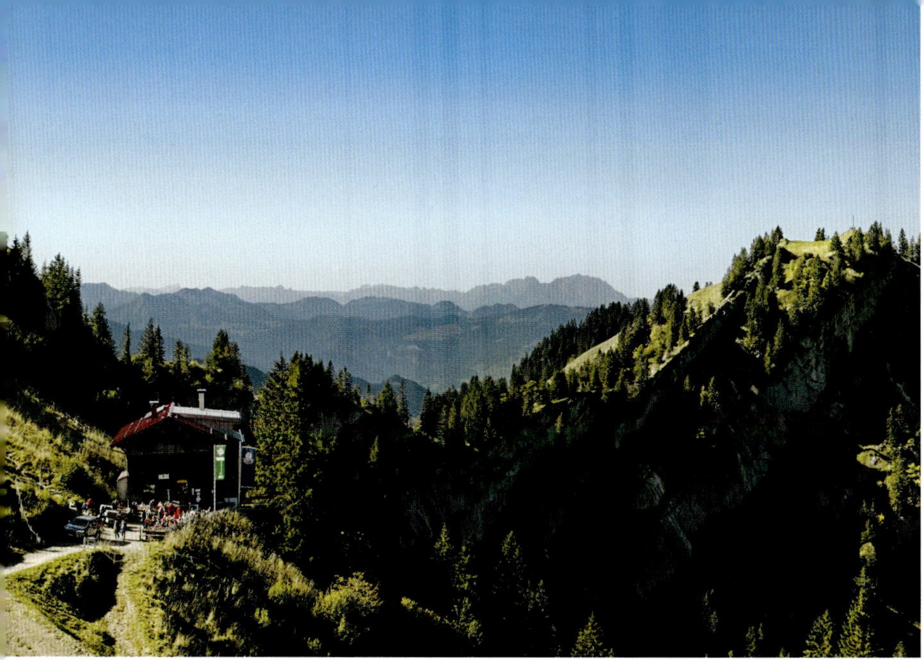

*Staufner Haus mit Seelekopf und Säntis im Hintergrund.*

Niveau senken und unser Mineraldefizit mit einem kühlen Bier (selbstverständlich alkoholfrei!) wieder normalisieren. Ohne jegliche Anstrengungen, jedoch mit etwas Geschick und Konzentration, manövrieren wir uns die extrem steile Abfahrt hinab zum Parkplatz an der Talstation.

Neben all diesen sportlichen Herausforderungen hat die Rundtour noch weitaus mehr zu bieten. Stundenlange Hochgenüsse in überwältigender Landschaft sind garantiert. Zu Beginn streifen wir zwischen Nagelfluhkette und Prodel durch das wildromantische Weißachtal, das vielen auch als Ehrenschwanger Tal bekannt ist. Es geht an der Alpe Unteregg und am Jagdhaus der Grafen von Waldburg-Zeil vorbei. Unmittelbar nach der Alpe Mittelberg durchqueren wir das Seifenmoos, ein kleines Hochlagenmoor mit der Besonderheit, dass sich hier die europäische Wasserscheide und gleichzeitig das Quellgebiet der Weißach befinden. Das Biotop wird seit Langem von der landwirtschaftlichen Nutzung ausgespart. Nach einer rasanten Abfahrt durch das Steigbachtal und der Auffahrt durch das Skigebiet zum Mittag erwartet uns eine schöne Abfahrt vor herrlicher Kulisse. Zu Beginn und gegen Ende erwarten uns Einlagen mit Trailcharakter. Der Trail am Schluss ist jedoch mit etwas Vorsicht zu genießen, denn es geht über Wurzeln, kleine Stufen, Treppen und Nagelfluhgestein. Wer sich nicht sicher fühlt, schiebt lieber ein paar Meter. Von der Gunzesrieder Säge fahren wir am Aubach entlang durch das von Nagelfluhgipfeln eingerahmte malerische und beschauliche Hochtal. Alles in allem eine perfekte Biketour!

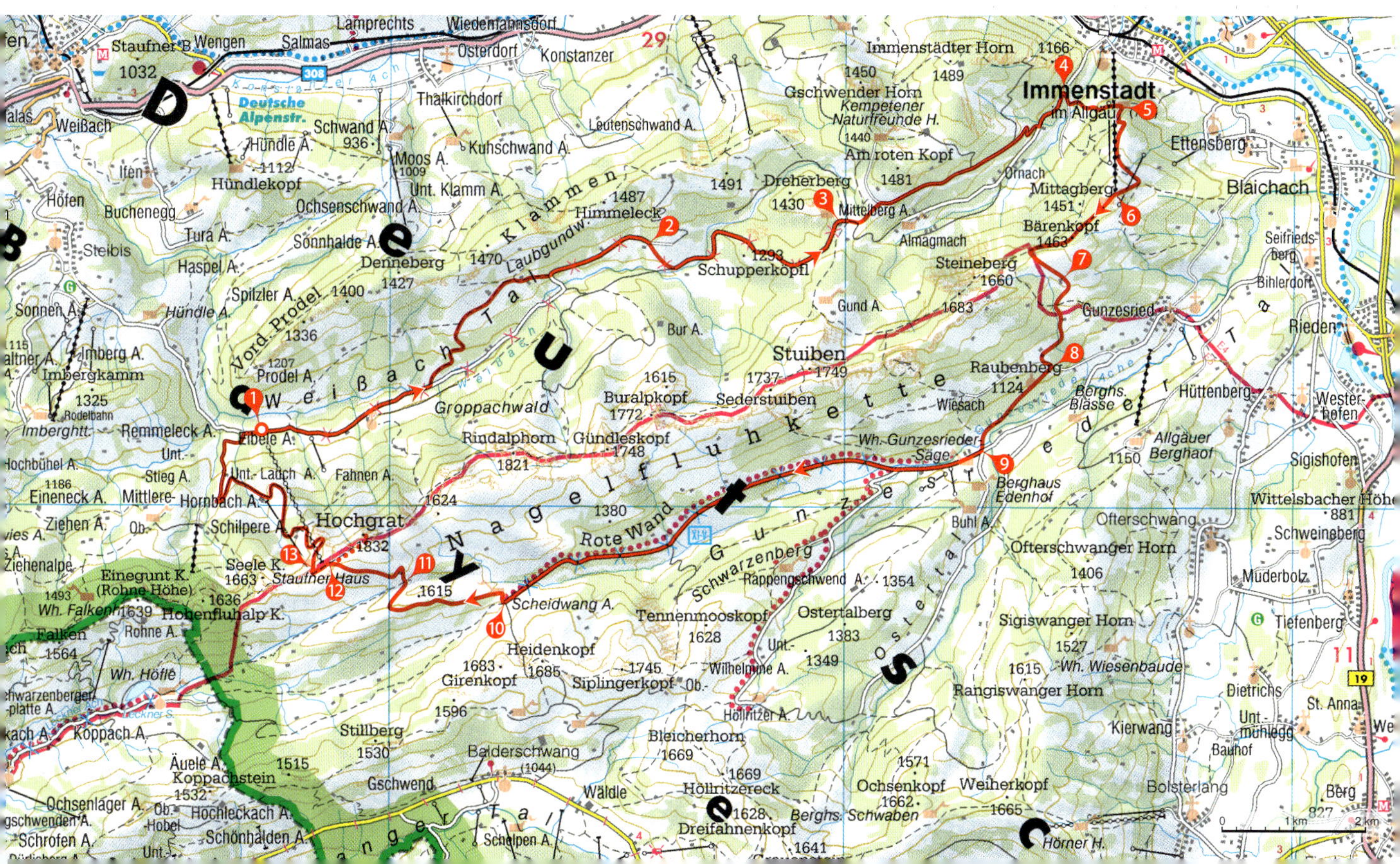

Immenstadt im Allgäu
Immenstädter Horn
Gschwender Horn
Kempetener Naturfreunde H.
Am roten Kopf
Dreherberg
Mittelberg A.
Mittagberg
Bärenkopf
Steineberg
Ettensberg
Blaichach
Gunzesried
Rieden
Stuiben
Raubenberg
Sederstuiben
Buralpkopf
Gündleskopf
Rindalphorn
Hochgrat
Staufner Haus
Seele K.
Rote Wand
Nagelfluhkette
Scheidwang A.
Heidenkopf
Girenkopf
Siplingerkopf
Tennenmooskopf
Schwarzenberg
Ostertalberg
Wh. Gunzesrieder-Säge
Berghaus Edenhof
Ofterschwang
Ofterschwanger Horn
Sigiswanger Horn
Rangiswanger Horn
Wh. Wiesenbaude
Allgäuer Berghaof
Hüttenberg
Westerhofen
Sigishofen
Tiefenberg
Kierwang
Dietrichs
St. Anna
Bolsterlang
Weiherkopf
Ochsenkopf
Höllritzereck
Dreifahnenkopf
Bleicherhorn
Balderschwang
Stillberg
Koppachstein
Hohenfluhalp K.
Eineguntn K. (Rohne Höhe)
Wh. Falkenhütte
Wh. Höfle
Weißach
Schupperköpfl
Himmeleck
Laubgundw.
Klammen
Weißach Tal
Groppachwald
Denneberg
Vord. Prodel
Prodel A.
Eibele A.
Imberg A.
Imbergkamm
Steibis
Hündlekopf
Thalkirchdorf
Oberstaufen
Staufner B.
Wengen
Salmas
Lamprechts
Wiedemannsdorf
Osterdorf
Konstanzer
Deutsche Alpenstr.
Deutsche Alpenstr.

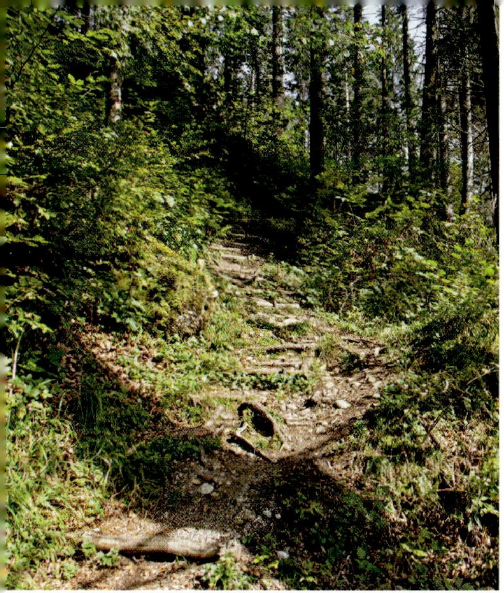

*Kurze Traileinlage hinab zur Gunzesrieder Säge.*

**0,0** 859 m – Wir starten direkt unter den Seilen der **Talstation Hochgratbahn (1)** und fahren auf der Teerstraße am großen Parklatz entlang in Ri. Osten. Im Weißachtal bleiben wir stets auf der Teerstraße.

**1,5** 921 m – Geradeaus an der Alpe Simatsgund und der kleinen Kapelle vorbei.

**2,6** 912 m – Direkt nach einer Schranke fahren wir in einer Linkskehre bergauf in Ri. »Ehrenschwang«.

**4,3** 1135 m – Am Abzweig geradeaus flach weiter. Ab jetzt Piste. Nach wenigen Metern bergab.

**5,6** 1077 m – An Y-Gabelung links auf Teerweg wieder bergauf. Beschilderung nach »Ehrenschwang« folgen.

**7,3** 1129 m – Wir passieren die **Alpe Unteregg (2)** und nehmen hier den Abzweig rechts nach »Ehrenschwang«.

**8,0** 1113 m – Wir lassen das Jagdhaus Ehrenschwang rechts liegen. Zunächst flach weiter und schließlich wieder bergauf.

**10,6** 1367 m – An T-Kreuzung links und weiterhin der Beschilderung zur »Alpe Mittelberg« folgen.

**11,6** 1369 m – **Alpe Mittelberg (3)**. Von hier auf Teerstraße bergab.

**11,9** 1327 m – Direkt am ersten Weiderost, bevor es in den Wald geht, links in den Trail abbiegen zur »Seifenmoosalpe«. Wir durchqueren das Sattelmoor.

**12,3** 1321 m – Bald stoßen wir auf eine Teerstraße, die wir nach rechts bergab fahren. Der Untergrund wechselt immer wieder zwischen Teer und Piste. Vorsicht: tiefe Wasserrinnen!

**14,6** 1051 m – An der Y-Gabelung rechts weiter bergab.

**15,5** 943 m – Geradeaus weiter bergab.

**15,8** 914 m – An **Hölzerner Kapelle (4)** scharf rechts abbiegen. Wenige Meter hinab zur Brücke und ab jetzt stetig bergauf der Beschilderung folgend zum »Mittag«. Stellenweise steil.

**17,0** 1076 m – Wir lassen die **Mittelstation Mittagbahn (5)** links liegen und kurbeln weiter hinauf. Später fahren wir an der Schwandneralpe vorbei.

**18,7** 1335 m – Am Abzweig biegen wir rechts ab und fahren die letzten Meter zur schon fast greifbaren Bergstation bergauf.

**19,3** 1410 m – **Bergstation Mittagbahn (6)**. Am Gipfelkreuz genießen wir die grandiose Aussicht. Weiter in Ri. »Vordere Krumbachalpe« auf vielbegangener Piste.

**20,1** 1476 m – In wenigen Metern können wir direkt auf den Gipfel des Bärenköpfles fahren oder unten vorbei. Hier beginnt der kurze Trail zur Vorderen Krumbachalpe. Rücksichtsnahme auf die vielen Wanderer ist geboten.

**20,7** 1398 m – Am Abzweig »Vordere Krumbachalpe« fahren wir links bergab über eine Wiese. Der Trail endet schon bald und es folgt eine Teerstraße.

**21,4** 1325 m – **Vordere Krumbachalpe (7)**. Immer weiter auf Hauptweg bergab in Ri. »Gunzesrieder Säge«. Vorsicht: große Schlaglöcher im Teer.

**23,4** 1050 m – Wir biegen rechts vom Hauptweg ab, wo der wurzlige, teilweise schmale und mit einigen Treppen gespickte **Trail (8)** durch den Wald beginnt.

**24,2** 954 m – Trail Ende. Wir fahren auf der Piste rechts weiter.

**24,6** 936 m – In der Kehre links auf Teer weiter bergab.

**24,9** 930 m – An der T-Kreuzung direkt an der Brücke rechts auf die Hauptstraße.

**25,0** 933 m – **Gunzesrieder Säge (9)**. Wir fahren auf der Hauptstraße immer weiter geradeaus in Ri. »Scheidwang« (7,2 km) vorbei an der Sennalpe Gerstenbrändle, und passieren eine Schranke. Weiter auf der wenigbefahrenen Mautstraße. Zunächst flach, später bergauf.

**32,2** 1307 m – **Scheidwangalpe (10)**. Am Parkplatz links weiterhin geteert bergauf.

**32,4** 1327 m – An der Y-Gabelung bleiben wir links auf der Teerstraße. Ab jetzt erwarten uns immer wieder kurze steile Passagen.

**34,2** 1570 m – Rechts weiter bergauf. Nach wenigen Metern eröffnet sich in einer Kehre der freie Blick zum höchsten Punkt der Tour, der Bergstation der Hochgratbahn. Nun wenige Meter bergab.

**34,9** 1575 m – Ab der **Obere Gelchenwangalpe (11)** beginnt der Trail zur Bergstation Hochgratbahn. Schon bald muss geschoben werden. Nach etwa 10 Min. sitzen wir schon wieder auf dem Sattel und genießen die meist flachen Passagen hinüber zur Bergstation mit überwältigendem Ausblick.

**36,4** 1708 m – An der **Bergstation Hochgratbahn (12)** erst einmal durchatmen und den umfassenden Blick genießen. Von nun an rollt unser Bike fast wie von alleine zur Talstation hinab. Wer noch Kräfte hat, kann von der Bergstation in einem kurzem Bike & Hike in etwa 10 Min. zum Gipfel des Hochgrats (1832 m) wandern.

**36,6** 1652 m – Rechts bergab fahren. Nach wenigen Metern können wir am Abzweig zum Staufner Haus fahren.

**37,0** 1634 m – Im **Staufner Haus (13)** mit Bodenseeblick bietet sich förmlich eine Einkehr an, bevor wir uns auf die teilweise sehr steile Abfahrt zur Talstation wagen. Von hier geht es auf dem beschilderten Hauptweg hinab ins Tal.

**40,6** 1073 m – Rechts abbiegen und weiter auf Teerstraße. Vorbei an der Unteren Lauchalpe. Hier kann der Hauptweg immer wieder unübersehbar abgekürzt werden.

**42,3** 859 m – **Talstation Hochgratbahn (1)**.

70 % Asphalt
22 % Piste
8 % Singletrail

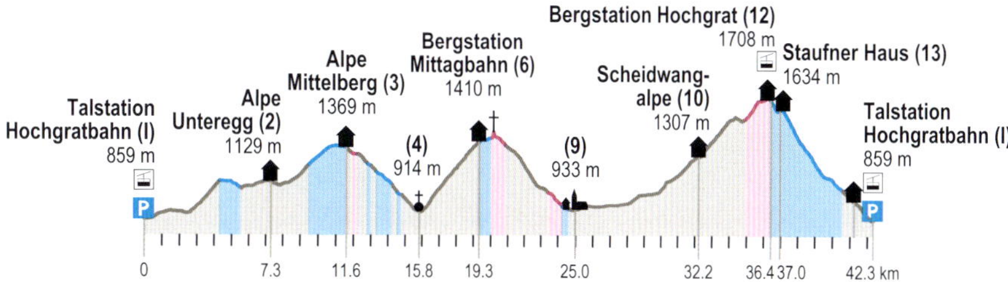

# 7 Rund um den Piesenkopf

**Strecke**
30,7 km, 3.30 Std., 950 Hm, tiefster/höchster Punkt 926/1434 m, mittlere Steigung 8 %, maximale Steigung 18 %.

**Anspruch**
Kondition: ●●●○○
Fahrtechnik: ●●●●○

**E-Bike** ○○

**Verpflegungsmöglichkeiten**
Scheuenalpe: Ende Mai bis Anfang Okt. tägl. bis 18 Uhr, Di Ruhetag, Tel. +49 8328 227; Dinjörgenalpe: Anfang Juni bis Anfang Okt., Tel. +49 151 28943138; Berggasthaus Rohrmoos: Mo und Di Ruhetag, www.rohrmoos.de; Burglhütte: Mo und Di Ruhetag, www.burglhuette.de; Boden Balderschwang, www.boden-balderschwang.de; zahlreiche Einkehrmöglichkeiten in Balderschwang.

**Anfahrt/Ausgangspunkt**
Von Kempten kommend auf der B19 in Richtung Oberstdorf. Von Fischen der Beschilderung über den Riedbergpass nach Balderschwang folgen. Oder durch den Bregenzerwald über Hittisau nach Balderschwang. Rund um die Kirche und die Bergwacht gibt es zahlreiche Parkmöglichkeiten. Exakter Ausgangspunkt: am Kirchturm der Kirche St. Anton.

**Karte**
f&b WK 364.

**Resümee**
Eine abwechslungsreiche und lange Rundtour durch das bayerisch-vorarlberger Grenzgebiet. Auf weiten Teilen der Strecke wird man nur wenigen Bikern begegnen; lediglich zwischen Rohrmoos und Sibratsgfäll ändert sich das Bild mit zahlreichen Rennradlern und E-Bikern. Die Tour hält lange flache Abschnitte, kurze steile Anstiege, rasante Abfahrten und einen interessanten Trail parat.

**Variante**
Ein kurzer und sehr lohnender Abstecher zur Burglhütte. Neben einer wohlverdienten Erfrischung erwarten uns hier viele hausgemachte Köstlichkeiten und selbsthergestellte Naturprodukte. Etwa 1 km und 100 Hm trennen uns am Abzweig der Variante davon – also nicht zögern und »rauf« auf den Sattel!

Eine Rundtour zwischen dem Bregenzerwald und dem Allgäu mit viel Abwechslung und Fahrspaß. Der Piesenkopf (1630 m) erhebt sich südlich von Balderschwang und westlich von Rohrmoos. Der Berg und seine umliegenden Moorwiesen weisen einen großen und vor allem seltenen Artenreichtum der Flora und Fauna auf. Mit etwas Glück sehen wir Enzian, Sonnentau, Kleine Moosjungfer, Arktische Smaragdlibelle oder verschiedene heimische Orchideenarten.
Ausgangsort ist das beschauliche Urlaubsdorf Balderschwang. Dieser Ort weist mehrere Superlative auf: Er ist die zweitkleinste Gemeinde in Bayern und hat Deutschlands höchstgelegenen Ortskern sowie die höchste Niederschlagsmenge. Bleibt nur zu hoffen, dass wir von diesen Regenmassen nichts zu spüren bekommen. Auf den ersten 5 km entlang der Bolgenach können wir uns ganz gemütlich einrollen. Doch an der Scheuenalpe ist endgültig Schluss mit dem entspannten Treten – es wird steiler, stellenweise sogar sehr steil. Ist erst einmal die Dinjörgenalpe erreicht, können wir für etwa 1 km durchatmen, bevor ein Trail hi-

nab nach Rohrmoos uns wieder volle Konzentration abverlangt. Der kurze Waldtrail mit Wurzeln, Stufen, Steinblöcken und steilem Gefälle wird die meisten von uns an ein paar wenigen Stellen an die fahrtechnischen Grenzen bringen. Am besten bewältigen wir diese Hürden schiebend. Trotz alledem ist der Großteil gut fahrbar und bietet jede Menge Fahrspaß.

In Rohrmoos lohnt ein kurzer Halt, um die Kapelle St. Anna, die älteste Holzkapelle des gesamten Alpenraumes, zu besichtigen. Erbaut wurde sie im Jahre 1568. Von Rohrmoos fahren wir auf dem autofreien Asphaltweg in Richtung Sibratsgfäll. Auf diesem landschaftlich schönen und imposanten Abschnitt werden uns zahlreiche Rennradfahrer und E-Biker begegnen. Ein kleines Schild am Wegesrand markiert die europäische Wasserscheide. Östlich der Wasserscheide fließt das gesamte Wasser über Starzlach, Iller und Donau in das Schwarze Meer und westlich davon über Achbach und Rhein in die Nordsee.

Schnell haben wir die Landesgrenze zu Österreich erreicht. Kurz vor Rindberg weist uns ein rotes MTB-Schild den Weg nach rechts zum »Sättele«. Von nun an geht es immer bergauf zum höchsten Punkt der Tour, dem Sättele (1434 m). Ein fantastisches Bergpanorama lässt sich von hier oben bestaunen – die Nordabbrüche der Unteren und Oberen Gottesackerwände, der Allgäuer Hauptkamm und zahlreiche weitere Gipfel.

Die ersten Meter bergab sind jedoch mit Vorsicht zu genießen, da der Untergrund nicht sehr griffig und es recht steil ist. Kurz nach der Güntlealpe bietet sich ein kurzer, aber lohnenswerter Abstecher zur Burglhütte an. Ansonsten geht es fortan nur noch bergab, vorbei an der Fuchshütte und der Boden Balderschwang (ehemals Bodenseehütte) und weiter zurück nach Balderschwang.

*Die historische Holzkapelle St. Anna in Rohrmoos.*

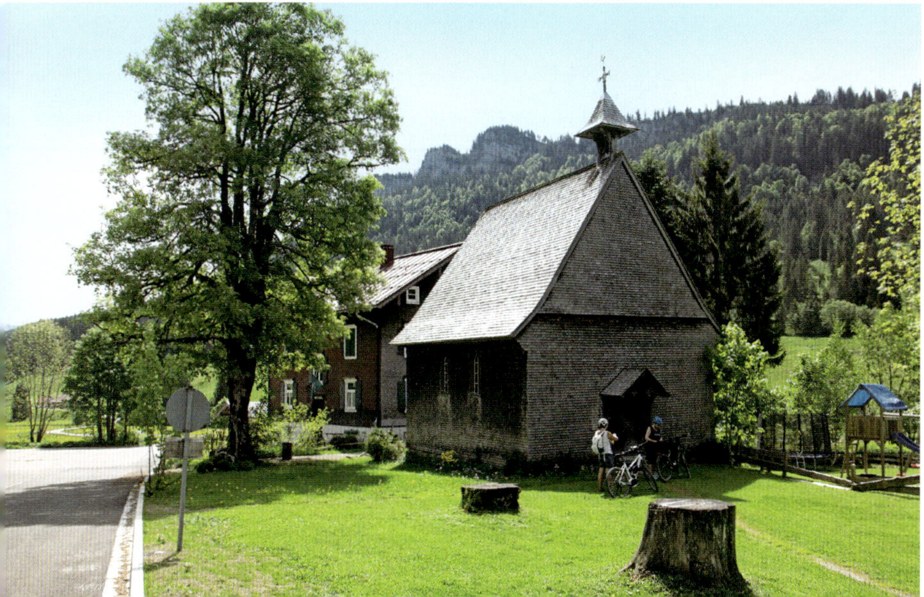

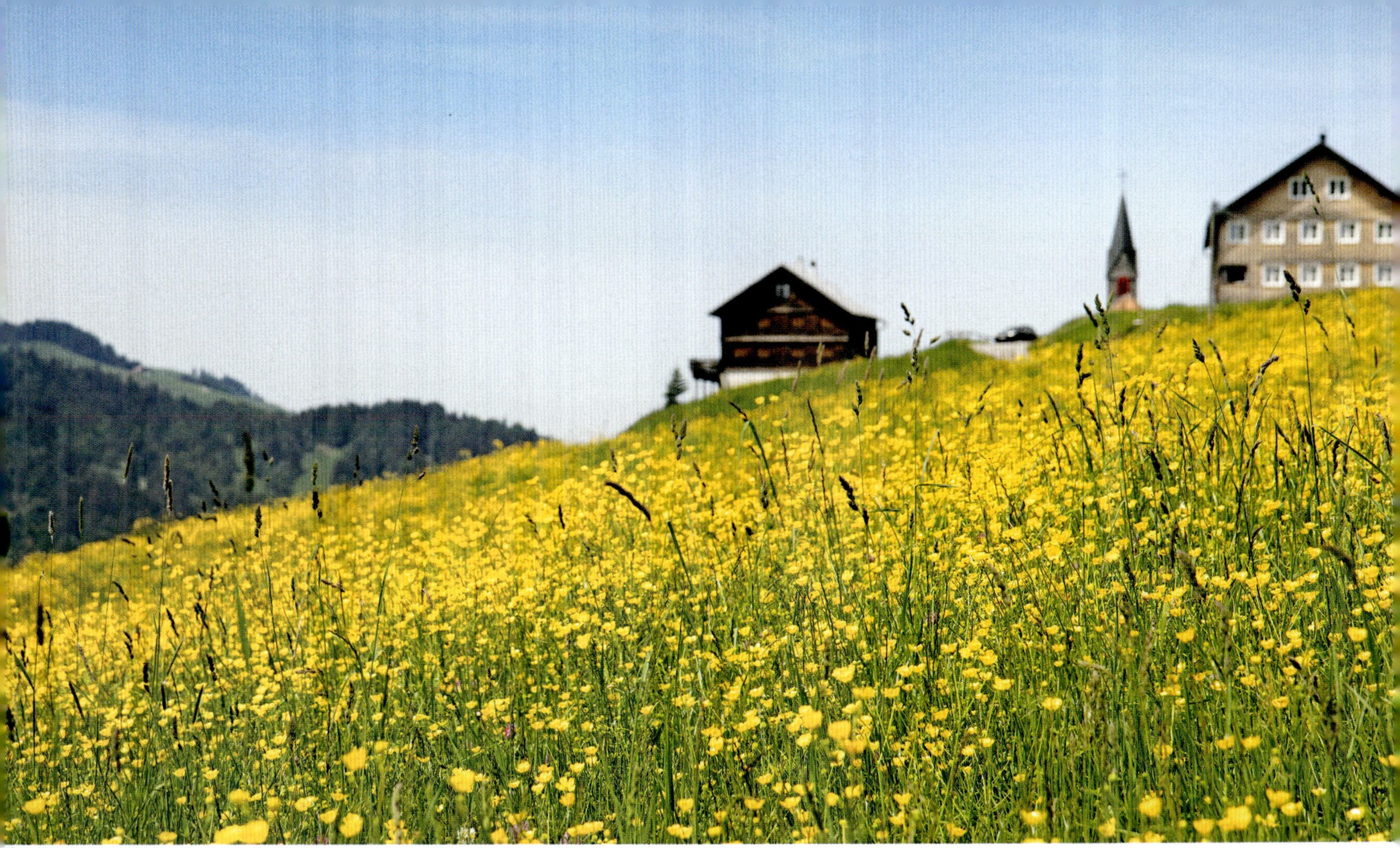

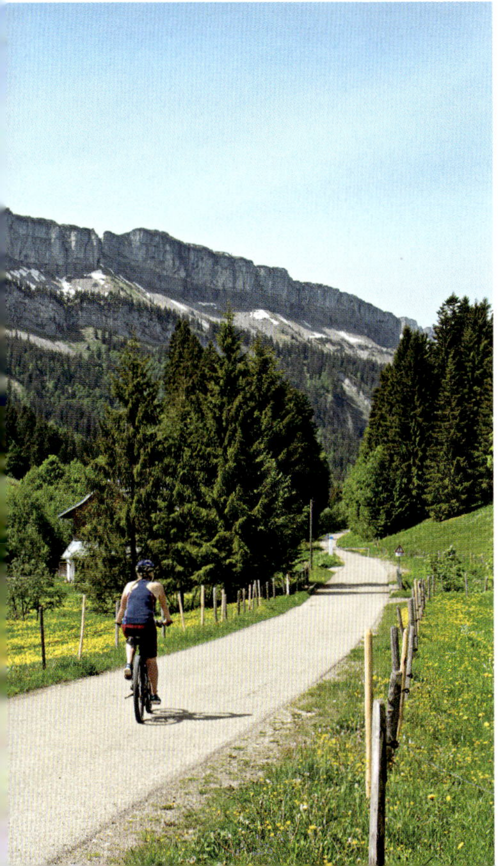

*Oben: Gelbes Blütenmeer kurz vor Rindberg.*
*Links: Von Rohrmoos geht es unterhalb der Gottesackerwände weiter nach Rindberg.*

**0,0**
1044 m
Wir starten direkt am Kirchturm der Kirche St. Anton in **Balderschwang (1)** und fahren in Ri. Westen an der Hauptstraße entlang. Nach ca. 100 m biegen wir nach links zu den Skiliften an der Schelpenalpe ab. Ein Parkplatz und eine Brücke werden überquert.

**0,5**
1016 m
An der Schelpenalpe geradeaus der Radbeschilderung in Ri. »Scheuenalpe« folgen. An den folgenden Abzweigen halten wir uns immer geradeaus am Bach entlang. Es geht an einem Wohnmobilstellplatz und einem Moor vorbei.

**5,4**
1099 m
Ab der **Scheuenalpe (2)** orientieren wir uns an der Beschilderung »Dinjörgenalpe«. Es folgen immer wieder steile, aber kurze Anstiege.

**8,5**
1268 m
Wir erreichen an der **Dinjörgenalpe (3)** einen Asphaltweg, dem wir nach rechts in Ri. »Rohrmoos« folgen. An den nächsten beiden Abzweigen links.

**9,3**
1294 m
An der kleinen »Toniskopf-Hütte« geradeaus auf der Piste, welche nach wenigen Metern zum Trail wird. Zunächst geht es am Waldrand noch recht einfach über eine Wiese. Im Wald wird der Trail wurzeliger und verblockter. Eventuell wenige Passagen schieben.

**10,6**
1070 m
Wir durchfahren den Weiler **Rohrmoos (4)** und folgen dem Tal in Ri. Westen nach Sibratsgfäll. Fortan bleiben wir stets auf diesem Asphaltweg.

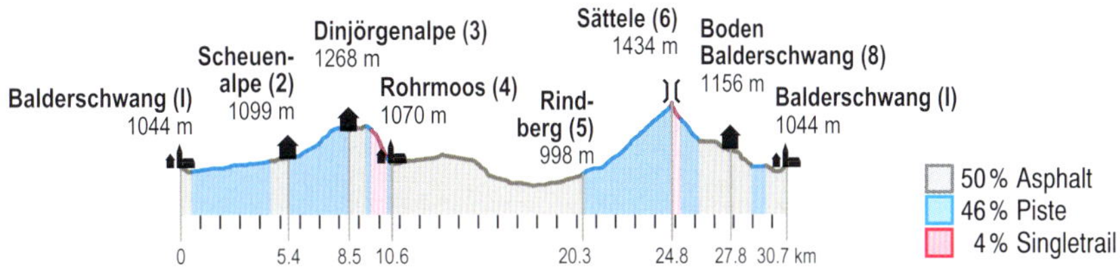

**13,1**
1120 m
Von der Wasserscheide aus rollt es die folgenden Kilometer stets leicht bergab.

**17,7**
926 m
In Hirschgund geradeaus. Wir überqueren einen Bach und befinden uns nun in Österreich. Weiter leicht bergauf.

**20,3**
998 m
Kurz vor **Rindberg (5)** biegen wir scharf nach rechts in Ri. der roten Radbeschilderung »Sättele« ab. Jetzt geht es stetig bergauf bis zum Sattel. Vorbei an der Grümpelalpe. Bald sehen wir den höchsten Punkt der Tour.

**24,8**
1434 m
Vom **Sättele (6)** fahren wir den anfangs steilen, aber einfachen Trail hinab zur Güntlealpe.

**25,4**
1320 m
Am **Abzweig Variante (7)** entweder geradeaus weiter oder nach links zur Burglhütte.

**27,8**
1156 m
An der **Boden Balderschwang (8)** geradeaus bergab. An der ersten oder an der zweiten Gabelung biegen wir rechts ab. Beide Wege führen zur Höflealpe.

**29,7**
1050 m
Von der Höflealpe weiter zur bekannten Schelpenalpe und zurück zum Ausgangspunkt.

**30,7**
1044 m
Kirche St. Anton in **Balderschwang (1)**.

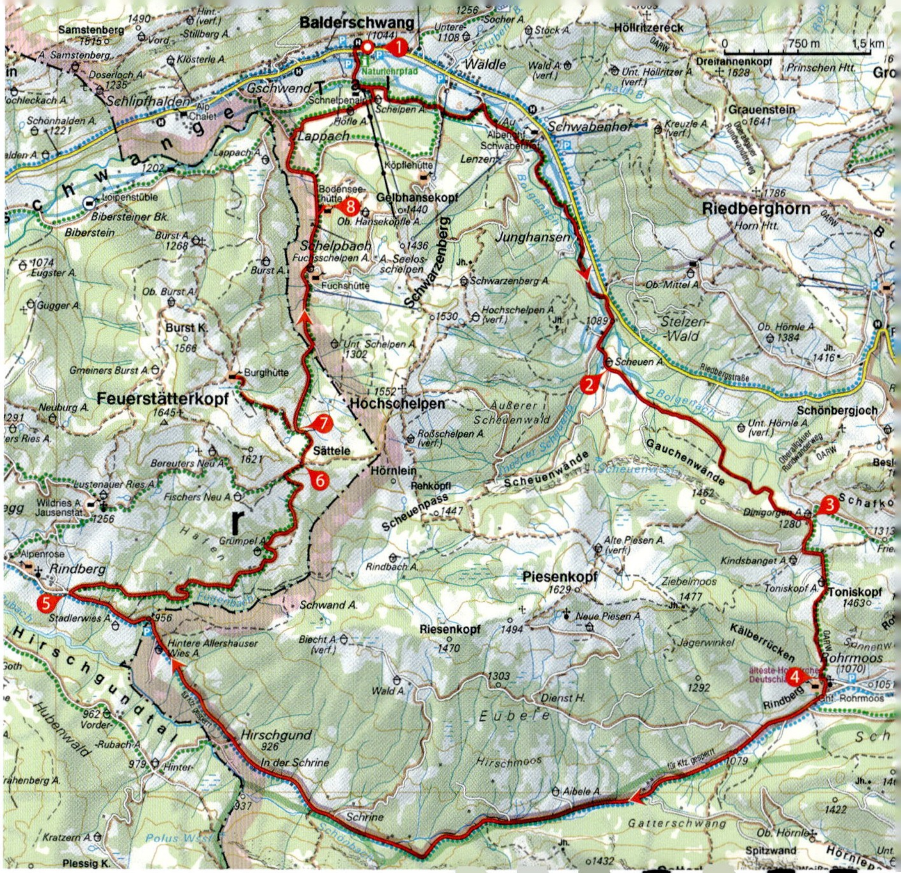

# 8 Walmendinger Horn

**Strecke**
10,7 km, 3.00 Std., 770 Hm, tiefster/höchster Punkt 1200/1941 m, mittlere Steigung 13%, maximale Steigung 25%.

**Anspruch**
Kondition: ●●●●○
Fahrtechnik: ●●●●○

**E-Bike** ○○

**Verpflegungsmöglichkeiten**
Obere Lüchlealpe; Gipfelstuba (Bergstation Walmendinger Horn): Tel. +43 5517 52744710; zahlreiche Einkehrmöglichkeiten in Baad.

**Anfahrt/Ausgangspunkt**
Am Kreisverkehr kurz vor Oberstdorf ins Kleinwalsertal. Von Riezlern über Mittelberg nach Baad. Am Kreisverkehr in Baad befindet sich ein großer Parkplatz. Exakter Ausgangspunkt: an der Bushaltestelle direkt am Kreisverkehr.

**Karte**
f&b WK 364.

**Resümee**
Kurze knackige Tour auf das pyramidenförmige Walmendinger Horn. Von Baad im Kleinwalsertal geht es über anfangs moderate, später steile Forstwege und Trails hinauf bis unmittelbar unterhalb des Gipfels. Besonderer Höhepunkt ist die lange Trailabfahrt mit über 430 Hm. Hier kommt garantiert ein richtiges Flowerlebnis auf!

**Hinweis**
Tour befindet sich in Österreich und ist auf Abschnitten nicht als offizielle MTB-Tour ausgewiesen.

Im Talschluss des Kleinwalsertals liegt vor der beeindruckenden Kulisse der Flyschberge der überschaubare Ort Baad. Bis ins Jahr 1860 gab es dort eine schwefelhaltige Heilquelle, welche namensgebend für die Ansiedlung war. Leider wurde die Quelle durch einen Erdrutsch verschüttet und konnte nicht mehr reaktiviert werden. Die umliegenden Berge sind aus sehr weichem Gestein – dem Flysch – aufgebaut. Charakteristisch für diese Flyschberge sind die üppig bewachsenen und sanften Formationen, scharfe Grate sowie zahlreiche Erosionsrinnen. Der Fellhornkamm, der Grat zwischen Walmendinger Horn und Grünhorn, Güntlespitze und Unspitze sind Paradebeispiele für diese morphologischen Ausprägungen.

In Baad ist für Autos Endstation: Ab hier geht es nur noch zu Fuß oder eben mit dem Bike weiter. Wir starten die Tour direkt am einzigen Kreisverkehr in Baad und fahren einmal quer durch den kleinen touristischen Ort. In beinahe jedem Haus findet man eine Gastronomie, ein Hotel oder eine Ferienwohnung. Sobald wir Baad hinter uns gelassen haben, wird es zusehends ruhiger. Dem Verlauf des Forstwegs folgen wir stets bergauf. An einer etwas größeren, jedoch unbeschilderten Kreuzung ist Vorsicht geboten. Hier dürfen wir nicht geradeaus ins Turatal hineinfahren, sondern biegen scharf nach rechts ab. Schon bald trifft ein Wanderweg von rechts auf unseren Forstweg. Diesen Weg prägen wir uns für die Abfahrt gut ein. Für uns geht es zunächst geradeaus weiter. Das Gelände wird nun etwas steiler. In einer großen Spitzkehre auf einer Höhe von 1470 m mündet der Forstweg in einen Trail. Insgesamt liegen nun 1,5 km und 270 Hm feinster Uphill-Trail vor uns. Mit ein wenig Kraft in den Beinen und ausreichend Kondition

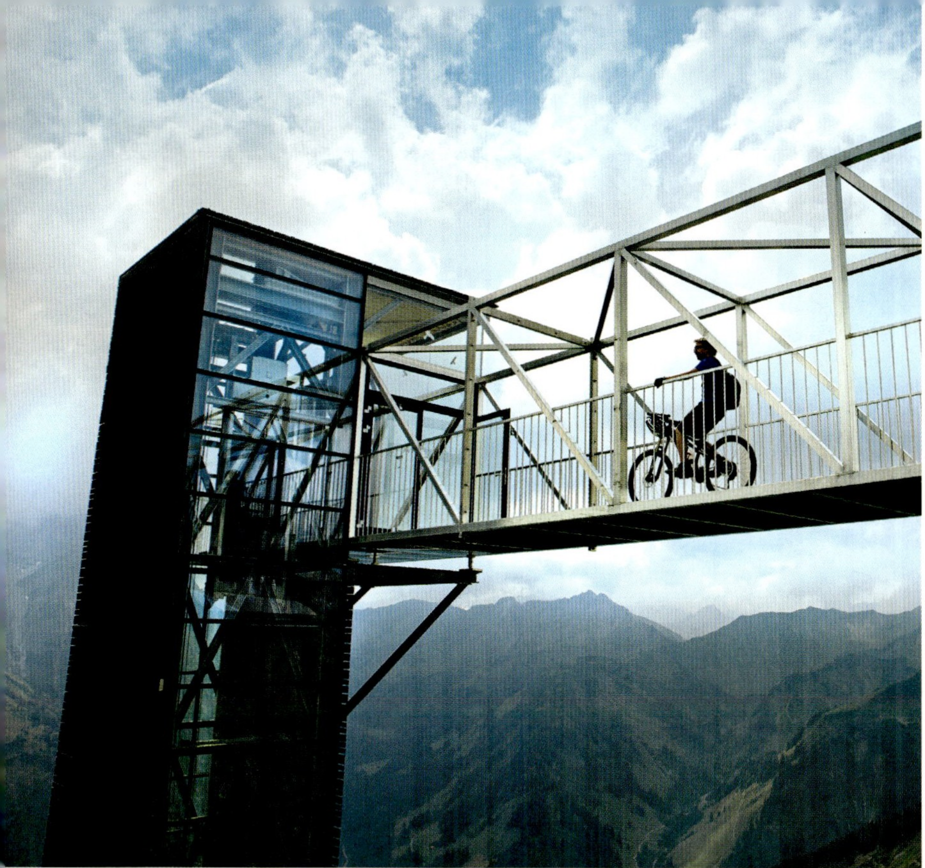

ist der Trail für die meisten Mountainbiker sicherlich gut fahrbar. Etwas oberhalb der Unteren Lüchlealpe gabelt sich der Weg. Auf der späteren Abfahrt kommen wir vom linken Weg herab. Für die weitere Auffahrt zur Oberen Lüchlealpe nehmen wir laut Beschilderung den rechten Weg am Abzweig. Auch dieser Trailabschnitt ist größtenteils fahrbar. Eventuell muss ein- bis zweimal über sehr holprige und steinige Stellen geschoben werden. Von der Oberen Lüchlealpe aus können wir die restliche Auffahrt zum Etappenziel, der Bergstation auf dem Walmendiger Horn, gut einsehen. Wir lassen uns jedoch bei diesem Anblick auf das letzte Steilstück nicht entmutigen. Es werden nochmals alle Kräfte mobilisiert, um die letzte steile Rampe in Angriff zu nehmen. Zur Motivation denken wir an ein verdientes kühles Getränk oben im Panoramarestaurant. Trotz Maximalsteigungen von 25 % ist die Rampe dank einem relativ griffigen Untergrund schnell überwunden. Oben genießen wir eine fantastische Aussicht auf die umliegenden Berge. Besonders der Große Widderstein mit seinen 2533 m

*Hier geht's mit dem Radel definitiv nicht mehr weiter …*

ragt auf der anderen Seite des Kleinwalsertales mächtig auf. Aber auch nach Walser Geißhorn, Liechlkopf, Diedamskopf, Valuga und Mohnenfluh können wir Ausschau halten. Weit unter uns erkennen wir die Schwarzwasserhütte und den Gerachsattel. Besonders spektakulär ist die Aussicht von der luftigen Aussichtsplattform am gläsernen Panorama-Aufzug. Für die perfekte 360-Grad-Rundumsicht laufen wir in wenigen Minuten zum Gipfel des Walmendinger Horns. Dabei können wir über 100 verschiedene Alpenblumen auf dem Lehrpfad erkunden und bestaunen.

Nach diesem Höhepunkt treten wir die Abfahrt an. Unter besonderer Rücksichtnahme auf die meist zahlreichen Wanderer lassen wir es vorsichtig zur Oberen Lüchlealpe rollen. Von dort queren wir ohne große Anstrengungen den Hang in Richtung Ochsenhofer Scharte. An einem Abzweig folgen wir der Beschilderung zur Unteren Lüchlealpe. Ab jetzt beginnt die Non-Stop-Trail-Abfahrt hinab bis nach Baad. Nur wenige Meter müssen wir uns mit einer Schotterpiste zufriedengeben. Ansonsten erwartet uns ein durchwegs flowiger Trail. Meist bewegen wir uns auf S1-Niveau, nur selten werden unsere Fahrkünste bis S3 auf die Probe gestellt. Diese etwas schwierigeren Stellen können wir bei einem derart hohen Trailanteil getrost auch schiebend überwinden. Die Freisetzung von Glückshormonen ist bei dieser Abfahrt garantiert. In Baad angekommen, lassen wir einen zu Recht stolzen Blick nach oben zum Walmendinger Horn schweifen.

*Die Abfahrt beschert dem Biker ein abwechslungsreiches Trailpotpourri – Wurzeln, Stufen, enge Kehren.*

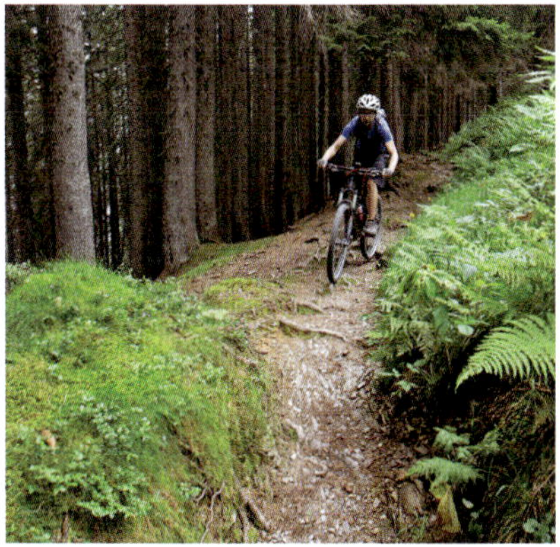

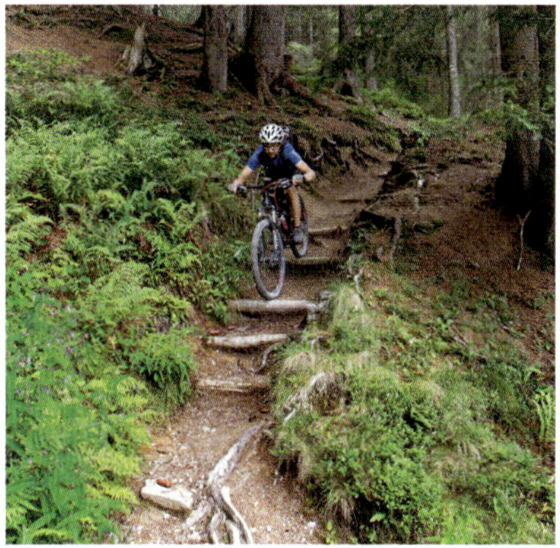

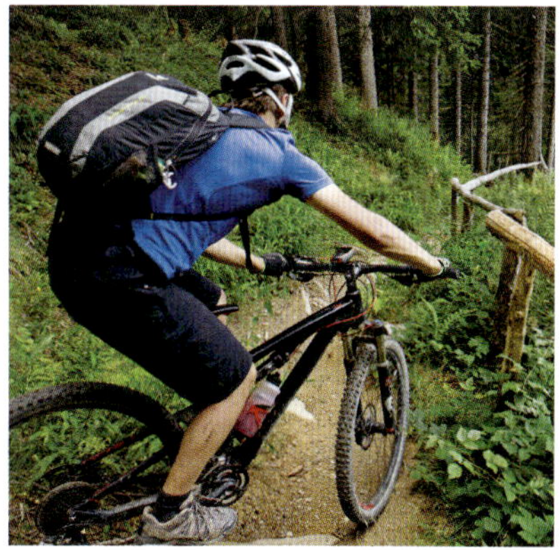

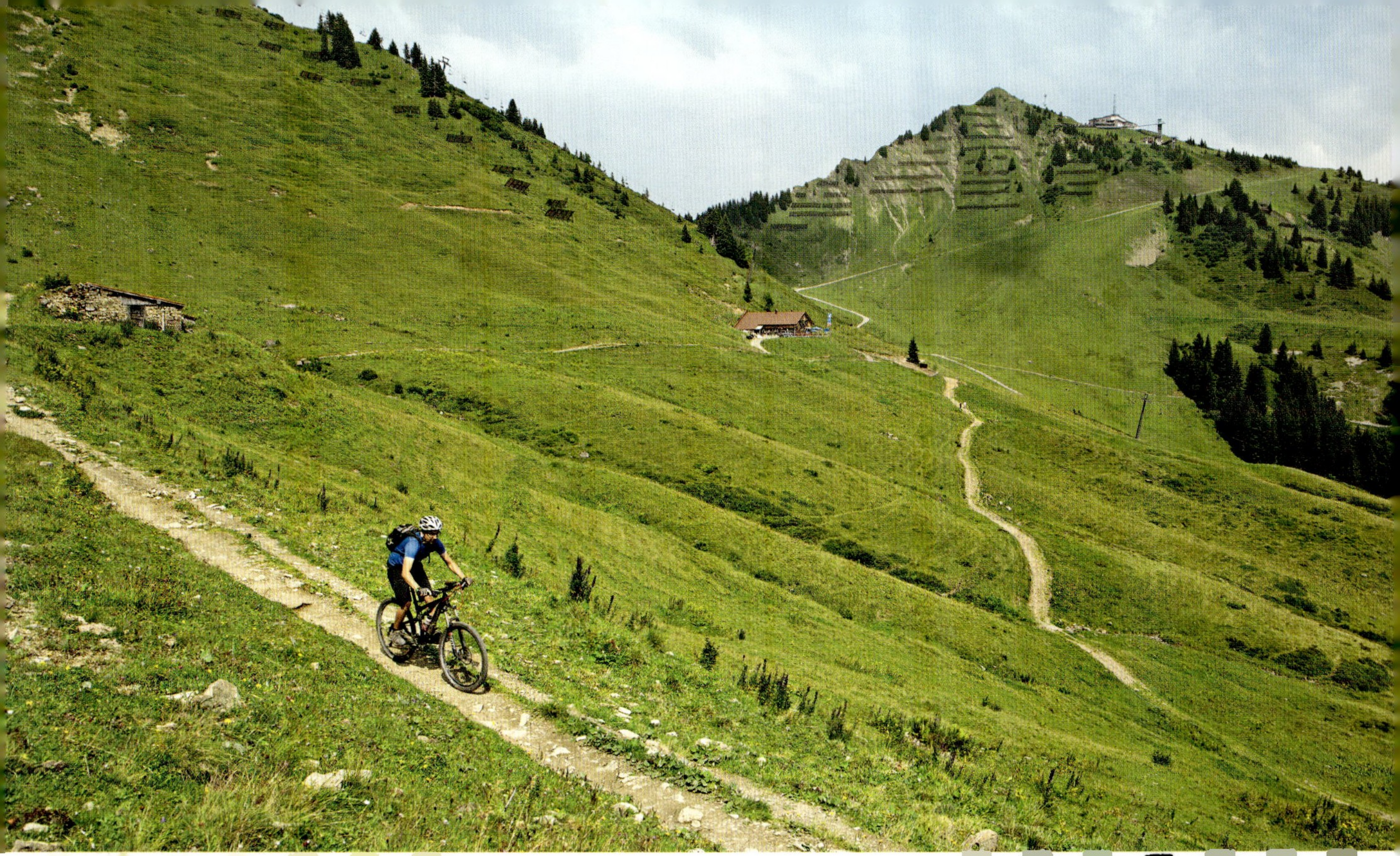

*Oben: Nach der steilen Rampe hoch zum Walmendinger Horn haben wir uns die Trailabfahrt redlich verdient.*

**0,0**
1200 m
Wir starten am Kreisverkehr an der Bushaltestelle in **Baad (1)** und fahren leicht bergauf, am Alphotel Widderstein vorbei, in den Ort hinein. An der Y-Gabelung halten wir uns links in Ri. »Obere Lüchlealpe«. Am Ortsende an einer Schranke geht es auf einem Schotterweg weiter.

**1,4**
1337 m
An einem größeren, nicht beschilderten Abzweig fahren wir scharf nach rechts.

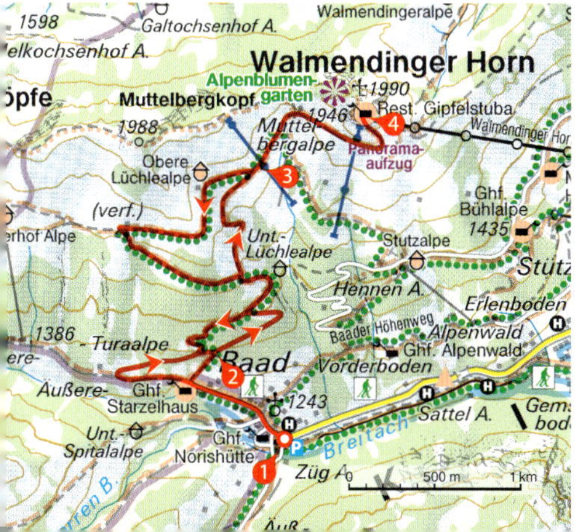


**2,2**
1376 m
Die **Abfahrt kreuzt (2)** hier die Auffahrtspiste. Geradeaus bergauf.

**2,7**
1470 m
In einer Linkskehre beginnt der gut fahrbare Trail bergauf. An der folgenden Spitzkehre fahren wir rechts. Später bei der Abfahrt geht es hier auf dem Trail in den Wald hinein.

**3,4**
1595 m
Kurz oberhalb der Unteren Lüchlealpe biegen wir am Abzweig nach rechts in Ri. »Obere Lüchlealpe« ab.

**4,2**
1743 m
**Obere Lüchlealpe (3)**. Von hier fahren wir nach rechts. Die gesamte Auffahrt zum Walmendinger Horn ist von hier gut einsehbar. Zunächst flach, doch schon bald ziemlich steil!

**5,5**
1941 m
Wir haben es geschafft: Bergstation am **Walmendinger Horn (4)**. Auf gleichem Weg zurück zur Oberen Lüchlealpe.

**6,8**
1743 m
Diesmal fahren wir geradeaus an der **Oberen Lüchlealpe (3)** vorbei und orientieren uns in Ri. »Ochsenhofer Scharte«. Kurz nach einer kleinen Steinhütte beginnt unser Trail.

**7,8**
1719 m
Nach einer Hangquerung treffen wir auf einem Abzweig. Hier fahren wir scharf nach links in Ri. »Untere Lüchlealpe«. Es geht zunächst über eine Wiese, später durch einen Waldabschnitt.

**8,6**
1595 m
Wir erreichen den Abzweig oberhalb der Unteren Lüchlealpe. Weiter bergab auf bekanntem Weg.

**9,1**
1495 m
An der Spitzkehre am Waldrand tauchen wir auf dem Trail geradeaus in den Wald hinein.

**9,7**
1376 m
Wenige Meter fahren wir auf der bekannten Piste der **Auffahrt (2)** bergab. Und nehmen gleich wieder den Trail links bergab.

**10,0**
1293 m
Wir treffen erneut auf die Auffahrtsroute. Es geht nach links auf bekanntem Weg zurück zum Ausgangspunkt.

**10,7**
1200 m
Kreisverkehr an der Bushaltestelle in **Baad (1)**.

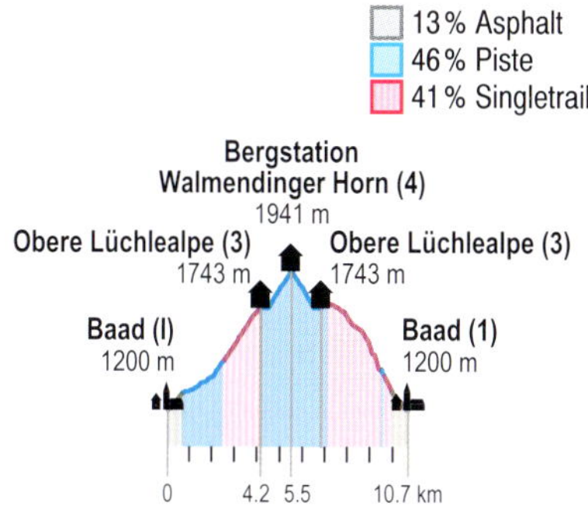

# 9 Tälertour im Kleinwalsertal

**Strecke**
25,6 km, 3.00 Std., 810 Hm, tiefster/höchster Punkt 1140/1408 m, mittlere Steigung 7 %, maximale Steigung 15 %.

**Anspruch**
Kondition: ●●●○○
Fahrtechnik: ●●○○○

**E-Bike** ●●

**Verpflegungsmöglichkeiten**
Bärgunthütte: www.baergunthuette.de; Alpe Widderstein: Mi Ruhetag, www.alpe-widderstein.at; Bernhards Gemstelalpe: Mai bis Ende Okt., www.bernhards-gemstelalp.at; Hintere Gemstelhütte: Tel. +43 664 2510289; Naturalp Gemstel-Schönesboden: Mitte Mai bis Ende Okt.; Innere Wiesalpe: www.wiesalpe.de; Fluchtalpe: Mitte Mai bis Ende Okt., www.fluchtalpe-wildental.de.

**Anfahrt/Ausgangspunkt**
Von Oberstdorf ins Kleinwalsertal. Von Riezlern über Hirschegg nach Mittelberg. In der Ortsmitte geradeaus durch den Ortskern zur Talstation der Walmendingerhornbahn, gebührenpflichtiger Parkplatz. Exakter Ausgangspunkt: an der Kasse der Talstation Walmendingerhornbahn.

**Karte**
f&b WK 364.

**Resümee**
»As älpelet!«, so sagt der Walser, wenn eine Alpe zu spüren ist. Auf dieser einfachen Genusstour mit wenigen Höhenmetern, ohne technische Schwierigkeiten und ohne extreme Steigungen treffen wir auf zahlreiche Alpen am Wegesrand, die zur Einkehr verführen.

Ausgangspunkt dieser Tour ist das Walserdorf Mittelberg im Kleinwalsertal. Zu beiden Seiten des V-Tals erheben sich mächtige Berge, die sämtliche Ortschaften des Tals vom übrigen Vorarlberger Land abschneiden. Das Kleinwalsertal ist daher mit dem Auto ausschließlich von Deutschland aus erreichbar. Der Streckenverlauf dieser Biketour bringt uns in drei Seitentäler hinein: in das Bärgunttal, Gemsteltal und Wildental. Um von Tal zu Tal zu gelangen, kehren wir immer wieder ins Kleinwalsertal zurück, wo uns die Breitach die grobe Richtung weist. Der Gebirgsfluss Breitach entsteht in Baad aus dem Zusammenfluss von Bärguntbach, Derrenbach, Turabach und vereinigt sich nach 21 Flusskilometern am Illerursprung bei Oberstorf mit der Stillach und Trettach zur Iller.

Auf dieser Tour wird uns die Bedeutung der Redewendung »die Qual der Wahl« immer wieder bewusst – denn nicht weniger als acht Alpen laden zum Einkehrschwung ein und erschweren das Vorankommen beträchtlich! Jede Alpe hat auf ihre Weise etwas Besonderes zu bieten. So erwartet uns zum Beispiel auf der Bärgunthütte eine sehr redselige Wirtin, die gerne über die Philosophie ihrer Alpwirtschaft berichtet, die Fluchtalpe im Wildental überzeugt mit ihrem urigen und idyllischen Ambiente, die über 350 Jahre alte Alpe Widderstein vereint Tradition und Moderne auf interessante Art und Weise. Doch eines haben alle Alpen gemeinsam: vorzügliche, heimische und regionale Gerichte.

Wir starten an der Talstation der Walmendingerhornbahn in Mittelberg. Auf dem

Baader Höhenweg geht es mit gemäßigten Anstiegen zum Talschluss nach Baad. Südlich von Baad erstreckt sich unser erstes Seitental, das Bärgunttal. Entlang des kleinen Baches geht es auf dem »Talweg« ohne große Mühe hinauf zur Bärgunthütte am Fuße des Großen Widdersteins. Für den Rückweg nehmen wir den aussichtsreichen »Panoramaweg«, der schöne Blicke auf das Walmendinger Horn zulässt.

Um in das nächste Seitental zu gelangen, folgen wir talauswärts dem Verlauf der Breitach bis nach Gemstelboden. Hier tut sich das Gemsteltal nach Süden hin auf. In diesem Tal begrüßen uns gleich drei vorzügliche Alpen. Ein Schotterweg führt uns ins Tal hinein. Am Ende des Tales an der Hinteren Gemstelhütte endet der Fahrweg. Um uns herum ragen die imposanten Felswände des Großen Widdersteins, des Walser Geißhorns und des Elferkopfs auf. Zurück ins Haupttal folgen wir der Piste auf der rechten Talseite. Auf einem kleinen Wanderweg entlang der Breitach geht es nach Schwendle zum Bergheim Moser.

Das letzte Seitental, das Wildental, liegt nun vor uns. Vorbei an der Unteren und Inneren Wiesalpe führt der Weg durch saftige Alpwiesen bis zur Fluchtalpe. Wer jetzt noch Kraft hat, sucht den wunderschönen und imposanten Wasserfall auf, der in nicht allzu weiter Entfernung von der Fluchtalpe liegt. Hierfür laufen wir den Weg weiter ins Tal hinein in Richtung Mindelheimer Hütte. Zurück geht es auf dem bereits bekannten Weg nach Mittelberg und durch die Ortschaft hindurch zum Ausgangspunkt.

*Entspannt rollt es nach Baad hinein. Links beginnt das Bärgunttal, unser erstes der drei Täler.*

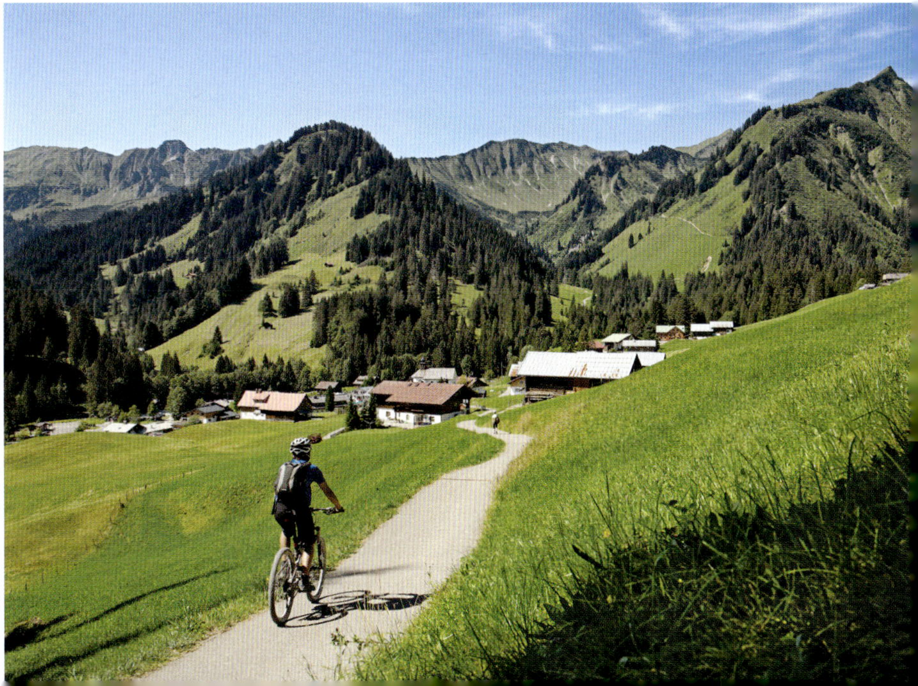

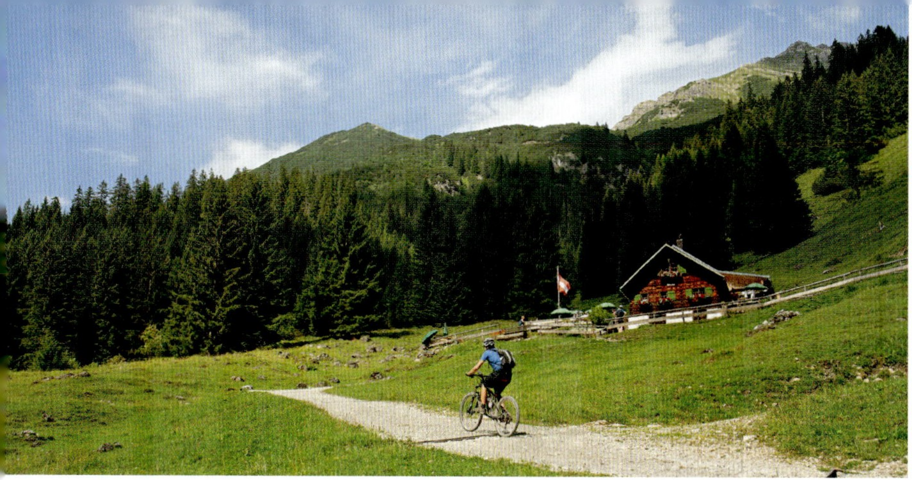

*Die letzten Meter bis zur Fluchtalpe.*

**0,0**
1200 m
Wir starten an der **Talstation Walmendingerhornbahn (1)** in Mittelberg und folgen dem Straßenverlauf taleinwärts in Ri. Südwesten. Wir orientieren uns fortan konsequent an der Beschilderung »Baad Höhenweg«.

**1,4**
1275 m
Kurz nach dem Ferienhaus »Müller« halten wir uns links und fahren weiter auf dem »Höhenweg« nach Baad. Vorbei am Gasthof Alpenwald und an einer Quelle auf einem schmalen Teerweg nach Baad. In Baad an der Kirche vorbei und weiter bergab an zahlreichen Hotels vorbei.

**3,3**
1228 m
In **Baad (2)** unmittelbar vor dem Kreisverkehr nach rechts über einen Parkplatz und eine Brücke. Der Beschilderung »Bärgunthütte« folgen.

**4,0**
1265 m
An der **Weggabelung (3)** geradeaus über den »Talweg« zur Bärgunthütte. Leicht ansteigend am rechten Ufer des Bärguntbachs entlang. Am Abzweig unterhalb der schon sichtbaren Bärgunthütte nach rechts.

**5,4**
1408 m
Von der **Bärgunthütte (4)** wieder zum Abzweig unterhalb der Hütte und geradeaus weiter auf dem »Panoramaweg« nach Baad. Vorbei an der Alpe Widderstein und an der **Weggabelung (3)** rechts.

**8,2**
1228 m
Zurück in **Baad (2)**. Am Bushaltestellenhäuschen beim Kreisverkehr beginnt ein Schotterweg, der parallel zur Hauptstraße talauswärts führt. Nach 300 m nach der Brücke rechts

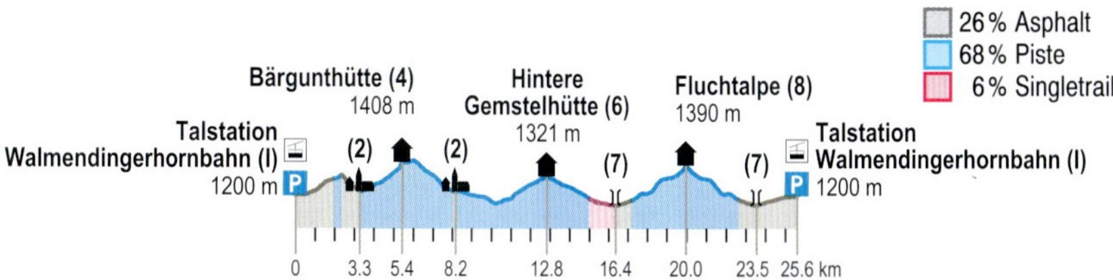

halten und am Campingplatz vorbei. Wir bleiben stets auf diesem Weg, bis wir auf eine Asphaltstraße treffen. Hier rechts zum Gemstelboden.

**10,1** 1156 m — Am **Gemstelboden (5)** der Beschilderung »Gemsteltal/Hintere Gemstelalpe« folgen. Wir fahren taleinwärts immer auf der rechten Bachseite. Geradeaus vorbei an Bernhards Gemstelalpe.

**12,4** 1291 m — Am Abzweig geradeaus zur »Hinteren Gemstelhütte«. Diesen Abzweig merken wir uns für später.

**12,8** 1321 m — Von der **Hinteren Gemstelhütte (6)** wieder auf gleichem Weg zurück zum Abzweig und jetzt scharf rechts in Ri. »Mittelberg«.

**13,4** 1280 m — Links talauswärts. Von hier erreichen wir in wenigen Metern rechts die Naturalpe Gemstel-Schönesboden.

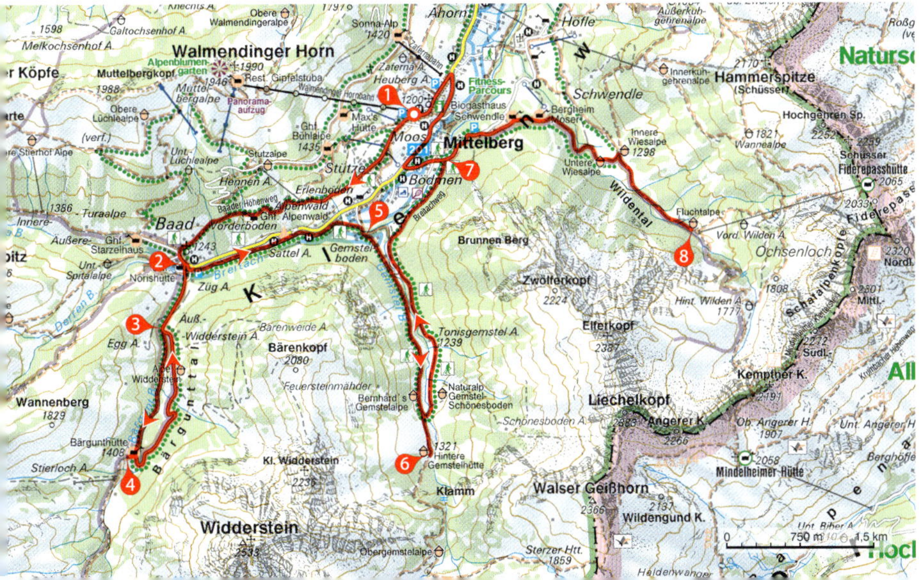


**15,0** 1180 m — Unmittelbar vor einer Brücke biegen wir rechts in Ri. »Mittelberg/ Hirschegg« auf einen Wanderweg ab. Diesen Weg folgen wir zunächst am Gemstelbach und später an der Breitach entlang.

**16,4** 1140 m — Wir treffen an einer **Breitach-Brücke (7)** auf eine Teerstraße. Hier rechts bergauf in Ri. »Wildental«. An der nächsten Weggabelung halten wir uns rechts. Wir fahren an einem Parkplatz vorbei. Hier beginnt die Piste ins Wildental. Vorbei am Bergheim Moser.

**18,7** 1298 m — An der Inneren Wiesalpe nach rechts in Ri. »Fluchtalpe«.

**20,0** 1390 m — **Fluchtalpe (8)**. Auf bekanntem Weg zurück bis zur Brücke an der Breitach.

**23,5** 1140 m — Wir fahren geradeaus über die **Breitach-Brücke (7)** in den Ort hinein.

**24,0** 1159 m — An der Hauptstraße rechts zum Ortskern von Mittelberg.

**25,0** 1196 m — Am Wirtshaus Hoheneck scharf nach links. Durch den Ortskern, vorbei an der Kirche und zurück zum Ausgangspunkt.

**25,6** 1200 m — **Talstation Walmendingerhornbahn (1)**.

# 10 Rund um den Hohen Ifen

**Strecke**
47,8 km, 6.30 Std., 1570 Hm, tiefster/höchster Punkt 926/1752 m, mittlere Steigung 10 %, maximale Steigung 23 %.

**Anspruch**
Kondition: ●●●●●
Fahrtechnik: ●●●●●

**E-Bike** ○○

**Verpflegungsmöglichkeiten**
Gasthof Auenhütte: Mo Ruhetag, www.auenhuette.at; Restaurant Waldhaus: Do Ruhetag (außer an Feiertagen), www.waldhaus-riezlern.at; Müllers Alpe: www.hinterenge.de; Berggasthaus Rohrmoos (kurzer Abstecher): siehe Tour 7; Schwarzwasserhütte: www.schwarzwasserhuette.com; Alpe Melköde: www.alpe-melkoede.at.

**Anfahrt/Ausgangspunkt**
Ins Kleinwalsertal. Am Ortsende von Riezlern rechts der Beschilderung »Ifenlift« bis zum Gasthof Auenhütte folgen. Großer gebührenpflichtiger Parkplatz. Exakter Startpunkt: Parkscheinautomat vor den Toiletten der Talstation Ifenlift.

**Karte**
f&b WK 364.

**Resümee**
Diese landschaftlich faszinierende Rundtour um den Hohen Ifen zählt zu den schönsten Mountainbiketouren im gesamten Allgäu. Aufgrund einer längeren Schiebe- bzw. Tragepassage (400 Hm) hinauf zum Gerachsattel, der konditionellen Anforderungen und des Singletrails ist die Tour eher etwas für erfahrene Bergradler. Der Großteil der Tour verläuft jedoch auf einfachen Wegen.

**Hinweis**
Tour befindet sich teilweise in Österreich und ist nicht durchgehend als offizielle MTB-Tour ausgeschildert.

Der Hohe Ifen mit seinen 2230 m gehört zu den unverwechselbaren Bergen und ist von fast allen Stellen im Allgäu leicht erkennbar. Er bildet ein schräges Pult, das rundum mit sehr steilen Felsfluhen abbricht. Nördlich des Hohen Ifen schließt das bekannte Gottesackerplateau an, eine unter Naturschutz stehende Karstlandschaft. Das Gottesackerplateau gilt als eines der bedeutendsten Karstgebiete der gesamten Alpen. Die sogenannten Karren, die länglich eingeschnittenen Rinnen im Kalkgestein, sind durch Schneeschmelze sowie Niederschläge entstanden. Auf der Tour beeindrucken auch die markanten Gottesackerwände. Sie ziehen sich ohne große Unterbrechungen über mehrere Kilometer hin und fallen steil nach Norden ab. Der Begriff Gottesacker wird in dieser Gegend gleichbedeutend mit Friedhof verwendet. Die einstige Einsamkeit dort oben war vermutlich ausschlaggebend für diese Benennung.

Ausgangspunkt dieser Tour ist die Auenhütte an der Talstation der Ifenlifte. Zunächst können wir uns im Kleinwalsertal, vorbei an der Stuttgarter Hütte, dem Mahdtalhaus und dem Gasthof Bergblick, immer leicht bergab rollend und zum Teil auf schmalen Wegen warmradeln. Ein steiler Weg bringt uns hinunter zur tief eingeschnittenen Breitachklamm. Ein schmaler Weg führt uns entlang am wildromantischen Bachlauf auf der linken Seite in Richtung Norden. Aus der Breitachklamm heraus zieht ein steiler Weg hoch zu Müllers Alpe. Von hier geht es leicht bergauf zum Einschnitt zwischen Engenkopf und Kackenköpfen. Wir folgen dem gut ausgeschilderten Weg ins Rohrmoostal. Für diejengen, die sich für historische Gebäude interessieren, lohnt sich ein kurzer Abstecher zum kleinen Weiler Rohrmoos, wo die älteste Holzkapelle des gesamten Alpenraumes besichtigt werden kann. Ansonsten folgen wir dem Talverlauf nach Westen. Ganz kommod treten wir leicht bergauf zur Europäischen Wasserscheide und rollen von dort bergab in Richtung Österreich nach Hirschgund. Immer wieder eröffnen sich erstklassige Ausblicke auf die Gottesackerwände.

Ab Hirschgund geht es auf einem Schotterweg an der Hinteren und Vorderen Rubachalpe vorbei zum Campingplatz Bilgeri. Bis dorthin müssen wir einige Viehgatter passieren, die wir selbstverständlich immer wieder fest verriegeln. Von nun an folgen wir dem Subersachtal in Richtung Süden zur Iferwiesenalpe. Kurz danach biegen wir links ab und fahren weiter hinauf in Richtung Gerachsattel. Es geht unterhalb des Diedamskopfs (2090 m) vorbei zur Miesbodenalpe. Auf diesem Abschnitt ist meist wenig los, sodass wir ganz ungestört die Blumenpracht und die Bergkulisse in den einsamen Tälern genießen können. Noch können wir fahren, doch das ändert sich bald, denn der Weg wird deutlich schmaler, steiler und unwegsamer. Anfangs können wir das Rad noch relativ gut über die zahlreichen steinigen Serpentinen schieben. Zwischendurch ist es aber sicherlich sinnvoller, das Bike huckepack zu nehmen, um die schmalen und ausgesetzten Passagen sicher zu überwinden. Es geht um eine Kurve und direkt durch einen schmalen Taleinschnitt in einen flachen Talkessel. Ab hier kann auf dem Trail wieder relativ gut gefahren werden. Der Subersach mäandriert in idealtypischen Bögen durch den Talboden. Wenige Meter noch, dann haben wir den höchsten Punkt der Tour, den Gerachsattel mit 1752 m, erreicht. Insgesamt sind auf diese Weise zunächst zum Talkessel etwa 300 Hm und zuletzt zum Gerachsattel nochmal knapp 100 Hm zu bewältigen, was

*Nach dem kräftezehrenden Tragestück kann endlich wieder gefahren werden.*

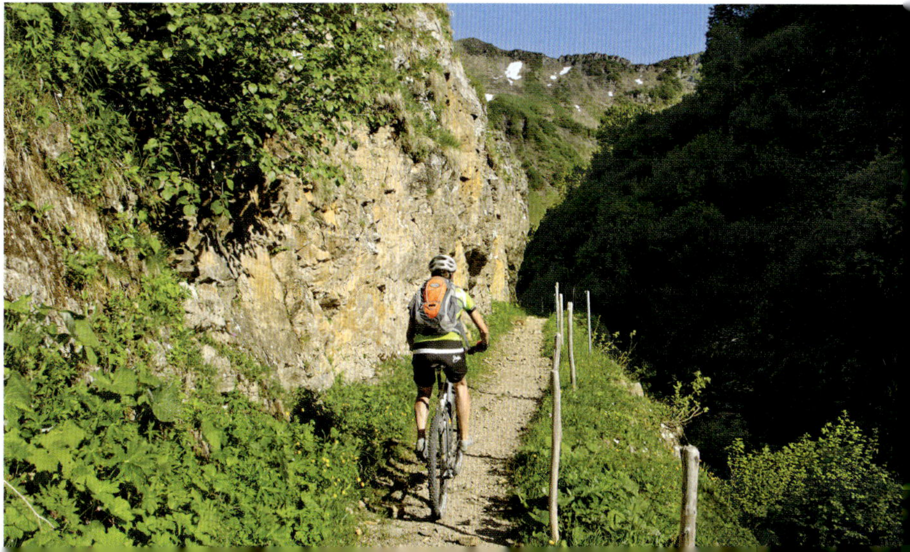

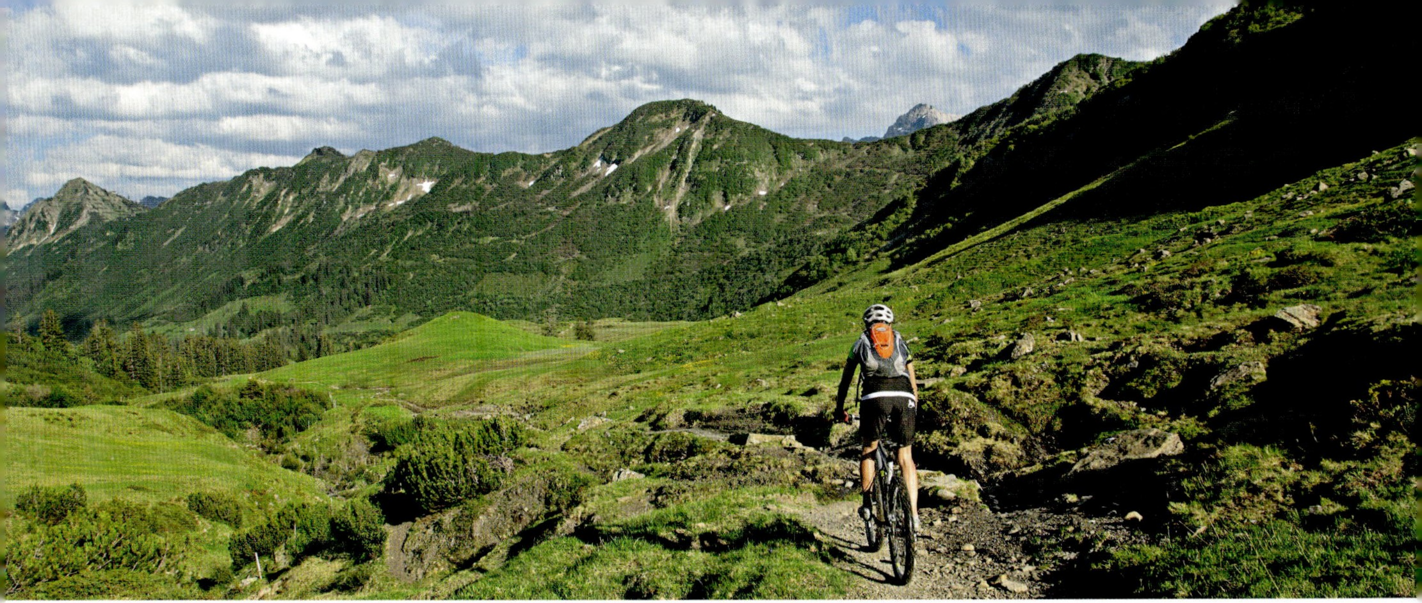

*Der Spaß kann beginnen – feinster Trail vom Gerachsattel hinab zur Schwarzwasserhütte.*

je nach Kondition ungefähr eine Stunde in Anspruch nimmt. Angesichts der Aussicht auf den Hohen Ifen und die Allgäuer Hochalpen sowie der anschließenden Abfahrt hat sich die Plackerei bis dorthin gelohnt.

Der vor uns liegende Trail über saftige Alpwiesen ist stellenweise recht verblockt und erfordert eine ausgereifte Abfahrtstechnik etwa auf S2-Niveau. Doch viele Abschnitte sind sehr flowig und bieten in herrlicher Kulisse richtigen Fahrspaß. Zur Regeneration von dieser anstrengenden Tour empfiehlt sich eine Einkehr in der Schwarzwasserhütte. Der weitere Trail hinab zur Melköde ist überwiegend gut fahrbar. Vorsicht und eine angepasste Fahrweise sind an den zahlreichen Querrinnen trotzdem geboten. An der Melköde ist es fast geschafft: Eine nahezu flache Piste bringt uns zurück zur Auenhütte, wo sich der Kreis dieser grandiosen Rundtour schließt.

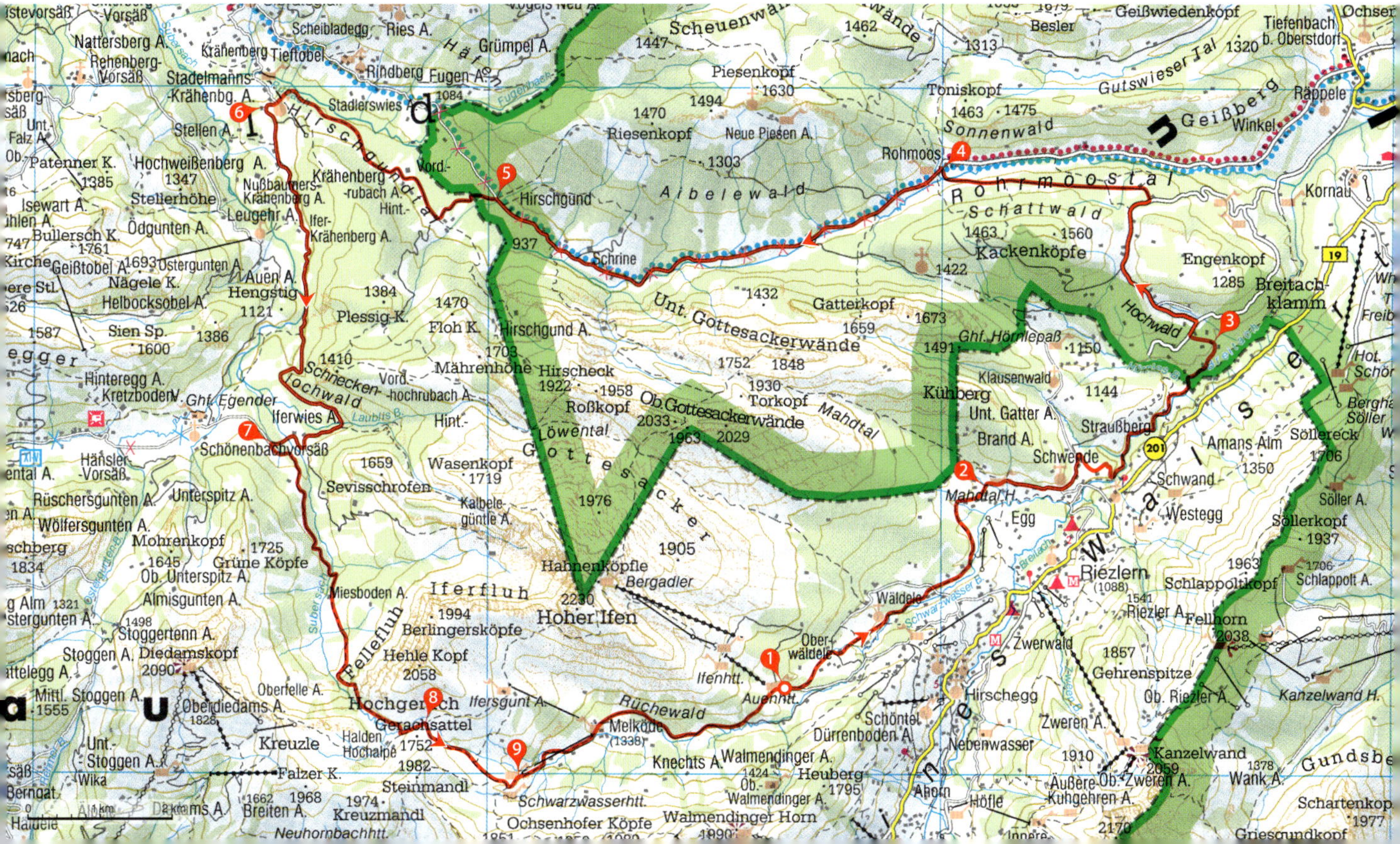

Scheuenwände
Piesenkopf 1630
Riesenkopf
Neue Piesen A.
Aibelewald
Rohrmoostal
Schattwald
Kackenköpfe
Rohmoos
Toniskopf
Sonnenwald
Gutswieser Tal
Geißberg
Tiefenbach b. Oberstdorf
Besler
Geißwiedenkopf
Hirschgundtal
Hirschgund
Schrine
Stadelmanns-Krähenbg. A.
Krähenberg
Scheibladegg
Ries A.
Grümpel A.
Fugen A.
Rindberg
Stadlerswies A.
Hochweißenberg A.
Stellerhöhe
Ödgunten A.
Leugehr A.
Auen A.
Hengstig
Plessig K.
Floh K.
Hirschgund A.
Mährenhöhe
Hirscheck 1922
Roßkopf
Löwental
Unt. Gottesackerwände
Ob. Gottesackerwände
Gatterkopf
Torkopf
Mahdtal
Ghf. Hörnlepaß
Kühberg
Klausenwald
Unt. Gatter A.
Brand A.
Straußberg
Schwende
Engenkopf
Breitachklamm
Hochwald
Kornau
Schnecken-lochwald
Iferwies A.
Ghf. Egender
Schönenbachvorsäß
Hinteregg A.
Kretzboden
Hänsler-Vorsäß
Sevisschrofen
Wasenkopf 1719
Gottesacker
Rüschersgunten A.
Unterspitz A.
Wölfersgunten A.
Mohrenkopf
Grüne Köpfe
Ob. Unterspitz A.
Almisgunten A.
Miesboden A.
Iferfluh
Hahnenköpfle
Bergadler
Hoher Ifen 2230
Berlingersköpfe
Hehle Kopf
Fellefluh
Stoggertenn A.
Diedamskopf 2090
Kreuzle
Hochgerach
Gerachsattel
Ifersgunt A.
Rüchewald
Melköde (1338)
Ifenhtt.
Auenhtt.
Oberwäldele
Wäldele
Mahdtal H.
Egg
Riezlern (1088)
Schwand
Westegg
Amans Alm
Söllereck 1706
Söllerkopf 1937
Schlappoltkopf
Schlappolt A.
Riezler A.
Fellhorn 2038
Zwerwald
Gehrenspitze
Ob. Riezler A.
Kanzelwand H.
Hirschegg
Schöntel
Dürrenboden A.
Nebenwasser
Zweren A.
Kanzelwand 2059
Knechts A.
Walmendinger A.
Heuberg 1795
Ob. Walmendinger A.
Walmendinger Horn
Ahorn
Höfle
Äußere Ob. Zweren A.
Kuhgehren A.
Wank A.
Schartenkopf 1977
Gundsbe
Steinmandl
Schwarzwasserhtt.
Ochsenhofer Köpfe
Kreuzmandl
Neuhornbachhtt.
Halden Hochalpe
Breiten A.
Falzer K.
Stoggen A.
Unt.-Stoggen A.
Wika
Berngat
Haldele
Walser
Kleines

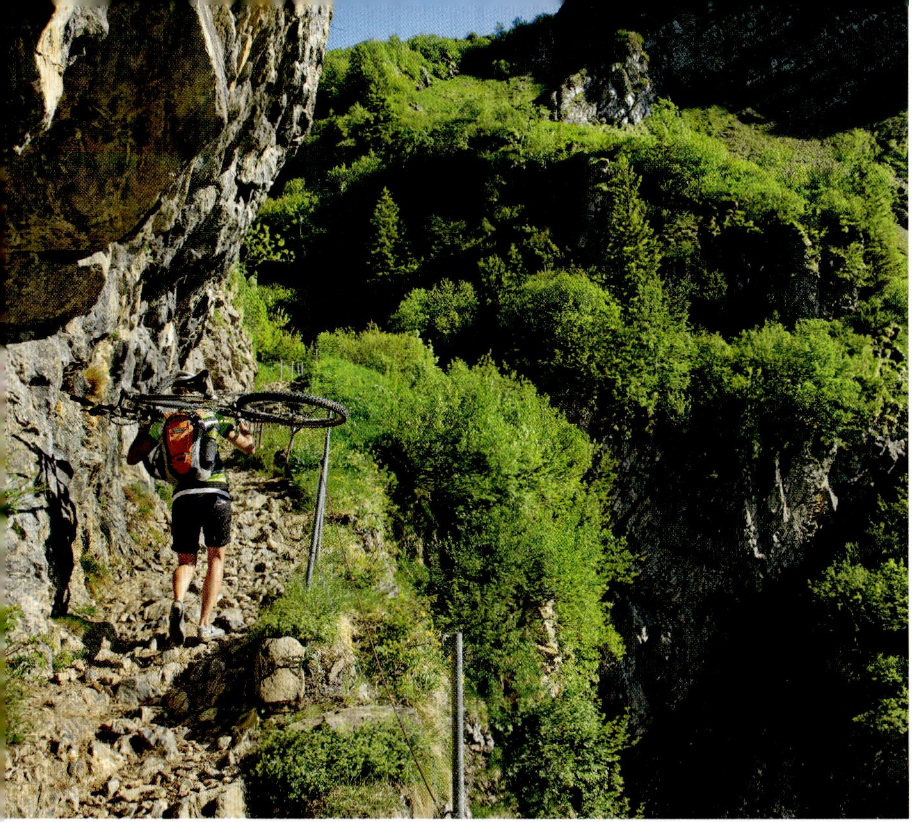

*Die ausgesetzte Tragepassage erfordert volle Konzentration und Kraft.*

| | |
|---|---|
| **0,0**<br>1275 m | Startpunkt **Parkplatz Auenhütte (1)**, Parkscheinautomat direkt vor der WC-Anlage. Parkplatz in Ri. Anfahrt überqueren und dann gleich links auf dem Schotterweg in Ri. »Wäldele«. |
| **0,6**<br>1266 m | Am Bergheim Wäldele weiter geradeaus auf dem schmalen geteerten Weg. |
| **0,9**<br>1224 m | Wir biegen rechts auf die Straße ab und nach etwa 100 m wieder links in Ri. »Hirschegg«, vorbei am Haus Pichler, ab hier Piste. |
| **1,4**<br>1209 m | Unterhalb einer Kapelle weiter geradeaus der Beschilderung folgen. Nach 400 m an der Stuttgarter Hütte rechts auf Wiesenpfad zum Wald. |
| **1,9**<br>1179 m | An der Kreuzung im Wald geradeaus leicht bergab in Ri. »Gasthof Hammerer«. Vorbei am Fußballplatz. |
| **2,8**<br>1110 m | Kreuzung geradeaus überqueren und weiter auf Piste. Der Beschilderung »Mahdtalhaus« folgen. |
| **4,8**<br>1058 m | Am **Mahdtalhaus (2)** vorbei, weiter durch Innerschwende bis Außerschwende. |
| **6,1**<br>1068 m | In Außerschwende am Hotel Bellevue links abbiegen. |
| **6,6**<br>1073 m | Direkt nach dem Gasthof Bergblick rechts durch das Anwesen und weiter auf Schotterweg in Ri. »Waldhaus«. |

Bald geht es in steilen Serpentinen hinab zur Breitachklamm.

**7,7** 973 m – Dem Weg weiter in Fließrichtung folgen.

**9,0** 950 m – Am Waldhaus geradeaus vorbei, die Staatsgrenze passieren und steil bergauf zu Müllers Alpe/Hinterenge.

**10,9** 1017 m – An **Müllers Alpe (3)** weiter auf der Teerstraße und nach 250 m rechts.

**11,3** 1042 m – Links bergauf in Ri. »Osterberg Alpe«.

**11,9** 1110 m – An der Kreuzung halten wir uns geradeaus bergauf in Ri. »Rohrmoos«. Auf dem Hauptweg bleiben und immer der Beschilderung folgen.

**13,8** 1132 m – Links abbiegen in Ri. »Rohrmoos« (Schranke).

**17,0** 1070 m – **Rohrmoos (4)**. Hier links in Ri. »Hirschgund« abbiegen und immer auf dem Hauptweg bleiben.

**19,2** 1120 m – Europäische Wasserscheide. Geradeaus weiter, ab hier bergab.

**23,8** 926 m – In **Hirschgund (5)** links weiter in Ri. »Hoher Ifen«, den Rubach überqueren und wieder leicht bergauf.

**24,9** 977 m – An der Hinterrubachalpe rechts in Ri. »Sibratsgfäll«, immer wieder auf und ab mit einigen Viehgattern.

**28,3** 930 m – Am **Campingplatz Bilgeri (6)** weiter auf Teerstraße nach Süden ins Tal hinein. Nach etwa 170 m an Y-Gabelung nach rechts in Ri. »Schönenbach«.

**29,2** 949 m – An der Kreuzung links bergauf in Ri. »Schönenbach über Ifer Krähenbergalpe«.

**30,2** 974 m – An der Ifer Krähenbergalpe weiter geradeaus.

**34,7** 1041 m – An der Iferwiesalpe vorbei und weiter über die Subersachbrücke.

**35,1** 1047 m – Am **Abzweig Gerachsattel (7)** scharf links bergauf. Immer der Beschilderung folgen. Wechsel von Teer und Schotter.

**37,8** 1205 m – Vorbei an der Miesbodenalpe und weiter bergauf.

**39,0** 1330 m – Ab hier wird das Bike über zahlreiche steile Serpentinen geschoben bzw. getragen.

**40,1** 1644 m – Jetzt kann auf dem Trail wieder gefahren werden, die Engstelle weitet sich und wir fahren an einem Feuchtgebiet entlang.

**40,8** 1669 m – Am Abzweig links bergauf. Für die meisten heißt es nochmals wenige Meter bis zum Sattel schieben.

**41,2** 1752 m – **Gerachsattel (8)**. Geradeaus auf dem Trail bergab zur Schwarzwasserhütte. Immer der Beschilderung folgen.

**42,8** 1620 m – **Schwarzwasserhütte (9)**. Der Trailspaß geht in Ri. »Auenhütte« weiter.

**44,7** 1346 m – Kurz vor der Melköde endet der Trail. Wir fahren auf der Piste weiter talauswärts in Ri. »Auenhütte«.

**46,0** 1349 m – Abzweig nach links nehmen.

**47,0** 1289 m – Links leicht bergauf und am Speichersee vorbei weiter bergab.

**47,8** 1275 m – Wir erreichen den **Parkplatz Auenhütte (1)**.

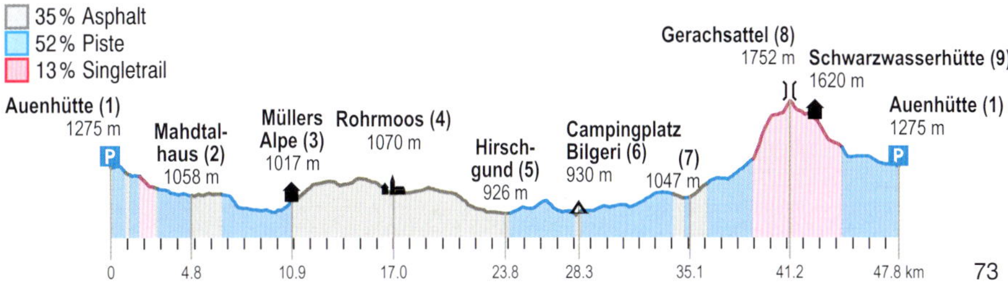

# 11 Fellhorn und Kanzelwand

**Strecke**
30,3 km, 5.30 Std., 1540 Hm, tiefster/höchster Punkt 969/1920 m, mittlere Steigung 13 %, maximale Steigung 24 %.

**Anspruch**
Kondition: ●●●●○
Fahrtechnik: ●●●●●

**E-Bike** ○○

**Verpflegungsmöglichkeiten**
Zahlreiche Möglichkeiten in Riezlern; Bergstüble: www.bergstueble.de; Mittelalp: www.mittelalp.at; Schrattenwangalpe: www.alpe-schrattenwang.de; Berghaus Schönblick: www.berghaus-schoenblick.de; Berggasthof Hochleite: Di Ruhetag, www.hochleite.de; Gasthof Laiter: Mo Ruhetag, www.laiter.de; Obere Alpe Bierenwang: Ende Mai bis Ende Okt., www.alpe-bierenwang.de; Restaurant Adlerhorst: Tel. +43 5517 52740; Innerkuhgehrenalpe: Anfang Juni bis Mitte Okt., www.alpe-kuhgehren.at; Schwabenhütte: Mi Ruhetag, www.schwabenhuette.at.

**Anfahrt/Ausgangspunkt**
Am Kreisverkehr kurz vor Oberstdorf in das Kleinwalsertal und in die Ortschaft Riezlern. Exakter Ausgangspunkt: Talstation der Kanzelwandbahn direkt an der Hauptstraße. Zahlreiche Parkplätze im Ort, z. B. beim Schwimmbad wenige Meter nach (südlich) der Talstation.

**Karte**
f&b WK 351.

**Resümee**
Konditionell und technisch anspruchsvolle Rundtour am Gebirgsmassiv von Fellhorn und Kanzelwand. Für geübte Biker bietet diese grandiose Tour alles, was das Herz begehrt: zwei steile anstrengende Auffahrten, rasante Abfahrten, Trailabschnitte, zahlreiche Einkehrmöglichkeiten und überwältigende Ausblicke.

**Varianten**
Variante A – Trailabfahrt Brandalm:
Kurz nach der Außerkuhgehrenalpe (14) existiert eine direkte Trailabfahrt vorbei an der Brandalm hinab ins Tal. Der Trail (S2–S3) ist zum Teil sehr steil und zum Teil sehr verblockt.
Variante B – Direkte Abfahrt Riezlern:
Falls es etwas schneller gehen soll oder falls die Abfahrt vom Sattel (11) an der Bergstation der Kanzelwandbahn ohne Trails verlaufen soll, bietet sich von dort die direkte Abfahrt zur Talstation in Riezlern auf einer sehr steilen, aber guten Schotterpiste an.

**Hinweis**
Tour befindet sich zum Teil in Österreich und ist nicht als offizielle MTB-Tour ausgeschildert.

Das Gebiet rund um das Fellhorn zwischen Kleinwalsertal und Stillachtal hat seinen Besuchern nicht nur als großes Skigebiet im Winter viel zu bieten, sondern es lädt auch im Sommer zu herrlichen und zahlreichen Ausflügen ein. Der Gipfel des Fellhorns liegt direkt auf der österreichisch-deutschen Grenze und zählt zu den bekannten Blumenbergen der Allgäuer Alpen. Etwas südlich vom Fellhorn befindet sich der Gipfel der Kanzelwand, der auf der bayerischen Seite amtlich als Warmatsgundkopf bezeichnet wird. Das Bergmassiv um Fellhorn und Kanzelwand ist größtenteils durch Grashänge geprägt und zeichnet sich durch ein dichtes Wegenetz aus. So gibt es hier nicht zuletzt unzählige Möglichkeiten für uns Biker.

Bei der hier beschriebenen großen Tour umrunden wir das Fellhorn und fahren direkt unterhalb des Gipfels der Kanzelwand entlang. Mit über 1500 Hm und 30 km kommen Konditionsliebhaber besonders auf ihre Kosten. Die Tour besticht durch das tagesfüllende Programm mit vielen sehr steilen Rampen sowie etlichen technisch anspruchsvollen Passagen auf herrlichen Trails. An den vielen Gasthäusern und Alpen am Wegesrand können wir jederzeit unsere Kraftreserven auftanken und dabei den imposanten Blick auf die Allgäuer Bergwelt genießen.

Wir starten die Rundtour in der Ortschaft Riezlern im Kleinwalsertal. Nach einer kurzen Einrollphase geht es gleich steil bergauf zur Mittelalp. Von dort radeln wir aussichtsreich am Hang entlang zum Berghaus Schönblick an der Söllereckbahn. Kleine Holzstege bringen uns sicher und trocken über ein Hochmoor, bevor uns die erste Abfahrt erwartet. Bergab geht es vorbei am Berggasthof Hofleite nach Schwand. Von hier rollen wir in das Stillachtal in Richtung Talstation der Fellhornbahn, fahren jedoch nicht komplett hinab bis zur Talstation, sondern queren die Hänge etwas oberhalb. So verlieren wir nicht unnötig Höhenmeter. Jetzt erwartet uns der lange und anstrengende Anstieg hinauf zur Kanzelwand. Der erste Abschnitt führt uns vorbei an der Zwischenstation der Fellhornbahn zum Kanzelwandhaus. Dieser Abschnitt ist konstant steil und durch viele kräftezehrende Rampen geprägt. Allerdings ist ein großer Teil dieser Auffahrt asphaltiert und verläuft im schattigen Bergwald. Vom

*Auffahrt von der Oberen Bierenwangalpe zum Gundsattel. Im Hintergrund rechts der mächtige Allgäuer Hauptkamm mit Trettach.*

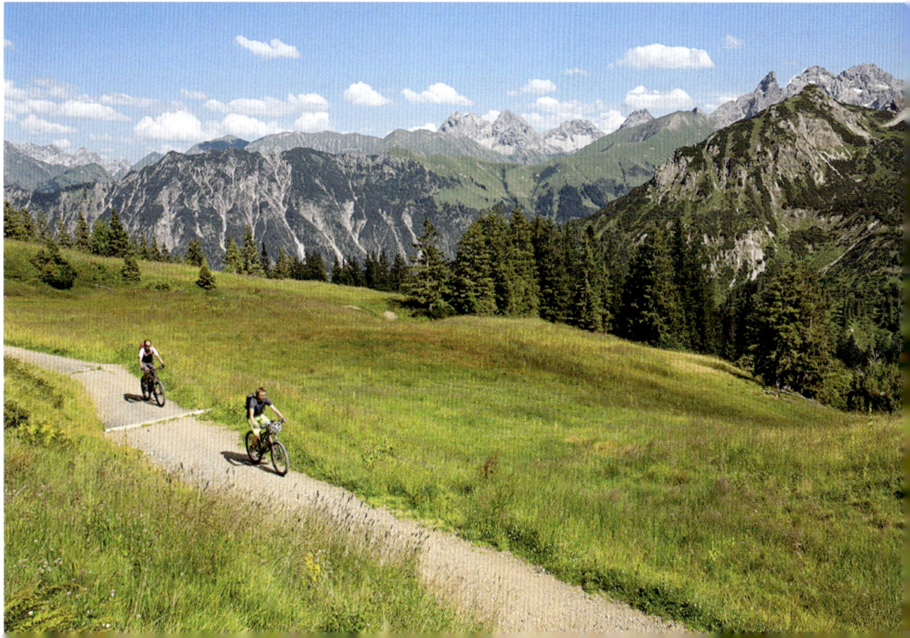

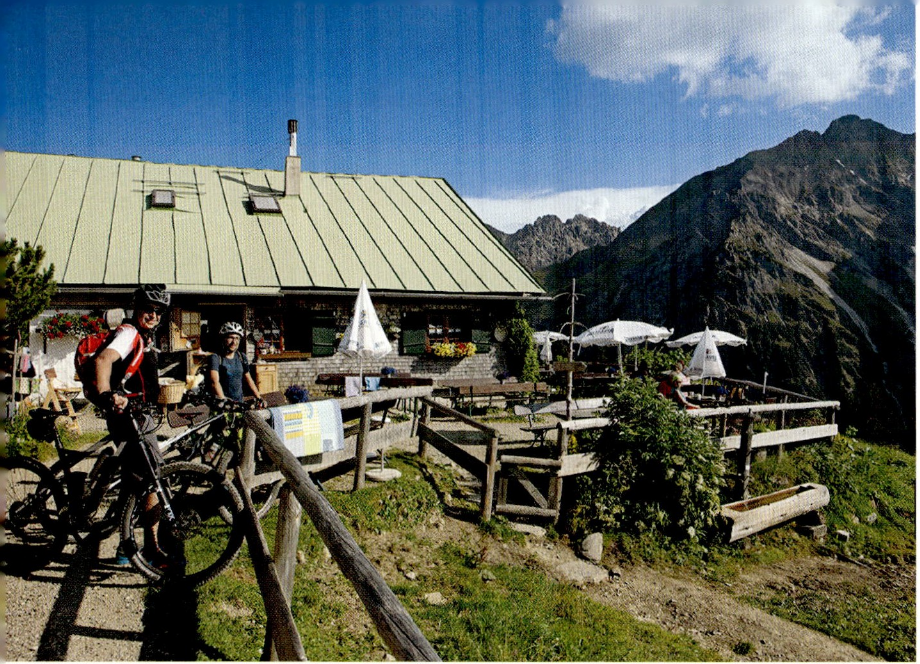

*An der Innerkuhgehrenalpe erwartet uns ein herrlicher Blick hinab ins Kleinwalsertal.*

Kanzelwandhaus radeln wir weiter bergauf bis zur herrlich gelegenen Oberen Alpe Bierenwang. Vom Ausblick hinüber auf den Allgäuer Hauptkamm mit Trettach und Mädelegabel kann man sich kaum sattsehen. Von der Alpe erreichen wir über einen gut zu fahrenden Trailabschnitt bergauf den Gundsattel. Das Panorama weitet sich und wir erkennen im Norden die Gipfelstation der Fellhornbahn. Auf einer breiten und steilen Piste bewältigen wir die letzten Höhenmeter der Tour bis zum Sattel an der Bergstation der Kanzelwandbahn. Von diesem Sattel, der oft auch als Kanzelwandsattel bezeichnet wird, können wir zu Fuß (siehe Bike & Hike) den Abstecher auf den Kanzelwandgipfel einbauen. Der Aufstieg ist unproblematisch und vom Sattel einsehbar. Anschließend bringt uns eine breite Schotterpiste die wenigen Höhenmeter hinab zum Restaurant Adlerhorst. Von hier können wir auf direktem Weg der Piste den Rückweg nach Riezlern antreten (siehe Variante – direkte Abfahrt). Wir empfehlen jedoch den anspruchsvollen Weg weiter zum Kuhgehrensattel. Ein toller Trail am Hang entlang und ein paar Schiebe- bzw. Tragepassagen führen zum Sattel. Vom Sattel wartet eine traumhafte Trailabfahrt auf uns zur Innerkuhgehrenalpe, die wie ein Adlerhorst oberhalb des Kleinwalsertals thront. Der Trailspaß setzt sich weiter fort und immer wieder erwarten uns kurze technische Passagen. Wer noch nicht genug hat und über das technische Können verfügt, kann sich auch für die Trailvariante vorbei an der Brandalm entscheiden. Schließlich gelangen wir zurück ins Kleinwalsertal und rollen entspannt nach Riezlern zurück.

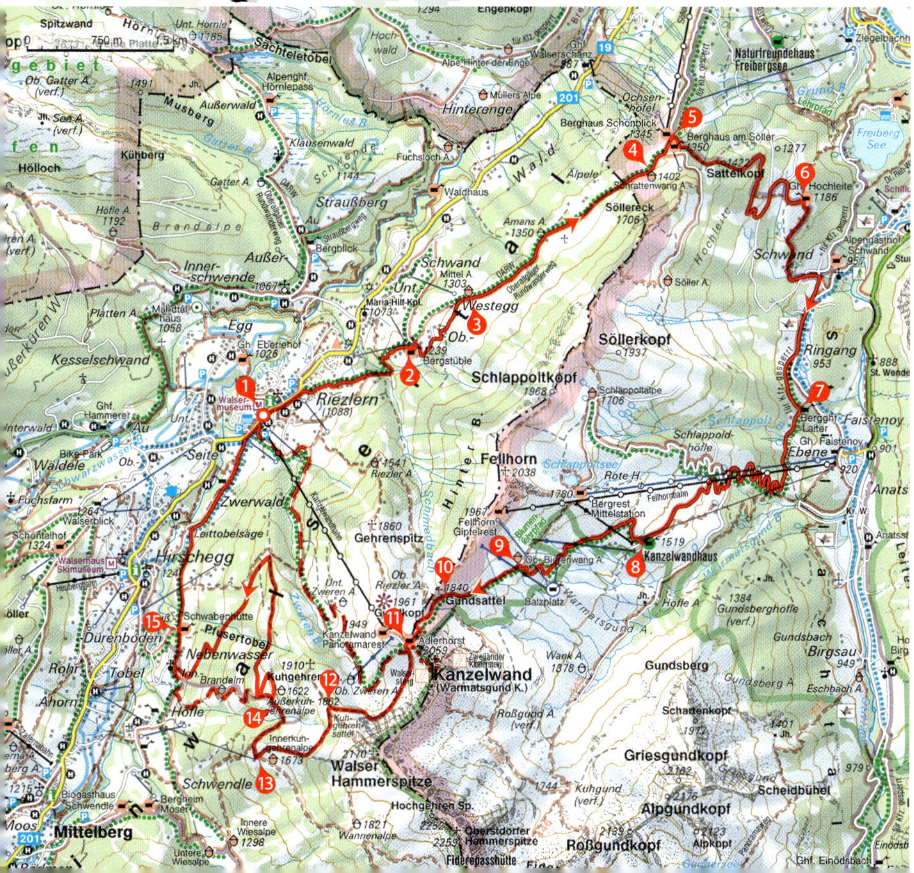


| | | |
|---|---|---|
| **0,0**<br>1080 m | | Wir starten direkt am Eingangsbereich der Talstation der **Kanzelwandbahn (1)** in Riezlern und folgen der Hauptstraße talauswärts in Ri. Nordosten. |
| **0,5**<br>1085 m | | In einer Linkskurve bei der Bushaltestelle »Riezlern Post« biegen wir rechts ab, lassen das Hotel Jagdhof links liegen und nehmen den Westeggweg bergauf. |
| **1,1**<br>1124 m | | Bei einer Häusergruppe fahren wir weiter geradeaus in Ri. »Söllereck Bergstation«. Die Straße wird hier zur Piste. |
| **1,7**<br>1154 m | | Rechts ab auf eine schmale Teerstraße. Steil bergauf. |
| **2,1**<br>1239 m | | Am **Bergstüble (2)** weiter geradeaus. |
| **2,3**<br>1240 m | | In einer Kehre kurz nach dem Bergstüble rechts steil bergauf. |
| **3,2**<br>1303 m | | Vorbei an der Alpe Oberwestegg und etwas flacher weiter zur **Mittelalp (3)**. Hier weiter geradeaus auf der Piste am Hang entlang. |
| **5,6**<br>1402 m | | Direkt vor der **Schrattenwangalpe (4)** links bergab zum sichtbaren Berghaus Schönblick. |
| **6,1**<br>1345 m | | Am **Berghaus Schönblick (5)** rechts auf der Teerpiste steil bergauf in Ri. »Fellhorn, Söllereck«. |

**6,2** 1377 m — Links in Ri. »Oberstdorf, Stillachtal« weiter steil bergauf. Bald über Bretter im Moor und direkt danach rechts.

**8,3** 1201 m — Nach kurzer Abfahrt an T-Kreuzung links der schmalen Teerstraße leicht bergauf folgen in Ri. »Schwand, Freibergsee«.

**8,5** 1201 m — Die Teerstraße geht in eine Piste über, gleich danach rechts bergab.

**9,0** 1186 m — Am **Berggasthof Hochleite (6)** weiter auf der Piste bergab.

**10,4** 974 m — Die Piste geht in eine schmale Teerstraße über und führt zu einem Wegabzweig an einer Brücke. Hier rechts auf Piste weiter in Ri. »Rappenalptal«.

**10,6** 975 m — Weiter geradeaus, ab hier der Teerstraße folgen.

**11,2** 969 m — Leicht rechts in Ri. »Fiederepasshütte«. Leicht bergauf.

**11,9** 1020 m — Vorbei am **Berggasthaus Laiter (7)**.

**14,1** 1295 m — Unter den Drahtseilen der Fellhornbahn hindurch. Über Serpentinen steil bergauf zum Schlappoldhöfle (Brunnen). Hier an Y-Gabelung links in Ri. »Bierenwangalpe, Kanzelwandhaus«.

**14,2** 1302 m — An Y-Gabelung rechts weiter steil bergauf in Ri. »Bierenwangalpe, Kanzelwandhaus«.

**15,7** 1519 m — Direkt vor dem **Kanzelwandhaus (8)** rechts weiter in Ri. »Fellhornbahn«.

**16,0** 1540 m — In einer Linkskehre fahren wir an der Unteren Bierenwangalpe vorbei und nehmen den Hauptweg konsequent bergauf.

**17,6** 1735 m — Wir erreichen die **Obere Alpe Bierenwang (9)**. Von der Alpe wenige Meter zurück bergab und am ersten Abzweig rechts auf Piste weiter. Der Weg quert die Hänge und geht bald in einen einfachen Trail über.

**18,7** 1809 m — Steil und z. T. über Stufen (Wasserrillen) zum **Gundsattel (10)**. Hier links weiter in Ri. »Kanzelwandbahn, Panoramarestaurant«. Es folgt der finale Anstieg.

**19,7** 1920 m — Wir erreichen den **Sattel (11)** bei der Bergstation der Kanzelwandbahn und fahren auf der Piste in Ri. Südosten bergab.

**19,9** 1889 m — Auf Höhe des Restaurants Adlerhorst links ab auf Trail in Ri. »Kuhgehrensattel«. Toller Trail leicht bergab am Hang entlang.

*Variante B – Direkte Abfahrt Riezlern: Für die direkte Abfahrt nach Riezlern bleiben wir hier auf der breiten Piste und rollen auf dieser bergab zum Ausgangspunkt Riezlern.*

**21,3** 1862 m — Kurze Schiebepassagen hinauf zum **Kuhgehrensattel (12)**. Von hier auf Trail bergab in Ri. Süden.

**22,5** 1673 m — Auf Wiesentrail entlang eines Bergrückens erreichen wir die **Innerkuhgehrenalpe (13)**. Hier an der Terrasse vorbei rechtshaltend auf Trail bergab in Ri. »Außerkuhgehrenalpe.

**22,6** 1656 m — Am nächsten Abzweig weiter geradeaus in Ri. »Außerkuhgehrenalpe

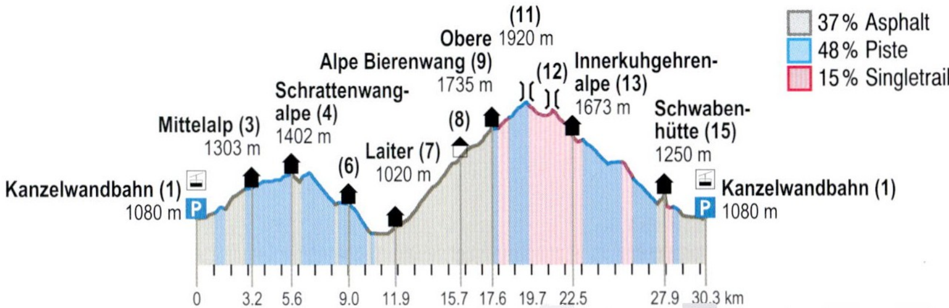

30 Min., Brandalpe«. Stufiger Trail (Schiebepassagen) durch kleines Waldstück und danach der Piste links folgen.

**23,3** 1622 m — Vorbei an der **Außerkuhgehrenalpe (14)**. Wir folgen der guten Piste bergab.

**24,0** 1530 m — Weiter geradeaus dem Forstweg folgen.

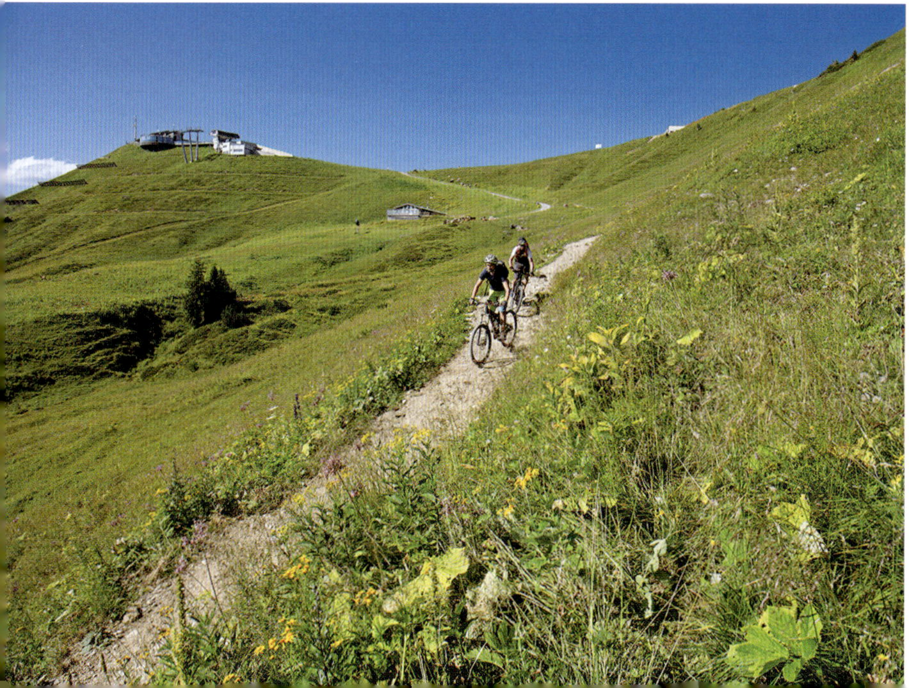

*Trail vom Sattel an der Bergstation der Kanzelwandbahn zum Kuhgehrensattel.*

*Variante A – Trailabfahrt Brandalm: Für die Variante hier links ab auf den Trail (S2–S3). Am Anfang führt ein steiler Wanderweg durch den Bergwald.*

**25,4** 1480 m — Links ab auf einen Trail.

**26,1** 1355 m — Forstweg nach links folgen.

**27,5** 1180 m — Wir erreichen bei einer Häusergruppe eine schmale Teerstraße, der wir nach rechts folgen.
*Variante: Bei der Häusergruppe mündet auch die »Variante A – Trailabfahrt Brandalm« wieder auf den Hauptweg.*

**27,6** 1176 m — Rechts ab.

**27,9** 1250 m — Vorbei an der **Schwabenhütte (15)** und wenige Meter danach rechts ab auf einen Trail.

**28,4** 1160 m — Bei der Jahnhütte weiter geradeaus.

**29,0** 1090 m — Rechts der Teerstraße folgen, die uns in den Ort Riezlern bringt.

**30,1** 1080 m — An der Hauptstraße bei einem großen Parkplatz rechts und noch wenige Meter zum Ausgangspunkt.

**30,3** 1080 m — Talstation der **Kanzelwandbahn (1)** in Riezlern.

# 12 Hörnlepass

**Strecke**
22,3 km, 3.00 Std., 790 Hm, tiefster/höchster Punkt 821/1283 m, mittlere Steigung 9 %, maximale Steigung 16 %.

**Anspruch**
Kondition: ●●●○○
Fahrtechnik: ●●●●○

**E-Bike** ○○

**Verpflegungsmöglichkeiten**
Berggasthaus Rohrmoos: siehe Tour 7; Alpe Osterberg: Mitte Mai bis Anfang Okt., www.alpe-osterberg.de; Alpe Hinter der Enge: Anfang Mai bis Anfang Nov., Di Ruhetag, Tel. +43 676 7921880; Alpe Dornach: www.alpe-dornach.de; Gasthaus Breitachklamm: www.gasthaus-breitachklamm.de.

**Anfahrt/Ausgangspunkt**
Auf der B19 in Richtung Oberstdorf. Am McDonald's rechts in Richtung Tiefenbach. Dann der Beschilderung zum Parkplatz »Breitachklamm« folgen. Zahlreiche Parkmöglichkeiten. Exakter Ausgangspunkt: direkt vor dem Eingangsbereich des Gasthauses Breitachklamm.

**Karte**
f&b WK 364.

**Resümee**
Eine recht einfache Genusstour. Sehr steile Auffahrten gibt es hier nicht. Jedoch muss ein kurzer Singletrail auf teils schmalen Holzbrettern durch ein Hochmoor überwunden werden. Mehrere Alpen laden in herrlicher Umgebung zur Einkehr ein.

**Bike & Hike**
Direkt am Ausgangspunkt befindet sich der Eingang in die Breitachklamm. Eine Wanderung am Ende der Biketour zu diesem einzigartigen Naturschauspiel ist garantiert ein lohnenswertes Unterfangen. Auf gesicherten Wegen und Stegen dringen wir tief in die enge, feuchte Schlucht ein – sehr beeindruckend! Tipp: Am späten Nachmittag lässt der große Besucherandrang meist nach. Letzter Einlass 17 Uhr.

**Variante**
Bei dieser Variante kommen wir in den Genuss des wildromantischen Breitachtals. Der Weg führt uns direkt am Flusslauf der Breitach entlang. Außerdem gibt es schöne Einkehrmöglichkeiten. Insgesamt einfacher Streckenverlauf auf Asphalt und Schotterwegen, jedoch jeweils eine kurze steile Ab- und Auffahrt.

*Die idyllische Alpe Osterberg lädt zum Verweilen ein.*

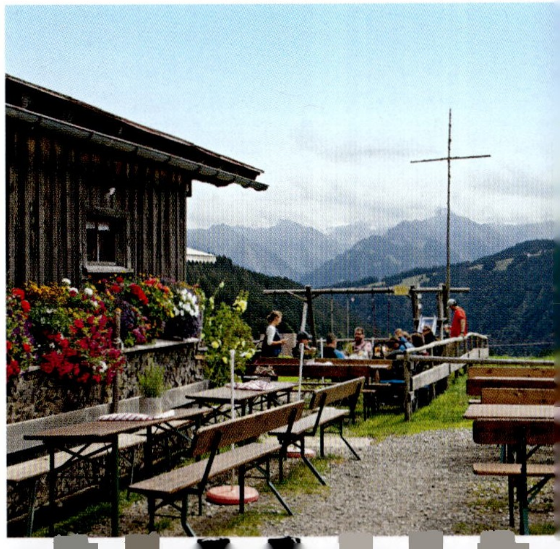

Diese Rundtour an der Grenze zwischen Allgäu und Kleinwalsertal ist wie gemacht für den Genussradler! Moderate Steigungen auf gutem Untergrund, zahlreiche Alpen und Gasthöfe am Wegesrand sowie landschaftliche Hochgenüsse machen diesen Bikeausflug zu einer runden Sache. Der kurze Trail ab dem Hörnlepass sorgt zwischendurch für ein wenig Nervenkitzel, denn am Anfang sind ein paar etwas schwierigere Passagen (S2) zu überwinden und wenig später durchqueren wir auf schmalen Holzdielen ein Moorgebiet. Dieser Balanceakt erfordert eine sichere Bikebeherrschung. Ansonsten kommen wir schnell in Kontakt mit dem feucht-sumpfigen Untergrund oder den wassergefüllten Senken. Wer sich nicht absolut sicher fühlt, kann die wenigen Meter auch schieben und entdeckt dann mit etwas Glück sogar die hier vorkommende fleischfressende Pflanze, den Sonnentau.

Ausgangs- und Endpunkt ist der große Parkplatz bei Tiefenbach am Eingang zur Breitachklamm. Von hier aus folgen wir einer von Autos kaum befahrenen Straße stets leicht bergauf, bis wir in den kleinen Weiler Rohrmoos gelangen. Hier lohnt ein kurzer Besuch der Holzkapelle St. Anna. Das sakrale Gebäude ist eine der ältesten Holzkirchen in Europa. Weiter geht es ohne Orientierungsschwierigkeiten zum Hörnlepass, dem Übergang von Rohrmoos in das Kleinwalsertal. Nach der Trailabfahrt durch das Moorbiotop müssen wir uns zwischen

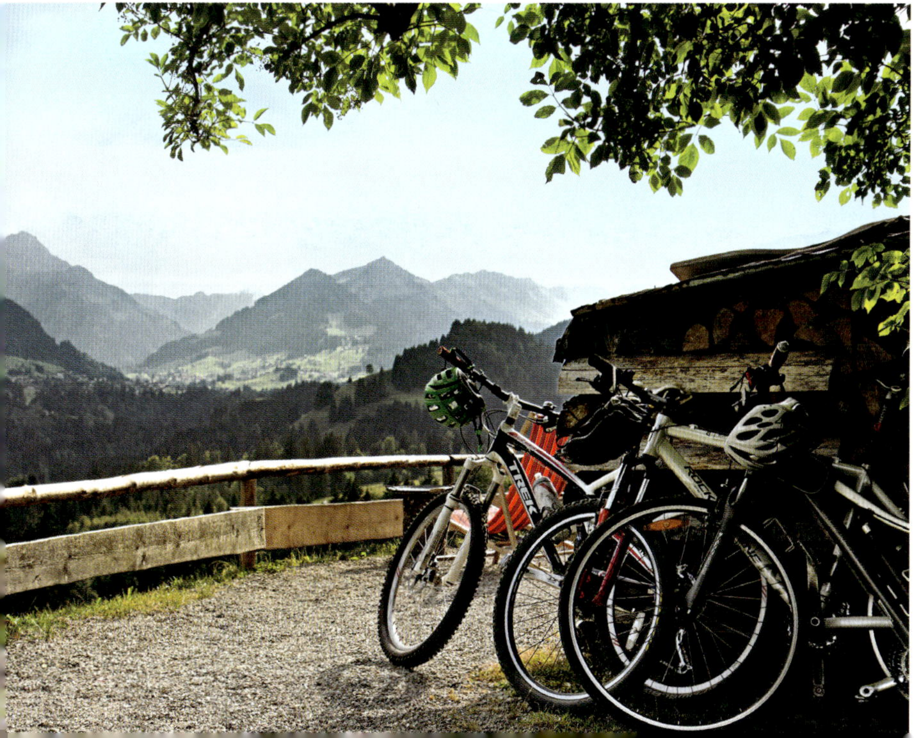

*Rast an der Alpe Hinter der Enge mit Blick auf das Kleinwalsertal.*

der Hauptroute oder der Variante durch das Breitachtal entscheiden. Schnell erreichen wir die schön gelegene Alpe Osterberg, von wo aus wir eine herrliche Aussicht auf die umliegenden Allgäuer Gipfel haben. Bei der Weiterfahrt laden zwei weitere Alpen, Hinter der Enge und Dornach, zum Verweilen und zur Einkehr ein. Alle Alpen erwarten uns mit besten heimischen Spezialitäten, Qualität wird hier noch groß geschrieben. Von der Alpe Dornach fahren wir auf bekanntem Weg zurück zum Ausgangspunkt. Der kleine Fußweg direkt zum Parkplatz ist für Radfahrer gesperrt.

Als krönenden Abschluss bietet sich ein Besuch der berühmten Breitachklamm an – ein Naturwunder ohnegleichen! Sie zählt unbestritten zu den Highlights des Allgäus und ist zugleich die tiefste Felsenschlucht Mitteleuropas. Die Breitach zwängt sich hier durch fast 100 m hohe, senkrechte und überhängende Felsenwände. Das Wasser strudelt durch tiefe Gumpen, stürzt über hohe Felsbänke und versprüht sich in unzählige Tröpfchen. Der 2,5 km lange Wanderweg über Brücken, Stege und schmale Wege führt uns hinein in dieses Naturschauspiel. Wer die Klamm noch nie besucht hat, sollte das schleunigst nachholen!

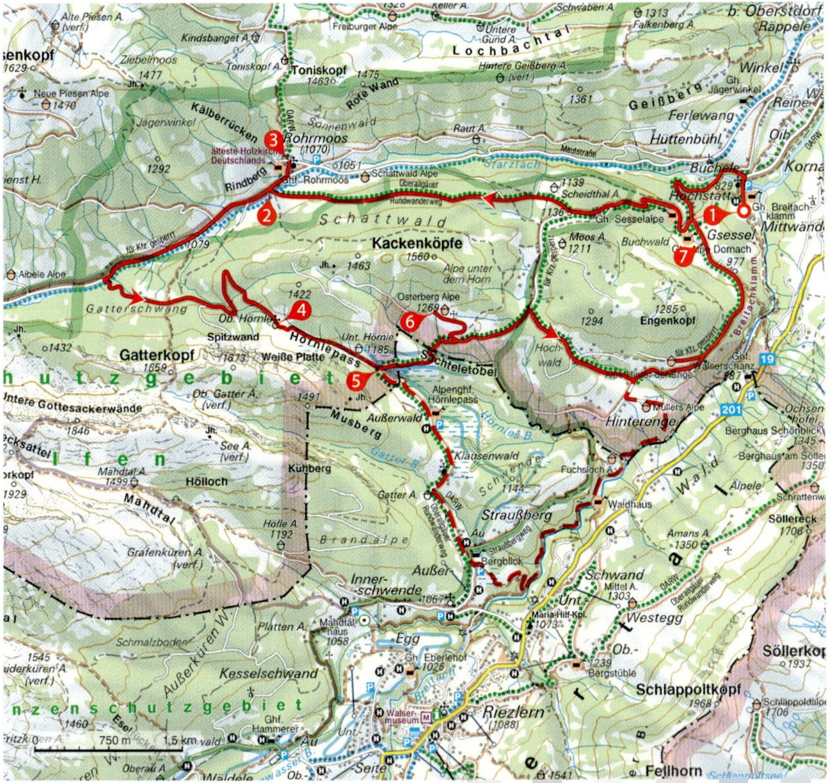

0,0
821 m
Wir starten direkt vor dem **Gasthaus Breitachklamm (I)** und fahren in Ri. Norden.

0,3
828 m
An einer kleinen Kapelle vorbei und danach zweimal links abbiegen. Beschilderung in Ri. »Osterberg/Alpe Dornach«.

1,6
951 m
Rechts bergauf in Ri. »Rohrmoos«. An der Sesselalpe und am Parkplatz vorbei.

3,3
1129 m
Nach rechts in Ri. »Rohrmoos« abbiegen und eine Schranke passieren.

6,6
1068 m
**Abzweig Rohrmoos (2)**, rechts abbiegen und zum kleinen Ort fahren.

7,0
1070 m
**Rohrmoos (3)**. Zurück zum WP 2.

7,3
1068 m
**Abzweig Rohrmoos (2)**: geradeaus in Ri. »Hörnlepass«. An den folgenden Abzweigen auch geradeaus.

9,3
1104 m
Scharf links in Ri. »Hörnlepass« abbiegen. Bergauf, immer auf dem Hauptweg bleiben und der Beschilderung bis zum Pass folgen.

12,2
1283 m
**Hörnlepass (4)**. Von hier folgen wir dem Trail in Ri. »Kl. Walsertal« bergab.

13,5
1160 m
**Abzweig Variante (5)**: links in Ri. »Alpe Osterberg«.
*Variante Breitachklamm: rechts in Ri. »Gasthof Hörnlepass«*

14,5
1208 m
Scharf links zur bereits sichtbaren Alpe Osterberg.

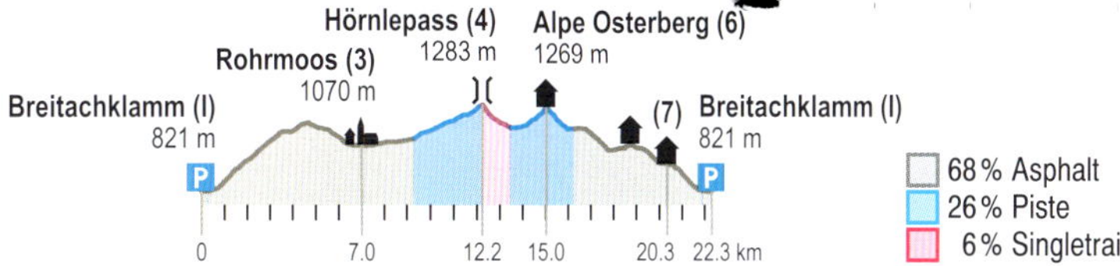


15,0
1269 m
**Alpe Osterberg (6)**. Zurück zum vorigen Abzweig und weiter geradeaus in Ri. »Tiefenbach«.

16,3
1158 m
Rechts in Ri. »Tiefenbach/Alpe Dornach« (hier nicht links).

17,1
1119 m
Geradeaus in Ri. «Alpe Dornach« (hier nicht links zur »Alpe Enge«).

17,7
1045 m
Rechts in Ri. »Alpe Dornach/Alpe Enge«.
*Variante kommt von rechts.*

18,5
1053 m
Links in Ri. »Alpe Hinter der Enge«.

18,7
1076 m
Alpe Hinter der Enge. Wieder zurück zum vorigen Abzweig und geradeaus weiter in Ri. »Alpe Dornach«.

20,3
969 m
**Alpe Dornach (7)**. Geradeaus weiter, die Alpe lassen wir links liegen.

20,7
951 m
Geradeaus weiter und auf bekanntem Weg zurück zum Ausgangsort.

22,3
821 m
**Gasthaus Breitachklamm (I)**.

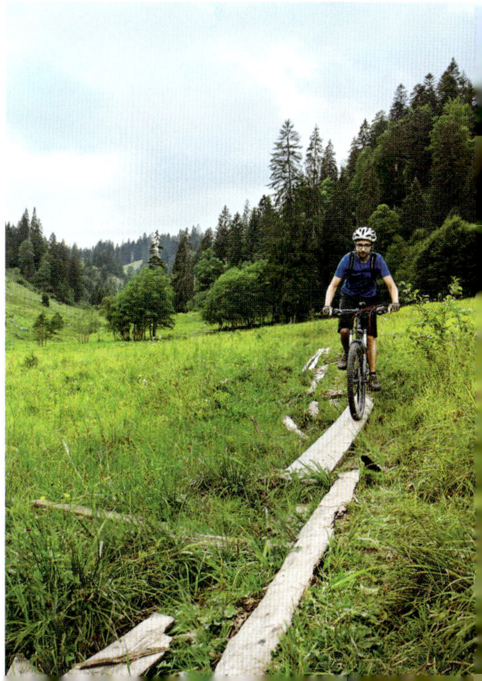

*Balanceakt bei der Trailabfahrt vom Hörnlepass.*

# 13 Rappenalptal

**Strecke**
35,4 km, 4.00 Std., 850 Hm, tiefster/höchster Punkt 810/1482 m, mittlere Steigung 5 %, maximale Steigung 18 % (kurze Stellen vor der Speicherhütte).

**Anspruch**
Kondition: ●●●○○
Fahrtechnik: ●●○○○

**E-Bike** ●●
Mit E-Bike Abfahrt über bekannte Auffahrt, also nicht am Freibergsee vorbei, wegen kurzer, aber sehr steiler Abfahrt.

**Verpflegungsmöglichkeiten**
Birgsau: zwei Gasthäuser; Sennalpe Eschbach: Mai bis Okt., www.sennalpe-eschbach.de; Buchrainer Alpe: Mai bis Mitte Okt., www.alpe-buchrainer.de; Breitengehrenalpe: Mitte Mai bis Okt.; Schwarze Hütte.

**Anfahrt/Ausgangspunkt**
Nach Oberstdorf und am Kreisverkehr noch vor dem Ort rechts in Ri. »Kleinwalsertal«. Bergauf und dann links ab in Ri. »Fellhornbahn«. Kurz bergab, dann am Kreisverkehr rechts in Ri. »Fellhornbahn« und 3,6 km weiter bis zum großen Parkplatz »Renksteg«. Exakter Ausgangspunkt: überdachte Holzbrücke über die Stillach, die wir vom südwestlichen Rand des Parkplatzes (hinten links) über wenige Meter auf einem Forstweg erreichen.

**Karte**
f&b WK 351.

**Resümee**
Auf einer schmalen und für Kraftfahrzeuge gesperrten Asphaltstraße fahren wir durch das Stillach- und Rappenalptal in Richtung des südlichsten Punkts Deutschlands. Die letzten Höhenmeter zur Speicherhütte am Talende fordern mit fast 20 % Steigung unsere Kraft und Kondition. Die Rückfahrt wird durch einen Schlenker zum Freibergsee aufgepeppt.

**Varianten**
Variante A – Bahnhof Oberstdorf:
Die Tour kann auch vom Bahnhof Oberstdorf gestartet werden (bis zum Startpunkt 2,8 km, kaum Hm). Vom Platz vor dem Bahnhof in die Fußgängerzone (Schritttempo) und stets Richtung Süden. Über Prinzenstraße, Lorettostraße und Birgsauer Straße zum Parkplatz »Renksteg«.

Variante B – Einödsbach:
Die Variante lohnt sich wegen den Trage- bzw. Schiebepassagen ausschließlich, wenn eine Einkehr bzw. aussichtsreiche Pause in Einödsbach angedacht ist. Beim Abzweig (4) rechts ab in Ri. »Einödsbach«. Über einen Wiesentrail hinab zur kleinen Brücke und über diese. Anschließend links haltend bergauf. Dem schmalen Schotterweg in Ri. »Einödsbach« folgen. Ab einem Gatter Trail (S0–S1) durch Waldstück. Ab einer Brücke Schiebe- bzw. Tragepassage bis Einödsbach (Gasthaus). Über die Terrasse und vom Gasthaus die breite Piste rasant bergab zum bekannten Abzweig (3).

Variante C – ohne Freibergsee:
Die Tour lässt sich etwas verkürzen, indem man sich den Schlenker zum Freibergsee spart. Dazu an der Fellhornbahn (2) auf bekanntem direktem Weg zurück zum Parkplatz Renksteg (1).

Der Grenzstein 147, eine Granitsäule auf einer Höhe von 1883 m, markiert nicht nur den südlichsten Punkt Deutschlands, sondern trennt zugleich Tirol, Vorarlberg und

Bayern. Von hier sind es etwa 875 km Luftlinie bis zu dem sogenannten Ellenbogen auf Sylt, dem nördlichsten Punkt Deutschlands. Deutlich näher und nur wenige hundert Meter entfernt vom Grenzstein 147 liegt das Haldenwanger Eck, ein Sattel auf 1931 m Höhe, etwas südwestlich vom Schrofenpass. Dieser Pass (1688 m) stellt eine direkte Verbindung zwischen Oberstdorf in Deutschland und Lechleiten in Österreich dar. Die anspruchsvollen und ausgesetzten Stellen dieses ehemaligen Saumpfads mit seiner historisch wichtigen wirtschaftlichen Bedeutung wurden im Jahre 1795 zunächst durch Sprengarbeiten verbreitert. Während des Zweiten Weltkrieges wurde der Weg durch Sprengung zerstört, sodass nur noch ein schmaler Bergpfad übriggeblieben ist. Die besonders schwierigen Stellen sind heute mithilfe von Alubrücken und Trittstiften entschärft. Dennoch gelten diese Stellen für Mountainbiker auf der bereits 1991 veröffentlichten und seither gut frequentierten Heckmaier-Route von Oberstdorf nach Riva del Garda als erste große Herausforderung. Wir können auf der hier beschriebenen Route den einen oder anderen Mountainbiker in den Schlüsselstellen des Übergangs bequem und ohne Nervenkitzel beobachten. Unsere Tour kann hingegen als einfache Genusstour eingeordnet werden, denn sie verläuft zum großen Teil auf schmalen und für Autos gesperrten Asphaltstraßen.

Wir starten in der Nähe vom Freibergsee bei Oberstdorf, radeln gemütlich an der Skiflugschanze vorbei und gelangen durch das Stillachtal in das wunderschöne Rappenalptal. Kurz hinter Birgsau erwartet uns der erste steile und anstrengende Schnap-

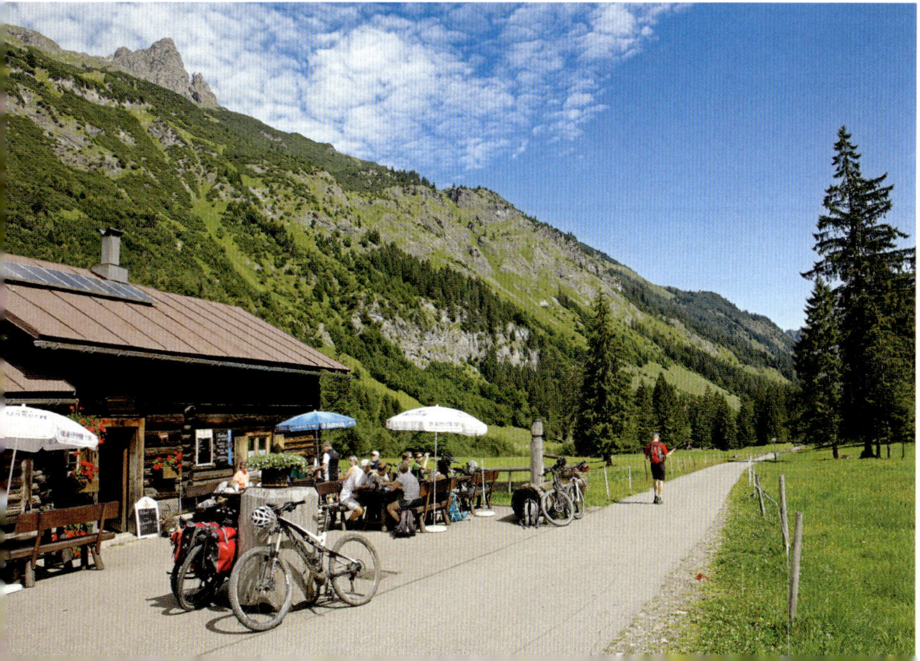

*Schwarze Hütte: beliebte Einkehrmöglichkeit im Rappenalptal.*

per hinauf zur Buchrainer Alpe. Von hier haben wir einen herrlichen und imposanten Blick auf Trettach und Mädelegabel, ein wahres Postkartenmotiv.

Es wird wieder flacher und vorbei an der Schwarzen Hütte erreichen wir die Höflehütte. Ab hier wird der Untergrund etwas schlechter und sehr steile Rampen fordern unsere Kraft und Kondition. Der Fahrweg endet direkt an der schön gelegenen, nicht bewirtschafteten Speicherhütte. Jedoch werden hin und wieder kühle Getränke im Brunnen an der Alpe für Biker und Wanderer angeboten. Eine Pause in dieser herrlichen Umgebung haben wir auf jeden Fall verdient. Südöstlich von der Alpe ragen senkrechte Felswände in die Höhe. Bei genauerer Beobachtung erkennen wir den oben beschriebenen Steig zum Schrofenpass, der sich von rechts unten nach links oben durch diesen abweisenden Felsen zieht. Gut zu sehen sind vor allem die Alubrücken. Neben diesem Blick sollten wir auf jeden Fall unsere Augen auch in Richtung Norden, also talauswärts, schweifen lassen: Malerisch liegt uns das gesamte Rappenalptal zu Füßen und die Trettach zeigt sich rechts am Horizont.

Nach der Pause schwingen wir uns wieder auf den Sattel und werden auf der Rückfahrt talauswärts für unsere Mühen belohnt. Durch das lange Rappenalptal geht es meist stetig leicht bergab und etliche gemütliche sowie ursprüngliche Alpen laden zu einer weiteren Rast ein. Nehmen wir nicht den bekannten Weg zurück (siehe Variante C), so geht es ab der Fellhornbahn nochmals bergauf, da wir noch am Freibergsee und der Skiflugschanze vorbeischauen möchten. Vom See nehmen wir einen steilen Weg bergab und gelangen so zurück zum Ausgangspunkt.

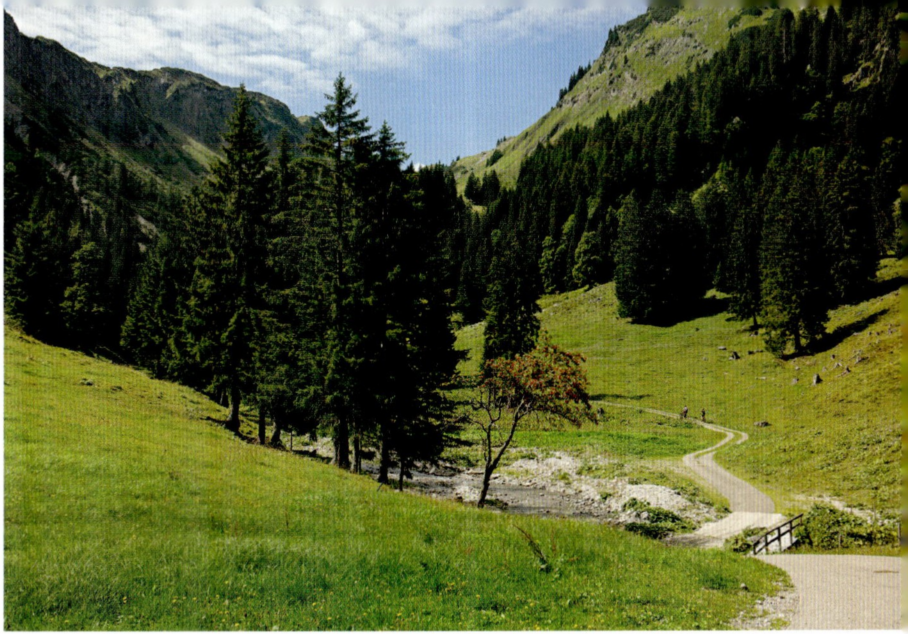

*Die letzten 150 Hm und 1,5 km verlaufen auf einem teils sehr steilen Schotterweg bis zur Speicherhütte.*

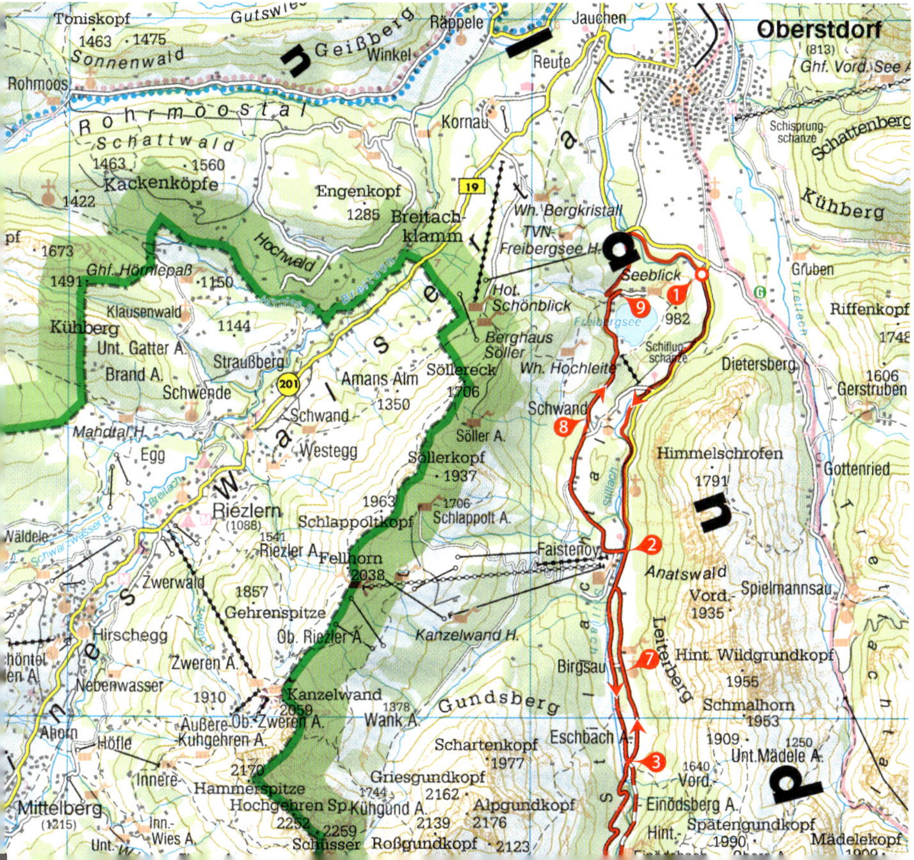


**0,0**
830 m

Wir starten an der überdachten Holzbrücke in der Nähe des Parkplatzes **Renksteg (1)**, überqueren die Stillach jedoch nicht, sondern halten uns direkt vor der Brücke links (bachaufwärts) und nehmen die gute Piste entlang der Stillach in Ri. Süden bzw. »Rappenalptal, Fellhornbahn«.

**1,1**
850 m

Bei einer Brücke weiter geradeaus entlang der Stillach. Wir bleiben konsequent auf dem Schotterweg (Bach auf der rechten Seite). Bei der nächsten Brücke geradeaus, nach einer Unterführung ebenfalls geradeaus.

**4,4**
905 m

Schließlich erreichen wir auf der Schotterpiste entlang der Straße direkt bei einer Brücke die Bushaltestelle an der **Fellhornbahn (2)**. Hier die schmale Teerstraße geradeaus in Ri. Süden. Kurz nach der Bushaltestelle lassen wir links Parkplätze liegen.

**6,7**
956 m

Bei der Bushaltestelle »Birgsau« weiter geradeaus. Nach links wären es weniger Meter zu einer Häusergruppe (Einkehrmöglichkeit).

**7,1**
960 m

Wir lassen die Alpe Eschbach links liegen.

**7,3**
975 m

An einem beschilderten **Abzweig (3)** leicht rechts in Ri. »Rappenalptal«.

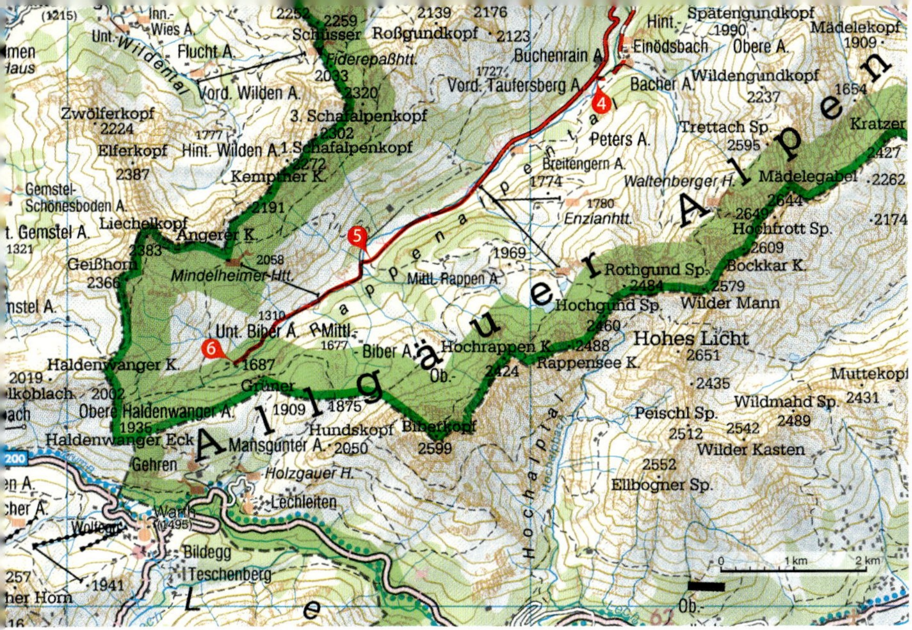


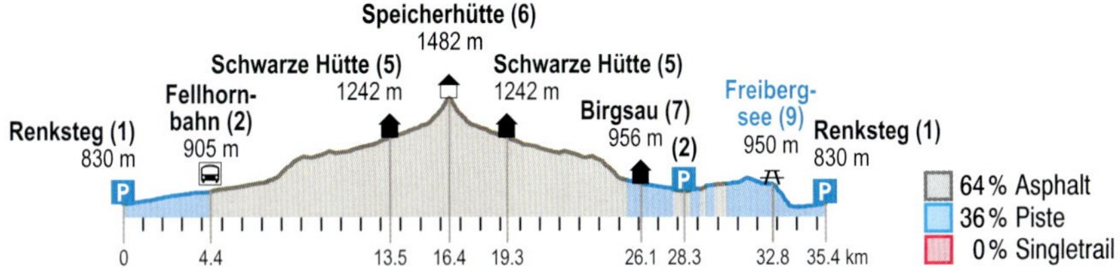


Ab hier ist die Orientierung sehr einfach, da wir immer auf der schmalen Teerstaße bleiben.

**9,1** 1123 m — Wir lassen die Buchrainer Alpe rechts oben liegen. Es folgt eine kurze Abfahrt.

**9,5** 1115 m — An einem beschilderten **Abzweig (4)** weiter geradeaus.
*Hier zweigt die Variante nach Einödsbach ab.*

**11,1** 1151 m — Wir lassen die Breitengehrenalpe links oben liegen.

**11,7** 1170 m — Auch die Materialseilbahnen für die Enzianhütte und die Rappenseehütte lassen wir links liegen.

**13,5** 1242 m — Vorbei an der **Schwarzen Hütte (5)** und weiter geradeaus. Südlichste Einkehrmöglichkeit unserer Tour.

**14,4** 1278 m — Die Materialseilbahn der Mindelheimer Hütte lassen wir rechts liegen. Kurz danach geradeaus weiter.

**15,0** 1310 m — Vorbei an der Höflehütte/Unteren Biberalpe (keine Einkehrmöglichkeit). Direkt danach überqueren wir einen Bach. Ab hier wird es deutlich steiler und der Untergrund deutlich schlechter.

**16,4** 1482 m — Nach mehreren steilen Rampen erreichen wir die **Speicherhütte (6)**. Nach der verdienten Pause Rückweg auf bekanntem Weg.

**19,3** 1242 m – Vorbei an der **Schwarzen Hütte (5)**.

**21,6** 1151 m – Vorbei an der Breitengehrenalpe.

**23,3** 1115 m – Am **Abzweig (4)** geradeaus auf bekanntem Weg zurück.
*Variante B: Für die Variante über Einödsbach hier rechts auf den Trail zur kleinen Brücke abbiegen.*

**25,5** 975 m – Am bekannten beschilderten **Abzweig (3)** halten wir uns leicht rechts und nehmen die Schotterpiste in Ri. »Birgsau«.

**25,6** 970 m – Die Sennalpe Eschbach lassen wir links liegen.

**26,1** 956 m – Bei den Häusern von **Birgsau (7)** geradeaus weiter. Wir folgen konsequent der Schotterpiste, bis wir schließlich nach einer Häusergruppe durch eine Linkskurve wieder auf die Teerstraße gelangen.

*Freibergsee, im Hintergrund die Heini-Klopfer-Skiflugschanze.*

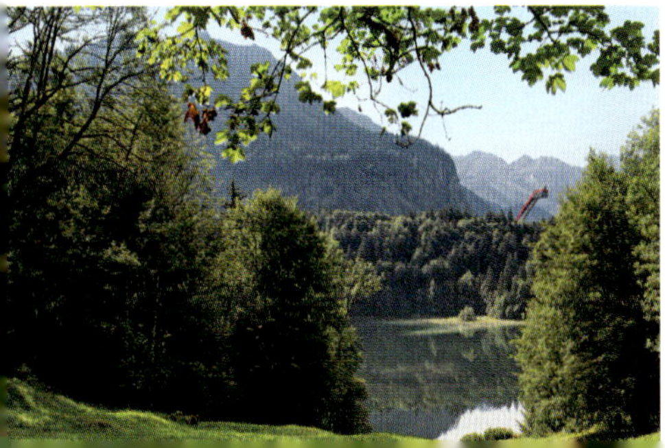

**27,8** 920 m – Wir folgen der schmalen Teerstraße nach rechts (Norden) in Ri. »Talstation Fellhornbahn«.

**28,3** 905 m – An der Bushaltestelle **Fellhornbahn (2)** links über die Brücke und leicht bergauf (zahlreiche Parkplätze lassen wir links liegen).
*Variante C: Von hier auf bekanntem Weg ohne Freibergsee direkt zurück zum Ausgangspunkt.*

**28,6** 920 m – Am Ende der Parkplätze auf Höhe der Talstation nehmen wir rechts den breiten Schotterweg in Ri. »Oberstdorf, Freibergsee, Skiflugschanze«.

**29,2** 919 m – Über eine Brücke.

**29,8** 950 m – Bei den Häusern von Ringang geradeaus weiter in Ri. »Oberstdorf, Freibergsee«.

**30,4** 960 m – Von Teerstraße ab und geradeaus die Piste nehmen in Ri. »Oberstdorf über Freibergsee«. Beim nächsten Abzweig ebenfalls geradeaus und über eine Brücke.

**30,7** 960 m – Direkt nach der Brücke bei einem Parkplatz kurz vor den Häusern von **Schwand (8)** rechts ab auf die Piste Ri. »Freibergsee«.

**31,8** 980 m – Schließlich im Wald bergauf bis zur Skiflugschanze. Hier leicht links halten in Ri. »Freibergsee«. Bergab zum Freibergsee. Die nächsten beiden Abzweigmöglichkeiten nach links ignorieren wir und fahren oberhalb des Seeufers entlang.

**32,8** 950 m – So erreichen wir einen beschilderten Abzweig am **Freibergsee (9)** wenige Meter vor einer Rastbank. Hier scharf links hinter einem Rücken bergab in Ri. »Oberstdorf über Ziegelbachweg«. Am nächsten beschilderten Abzweig rechts weiter bergab. Eine steile und grobschottrige Abfahrt folgt. Hier ist etwas Vorsicht geboten!

**34,0** 810 m – Die Piste bringt uns in die Nähe der Straße. Beim beschilderten Abzweig direkt hoch zur vor uns liegenden Straßenbrücke. Rechts haltend über die Brücke und direkt danach rechts hinab zur Piste am Bach. An der Stillach entlang bachaufwärts.

**35,1** 825 m – An der nächsten Brücke weiter geradeaus und nur noch wenige Meter zurück zum Ausgangspunkt.

**35,4** 830 m – Brücke am Parkplatz **Renksteg (1)**.

# 14 Käseralpe

**Strecke**
20,6 km, 2.20 Std., 580 Hm, tiefster/höchster Punkt 828/1401 m, mittlere Steigung 10 %, maximale Steigung 15 %.

**Anspruch**
Kondition: ●●●○○
Fahrtechnik: ●●○○○

**E-Bike** ●○
Vorsicht bei der Abfahrt in den sehr steilen Abschnitten, häufige E-Bike-Unfälle!

**Verpflegungsmöglichkeiten**
Oytalhaus: Mo Ruhetag (außer an Feier- und Brückentagen), www.berggasthof-oberstdorf.de; Untere Gutenalpe: Tel. +49 8326 9771; Käseralpe: Juni bis Ende Sept., www.kaeseralpe.de.

**Anfahrt/Ausgangspunkt**
Nach Oberstdorf und dort gut beschildert zur Talstation der Nebelhornbahn. Vom Bahnhof Oberstdorf bis hierher ca. 1 km ebenfalls gut beschildert. Zahlreiche Parkplätze in der Umgebung oder am Ortsrand von Oberstdorf. Exakter Ausgangspunkt: Bushaltestelle »Nebelhornbahn/Eislaufzentrum« direkt vor dem Haupteingang der Talstation.

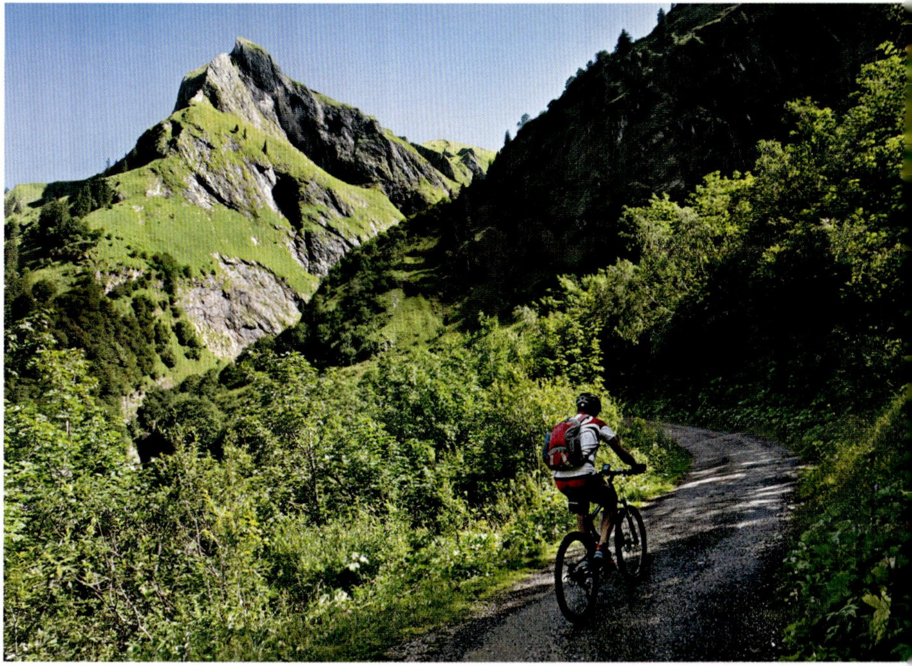

*Blick auf das Himmelhorn (2111 m) und den unter Kletterern berühmten und berüchtigten Rädlergrat.*

**Karte**
f&b WK 351.

**Resümee**
Eine technisch und auch konditionell eher einfache Tour, die uns auf schmalen Teerstraßen und guten Schotterpisten hinein in das sehr reizvolle Oytal bringt. Mehrere Einkehrmöglichkeiten laden zur Rast ein und von der Terrasse der Käseralpe ist der Blick auf die Höfats mehr als beeindruckend.

**Bike & Hike**
Von der Käseralpe (1401 m) können wir zu Fuß in einer guten Stunde auf einem schmalen Wanderweg zum aussichtsreichen Älpelesattel (1780 m) gelangen. Trittsichere und schwindelfreie Wanderer können von hier auch den Aufstieg zum Gipfel der Höfats (2258 m) wagen.

Grün und steil bzw. fast senkrecht ragen die vier Gipfel der Höfats nahe von Oberstdorf wie ein gotischer Dom in den Himmel. Die Höfats ist wohl der markanteste Allgäuer Grasberg. Die sehr steilen Grasflanken machen die Höfats einzigartig in den Ostalpen. Alle vier Gipfel sind beinahe gleich hoch, wobei der Ostgipfel mit seinen 2258 m die höchste Erhebung darstellt. Der einfachste Weg und damit der Normalweg zieht vom Älpelesattel über einen Grat hinauf zum Ostgipfel. Dieser Anstieg ist wegen der Ausgesetzheit und Steilheit nicht zu unterschätzen, jedoch sind die Anstiege auf die drei weiteren Gipfel noch deutlich anspruchsvoller. Die Höfats ist wegen ihrer Pflanzenvielfalt weit über die Allgäuer Alpen hinaus bekannt. Grund für diese Vielfalt ist der hohe Kieselgehalt der Hornsteine und der Aptychenkalke an der Höfats. Neben Enzian und Aurikel findet man an der Höfats viele weitere, auch sehr seltene Pflanzenarten. Insbesondere die hohe Verbreitung des Edelweißes führte zu großer Bekanntheit der Höfats. Zu Beginn des 20. Jahrhunderts wurde das Edelweiß an der Höfats jedoch beinahe ausgerottet. Es wurde oftmals büschelweise gepflückt und anschließend am Bahnhof in Oberstdorf an Touristen verkauft. Der Bestand wurde so auf ein Minimum reduziert. Um diese Entwicklung zu stoppen, wurde von der Allgäuer Bergwacht unter der Führung von Georg Frey im Jahre 1935 ein Zeltposten im Gipfelbereich der Höfats eingerichtet. Die Bergwachtler kontrollierten durch ständige Präsenz während der Sommermonate die steilen Grasflanken und so konnten die letzten Edelweiß-Restbestände vor der Ausrottung bewahrt werden. Zudem wurde 1959 das Gebiet der Höfats zum Naturschutzgebiet erklärt. Aus Sicherheitsgründen wurde im Jahre 1969 das Zelt für die Bergwacht durch eine Aluminium-Biwakschachtel ersetzt. Dank der stetigen

*Vorbei geht es am Stuibenfall.*

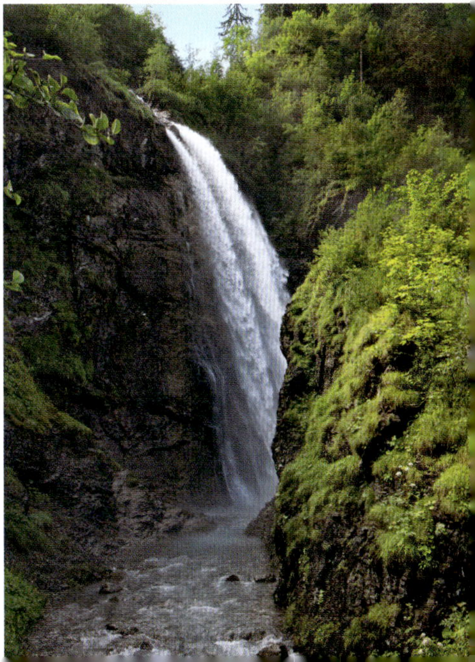

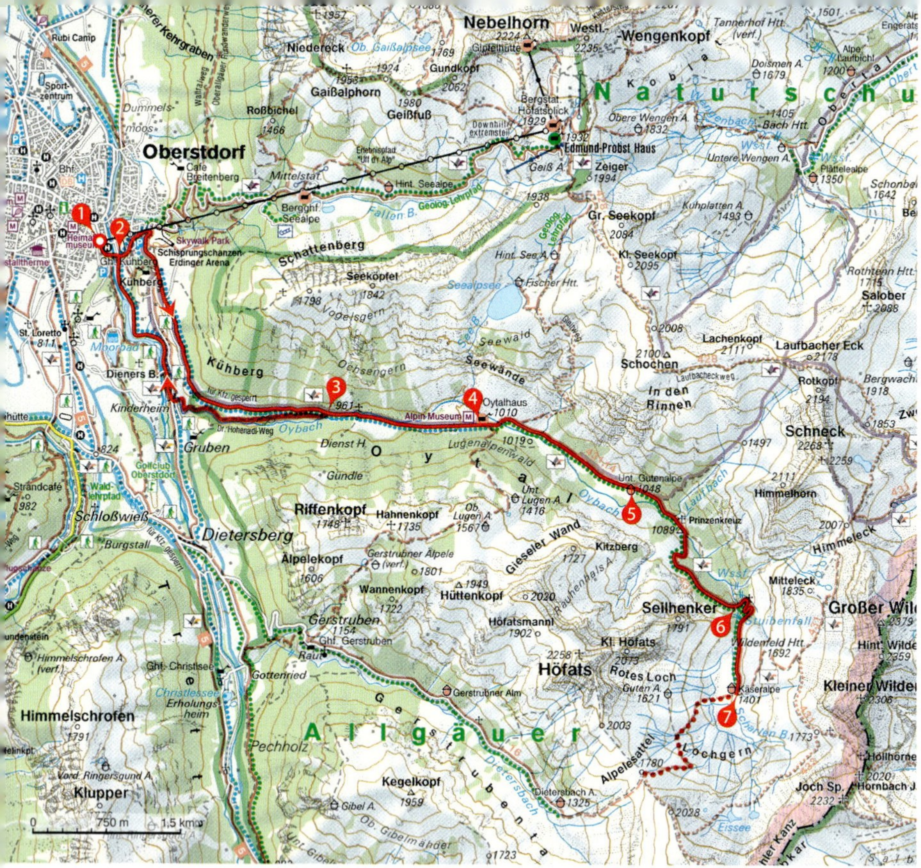


Bewachung wuchsen die Edelweißbestände bis zu Beginn der 1970er-Jahre wieder auf 80 % des Standes von 1900 an. Inzwischen sind Edelweißstöcke mit weit über 30 Blüten keine Seltenheit mehr. Wegen des gestiegenen Umweltbewusstseins der Bergsteiger ist eine ständige Überwachung nicht mehr nötig, die Biwakschachtel ist deshalb seit 2007 nicht mehr besetzt.
Auf unserer Mountainbiketour zur Käseralpe können wir die Höfats, insbesondere deren Ostseite, hautnah bewundern. Für die Tour starten wir direkt in Oberstdorf und radeln relativ bequem hinein in das wunderschöne Oytal. Vorbei am Oytalhaus gelangen wir zur Unteren Gutenalpe. Ab hier wird es dann deutlich steiler und anstrengender, und so haben wir eine ausgiebige Rast am Ende der Piste an der Käseralpe mehr als verdient. Von der Terrasse blicken wir direkt auf die beeindruckenden und fast senkrechten Grasflanken der Höfats. Wollen wir den vier Gipfeln noch etwas näher kommen, dann bietet sich die Wanderung zum Älpelesattel oder sogar die Besteigung des Ostgipfels an (siehe Bike & Hike). Von der Käseralpe nehmen wir mit dem Rad schließlich den bekannten Weg zurück nach Oberstdorf. Wegen der Steilheit im oberen Bereich ist die Abfahrt nicht zu unterschätzen!

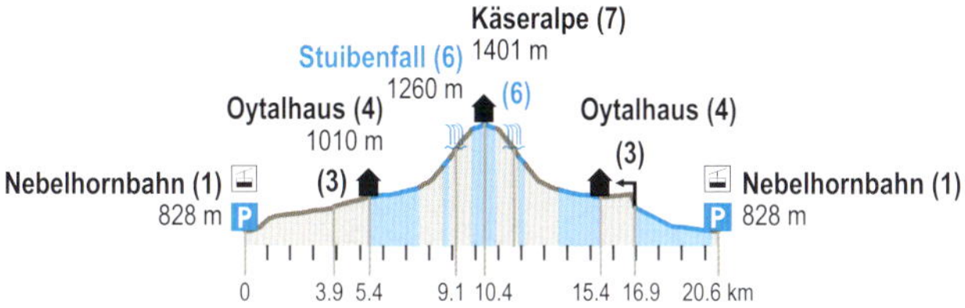


52 % Asphalt
48 % Piste
0 % Singletrail

**0,0** 828 m — Wir starten an der Talstation der **Nebelhornbahn (1)** in Oberstdorf, fahren auf der Straße in Ri. Süden und folgen wenige Meter später der Linkskurve.

**0,2** 830 m — Wir kommen zu einer **Brücke (2)** über die Trettach, etwa 30 m danach am beschilderten Abzweig geradeaus in Ri. »Oytal und Parkplatz B«. *Hinweis: Bei der Abfahrt werden wir hier wieder auf den Weg treffen.*

**0,4** 830 m — An der Einfahrt zum Parkplatz B weiter geradeaus leicht bergauf.

**0,7** 850 m — Auf der Teerstraße bergauf und so zur Erdinger Skisprungarena. Hier rechts bergauf und auf der schmalen Teerstraße bald in einem Linksbogen ins Oytal.

**3,9** 955 m — An einem **Abzweig (3)** weiter geradeaus auf der schmalen Teerstraße. *Hinweis: Diesen Abzweig für die Abfahrt merken.*

**5,4** 1010 m — Wir fahren vorbei am **Oytalhaus (4)** und kurz danach über eine Brücke.

**7,2** 1048 m — Die **Untere Gutenalpe (5)** lassen wir rechts liegen.

**9,1** 1260 m — Vorbei am **Stuibenfall (6)** und in drei Kehren über einen Aufschwung.

**10,4** 1401 m — Das Gelände wird wieder flacher und wir erreichen die **Käseralpe (7)**.

**16,9** 955 m — Auf bekanntem Weg zurück zum **Abzweig (3)**, hier links ab auf einen Schotterweg.

**18,7** 855 m — Stets links vom Oybach gelangen wir bei einer Brücke an eine T-Kreuzung, an der wir uns rechts halten.

**20,4** 830 m — Ein guter Schotterweg bringt uns stets östlich der Trettach an den Abzweig bei der **Brücke (2)**. Links über die Brücke, so sind es nur noch wenige Meter bis zum Ausgangspunkt.

**20,6** 828 m — Talstation der **Nebelhornbahn (1)**.

*An der Käseralpe sind die Gipfel der Höfats zum Greifen nahe.*

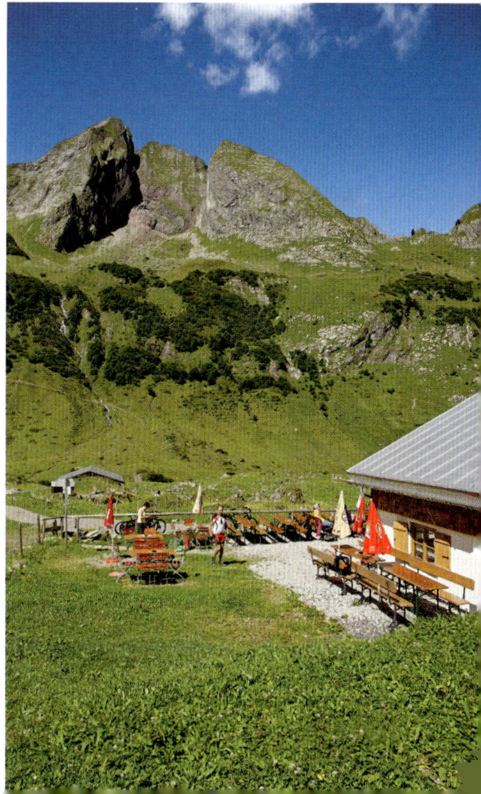

# 15 Nebelhorn

**Strecke**
16,1 km, 4.30 Std., 1110 Hm, tiefster/höchster Punkt 828/1932 m, mittlere Steigung 15%, maximale Steigung 35%.

**Anspruch**
Kondition: ●●●●●
Fahrtechnik: ●●●○○

**E-Bike** ○○

**Verpflegungsmöglichkeiten**
Seealpe; Hofhütte; Edmund-Probst-Haus: Juni bis Mitte Okt., www.edmund-probst-haus.de; Bergstation Höfatsblick (Nebelhorn Marktrestaurant): Tel. +49 8322 96001722; Nebelhorn Gipfelrestaurant (Variante A): Tel. +49 8322 96001722.

**Anfahrt/Ausgangspunkt**
Nach Oberstdorf und dort gut beschildert zur Talstation der Nebelhornbahn. Vom Bahnhof Oberstdorf gut 1 km ebenfalls gut beschildert bis zur Talstation. Zahlreiche Parkplätze in der Umgebung der Talstation oder am Ortsrand von Oberstdorf. Exakter Ausgangspunkt: Bushaltestelle »Nebelhornbahn/Eislaufzentrum« direkt vor dem Haupteingang der Talsation.

**Karte**
f&b WK 351.

**Resümee**
Die Tour ist ein wahrer Kraft- und Konditionstest! Die extremen Steilrampen im oberen Teil der Auffahrt weisen Steigungen von etwa 35 % auf! Viel steiler geht es wohl kaum. Belohnt wird man mit einem beeindruckenden Blick von der Terrasse des Edmund-Probst-Hauses. Für alle Konditionsbiker ein Muss!

**Varianten**
Variante A – Gipfel Nebelhorn:
Vom Edmund-Probst-Haus führt ein fahrbarer, grober Schotterweg direkt zum Gipfel des Nebelhorns (2224 m). Auf der Strecke von 1,7 km werden zusätzliche 295 Hm zurückgelegt. Die Steigung ist nicht mehr ganz so extrem, aber dafür ist der Untergrund deutlich schlechter. Einkehrmöglichkeit am Gipfelrestaurant. Abfahrt auf bekannter Schotterpiste.
Variante B – Nebelhorn extrem:
In mehreren Foren wird eine Abfahrt vom Edmund-Porbst-Haus in Richtung Osten hinunter zur Wengenalpe und weiter zum Giebelhaus beschrieben. Von hier führen eine Teerstraße nach Bad Hindelang und schließlich gut beschilderte Radwege über Sonthofen zurück nach Oberstdorf. Wir können diese Variante nicht empfehlen, da der Wegabschnitt vom Edmund-Probst-Haus über einen Sattel und vorbei an der Oberen Wengenalpe (1835 m) bis zur Wengenalpe (1300 m) teilweise ausgesetzt, oft verwachsen und über längere Strecken sehr anspruchsvoll (S3–S4) ist. Dieser Abschnitt (etwa 600 Hm bergab) besteht also fast ausschließlich aus Schiebe- und Tragepassagen. Vom Edmund-Probst-Haus vorbei am Giebelhaus und über Sonthofen zurück nach Oberstdorf: 43,1 km, 270 Hm bergauf, 1380 Hm bergab, GPS-Track vorhanden.

Wie viele andere Bergtouristen starten wir unsere Tour an der Talstation der Nebelhornbahn in Oberstdorf. Unsere Auffahrt wird aber etwas mehr Zeit und Kalorien in Anspruch nehmen als die Fahrt mit der Gondel zur Bergstation »Höfatsblick« direkt neben dem Edmund-Probst-Haus. Aber was hat überhaupt eine Tour, die zu 100 % auf Asphalt verläuft, in diesem Buch für Mountainbiker verloren? Mit unseren breiten und stolligen Reifen wollen wir ja genau diese Art von Untergrund meiden. Warum also die Beschreibung dieser Tour? Die Tour von Oberstdorf hinauf zum Edmund-Pobst Haus direkt unterhalb des Gipfels des Nebelhorns ist auf keinen Fall eine typische Mountainbiketour, und das liegt nicht am tatsächlich eintönigen Untergrund der Tour, der uns bis zur Hütte begleiten wird. Der Charakter der Tour lässt sich am treffendsten mit einem einzigen Wort beschreiben: steil! Die Tour ist wirklich steil und vermutlich eine der steilsten oder die steilste Auffahrt im gesamten Allgäu. Alle Biker, die ihre Kraft, Kondition und ihr Durchhaltevermögen testen wollen, finden hier eine extrem fordernde Tour! Für sehr starke Biker sind alle Passagen bzw. Steilrampen fahrbar, aber fast alle anderen werden immer wieder kurz absteigen und durchschnaufen müssen. Die gut 1100 Hm werden gerade mal auf einer Strecke von 8 km überwunden. Damit beträgt die durchschnittliche Steigung zwar »nur« 15 %, und auch die Steigung auf dem ersten Abschnitt der Tour hinauf zur Seealpe kann als »normal« bezeichnet werden. Dann erfolgt sogar eine kurze Flachpassage. Aber nach dieser geht es dann tatsächlich ans Eingemachte! Eine extreme Steilrampe folgt der nächsten extremen Steilrampe. Steigungen bis 35 % sorgen bei den meisten für einen knallroten Kopf, und der Puls scheint außer Kontrolle zu sein. Auch wenn der Untergrund aus Asphalt sehr gut fahrbar ist,

*Absteigen, Schieben, Durchschnaufen! Kein Wunder bei Rampen mit Steigungen von bis zu 35 Prozent.*

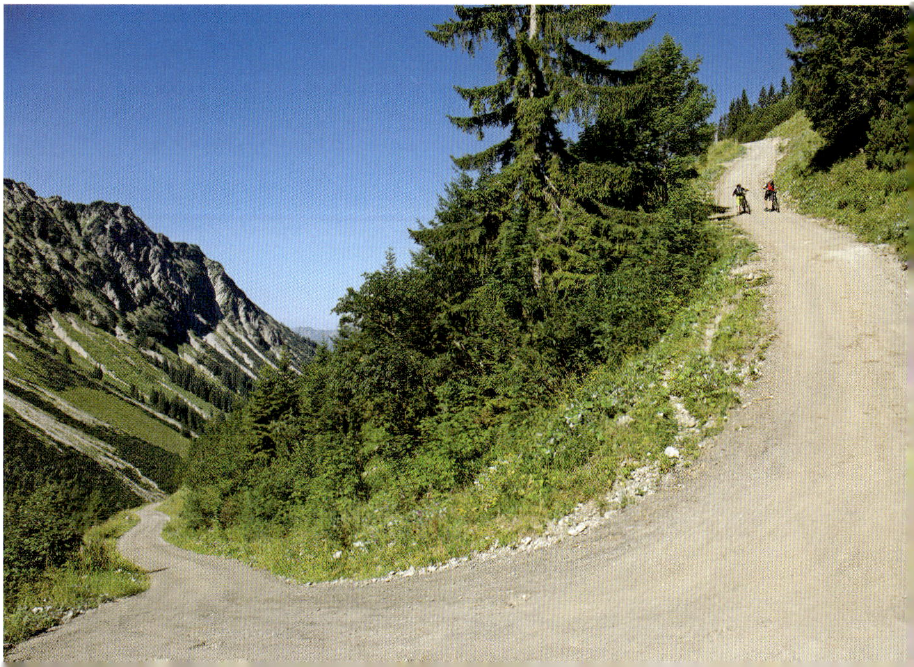

wird einem bei diesen Steigungen eine sehr saubere Fahrtechnik abverlangt. Viele Biker wünschen sich bei diesen Rampen eine noch leichtere Übersetzung an ihrem Rad. Im obersten Teil der Tour wird es wieder etwas humaner von der Steigung her und wir erkennen bald das Edmund-Probst-Haus direkt neben der großen Bergbahnstation »Höfatsblick«. Die Terrasse des Edmund-Probst-Hauses bietet ein tolles Panorama auf die Allgäuer Gipfel. Hier hat jeder eine ausgiebige Rast verdient.

Wer immer noch nicht genug hat, der kann vom Edmund-Probst-Haus mit dem Rad sogar noch bis zum eigentlichen Gipfel des Nebelhorns (2224 m) fahren (siehe Variante A). Die knapp 300 zusätzlichen Höhenmeter verlaufen auf einer nicht immer guten Schotterpiste, aber dafür wird die Steigung minimal geringer. Der Ausblick von dort oben ist noch einen Tick besser, und auch hier lädt das Gipfelrestaurant zur Einkehr ein. Egal ob Edmund-Probst-Haus oder Gipfel, die Abfahrt wird rasant sein! Unterschätzen Sie nicht die Beschleunigung und gönnen Sie vielleicht ab und zu auch Ihren Bremsen eine kurze Pause. Wieder in Oberstdorf angekommen ist ein stolzer Blick hinauf zum Nebelhorn mehr als angebracht!

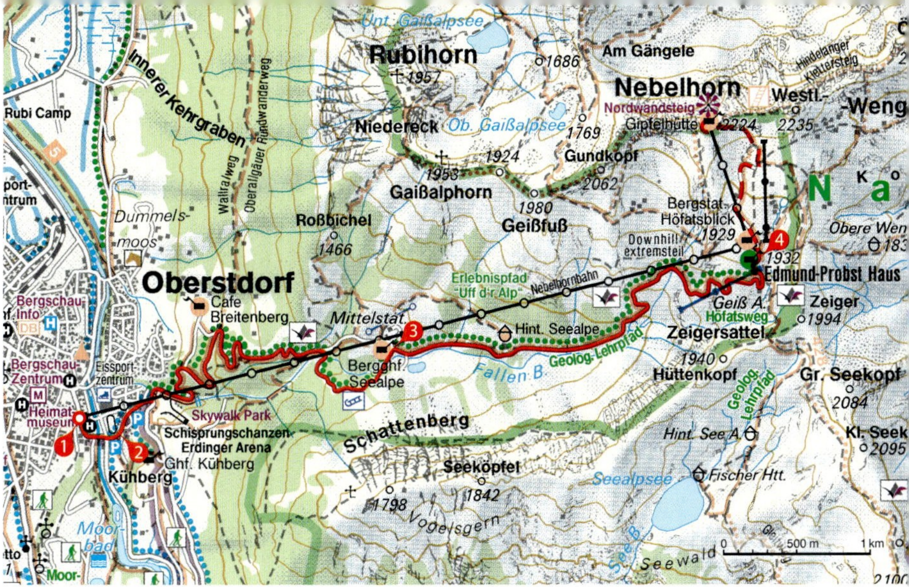


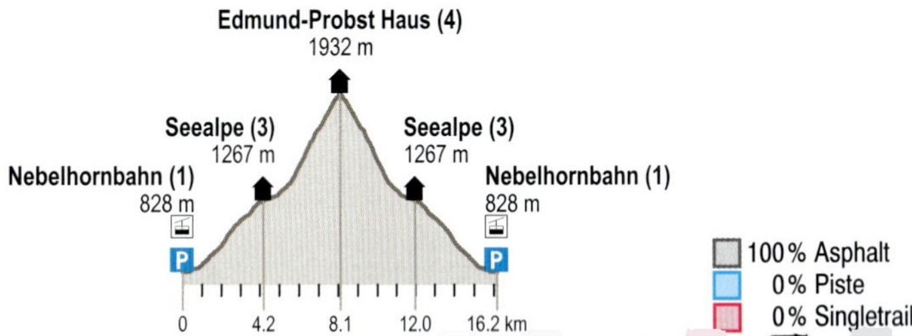

0,0 828 m — Wir starten an der Talstation der **Nebelhornbahn (1)** in Oberstdorf, fahren auf der Straße in Ri. Süden und folgen wenige Meter später der Linkskurve.

0,2 830 m — Nach der Linkskurve bringt uns eine Brücke über die Trettach und wir halten uns weiter geradeaus in Ri. »Oytal und Parkplatz B«.

0,4 830 m — An der Einfahrt zum **Parkplatz (2)** »PB« weiter geradeaus leicht bergauf.

0,7 850 m — Auf der Teerstaße bergauf und so direkt zur Erdinger Skisprungarena. Hier links weiter. In einem Rechtsbogen umfahren wir die Arena und gelangen so auf eine schmale Teerstraße, die uns bergauf bringt.

1,4 920 m — An der Y-Gabelung rechts halten.

3,2 1165 m — Wir folgen der schmalen Teerstraße weiter nach rechts und fahren bald unter den Drahtseilen der Bergbahn hindurch.

4,2 1267 m — An der **Seealpe (3)** bei der Bergbahn-Mittelstation halten wir uns rechts in Ri. »Station Höfatsblick 2 h« und nehmen die schmale Teerstraße. Es folgt ein Flachstück.

5,1 1325 m — Wir lassen die Hofhütte links liegen.

5,6 1381 m — Vorbei an einer Pumpstation.

8,1 1932 m — Nach den unzähligen Steilrampen erreichen wir das **Edmund-Probst-Haus (4)** direkt bei der Bergstation Höfatsblick.
*Variante A: Von hier weiter zum Gipfel des Nebelhorns.*
Vom Edmund-Probst-Haus auf dem bekannten Weg zurück zum Ausgangspunkt.

16,2 828 m — Talstation der **Nebelhornbahn (1)**.

*Flachpassagen gibt es bei der Auffahrt von der Seealpe zum Edmund-Probst-Haus nicht wirklich.*

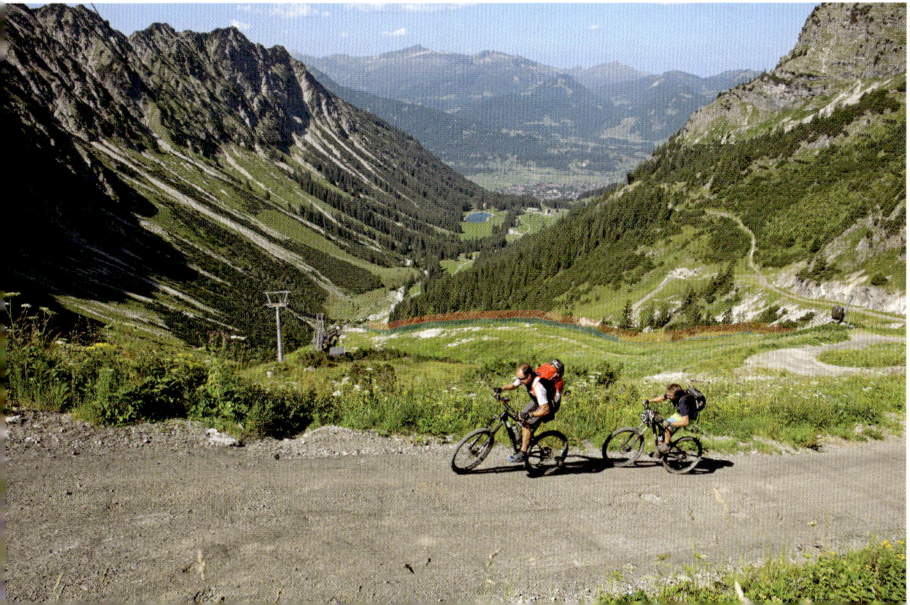

# 16 Hörnerrunde

**Strecke**
35,5 km, 5.30 Std., 1500 Hm, tiefster/höchster Punkt 807/1665 m, mittlere Steigung 12 %, maximale Steigung 24 %.

**Anspruch**
Kondition: ●●●●○
Fahrtechnik: ●●●○○

**E-Bike** ○○

**Verpflegungsmöglichkeiten**
Hotel Allgäuer Berghof: www.allgaeuer-berghof.de; Weltcup-Hütte Ofterschwang: www.sonnenalp.de/weltcup-huette; Alpe Fahnengehren: Juni bis Sept., nur bei gutem Wetter; Alpe Hinteregg: Anfang Juni bis Anfang Okt.; Berghaus Schwaben: https://berghaus-schwaben.de; Zunkleitenalpe: Mai bis Mitte Okt, Tel. +49 160 90943013.

**Anfahrt/Ausgangspunkt**
Auf der B19 in Richtung Oberstdorf. Ausfahrt »Reutte/Tirol/Hindelang/Sonthofen-Nord/Gunzesried«, im Kreisverkehr zweite Ausfahrt, über die Illerbrücke und in Bihlerdorf nach links abbiegen. In Ofterschwang der Be-

Eine Kette von sanften und abgerundeten Wiesen- und Waldköpfen erstreckt sich im Westen des Illertals von Sonthofen bis nach Fischen: die Hörnergruppe. Dazu zählen Ofterschwanger Horn, Sigiswanger Horn, Rangiswanger Horn, Bolsterlanger Horn oder der Weiherkopf – um nur einige Gipfel zu nennen. Das Riedberger Horn ist mit 1787 m der höchste und zugleich wohl bekannteste Berg dieser Gruppe. Der umstrittene Bau einer geplanten Skischaukel brachte das Riedberger Horn in den letzten Jahren immer wieder in die Schlagzeilen der Medien. 2018 wurde das Projekt jedoch gekippt. Stattdessen soll nun ein »Zentrum Naturerlebnis Alpin« entstehen: Wir werden sehen!

Diese Biketour bietet ein abwechslungsreiches Gesamtpaket für einen perfekten Ausflug durch die alpine Bergwelt des Allgäus. Der Allgäuer würde vermutlich die Tour sehr treffend mit folgenden Worten beschreiben: »zwoimal Buckel nauf, Buckel nab«. Zweimal überqueren wir nämlich den Höhenzug der Hörner. Vom Ausgangsort Ofterschwang radeln wir uns während der ersten flachen Kilometer warm. An der Kapelle St. Matthäus in Hüttenberg geht es das erste Mal steil hinauf zum Allgäuer Berghof und durch das Skigebiet weiter zur Bergstation des »Weltcup-Express«. Es wird etwas flacher bis zum Abzweig kurz vor der Alpe Fahnengehren. Mehr als 500 Hm haben wir seit der Kapelle auf einer Strecke von etwa 5 km hinter uns gebracht. Den meisten von uns hat es sicherlich bis hierher bereits den ein oder anderen Schweißtropfen auf die Stirn getrieben. Doch die bevorstehende Abfahrt ins Ostertal sorgt mit genug Fahrtwind für Abkühlung. Zunächst geht es auf der Westseite um das Ofterschwanger Horn herum, bevor ein genialer Trail für den ultimativen Fahrspaß sorgt. Anfangs zeigt sich der schmale Weg durch den Bergwald einfach und flowig. Weiter unten wird es etwas anspruchsvoller und abschüssiger. Dabei stellen sich uns einige Stufen und Holztreppen in den Weg. Die meisten davon sind aber bei trockenen Verhältnissen gut fahrbar. Unsere Fahrweise passen wir dem empfindlichen Waldboden und eventuell entgegenkommenden Wanderern an. Nach gut 200 Hm feinsten Trailspasses mit einem ordentlichen Adrenalin-

schilderung zum »Weltcup-Express« folgen. Zahlreiche Parkplätze an der Talstation. Exakter Ausgangspunkt: die große Übersichtskarte an der Talstation »Weltcup-Express«.

### Karte
Kompass Nr. 3.

### Resümee
Eine anstrengende, aber sehr abwechslungsreiche Rundtour im Bikerevier der Hörnergruppe. Zweimal überqueren wir den Höhenzug, was uns zum einen eine flowige Trailabfahrt und zum anderen eine rasante Asphaltabfahrt beschert. Stets begleiten uns unverwechselbare Aussichten auf die umliegende Allgäuer Bergwelt.

### Variante
Die Variante über die Alpe Hinteregg verkürzt die Tour um knapp 3 km und fordert auch den ambitionierten Biker mit einer anspruchsvollen Trailabfahrt. Es erwartet uns ein Wald- und Wiesentrail mit zahlreichen Stufen, Wurzeln und engen Kehren sowie flowigen Abschnitten. Einige Passagen erfordern Fahrtechnik auf S3-Niveau.

kick erreichen wir die Talsohle des Ostertals. Diesem beschauliche Tal folgen wir auf dem Teerweg nach Süden und fahren dabei, an den saftigen und blumenübersäten Talauen vorbei, direkt auf das Riedberger Horn zu. Unsere Sinne sollten sich ganz auf die Schönheit der umliegenden Natur konzentrieren. Wir überqueren links an einer Brücke den Ostertalbach. Nun beginnt die zweite Auffahrt auf die Hörnerkette. Meter für Meter winden wir uns anfangs noch auf Asphalt, später auf Schotter vorbei an Unter-, Mitter- und Oberalpe nach oben. Spätestens ab der Oberalpe wird es »bocksteil« und auch der Untergrund wird zusehends ruppiger und unwegsamer. Diese Steilrampe bis zur Rangiswanger Alpe wird den ein oder anderen in die Knie zwingen, sodass er das Bike schiebend nach oben befördern muss. Doch wer meint, es wäre an der Alpe geschafft, der hat sich getäuscht. Denn der gut einsehbare Trail bringt uns weiter nach

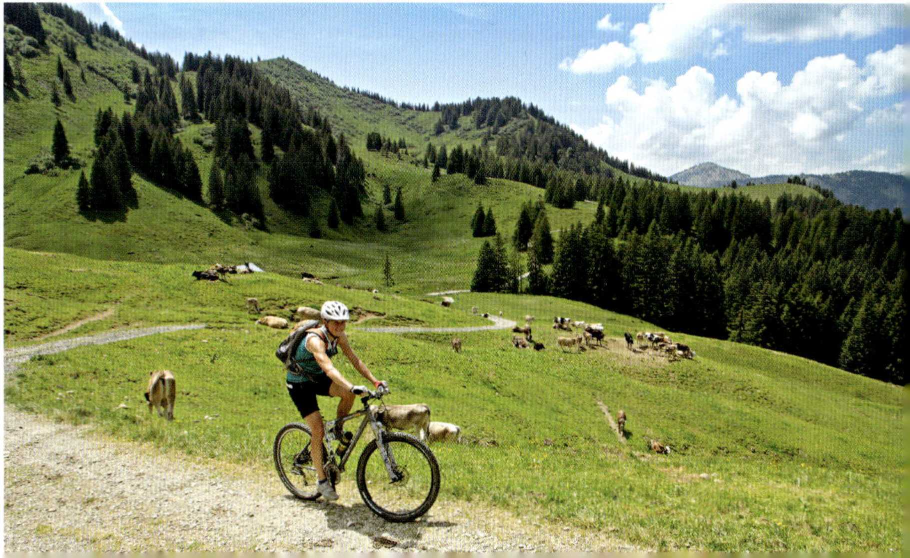

*Während der Auffahrt zum Sattel unterhalb des Rangiswanger Horns.*

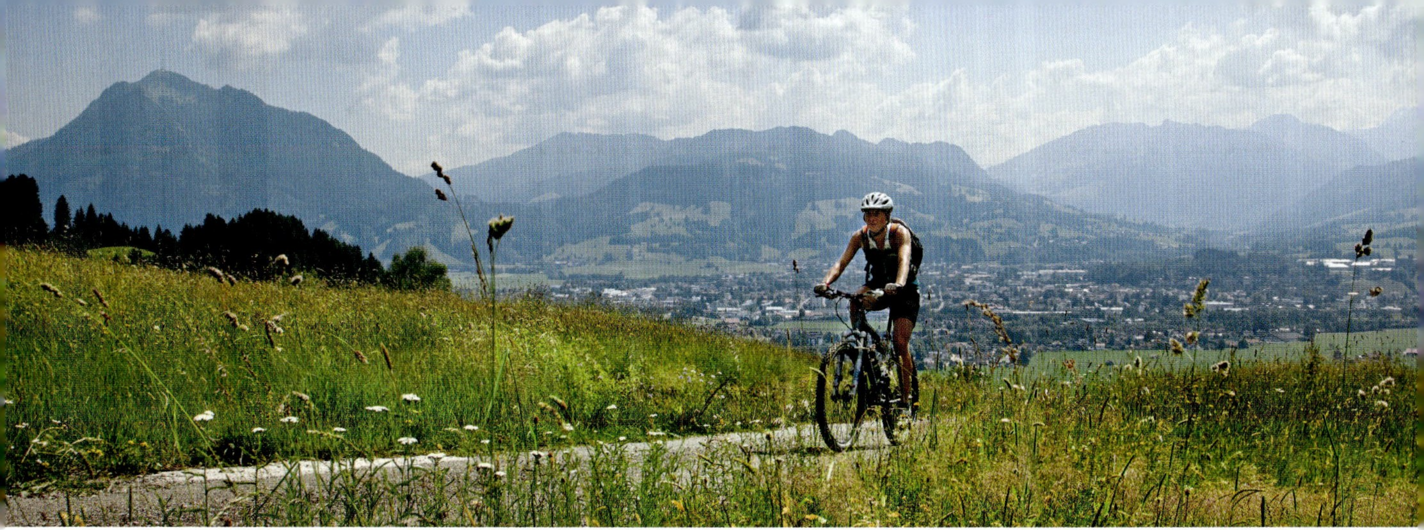

*Auf gutem Weg und stets den Grünten im Blick kurbeln wir uns hinauf zum Allgäuer Berghof.*

oben zum Sattel. Mit etwas Geschick und Gespür für die richtige Linienwahl sowie der erforderlichen Kraft in den Oberschenkeln ist dieses Stück durchaus fahrend zu bezwingen. Am Sattel angekommen folgen wir dem Panoramaweg nach Süden zum Weiherkopf. Kurz können wir etwas auf dem Rad verschnaufen, bevor wir ein letztes Mal am Steilaufschwung zum Gipfel des Weiherkopfs (1665 m) das Rad an den Hörnern packen. Rasender Puls und brennende Oberschenkel sind garantiert! Dort oben lohnt es zu verweilen. Es ist müßig, all die Gipfel aufzuzählen, die von hier aus zu sehen sind. Diese alpine Augenweide muss jeder für sich selbst erlebt haben.

Steil geht es hinab zum von oben sichtbaren Asphaltweg und ohne Anstrengungen weiter zum Berghaus Schwaben. Wir fahren in einem großen Bogen direkt unterhalb des Riedberger Horns zur Oberen Bolgenalpe und weiter zur Zunkleitenalpe. Spätestens jetzt sollten wir auf eine zünftige Einkehr mit einem Stück Kuchen oder einer deftigen Brotzeit und einem gekühlten Bier aus dem Brunnen nicht verzichten. Der Weiterweg folgt dem Bolgental hinaus nach Sonderdorf. Von hier fahren wir entspannt und zufrieden durch das Hörnerdörf Bolsterlang und zurück nach Ofterschwang.

| | | |
|---|---|---|
| **0,0**<br>882 m | | Wir starten direkt an der Talstation **Weltcup-Express (1)** und fahren bergab nach Ofterschwang hinein. |
| **0,4**<br>858 m | | An der Hauptstraße biegen wir links ab in Ri. »Sonthofen«. Am Ortsausgang nehmen wir auf der linken Seite den Radweg. |
| **1,7**<br>811 m | | An der Bushaltestelle nehmen wir den Abzweig nach links in Ri. »Bettenried/Hüttenberg«. Durch Bettenried hindurch und weiter nach Hüttenberg. |
| **2,8**<br>813 m | | In Hüttenberg zweigen wir an der **Kapelle St. Matthäus (2)** nach links in Ri. »Allgäuer Berghof« ab. Fortan geht es stetig bergauf. |
| **3,4**<br>868 m | | Scharf nach rechts. Wir bleiben stets auf dem asphaltierten Weg. |
| **4,4**<br>1036 m | | An einer kleinen Hütte geht es rechts weiter bergauf. Nach etwa 200 m passieren wir eine Schranke und fahren links weiter. |
| **5,5**<br>1139 m | | Das Gelände des **Allgäuer Berghofs (3)** durchqueren wir geradeaus. Wir orientieren uns an der Beschilderung in Ri. »Ofterschwanger Horn«. Ab jetzt geht es durch das Skigebiet. |
| **6,8**<br>1299 m | | An der Bergstation »Weltcup-Express« geradeaus weiter in Ri. »Alpe Fahnengehren«. |

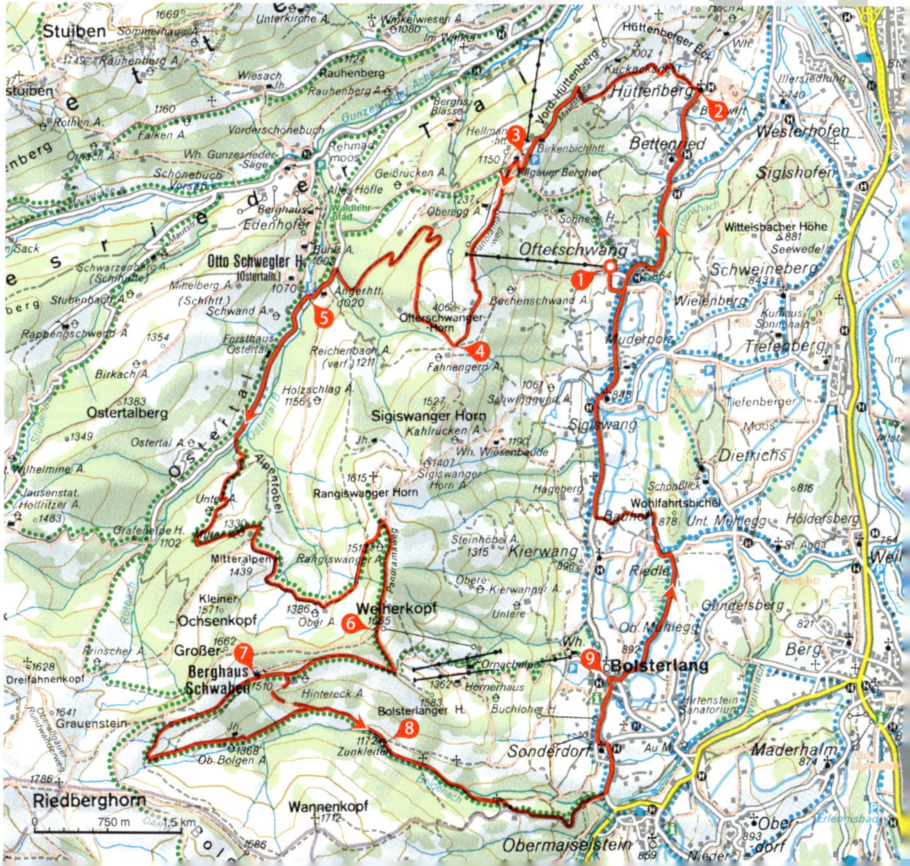

**7,9** 1321 m — Kurz vor der **Alpe Fahnengehren (4)** schwenken wir nach rechts auf die Piste in Ri. »Ostertal«. Wir umrunden somit das Ofterschwanger Horn nahezu vollständig.

**8,7** 1317 m — Wir orientieren uns an der Beschilderung »Ostertal« und rollen über einen einfachen Wiesenpfad bergab. Nach etwa 500 m geht der Trail in eine Piste über. Am ersten Abzweig nach rechts fahren wir vorbei.

**9,7** 1217 m — Hier beginnt rechts die Singletrailabfahrt hinab in das Ostertal.

**11,0** 1010 m — Wir treffen auf eine Teerstraße, der wir nach links in das Ostertal hinein folgen.

**11,4** 996 m — Am **Parkplatz Ostertal (5)** fahren wir taleinwärts nach Süden immer am Bach entlang.

**13,0** 1040 m — Nach einem Flachstück im Tal geht es nun links über eine Brücke in Ri. »Rangiswanger Horn« stetig nach oben. Wir passieren die Unter-, Mitter- und Oberalpe. Ab der Oberalpe wird es definitiv steiler und der Belag unwegsamer.

**17,8** 1504 m — An der Rangiswanger Alpe endet der Fahrweg. Ab hier bringt uns ein durchaus fahrbarer Pfad hinauf zum Sattel.

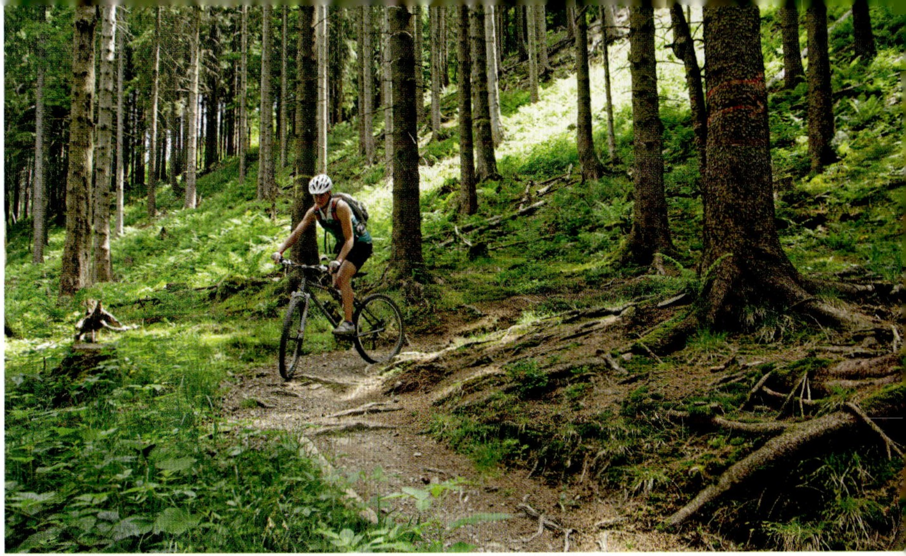

*Bei der Trailabfahrt hinab in das Ostertal sind einige enge Kehren zu meistern.*

**18,1** 1560 m — Wir folgen der Beschilderung nach rechts in Ri. »Weiherkopf«. Zunächst einfacher flacher Trail, bevor es nochmals auf einer steilen Rampe zum höchsten Punkt der Tour geht.

**19,3** 1665 m — Vom Gipfelkreuz des **Weiherkopfs (6)** fahren wir über einen Trail steil bergab zum Asphaltweg. Der Pfad verläuft am Waldrand und an einer Wiese entlang. Vorsicht, am ersten Abzweig nicht nach rechts abbiegen, unfahrbar!

**19,8** 1519 m — Rechts weiter in Ri. »Berghaus Schwaben«. Ganz entspannt fahren wir bis zur Alpe Hinteregg. Hier zweigt die anspruchsvolle Variante nach links ab. Ansonsten geradeaus weiter zum Berghaus Schwaben.

**21,4**
1510 m

Das **Berghaus Schwaben (7)** lädt zum Verweilen ein. Von hier geht es auf einer Piste mit leichten Gegenanstiegen weiter geradeaus. Wir fahren in einem großen Bogen den Talkessel aus. Schon bald wchselt der Untergrund zu Asphalt. Wir lassen die Obere Bolgenalpe rechts liegen.

**25,5**
1170 m

Nach einer rasanten Abfahrt erreichen wir die **Zunkleitenalpe (8)**. Von hier aus lassen wir es weiterhin bergab rollen. Wir bleiben immer auf diesem Weg.

**28,6**
882 m

Am Waldrand treffen wir auf eine Straße, der wir nach links in Ri. »Sonderdorf« folgen. Wir fahren durch Sonderdorf, lassen die Kapelle im Ortskern links liegen und schon gleich sind wir in Bolsterlang angekommen.

**29,9**
895 m

In der Ortsmitte von **Bolsterlang (9)** treffen wir auf die Dorfstraße, in die wir rechts einbiegen. Am Landhaus Speiser geht es nach links in die Flurstraße in Ri. »Untermühlegg«. Es geht am Kindergarten und an einem Minigolfplatz vorbei.

**31,5**
836 m

Am Kastanienbaum in Riedle folgen wir der Radbeschilderung nach links in Ri. »Ofterschwang«.

**32,7**
892 m

In Kierwang fahren wir auf der Hauptstraße nach rechts weiter in Ri. »Ofterschwang«. Fortan folgen wir dem Straßenverlauf. Einen Golfplatz lassen wir rechts liegen. In Ofterschwang angekommen, nehmen wir den bekannten Weg zurück zum Ausgangspunkt.

**35,5**
882 m

Talstation **Weltcup-Express (1)**.

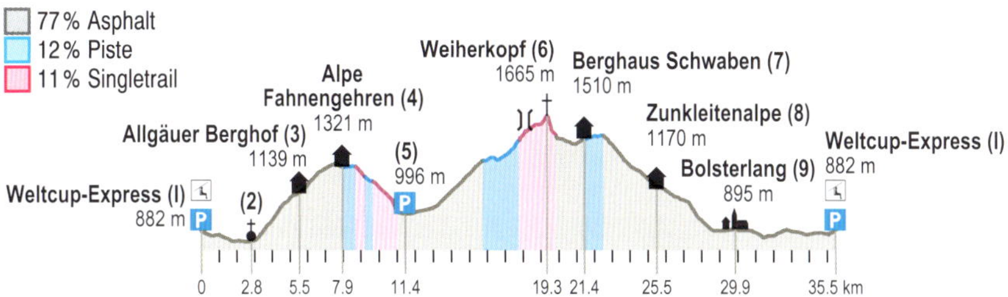


*Am Sattel unterhalb des Rangiswanger Horns.*

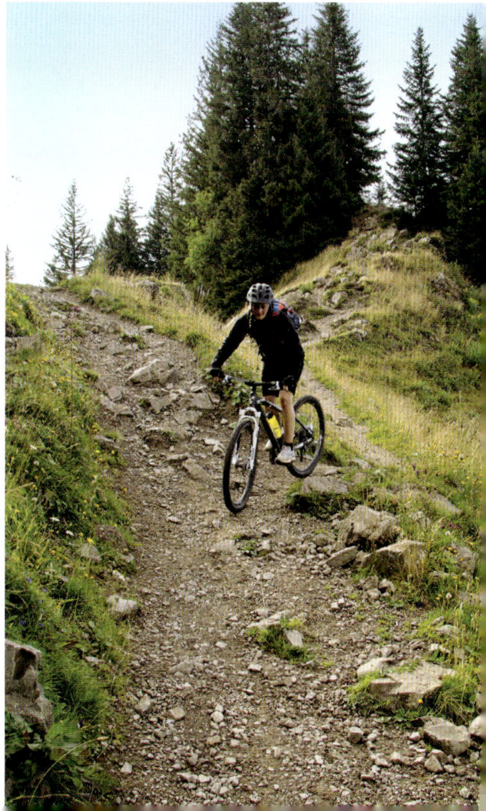

# 17 Mittag

**Strecke**
13,6 km, 2.30 Std., 700 Hm, tiefster/höchster Punkt 734/1410 m, mittlere Steigung 15 %, maximale Steigung 25 %.

**Anspruch**
Kondition: ●●●○○
Fahrtechnik: ●●●●○

**E-Bike** ●○
Mit E-Bike Abfahrt über bekannte Auffahrt und nicht Trailabfahrt von der Alpe Oberberg (8) nach Reute (9). Kurze, sehr steile Schotterpassage am Tourenanfang und -ende.

**Verpflegungsmöglichkeiten**
Rasthaus am Mittag (Mittelstation): www.rasthaus-am-mittag.de; Gipfelwirt am Mittag (Bergstation): siehe Tour 6; Alpe Schwanden; Alpe Oberberg: Anfang Mai bis Anfang Nov., www.alpe-oberberg.de.

**Anfahrt/Ausgangspunkt**
Nach Immenstadt und dort gut beschildert (braune Schilder) zur Mittagbahn, hier gibt es zahlreiche Parkmöglichkeiten (gebührenpflichtig). Alternativ können wir auch gut vom Bahnhof zur Mittagbahn gelangen. Exakter Startpunkt: direkt bei der Kasse der Mittagbahn.

**Karte**
Kompass Nr. 3.

**Resümee**
Die extrem steile Auffahrt zur Bergstation der Mittagbahn verläuft fast ausschließlich auf einer schmalen Teerstraße, die eine Steigung von oft über 20 % aufweist. Belohnt werden wir auf der Tour mit sagenhaften Ausblicken und guten Einkehrmöglichkeiten. Ein kurzer, aber toller Trail (S1–S2) und ein grobschottriger Karrenweg bringen uns wieder hinunter ins Tal. Auf Teerstraßen radeln wir zurück zur Talstation.

**Bike & Hike**
Von der Bergstation kann in gut 1 Std. der Gipfel des Steinebergs (1660 m) erreicht werden. Gute und beschilderte Wanderwege führen uns vorbei am Bärenköpfle bergaufwärts. Viele Stufen. Am Gipfel wartet auf uns eine 17 m lange Stahlleiter, die aber auch in einer Schleife umgangen werden kann. Auf demselben Weg geht es zurück zur Bergstation.

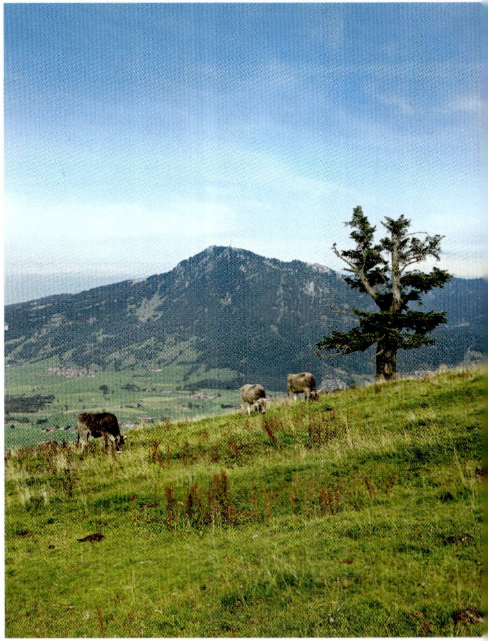

*Blick während der steilen Auffahrt zum nahen Grünten.*

Kurz, aber schmerzhaft ist die Auffahrt zum Mittag bei Immenstadt. Viele Besucher nehmen den Sessellift zur Bergstation und schweben damit in etwa 30 Min. die 700 Hm zur Gipfelstation, ohne wirklich einen Schweißtropfen zu vergießen. Konditionsstarke Radler schaffen die Auffahrt auch unter einer Stunde, aber mit einem gewissen Flüssigkeitsverlust. Die Tour startet an der Talstation der Mittagbahn direkt in Immenstadt. Es geht gleich supersteil los, und viele werden wohl an den Rampen gleich am Anfang kurze Verschnaufpausen einlegen müssen. Sobald der Schotterweg in die schmale Teerstraße übergeht, wird es etwas entspannter. Aber wirklich nachlassen wird die Steigung nicht bis zur Mittelstation. Ab dort wird es etwas flacher und auch deutlich aussichtsreicher, und dann erreichen wir auch schon den tollen Aussichtspunkt ganz oben an der Bergstation: Der Blick auf die Allgäuer Bergwelt ist fantastisch!

*Nach der Bergmesse am Steineberg verwöhnen die Musiker die Gäste an der Mittelstation.*

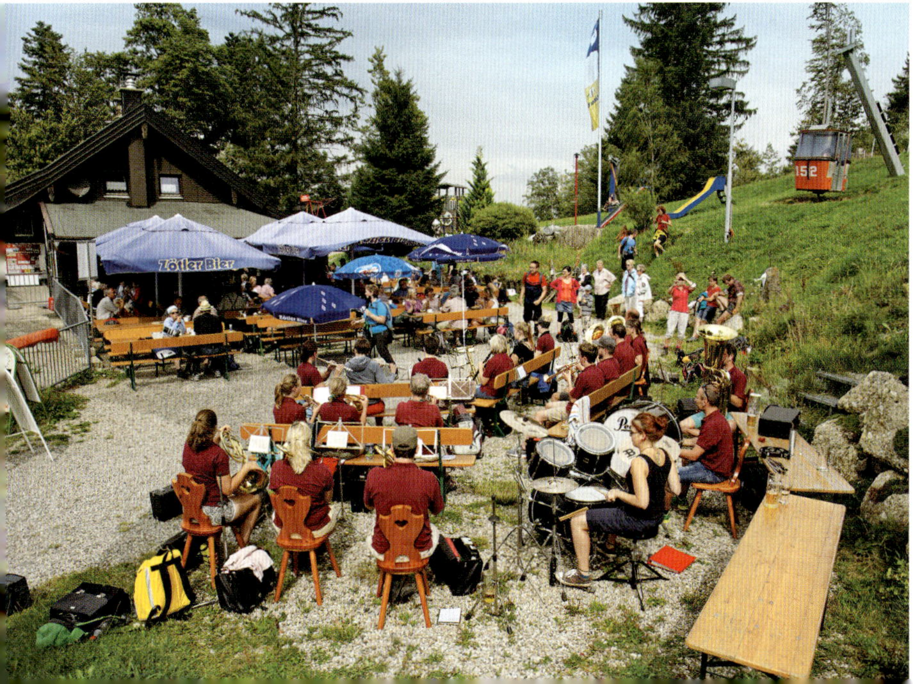


Kurz geht es auf demselben Weg zurück, dann rechts ab zur Alpe Oberberg. Hier bietet sich eine Einkehr an, um sich für die Strapazen zu belohnen. Ab der Alpe erwartet uns ein kurzer, aber sehr schöner Trail bergab, der uns auf einen alten Karrenweg bringt. Auch dieser ist sehr steil, sodass wir schnell an Höhe verlieren und die Bremsscheiben heißer und heißer werden. Schließlich erreichen wir die wenigen Häuser von Reute. Von hier aus lassen wir es bequem auf einer Teerstraße in Richtung Iller rollen, dann geht es auf der Straße zurück nach Immenstadt und zur Talstation der Mittagbahn.

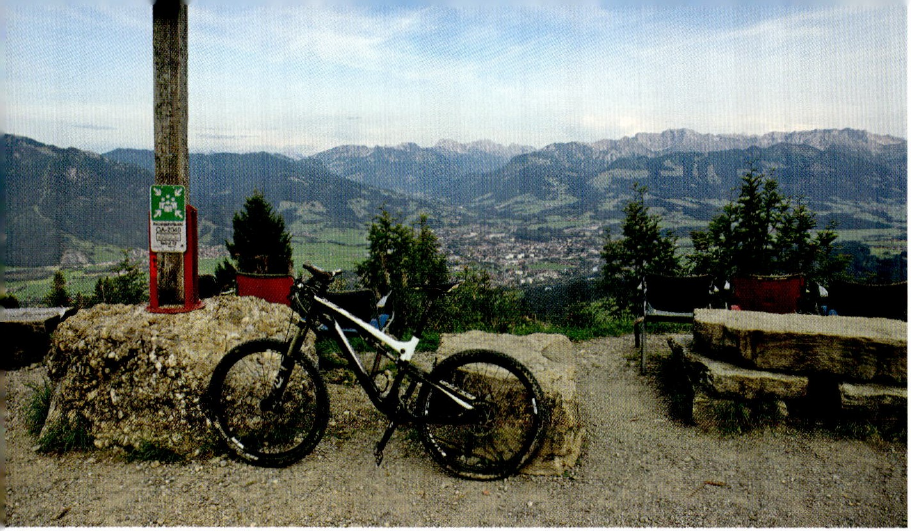

*Herrlicher Ausblick von der Bergstation Mittag über das Illertal.*

**0,0**
760 m

Wir starten direkt an der Talstation der **Mittagbahn (1)** und fahren auf einem Schotterweg in Ri. Westen unter den Drahtseilen der Bahn hindurch. Bei der kommenden Abzweigung geradeaus in Ri. »Friedhof«. Wir queren so auf einem schmalen Weg zur eigentlichen breiten Auffahrtspiste, die am Friedhof in Immenstadt startet (hier bei vielen Wanderern schieben!).

**0,4**
770 m

Nach einer **Brücke (2)** links auf einer Schotterpiste steil bergauf. Dies ist die eigentliche Piste, die am Friedhof startet. Ab hier erwarten uns die sehr steilen Rampen!

**1,2**
910 m

Bei einer **hölzernen Kapelle (3)** leicht links, über eine Brücke und danach links auf eine schmale Teerstraße.

**2,4**
1090 m

Sehr steil gelangen wir zur **Mittelstation (4)**, weiter auf der Teerstraße.

**3,2**
1210 m

Die Alpe Mittag lassen wir rechts liegen.

**3,4**
1240 m

Vorbei an der **Alpe Schwanden (5)**.

**4,1**
1320 m

Nach zwei Kehren erreichen wir einen **Abzweig (6)**, an dem wir uns zunächst rechts weiter bergauf halten, um zur Bergstation zu gelangen.

**4,7**
1410 m

Durch eine Rechtskehre zur **Bergstation Mittag (7)**.

*Bike & Hike: Von hier zu Fuß in einer guten Stunde zum Steineberg (1660 m) und auf demselben Weg zurück.*

**5,3**
1320 m

Auf bekanntem Weg zurück zum **Abzweig (6)** und hier rechts bergab in Ri. »Alpe Oberberg«.

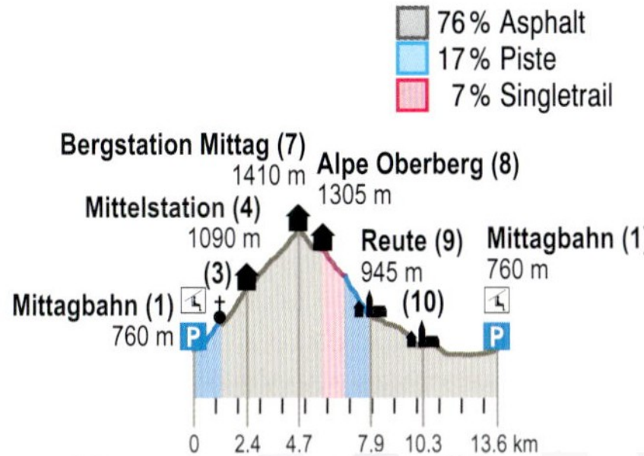

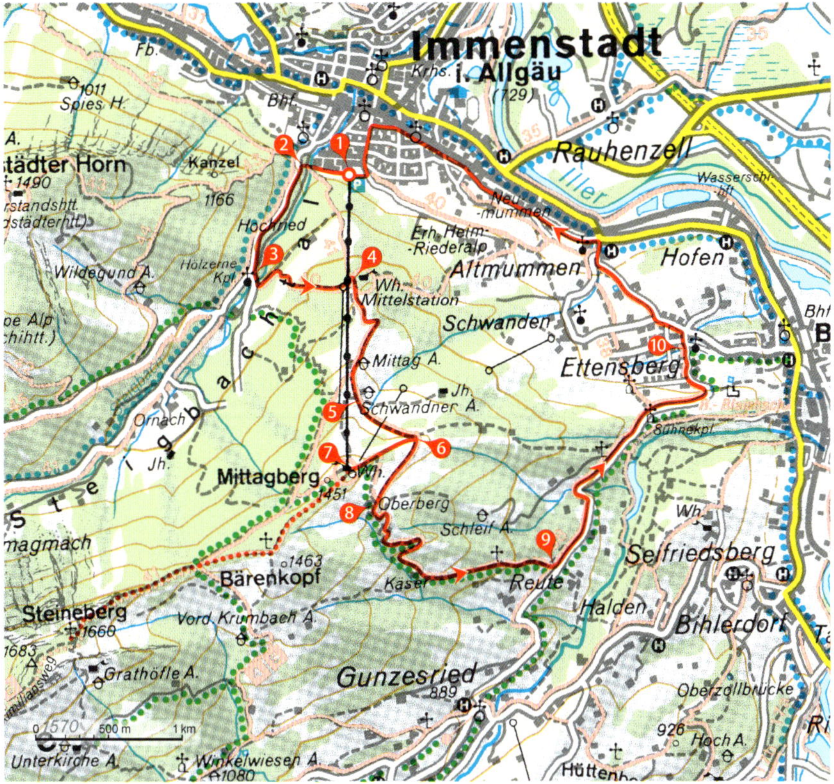


| | | |
|---|---|---|
| **5,8**<br>1305 m | Bei der **Alpe Oberberg (8)** über die Terrasse und links auf dem Trail über die Wiese in Ri. »Reute«. Im Wald über Stufen und Spitzkehren zu einem Karrenweg. Diesem bergab folgen. Zum Teil sehr grobschottrig. |
| **6,8**<br>1161 m | Bei einem Gatter mündet der Karrenweg in eine deutlich bessere Piste, die uns zu den Häusern von Reute bringt. |
| **7,9**<br>945 m | Bei **Reute (9)** auf der Teerstraße links bergab in Ri. »Blaichach/Immenstadt«. |
| **8,6**<br>905 m | Vorbei an der Alpe Derp und weiter bergab auf der Teerstraße. |
| **10,3**<br>780 m | Durch den Ort **Ettensberg (10)** und am Abzweig leicht links in Ri. »Immenstadt«. |
| **11,4**<br>738 m | Wir folgen konsequent der Teerstraße bis zur Hauptstraße, auf dieser nach links (Radweg auf der rechten Straßenseite). |
| **12,1**<br>734 m | Am Kreisverkehr leicht links in Ri. »Mittagbahn«. |
| **13,0**<br>741 m | Bei einem Bahnübergang leicht links in Ri. »Mittagbahn«. |
| **13,2**<br>745 m | An der Kreuzung links der Mittagstraße folgen. |
| **13,6**<br>760 m | Kurzer Anstieg zurück zur Talstation der **Mittagbahn (1)**. |

# 18 Rund um das Immenstädter Horn

**Strecke**
22,3 km, 3.00 Std., 840 Hm, tiefster/höchster Punkt 723/1440 m, mittlere Steigung 11 %, maximale Steigung 28 %.

**Anspruch**
Kondition: ●●●○○
Fahrtechnik: ●●●○○

**E-Bike** ●○
Mit E-Bike Auffahrt über Variante Seifenmoosalpe, Abfahrt sowohl über Hauptweg als auch Variante Bärenfalle möglich, steile Auf- und Abfahrt.

**Verpflegungsmöglichkeiten**
Berggasthof Almagmach: www.berggasthof-almagmach.de; Alpe Mittelberg: siehe Tour 6; Kemptener Naturfreundehaus: Mo Ruhetag, www.bergbriada.de; Landgasthof Jägerhaus: Do Ruhetag, www.gasthof-jaegerhaus.de; See-Café Hauser am Alpsee: nur bei schönem Wetter, www.seecafé-hauser.de; Gasthof Alpsee: Tel. +49 8323 6321; Eiscafé Venezia am Alpsee: Tel. +49 8323 4140.

**Anfahrt/Ausgangspunkt**
B19 Richtung Oberstdorf. Bei Immenstadt auf die B308 in Richtung Oberstaufen bis nach Bühl am Alpsee. Parkplatz P2 an der Kirche in Bühl. Exakter Ausgangspunkt: Vorplatz Kirche St. Stephan.

**Karte**
LDBV UK50-47.

**Resümee**
Sehr beliebte Feierabendrunde bei Immenstadt. Auf der steilen Auffahrt kann die Kondition bestens trainiert werden. Eine Einkehr in der schön gelegenen und weithin bekannten Alpe Mittelberg ist immer lohnenswert. Nach einer simplen Abfahrt hinab ins Tal lockt dann der Große Alpsee mit einem verdienten Badestopp.

**Bike & Hike**
In etwa 5 Min. erreichen wir vom Hauptweg aus den Gipfel des Gschwender Horns (1450 m). Der Abzweig liegt am höchsten Punkt zwischen dem Kemptener Naturfreundehaus und der Alpe Starkatsgund. Der Aufstieg ist unproblematisch und wird mit einer schönen Sicht auf das Alpenvorland belohnt. Der Picknicktisch lädt zur selbst mitgebrachten Brotzeit ein.

**Varianten**
Variante A – Seifenmoosalpe:
Diese Auffahrt direkt zur Seifenmoosalpe ist minimal kürzer und etwas weniger steil als die hier beschriebene Tour. Keinerlei Orientierungsprobleme. Hier kommen wir jedoch nicht direkt zur Alpe Mittelberg. Wer sich diese Alpe aber trotzdem nicht entgehen lassen möchte, kann von der Seifenmoosalpe auf dem ausgeschilderten Weg in wenigen Minuten zur Alpe Mittelberg hinüberqueren.
Variante B – Bärenfalle:
Anstatt der beschriebenen Abfahrt über den Stadtwald können wir auch ohne Anstrengungen und Schwierigkeiten zunächst zur Bärenfalle und von dort hinab zur Alpsee Bergwelt fahren. Vorteil ist eine weitere Einkehrmöglichkeit.

Bei dieser Tour geht es einmal rund um den südwestlich aufragenden Hausberg von Immenstadt im Allgäu, das Immenstädter Horn (1489 m). Der Berg und die umliegenden Gebiete zählen zum internationalen Projekt »Naturpark Nagelfluhkette«.

Dieser Naturpark ist einer der jüngsten in Mitteleuropa und hat einige Besonderheiten zu bieten: eine hohe Artenvielfalt auf engstem Raum mit teilweise sehr seltenen Vertretern von Flora und Fauna, eine extrem hohe Dichte an Alpen sowie wertvolle Hochlagenmoore. Viele interessant aufbereitete Informationen über den Naturpark erhalten wir im Naturparkzentrum »AlpSeeHaus«, an dem wir zu Beginn und am Ende der Rundtour vorbeikommen. Spätestens hier wird uns der hohe Stellenwert der Aufklärungskampagne »Dein Freiraum. Mein Lebensraum«, die Empfehlungen für eine naturverträgliche Freizeitnutzung im Naturpark gibt, bewusst. Wir halten uns als verantwortungsvolle Biker selbstverständlich jederzeit und überall daran.

Start der Tour ist die Kirche St. Stephan in Bühl am Alpsee. Wir radeln zunächst gemütlich am Naturparkzentrum vorbei und weiter auf dem »Badweg« an der Konstanzer Ach und den Bahngleisen entlang in Richtung Immenstadt. Bei einer kleinen Unterführung verlassen wir den »Badweg« und fahren durch ein Gewerbegebiet sowie am Friedhof vorbei. Nun entfliehen wir der Stadt und nehmen die Auffahrt über das Steigbachtal in Angriff. Gleich zu Beginn werden sicherlich alle von uns den leichtesten Gang einlegen, um die ersten Höhenmeter auf der Forststraße bis zur Hölzernen Kapelle zu erklimmen. Eine Besichtigung der denkmalgeschützten und dem heiligen Wendelin, Schutzpatron der Hirten und Tiere, geweihten Kapelle oder ein stilles Gebet verschaffen uns hier eine kurze Verschnaufpause.

*Beliebter Bikertreff an der Alpe Mittelberg mit Blick auf den Grünten.*

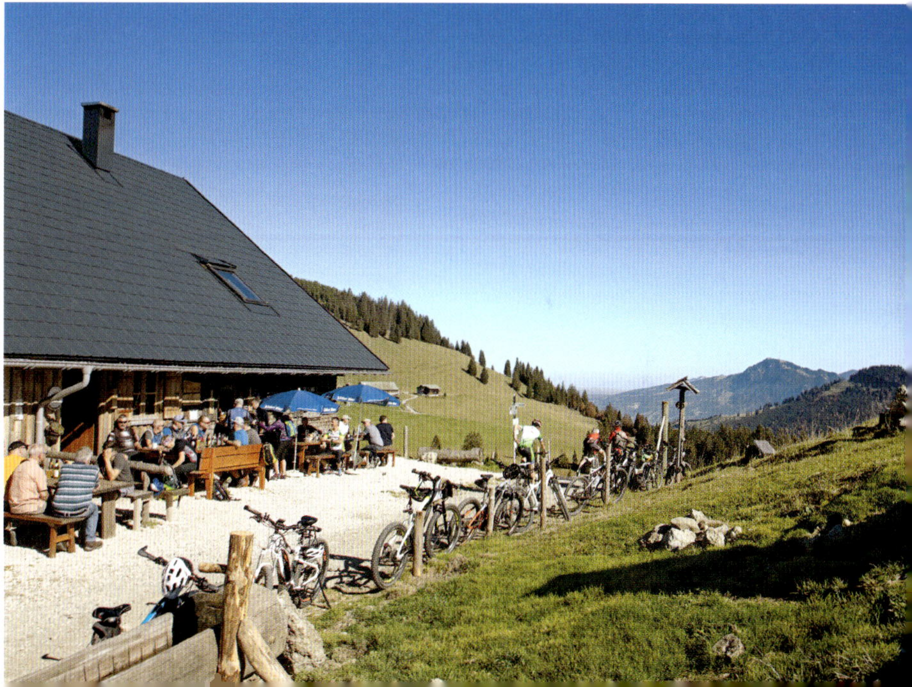

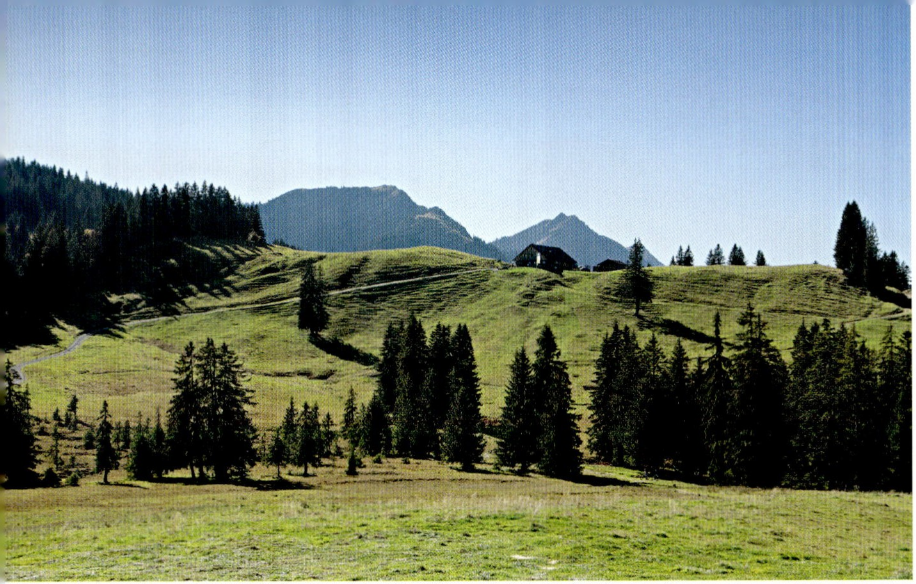

*Blick zurück zur Alpe Mittelberg, im Hintergrund die Nagelfluhkette.*

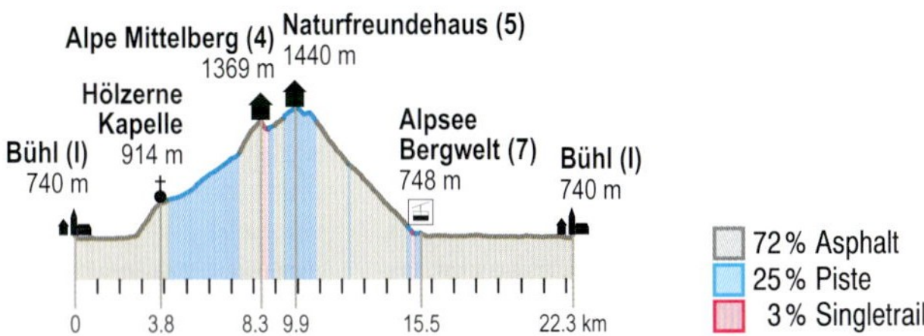


Nach wenigen Metern müssen wir uns entscheiden: Entweder nehmen wir die linke, extrem steile Auffahrt über den Berggasthof Almagmach oder die Variante auf dem direkten Weg zur Seifenmoosalpe. Doch egal, für welche Auffahrt man sich entscheidet, von der Steilheit des Steigbachtals wird man definitiv nirgends verschont! Auf der Hauptroute geht es zunächst noch gemächlich ins Tal hinein und hoch zum Berggasthof Almagmach. Wir können dankbar sein, dass kurz nach dem Berggasthof die Schotterpiste in einen Asphaltweg übergeht. Denn ab jetzt wird es für etwa einen Kilometer brutal steil; Spitzenwerte von 28 % werden abschnittsweise erreicht. Nur mit viel Mühe und Kraft gelingt es, das Vorderrad am Boden zu halten, die Pedale fest durchzudrücken und nicht vom Bike zu kippen.

An der bei Wanderern und Bikern gleichermaßen sehr beliebten Alpe Mittelberg (1369 m) haben wir diesen harten Brocken überwunden und können stolz und wohlverdient zum Einkehrschwung übergehen. Die Sennalpe liegt am Scheitelpunkt zwischen Steigbachtal und Ehrenschwanger Tal. Von hier oben zeigt sich die Nagelfluhkette mit ihren charakteristischen Bergformationen besonders eindrucksvoll. Die etwa 20 Milchkühe der Alpe liefern täglich den Rohstoff für den köstlichen und prämierten Bergkäse, den man unbedingt probieren sollte. Ein kurzer und einfacher Trail hinüber zur Seifenmoosalpe macht uns nach der Einkehr die Weiterfahrt nicht schwer. Schnell haben wir das Kemptener Naturfreundehaus erreicht. Noch ein minimaler Anstieg ist zu bewältigen, bevor wir die Abfahrt hinab zum Großen Alpsee in vollen Zügen genießen können. Das erste Stück verläuft durch das ehemalige Skigebiet am Gschwender Horn. Anstatt das Skigebiet auszubauen, mit anderen Skigebieten per Skischaukel zu verbinden und mit Schneekanonen aufzurüsten, um den Skibetrieb in den immer häufigeren milden und schneearmen Wintern im Allgäu aufrechtzuerhalten, wurde hier der naturverträglichere Weg eingeschlagen: die Renaturierung. Sämtliche Liftanlagen wurden vor einiger Zeit abgebaut und die Pisten der Natur zurückgegeben. Heute ist das Gebiet ein beliebtes Ziel für Wanderer, Skitourengeher und Mountainbiker. Dieses Renaturierungsprojekt gilt als Paradebeispiel für einen gelungenen Rückbau eines Skigebiets.

Nach etwa 670 Hm feinster Abfahrt haben wir an der »Alpsee Bergwelt« den Talboden wieder erreicht. Am nördlichen Ufer des Großen Alpsees fahren wir zurück zum Ausgangsort. An heißen Sommertagen ist am Ende der Tour der Sprung in den kühlen Alpsee eigentlich Pflichtprogramm. Danach noch einen erfrischenden Drink oder ein Gelato am Ufer der Seepromenade und die Tour hat einen perfekten Abschluss …

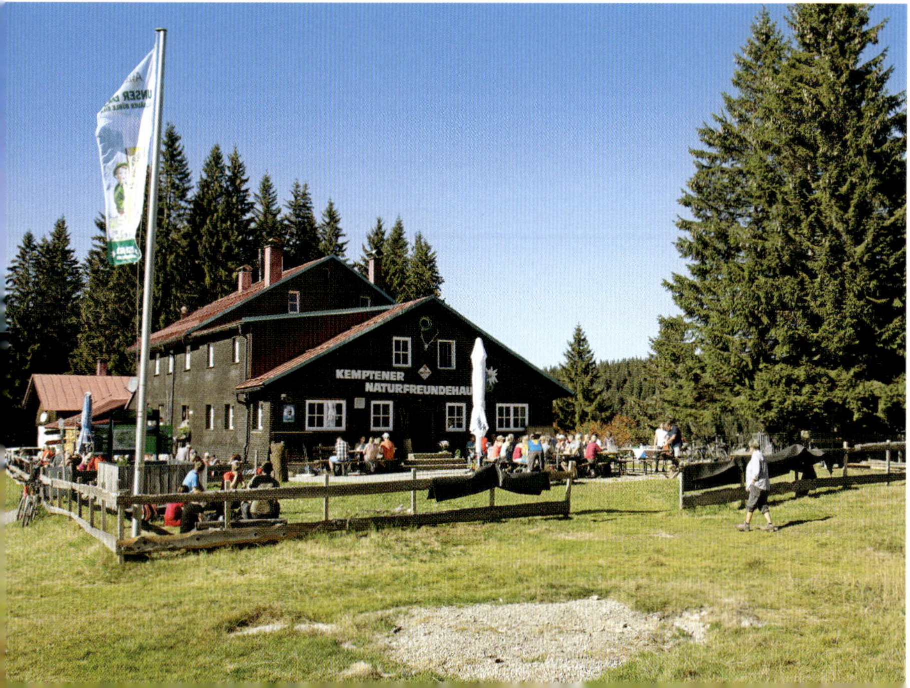


*Am Kemptener Naturfreundehaus stellt sich erneut die Frage: Weiter? Oder doch lieber einkehren?*

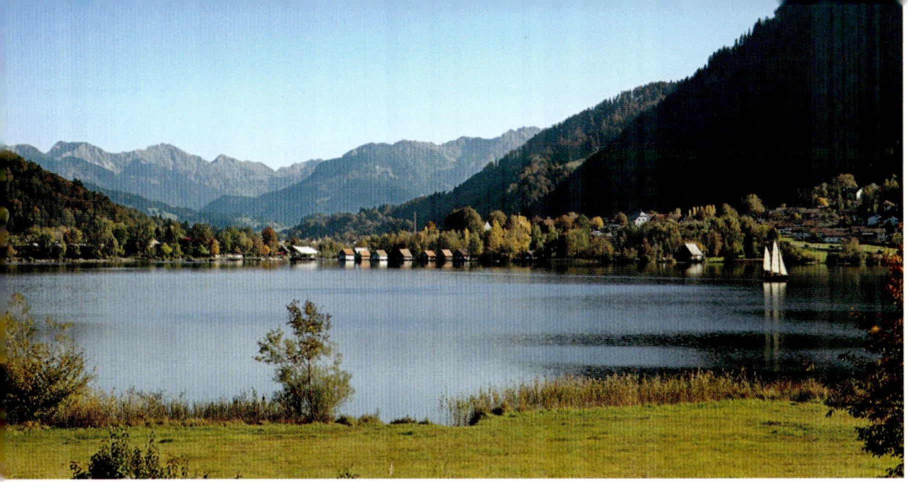

*Vorbei am Großen Alpsee mit dem historischen Segelschiffnachbau Santa Maria Loreto.*

**0,0** 740 m – Am Vorplatz der Kirche in **Bühl (1)** müssen wir knapp 100 m vorschriftsmäßig den Fußweg bergab in Ri. »Alpseehaus/Alpsee« schieben.

**0,2** 723 m – Gegenüber dem Gasthof Alpsee nehmen wir rechts den Fußweg (»Badweg«, für Fahrräder erlaubt) nach Immenstadt, auf dem wir stets bleiben.

**1,7** 723 m – Rechts durch die Unterführung in Ri. »Friedhof/Steigbachtal«. An der Hauptstraße zum Kreisverkehr. Dort die erste Ausfahrt nehmen und der Beschilderung zum Friedhof folgen.

**2,7** 738 m – Am **Friedhof (2)** rechts. Am Ende der Straße rechts weiter auf dem Teerweg. Nach einem ersten kurzen Steilstück halten wir uns geradeaus in Ri. »Steigbachtal«. An den folgenden Abzweigen bleiben wir auf dem Teerweg.

**3,8** 914 m – An der Hölzernen Kapelle geradeaus in Ri. »Naturfreundehaus«.

**4,1** 933 m – Hier am **Abzweig Variante (3)** müssen wir uns entscheiden: links die Hauptroute in Ri. »Almagmach/Sennalpe Mittelberg«; rechts die Variante Seifenmoosalpe direkt zum Kemptener Naturfreundehaus. Wir fahren links.

**5,4** 1011 m – Rechts über die Brücke in Ri. »Almagmach/Sennalpe Mittelberg«.

**6,9** 1154 m – Am Berggasthof Almagmach geradeaus. Zunächst noch flach, spätestens wenn der Teer beginnt, wird es steil, und zwar richtig steil!

**8,3** 1369 m – Geschafft: **Alpe Mittelberg (4)**. An der Alpe beginnt eine kurze Trailpassage in Ri. »Naturfreundehaus« hinüber zur sichtbaren Seifenmoosalpe.

**8,9** 1345 m – An der Seifenmoosalpe links bergauf zum Kemptener Naturfreundehaus.

**9,9** 1440 m – Vom **Kemptener Naturfreundehaus (5)** weiter in Ri. »Alpe Starkatsgund«.

**10,5** 1411 m – Hier geradeaus. Ab jetzt geht es bergab.
*Tipp: In 5 Min. erreichen wir zu Fuß das Gschwender Horn.*

**11,8** 1209 m – An der Alpe Starkatsgund fahren wir links bergab in Ri. »Pionierhütte«.

**12,5** 1115 m – Am **Abzweig Variante Bärenfalle (6)** folgen wir rechts dem Fahrweg in Ri. »Talstation Alpsee Bergwelt« durch den Stadtwald. Immer auf dem Hauptweg bleiben. Vorsicht, Höchstgeschwindigkeit 25 km/h!

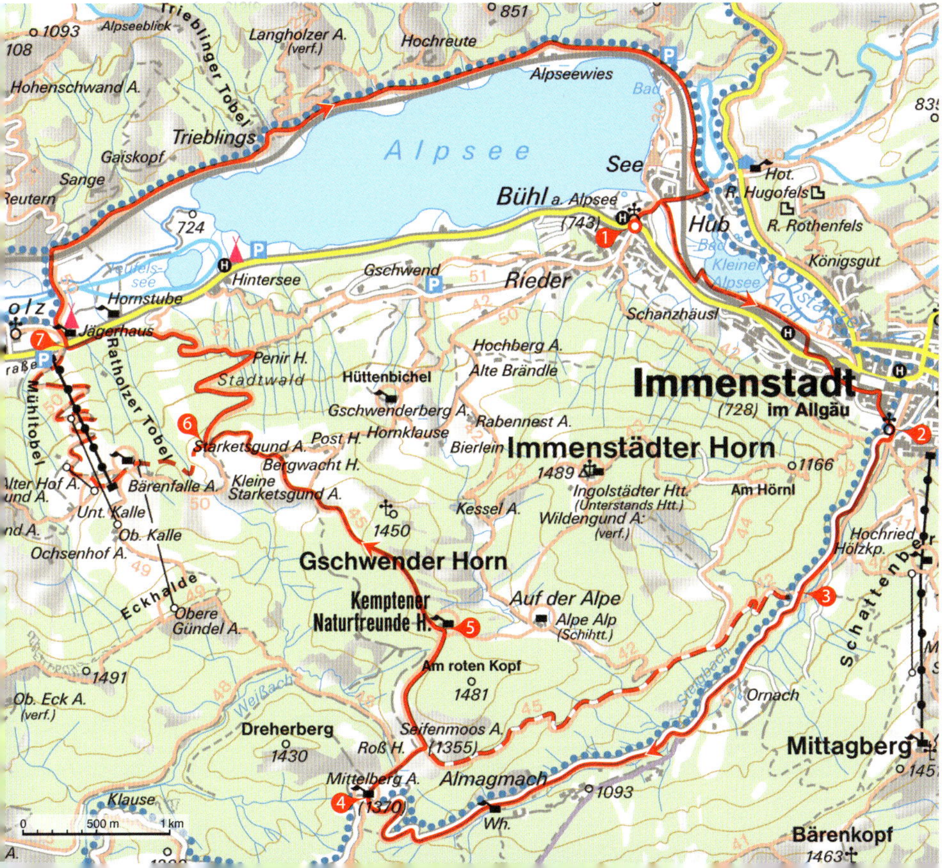


*Variante B – Bärenfalle: Hier besteht auch die Möglichkeit, über die »Bärenfalle« abzufahren.*

**14,9** 789 m – In einer Rechtskehre oberhalb der Hauptstraße fahren wir geradeaus auf einem Wanderweg in Ri. »Talstation Alpsee Bergwelt«. Diesem Weg folgen wir bis zur Talstation.

**15,5** 748 m – **Alpsee Bergwelt (7)**. Wir schieben unter der Bundesstraße hindurch und fahren am Jägerhaus weiter in Ri. »Bühl«. Nach wenigen Metern rechts in Ri. »Reuter« auf die andere Talseite hinüber.

**16,2** 738 m – Gleich nach dem Überqueren der Bahngleise rechts in Ri. »Bühl«. Wir befinden uns nun auf dem »Bodensee-Königssee-Radweg«. Fortan der Beschilderung folgen, durch Trieblings hindurch und am Ufer des Alpsees weiter nach Bühl.

**21,8** 734 m – Im Ort Hub biegen wir nach rechts zum Alpseehaus ab und gelangen so zurück zum Ausgangspunkt.

**22,3** 740 m – Kirche in **Bühl (1)**.

# 19 Trails am Falken

**Strecke**
8,2 km, 2.30 Std., 410 Hm, tiefster/höchster Punkt 806/1115 m, mittlere Steigung 7%, maximale Steigung 15%.

**Anspruch**
Kondition: ●●○○○
Fahrtechnik: ●●●●●

**E-Bike** ○○

**Verpflegungsmöglichkeiten**
Rettenberg: Brauereigasthof Engel: Mo Ruhetag, www.engelbraeu.de; Brauereigasthof Adler-Post: www.brauerei-gasthof-adler-post.de.

**Anfahrt/Ausgangspunkt**
Von der B19 kommend nehmen wir die Ausfahrt »Immenstadt-Süd/Rettenberg/Blaichach/Burgberg«. Von dort immer der Beschilderung nach Rettenberg folgen. Direkt an der Kirche in Rettenberg und dem Gemeindehaus befindet sich ein gebührenfreier Parkplatz. Exakter Ausgangspunkt: Mariensäule an der Kirche direkt an der Hauptstraße.

**Karte**
Kompass Nr. 3.

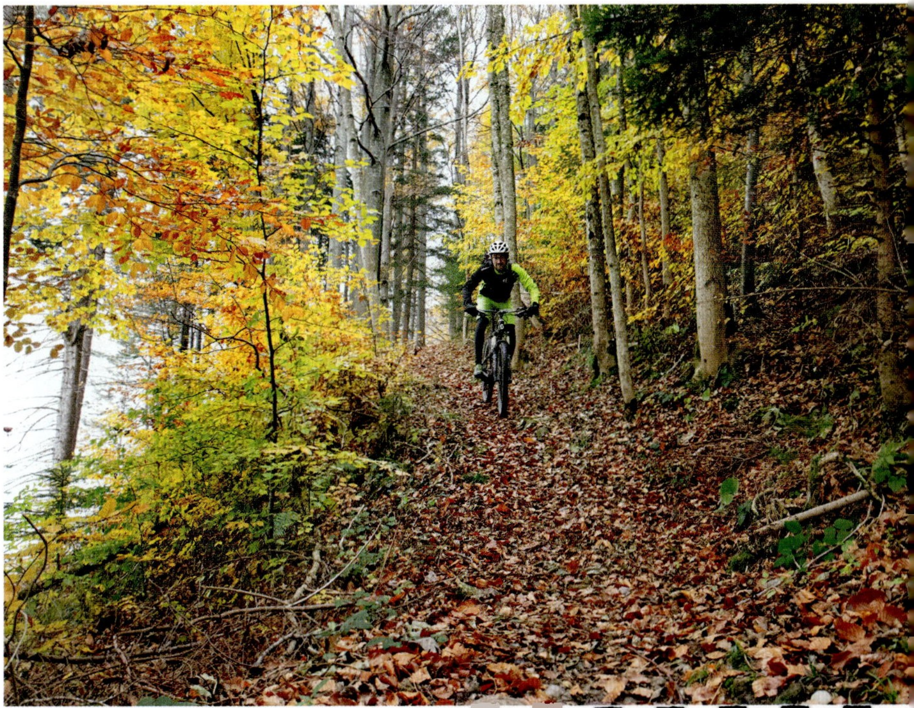

**Resümee**
Beliebte Feierabendrunde und perfekte Frühjahrstour. Hier am Falken können wir nämlich unsere Fahrtechnik optimieren, um uns auf die »großen« Trails in höheren Lagen vorzubereiten. Größtenteils bewegen wir uns im sehr flowigen Trailgelände. Der Fahrfluss wird hin und wieder durch S2-Hindernisse unterbrochen, über die wir unser Bike konzentriert und geschickt manövrieren. Eine Einkehr im Brauereidorf Rettenberg rundet das Erlebnis perfekt ab.

Der Rottachberg mit dem Gipfel Falkenstein oder »Auf dem Falken« war lange Zeit Wanderern und Kletterern vorbehalten. Dieser etwa 8 km lange und überwiegend bewaldete Bergrücken liegt etwas versetzt nördlich des Grüntens. Das bekannte Klettergebiet an der Westseite des Rottachbergmassivs ist eine der Top-Adressen im Allgäu. Die Bindhammer-Brüder haben hier im XI. Grad Maßstäbe gesetzt. Aufgrund der überwiegend anspruchsvollen Touren ab dem VII. Schwierigkeitsgrad in senkrechten und überhängenden Nagelfluhwänden sind blutige Anfänger aber eher fehl am Platze. Vom Gipfel des Falken (1115 m) kann man mit etwas Glück die Kletterer bei ihren Akrobatikübungen in den Felswänden beobachten.

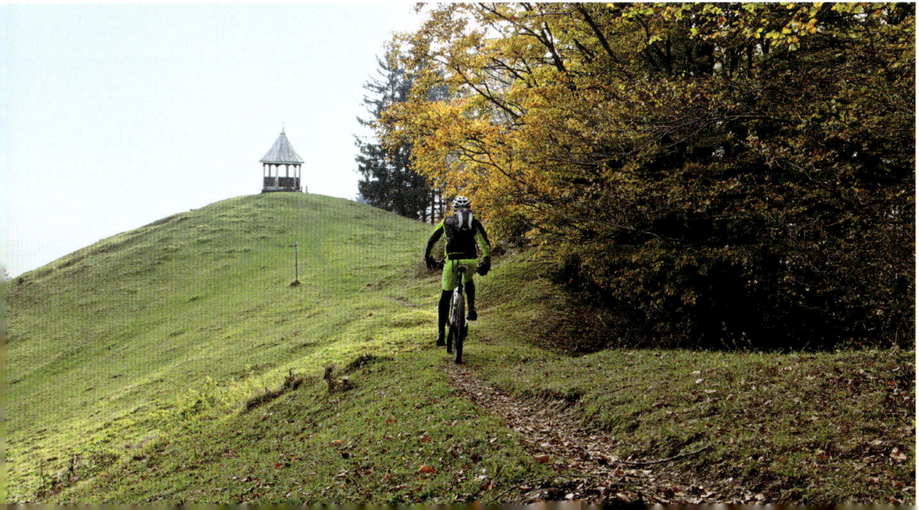

In den letzten Jahren haben auch die Mountainbiker diesen Bergrücken für sich entdeckt. Immer größerer Beliebtheit erfreut sich daher dieses Bikerevier – und das aus gutem Grund, denn ein nahezu perfekter Trail über mehrere Kilometer hinweg verläuft entlang des Höhenzuges.

Ausgangsort dieser kurzen Tour ist das Brauereidorf Rettenberg, das zwischen Grünten und Rottachbergrücken eingebettet liegt. Direkt an der Mariensäule vor der Kirche beginnt das Bikevergnügen. Relativ gemütlich schlängelt sich die kleine Teerstraße hoch nach Vorderberg und von dort weiter nach Hinterberg. Hier am Wanderparkplatz geradeaus weiter in Richtung »Rottach«. Ein Sperrschild verwehrt uns den direkten Weg zum Falkenstein. Was aber nicht weiter tragisch ist, denn dieser Umstand sorgt für einen höheren Trailanteil. Eine Piste bringt uns zum Einstieg in den Trail. Von nun an ist

*Oben: Flowige Trailabfahrt im Herbst.*
*Links: Am Pavillon endet das trailige Vergnügen!*

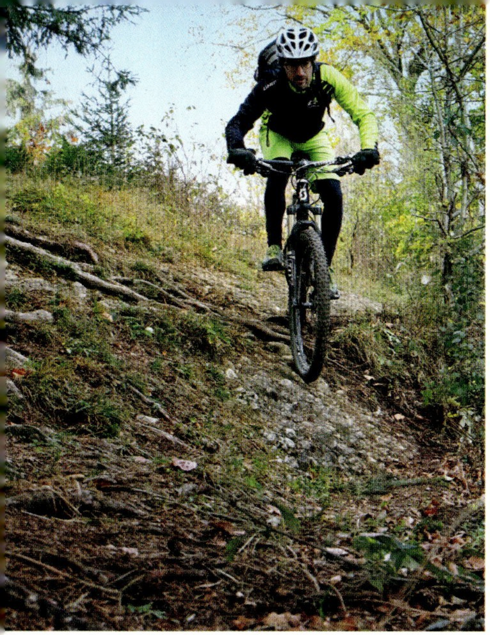

*Der Trail führt uns über Wurzeln und griffiges Nagelfluhgestein.*

die Orientierung einfach, denn wir folgen stets dem Trail, bis wir auf dem Falkenstein angekommen sind. Der Weg ist grundsätzlich einfach zu befahren, aufgrund der Ausgesetztheit und Abschüssigkeit an manchen Passagen müssen wir jedoch besonders vorsichtig sein, eventuell ist hier sogar Schieben die sicherere Entscheidung. An den beiden Treppen stellt sich die Frage nicht: Hier muss das Bike getragen werden! Dies mindert aber keineswegs den Fahrspaß.

Eine schöne Aussicht auf das Illertal, auf Immenstadt, den Großen Alpsee und den Mittag haben wir vom Gipfelkreuz des Falkensteins. Die eigentliche Trailabfahrt startet hier oben. Ein beinahe ungetrübtes und flüssiges Trailerlebnis erwartet uns. Nur wenige Stellen erfordern technische Fähigkeiten auf S2-Niveau. Ansonsten können wir über die unzähligen Wurzeln, Stufen und Absätze problemlos hinwegfahren. Immer wieder nehmen wir mit unseren Bikes das Nagelfluhgestein unter die Stollenreifen. Das Konglomeratgestein, das im Allgäuer Volksmund auch »Herrgottsbeton« genannt wird, erweist sich als sehr griffig. An die Waldpassage schließt unmittelbar ein einfacher Wiesentrail bis zum Pavillon an. Linker Hand sehen wir bereits wieder den Grünten und unterhalb Rettenberg. Auf direktem Weg geht es zurück ins Dorf. Ein Abstecher in eine der Brauereigaststätten rundet diese traillige Tour perfekt ab.

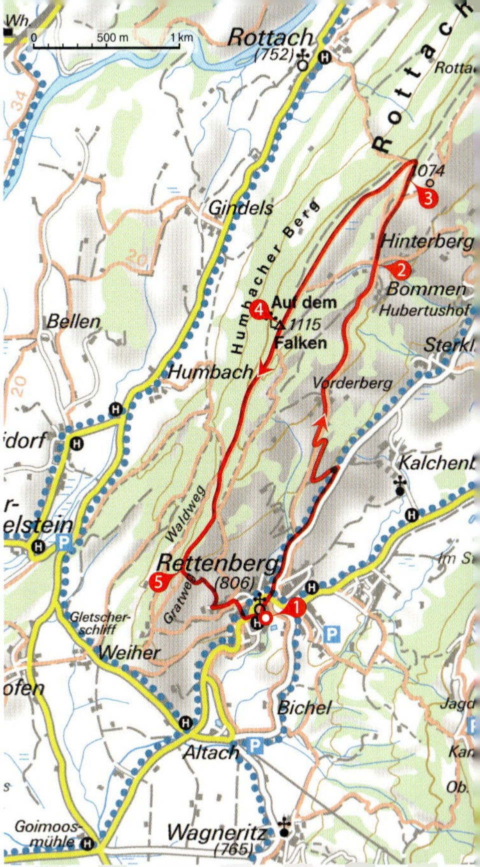

*Noch ein paar Treppenstufen muss das Bike getragen werden und der Trailspaß kann schon wieder weitergehen.*

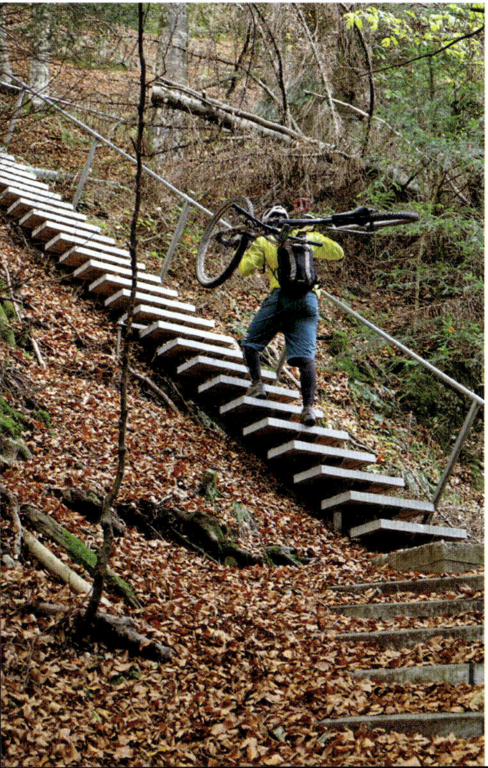

**0,0** 806 m – Wir starten an der Mariensäule direkt an der Kirche in **Rettenberg (1)** und fahren auf der Hauptstraße in Richtung »Kranzegg« bzw. Norden.

**0,2** 802 m – An der Raiffeisenbank biegen wir links in Ri. »Sterklis« ab. An der folgenden T-Kreuzung links.

**0,6** 848 m – Geradeaus weiter in Ri. »Vorderberg«.

**1,2** 878 m – Am Abzweig scharf nach links in Ri. »Vorderberg«, bergauf.

**2,2** 997 m – In Vorderberg an der Kapelle vorbei und weiter in Ri. »Hinterberg«.

**3,2** 1034 m – Am **Wanderparkplatz Hinterberg (2)** geradeaus auf dem Schotterweg in Ri. »Rottach«.

**3,4** 1057 m – An der Weggabelung geradeaus in Ri. »Rottach« und wenige Meter später gleich wieder rechts abbiegen.

**3,7** 1067 m – **Beginn Trail (3)**: Hier links auf den Trail in Ri. »Rottach«. Nach einer sehr kurzen Abfahrt biegen wir an einem Geländer nach links in Ri. »Falkenstein« ab. Wir folgen dem Wegverlauf. Zweimal müssen wir das Bike eine Treppe hochtragen. Vorsicht, stellenweise ist der Weg etwas ausgesetzt!

**5,2** 1099 m – Nachdem wir die zweite Treppe überwunden haben, an dem Abzweig rechts in Ri. »Falkenstein«.

**5,4** 1115 m – Wir haben den höchsten Punkt der Tour erreicht: **Auf dem Falken (4)**. Weiter auf dem Trail. Am ersten Abzweig bleiben wir auf dem Trail geradeaus.

**5,6** 1079 m – Nach einem kurzen Stück über eine Wiese fahren wir wieder in den Wald hinein in Ri. »Rettenberg/Gebhardshöhe« .

**6,5** 931 m – Wir treffen auf eine Piste und folgen der Beschilderung in Ri. »Rettenberg/Gebhardshöhe«. Nach 170 m biegen wir an einem nicht beschilderten Abzweig nach links auf einen Trail ein.

**6,8** 944 m – Nach einer Kuppe am Waldrand dem Trail weiter nach rechts in Ri. »Gebhardshöhe« folgen.

**7,4** 901 m – Vom **Pavillon (5)** geht es auf dem unverkennbaren Weg hinab nach Rettenberg.

**8,2** 806 m – Tourende an der Kirche in **Rettenberg (1)**.

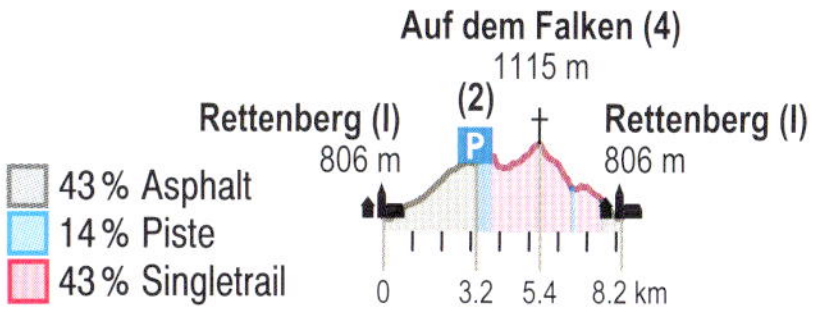

# 20 Grüntenhütte

**Strecke**
9,8 km, 2.30 Std., 650 Hm, tiefster/höchster Punkt 835/1477 m, mittlere Steigung 14 %, maximale Steigung 20 %.

**Anspruch**
Kondition: ●●●○○
Fahrtechnik: ●●●●○

**E-Bike** ●●
Mit E-Bike Abfahrt über bekannte Auffahrt und nicht Trailabfahrt von der Grüntenhütte (3).

**Verpflegungsmöglichkeiten**
Alpe Kammeregg: Mo Ruhetag, www.alpe-kammeregg.de; Grüntenhütte: Umbaumaßnahmen, Wiedereröffnung Okt. 2022, www.gruenten-huette.de; Höflealp: Di Ruhetag, www.hoefle-alp.de.

**Anfahrt/Ausgangspunkt**
Nach Kranzegg und dort (am südwestlichen Ortsende, also Ri. Rettenberg, bei der Gaststätte Jägerhütte) beschildert ab von der Hauptstraße in Ri. »Grüntenlifte« (braunes Schild). Großer Parkplatz direkt bei der Talstation der Liftanlage. Exakter Ausgangspunkt: am Anfang des Parkplatzes, wo der Teer in Schotter übergeht.

**Karte**
DAV BY 3.

**Resümee**
Kurze, aber knackige Rundtour. Bei der komplett asphaltierten Auffahrt zur Grüntenhütte mit zahlreichen steilen Rampen mit bis zu 20 % Steigung werden Kraft und Kondition getestet. Auf dem schönen und oft wurzligen Trail (S1–S2) können wir unsere Technik unter Beweis stellen. Top Feierabendtour!

**Variante**
Natürlich können wir nach der Einkehr auf der Grüntenhütte auch den Weg zurück auf der bekannten Asphaltpiste nehmen und damit den Trail umgehen.

**Bike & Hike**
Von der Grüntenhütte (1477 m) zu Fuß auf den Hauptgipfel des Grünten (1738 m), Auf- und Abstieg etwa 1.30 Std.

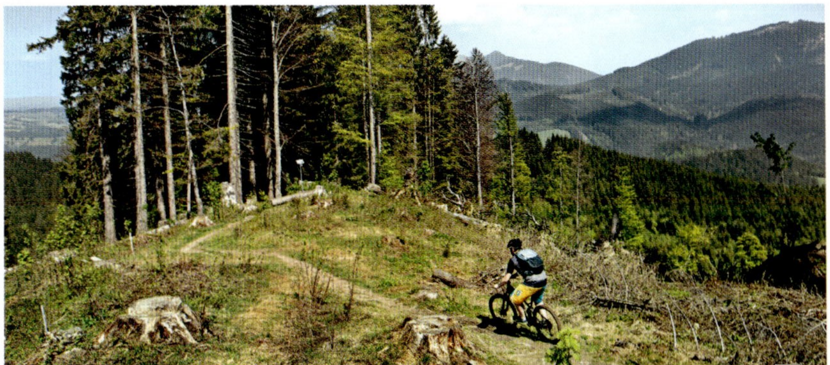

*Spaß und Flow bei der Abfahrt nach Kranzegg.*

Aufgrund seiner Lage in der »ersten Reihe« wird der Grünten häufig als »Wächter des Allgäus« bezeichnet. Der Hauptgipfel des Grünten, das sogenannte Übelhorn, erreicht eine Höhe von 1738 m. Im Gipfelbereich befinden sich ein Gebirgsjägerdenkmal und ein markanter Sendemast. Der Sender Grünten ist ein Sendeturm des Bayerischen Rundfunks mit einer Höhe von 94,5 m. Schon allein wegen der rot-weißen Farbgebung ist der Sendemast schon von Weitem sichtbar.

Bei dieser Tour können wir als zusätzlichen Bike & Hike-Abstecher zu Fuß den Gipfel des Grünten erreichen. Unser Hauptziel mit dem Mountainbike ist jedoch die sehr schön gelegene Grüntenhütte (1477 m). Sie befindet sich nordöstlich vom Gipfel und das Panorama von der Terrasse ist äußerst abwechslungsreich: Richtung Norden blicken wir hinab auf das Flachland und Richtung Süden schmücken all die Allgäuer Gipfel die Aussicht.

*Wurzelpassagen im oberen Bereich der Trailabfahrt.*

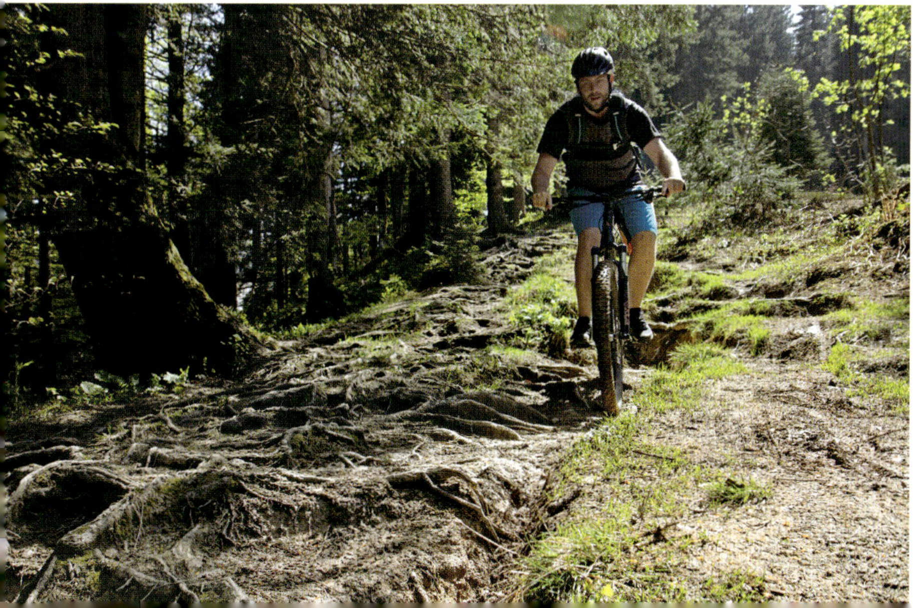

Auf den ersten Blick erscheint die Auffahrt von Kranzegg zur Grüntenhütte harmlos, da die gesamte Strecke auf einer schmalen asphaltierten Straße verläuft und eine Distanz von gerade mal 5 km zu überwinden ist. In der Realität ist sie jedoch alles andere als harmlos! Auf diesen 5 km warten nämlich 650 Hm auf uns! Dies hat zur Folge, dass die Auffahrt andauernd steil ist und im oberen Bereich immer wieder Rampen mit 20 % Steigung aufweist. Insgesamt also zwar ein kurzer, aber knackiger Kräfte- und Konditionstest.

An der Hütte können wir unsere Energiespeicher bei einer Einkehr mit grandioser Aussicht wieder aufladen. Direkt vor unserer Nase im Süden steht der markante und felsige Gigglstein, an dem wir immer wieder Kletterer beobachten können. Entweder gönnen wir uns nach der Pause noch einen Abstecher zu Fuß zum Gipfel des

Grünten (Bike & Hike) oder wir machen uns gleich an die Abfahrt.

Wer sehr schnell zurück nach Kranzegg will, der nimmt die bekannte asphaltierte Piste zurück. Alternativ gibt es auch eine sehr lohnende Trailabfahrt, die wir hier näher beschreiben: Zunächst führt ein einfacher Wiesentrail am Bergrücken entlang Richtung Osten. Sobald der Trail dann im Wald nach Norden steil bergab führt, wird es anspruchsvoller (S1–S2). Weicher Waldboden und stufige Wurzelpassagen wechseln sich ab und wir verlieren schnell an Höhe. Bei Nässe steigert sich die Schwierigkeit auf jeden Fall! Nach gut 200 Hm Trailspaß erreichen wir eine schmale Teerstraße. Auf dieser geht es dann rasant an mehreren Almen vorbei zurück ins Tal nach Kranzegg, wo sich der Kreis unserer kurzen, aber sehr lohnenden Tour wieder schließt.

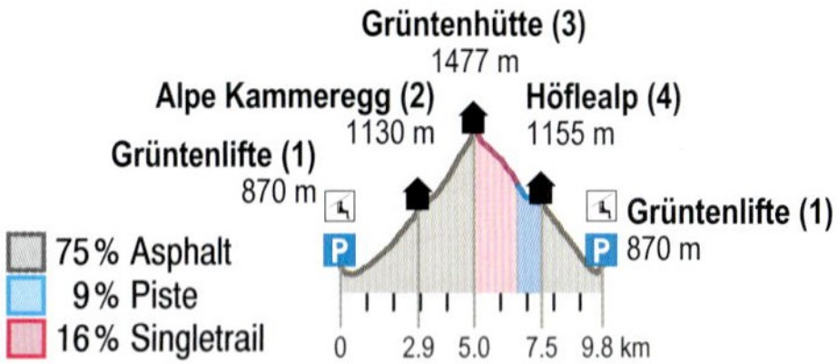


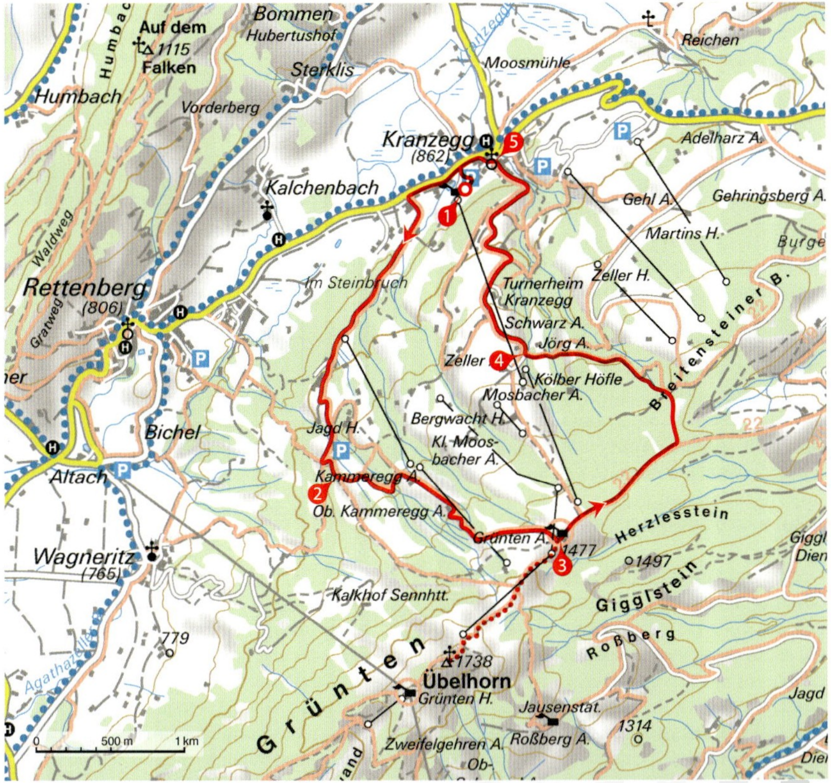

**0,0** 870 m — Vom Parkplatz bei den **Grüntenliften (1)** auf der schmalen Teerstraße hinab zur Hauptstraße.

**0,2** 840 m — An der Hauptstraße links und auf dem Radweg an der Straße entlang.

**0,6** 835 m — Kurz nach einer Bushaltestelle am Ortsende von Kranzegg zweigen wir links von der Hauptstraße ab und nehmen die schmale Teerstraße bergauf in Ri. »Grüntenhütte«. Dieser schmalen Teerstraße folgen wir konsequent.

*Allgäuer Braunvieh vor der Alpe Kammeregg.*

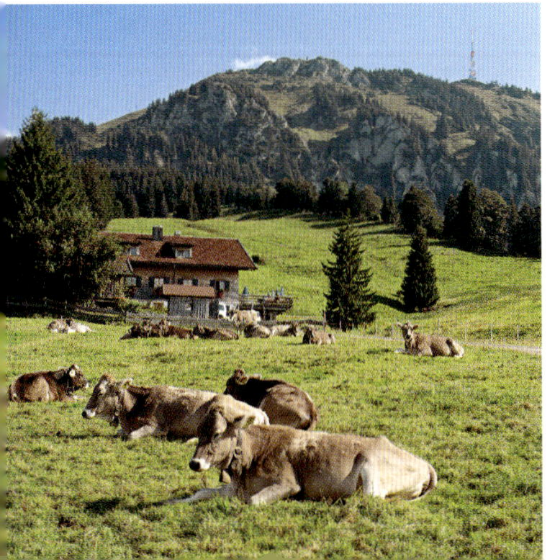

**1,8** 945 m — Das Bernardibräu lassen wir links liegen. Wir folgen weiter konsequent der schmalen Teerstraße.

**2,6** 1075 m — Wir erreichen einen Parkplatz (ab hier für KFZ gesperrt) und fahren geradeaus weiter. Stets auf der Teerstraße über Serpentinen und steilere Rampen.

**2,9** 1130 m — An der Weggabelung direkt vor der **Alpe Kammeregg (2)** halten wir uns links und fahren weiter bergauf in Ri. »Grüntenhütte«.

**4,0** 1237 m — In einer Rechtskehre geht es an der Oberen Kammereggalpe vorbei, wir folgen weiter der Teerstraße bergauf.

**5,0** 1477 m — Eine letzte steile Rampe bringt uns direkt zur **Grüntenhütte (3)**. Wir schieben das Bike über die Terrasse und nehmen dann den Trail in Ri. Nordost bzw. »Parkplatz Großer Wald«.
*Bike & Hike: Von hier zu Fuß zum Hauptgipfel des Grünten (1738 m) und auf demselben Weg zurück.*

**5,2** 1448 m — An einer Liftstation rechts in Ri. »Parkplatz Großer Wald«. Es folgt ein tolles Trailstück über Wurzeln.

**6,0** 1353 m — Links in Ri. »Neumayer-Hütte, Kranzegg«. Rechts ginge es in Ri. »Parkplatz Großer Wald«.

**6,3** 1306 m — Geradeaus weiter in Ri. »Kranzegg«.

**6,4** 1294 m — Wir überqueren geradeaus eine Piste und fahren weiter in Ri. »Kranzegg«.

**6,6** 1239 m — Der Trail endet und wir nehmen rechtshaltend die steile Piste weiter bergab.

**6,9** 1186 m — Wir fahren weiter geradeaus in Ri. »Höflealp«. Bald lassen wir rechts eine unbewirtschaftete Alpe liegen.

**7,5** 1155 m — Unsere Abfahrt mündet bei der **Höflealp (4)** auf eine schmale Teerstraße, der wir nach rechts bergab folgen. Bald zweimal unter den Liftseilen hindurch. Wir bleiben stets konsequent bergab auf der schmalen Teerstraße und ignorieren die Abzweige.

**8,7** 960 m — Das Gasthaus Riesen (Alpweg 20, Michls Berghof) lassen wir links liegen und folgen der Teerstraße in den Ort Kranzegg.

**9,3** 864 m — Direkt vor der Brücke bei der Kapelle in **Kranzegg (5)** halten wir uns links, nehmen den Fuß- und Radweg direkt am Bach entlang zur Hauptstraße und halten uns hier links bergab.

**9,6** 840 m — Nach einer Bushaltestelle halten wir uns am bekannten Abzweig links in Ri. »Grüntenlifte« und kurbeln bergauf zurück zum Ausgangspunkt.

**9,8** 870 m — Parkplatz bei den **Grüntenliften (1)**.

# 21 Runde am Grünten

**Strecke**
30,3 km, 4.00 Std., 990 Hm, tiefster/höchster Punkt 755/1375 m, mittlere Steigung 7%, maximale Steigung 15%.

**Anspruch**
Kondition: ●●●○○
Fahrtechnik: ●●●○○

**E-Bike** ●○
Kurze Schiebepassage über Trailabschnitt und Stufen bei der Querung vom Abzweig (7) zur Hinteren Köllealpe (8).

**Verpflegungsmöglichkeiten**
Burgberg: mehrere Einkehrmöglichkeiten; Alpe Weiherle; Berggasthof Alpenblick: Mi und Do Ruhetag, www.alpenblick-burgberg.de; Roßbergalpe: www.rossbergalpe.de; Obere Schwandalpe: Mitte Mai bis Ende Sept., 10–18 Uhr, www.schwandalpe.de; Hintere Köllealpe: Mi Ruhetag, sonst ab 10 Uhr; Dreiangelhütte: Mo und Di Ruhetag, www.dreiangelhuette.de; Berghofer Waldalpe.

**Anfahrt/Ausgangspunkt**
Von Sonthofen bzw. Burgberg zum kleinen Ort Winkel (Starzlachklamm). Dort zum großen, gebührenpflichtigen Wanderparkplatz Starzlachklamm. Exakter Startpunkt: am Parkscheinautomat bei den öffentlichen Toiletten.

**Karte**
Kompass Nr. 4.

**Resümee**
Abwechslungs- und aussichtsreiche Runde auf der Südseite des Grünten. Obwohl die Tour fast eine Höhe von 1400 m erreicht, verläuft sie größtenteils auf schmalen, für Autos gesperrten Teerstraßen. Ausnahmen sind ein Schotterpistenstück vor der Oberen Schwandalpe und eine kurze Traileinlage mit Schiebepassagen unterhalb des Gigglsteins. Zahlreiche Alpen laden zur Einkehr ein.

**Variante**
Unterhalb der Hinteren Köllealpe (8, 1168 m) auf der Teerstraße wenige Meter zum großen Metallgatter bei einer Linkskurve. Nach dem Gatter gleich rechts (nicht die Schotterpiste geradeaus) über den Wiesentrail leicht bergab unterhalb der Baumgruppe entlang. Beim nächsten Gatter rechtshaltend steil bergab über Wiesen (Weg kaum bzw. nicht erkennbar). Oft ist diese Passage sehr sumpfig, die Variante ist deshalb bei feuchtem Wetter nicht zu empfehlen. Vorsicht und Rücksichtnahme auf Weidevieh! Der Wiesentrail mündet schließlich auf der schmalen Teerstraße (Hauptroute), der wir nach links folgen.

**Tipp**
Erzgruben Erlebniswelt am Grünten, www.erzgruben.de.

Wegen seiner Lage direkt am Alpenrand wird der Grünten oft als »Wächter des Allgäus« bezeichnet. Aber auch seine mächtigen, jedoch qualitativ nicht besonders hochwertigen Erzadern an den Südhängen waren einst wirtschaftlich von großer Bedeutung. Von 1471 bis ins späte 19. Jahrhundert wurde hier Erz abgebaut, was nicht ohne Folgen für den Forst blieb. Für das Schmelzen von einer Tonne Eisenerz wurden 100 Tonnen Holz benötigt. Folglich gab es bald im gesamten Allgäu einen

Holzmangel. Auf dem einst bewaldeten Grünten entstand eine Kahlfläche und so wurde der aus dem alten Dialekt abgeleitete Name Grind (»Glatzkopf«) zum Namensgeber des Berges. Als mit Fertigstellung der Eisenbahn jedoch besseres Eisen importiert werden konnte, ging es mit den in Burgberg niedergelassenen Nagel-, Hufnagel- und Schuhnagelschmieden ab 1853 steil bergab. Ein Museumsdorf auf der Südseite des Grünten erinnert heute an die Zeit des Eisenerzabbaus und zeigt Wissbegierigen alles rund um das Thema Bergbau inklusive Schmiede. Zudem wurden mehrere Stollen gesichert und für geführte Begehungen wieder freigegeben. Die Erzgruben Erlebniswelt hat sich zu einem richtigen Publikumsmagneten entwickelt.

*Kurz nach dem Berggasthof Alpenblick weitet sich der Blick zurück ins Illertal.*

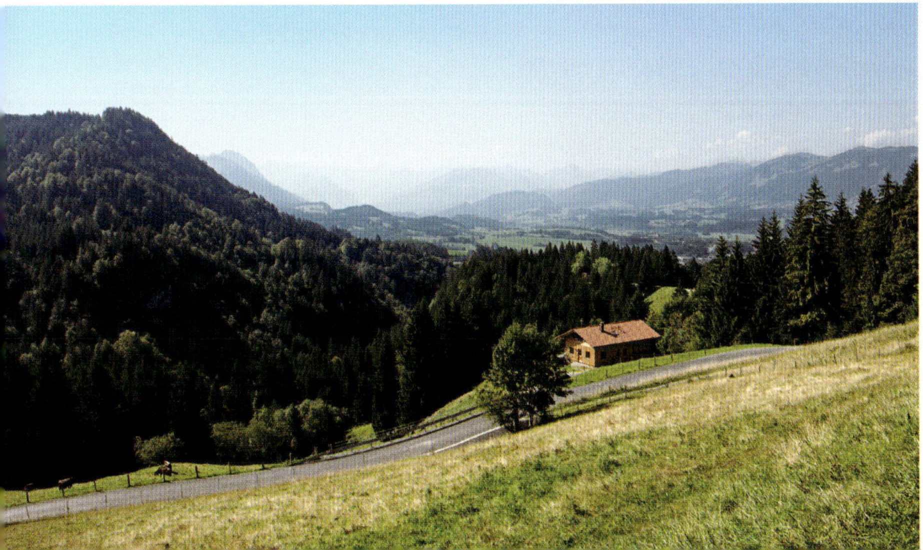

Unsere Mountainbike-Rundtour verläuft – wie die Erzadern – an der Südseite des Grünten. Das Museumsdorf ist nur einen Katzensprung entfernt, bei Interesse lohnt sich in jedem Fall ein Abstecher.

Die Tour verläuft vorwiegend auf schmalen und für Kraftfahrzeuge gesperrten Asphaltstraßen. Startpunkt ist der große und viel besuchte Wanderparkplatz an der Starzlachklamm im Ort Winkel bei Sonthofen. Von hier rollen wir uns auf der Ebene bis nach Burgberg warm. Dann beginnt der erste steilere Anstieg hinauf zum schön gelegenen Berggasthaus Alpenblick. Danach wird es wieder etwas flacher, wir queren die Südhänge des Grünten in Richtung Osten und kommen oberhalb an der Erzgruben Erlebniswelt vorbei. Der zweite steilere Anstieg bringt uns hinauf zur Roßbergalpe am Ende der schmalen Asphaltstraße mit herrlichem Ausblick. Der Abstecher über eine ruppige Schotterpiste zur fast noch schöner gelegenen Oberen Schwandalpe lohnt sich. Auf der urigen Alpe gibt es deftige Brotzeiten, selbstgebackene Kuchen und erfrischende Getränke.

Von hier fahren wir ein Stück zurück auf dem bekannten Weg. Dann biegen wir jedoch links ab auf einen Forstweg, der schon nach wenigen Metern in einen

Trail übergeht. Der schmale Pfad führt unterhalb der Südwand des Giggelsteins entlang. Für die meisten ist hier stellenweise immer wieder Schieben angesagt, speziell an einer Treppenpassage. Nach den Treppen wartet nochmals eine kurze, aber flowige Trailpassage auf uns und wir erreichen schließlich erneut eine schmale Teerstraße.

Bald bietet sich ein Abstecher zur Hinteren Köllealpe an, die ebenfalls bewirtschaftet ist. An einem größeren Abzweig wechseln wir die Richtung von Osten nach Westen und treten damit die Rückfahrt an. Stets auf einer schmalen Asphaltstraße geht es jetzt auf der anderen Seite des Tals oberhalb der Starzlach entlang zurück. Höhenmeter sind nicht mehr viele zu meistern, so kommen wir rasch voran und gewinnen schnell an Strecke. Immer wieder wird ein ein toller Blick frei auf die Südseite des Grünten, Abschnitte unserer Tour sind ebenfalls auszumachen. Wir kommen vorbei an weiteren Alpen. Schließlich rollen wir rasant bergab: zunächst durch den Bergwald, dann über freies Wiesengelände zurück nach Winkel und weiter zu unserem Ausgangspunkt. An heißen Tagen bietet sich zur Erfrischung nach der Tour ein Besuch der kühlen Starzlachklamm an.

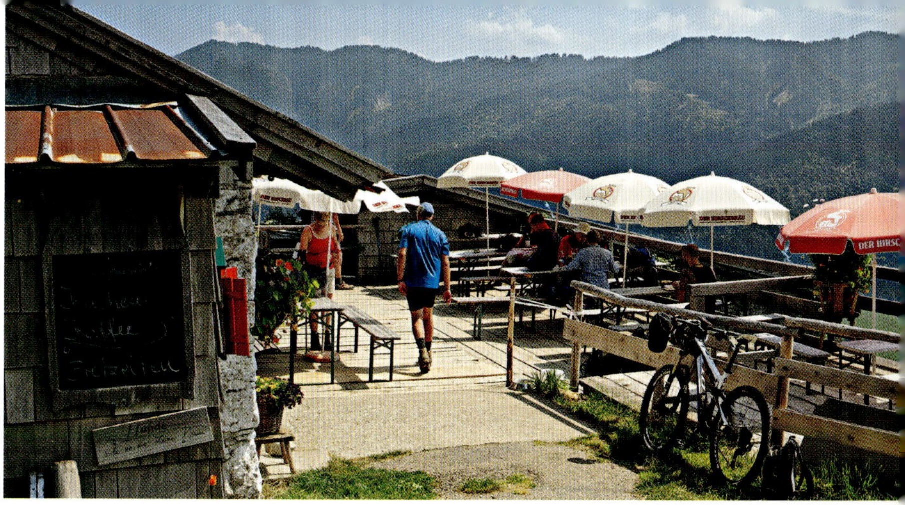

*Oben: An der Oberen Schwandalpe gibt es hausgemachte Kuchen und Brotzeiten und einen sagenhaften Ausblick.*
*Unten: Nach dem Berggasthof Alpenblick queren wir bequem die Südhänge des Grünten.*

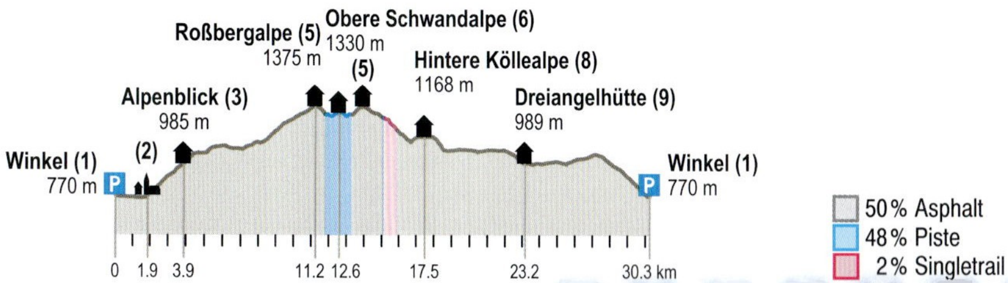

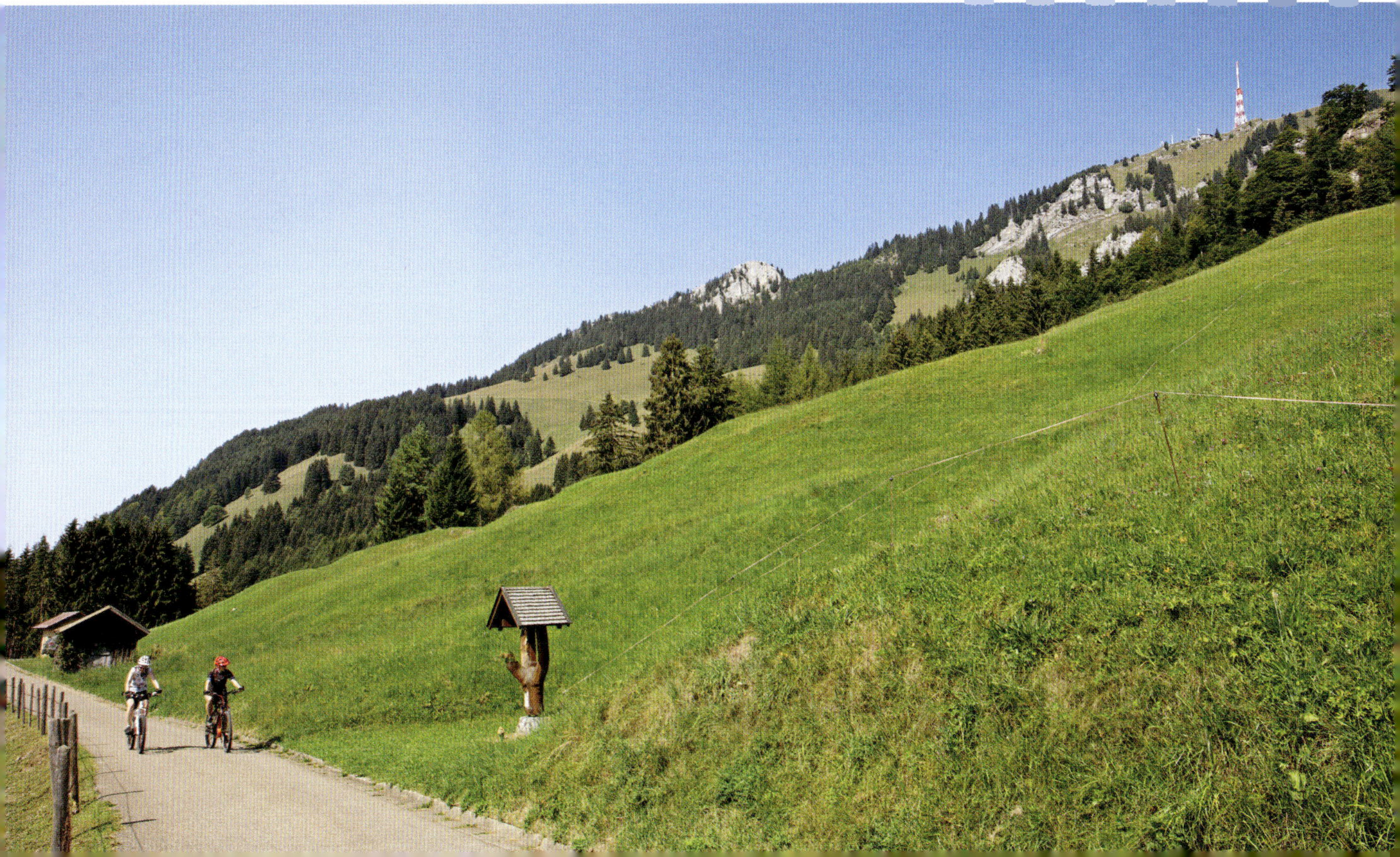

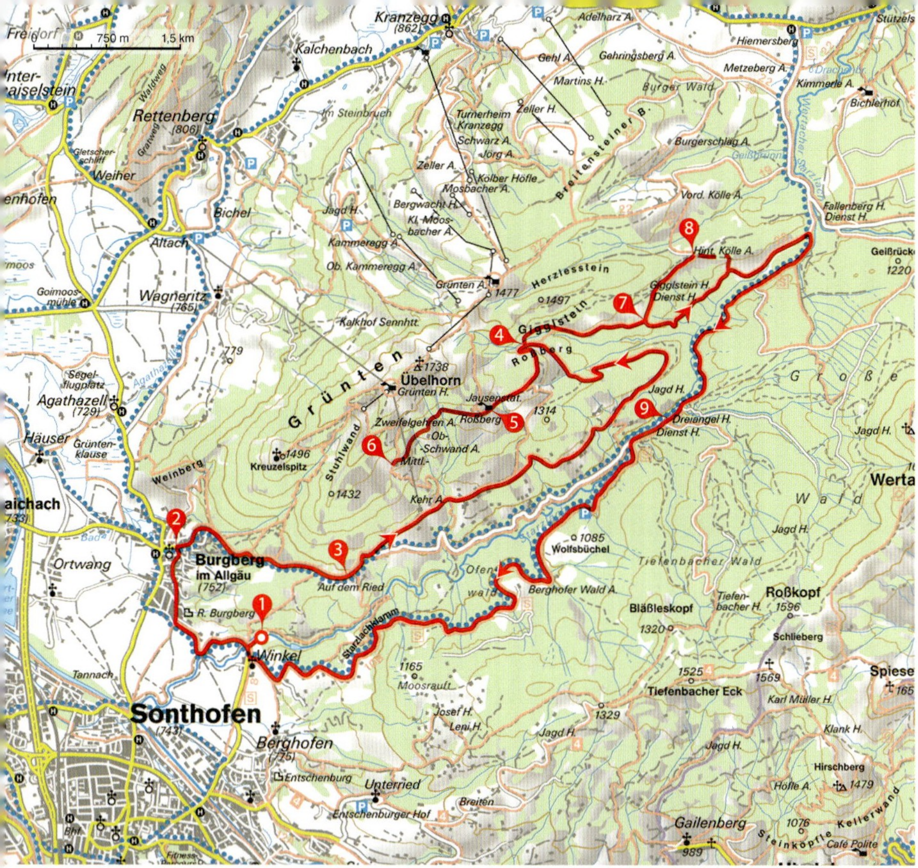


**0,0** 770 m — Wir starten am Wanderparkplatz Starzlachklamm in **Winkel (1)** und fahren auf der schmalen Teerstraße zurück in Ri. Ort (Südwesten).

**0,1** 765 m — Schon wenige Meter nach dem Parkplatz an einer T-Kreuzung rechts über die Brücke in Ri. »Burgberg«, wir verlassen damit den Ort Winkel.

**0,7** 760 m — Am Friedhof folgen wir der Rechtskurve.

**1,1** 760 m — Am Ortsbeginn von Burgberg halten wir uns rechts und biegen gleich danach rechts in die Heimenhofenstraße ein.

**1,7** 755 m — Geradeaus auf der Heimenhofenstraße, dann leicht rechts und die Bergstraße hinauf.

**1,9** 770 m — Wir folgen stets der Bergstraße und zweigen im Zentrum von **Burgberg (2)** bei einer Kreuzung mit Bank rechts ab, es geht bergauf in Ri. »Schützenhaus, Steinebichlkapelle«.

**2,0** 790 m — Links in Ri. »Grünten«. Jetzt folgt der erste steile Anstieg.

**3,1** 910 m — Die schmale, z. T. steile Teerstraße bringt uns zur Alpe Weiherle, die wir links liegen lassen, wir folgen weiter der Straße.

**3,9** 985 m — Auf der Teerstraße erreichen wir den **Berggasthof Alpenblick (3)**. Ab hier

| | |
|---|---|
| | ist die Straße für KFZ gesperrt. Kurz nach dem Gasthof halten wir uns an der Y-Gabelung links und folgen weiter der Teerstraße. |
| **4,2**<br>1025 m | An der Y-Gabelung links bergauf in Ri. »Alpe Rossberg«. |
| **4,8**<br>1060 m | Geradeaus, dann leicht bergab. Links von uns lassen wir eine kleine Liftstation liegen. Kurz danach rechtshaltend weiter bergab in Ri. »Alpe Rossberg«. |
| **7,3**<br>1085 m | Geradeaus weiter in Ri. »Alpe Rossberg«. |
| **10,2**<br>1085 m | An einem beschilderten **Abzweig (4)** in einer Linkskehre folgen wir weiter der Teerstraße bergauf in Ri. »Roßbergalpe«.<br>*Hinweis: Diesen Abzweig für die Abfahrt merken.* |
| **10,9**<br>1350 m | Geradeaus weiter bergauf. Scharf links ginge es über den Alten Rossbergweg zurück nach Burgberg. |
| **11,2**<br>1375 m | Vorbei an der **Roßbergalpe (5)**. Wir queren den Südhang. Bald geht die schmale Teerstraße in eine schlechte Schotterpiste über, der wir in stetem Auf und Ab weiter folgen. |
| **12,6**<br>1330 m | Wir erreichen die schön gelegene **Obere Schwandalpe (6)**. Nach der verdienten Pause auf dem bekannten Weg zurück. Zum Teil anstrengend wegen der steilen Rampen. |
| **14,0**<br>1375 m | Wieder vorbei an der **Roßbergalpe (5)**. |
| **15,1**<br>1300 m | Auf bekanntem Weg zurück zum **Abzweig (4)** in der Kehre. Jetzt links ab und auf der Schotterpiste in Ri. »Alpe Hintere Kölle«. Wir überqueren kurz danach ein Bachbett, ab hier geht die Schotterpiste in einen Trail über. Zunächst fahrbar, dann Schiebepassage über Treppen bergab. Dann wieder sehr schöner Trail, der schließlich in eine schmale Teerstraße mündet, auf dieser weiter bergab. |
| **16,7**<br>1133 m | An einem beschilderten **Abzweig (7)** für den Abstecher zur »Alpe Hintere Kölle« links bergauf. |
| **17,5**<br>1168 m | Kurz bergauf und dann eben zur **Hinteren Köllealpe (8)**. Auf bekanntem Weg zurück.<br>*Variante – Trailabfahrt Hintere Köllealpe: Unterhalb der Alpe weiter zum großen Metallgatter.* |
| **18,3**<br>1133 m | Am bekannten **Abzweig (7)** links haltend weiter bergab. |
| **19,5**<br>1085 m | Auf der Teerstaße weiter geradeaus. *Variante mündet von links ein.* |
| **20,5**<br>1065 m | Scharf rechts in Ri. »Sonthofen, Burgberg«. Wir bleiben konsequent auf dieser Teerstraße. Zum Teil immer wieder rasante Abfahrten. |
| **23,2**<br>989 m | Die **Dreiangelhütte (9)** links liegen lassen. |
| **23,7**<br>980 m | Direkt nach einer Brücke links bergauf in Ri. »Sonthofen, Starzlachklamm«. |
| **26,5**<br>1020 m | Am Abzweig zur Berghofer Waldalpe geradeaus weiter immer der Teerstraße folgen. Zunächst auf und ab, schließlich nur noch rasant bergab. |
| **30,1**<br>770 m | In Winkel direkt nach dem Stop-Schild bei einer T-Kreuzung mit Brunnen rechts Ri. »Starzlachklamm«. |
| **30,2**<br>765 m | Am bekannten Abzweig vor der Brücke rechts und wenige Meter zurück zum Ausgangspunkt. |
| **30,3**<br>770 m | Wanderparkplatz Starzlachklamm in **Winkel (1)**. |

*Auf dem Weg zurück können wir Abschnitte unserer Tour unterhalb des Grünten einsehen.*

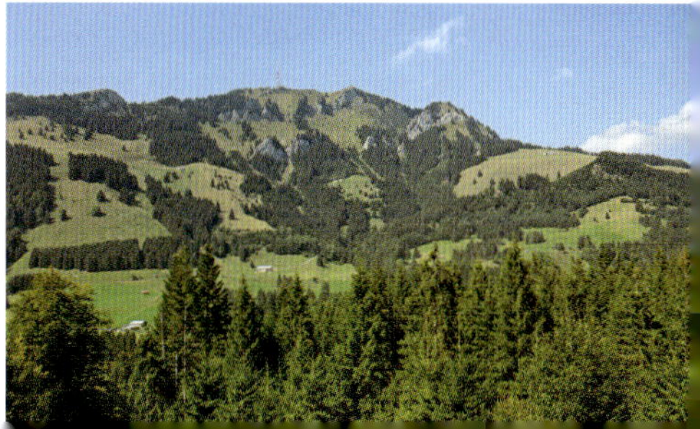

# 22 Runde unterhalb des Strausbergsattels

**Strecke**
16,2 km, 2.30 Std., 600 Hm, tiefster/höchster Punkt 722/1252 m, mittlere Steigung 7%, maximale Steigung 20%.

**Anspruch**
Kondition: ●●●○○
Fahrtechnik: ●●○○○

**E-Bike** ●●

**Verpflegungsmöglichkeiten**
Strausberghütte: Mo und Di Ruhetag, www.strausberghuette.de; Strausbergalpe: Mitte Mai bis Anfang Okt., Mi und Do Ruhetag, www.strausbergalpe.de; Alpe Sonthofer Hof: Anfang Mai bis Anfang Okt., www.alpe-sonthofer-hof.de.

**Anfahrt/Ausgangspunkt**
Von der B19 kommend nehmen wir die Ausfahrt »Hindelang/Sonthofen« und fahren auf der B308 durch Sonthofen in Richtung Bad Hindelang. Nach Sonthofen/Binswangen rechts nach Imberg abbiegen. In der ersten Linkskehre befindet sich ein gebührenfreier Parkplatz. Exakter Ausgangspunkt: direkt an der Straße in der Linkskurve nach Imberg.

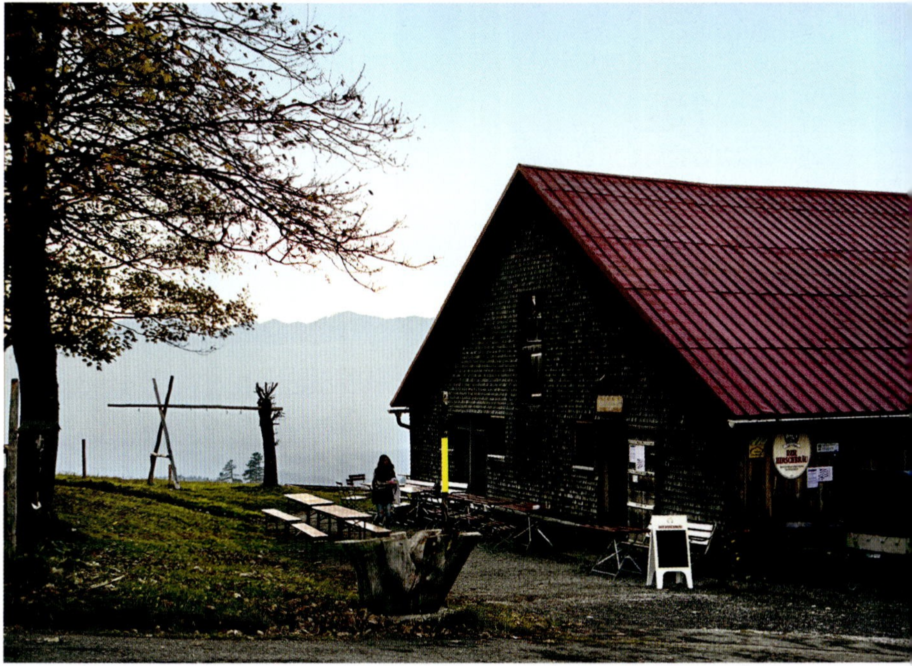

*Herbst am Sonthofer Hof: Das Vieh ist schon im Tal.*

**Karte**

Kompass Nr. 3.

**Resümee**

Kleine, aber feine und einfache Feierabendrunde unterhalb des Strausbergsattels bei Sonthofen. Nach einer moderaten, aber phasenweise steilen Auffahrt über Imberg erreichen wir die idyllisch gelegene Strausbergalpe. In einem Bogen geht es um das Strausbergmoos herum, am Sonthofer Hof vorbei und zurück zum Ausgangspunkt.

Der Strausbergsattel wird gelegentlich auch als Tor zu den Allgäuer Hochalpen bezeichnet. Die Biketour führt uns bis kurz unterhalb des Sattels. Hier beginnt mit einer Fläche von über 200 km$^2$ das zweitgrößte Naturschutzgebiet in Bayern, die Allgäuer Hochalpen. Mit einem rücksichtsvollen Verhalten tragen wir zum Erhalt der einzigartigen alpinen Tier- und Pflanzenwelt bei. Beim Blick in die Landkarte kam uns schnell die Idee, den Strausbergsattel von Westen nach Osten zu überqueren, um hinab zum Mitterhaus ins Retterschwangtal zu gelangen. Auf diese Weise wäre eine schöne Runde um das Imberger Horn entstanden. Bei der Recherche stell-

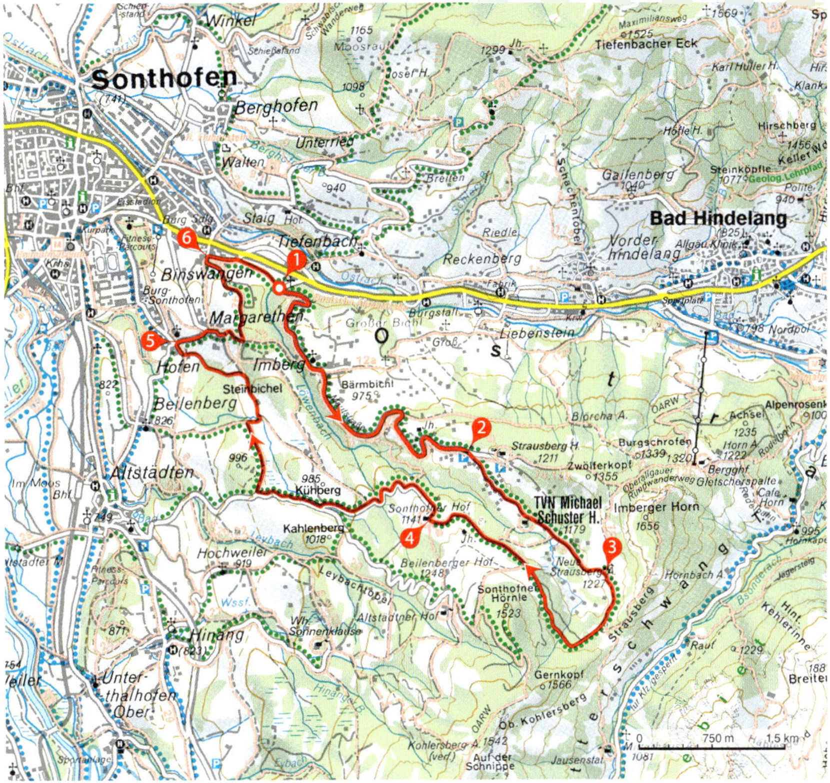

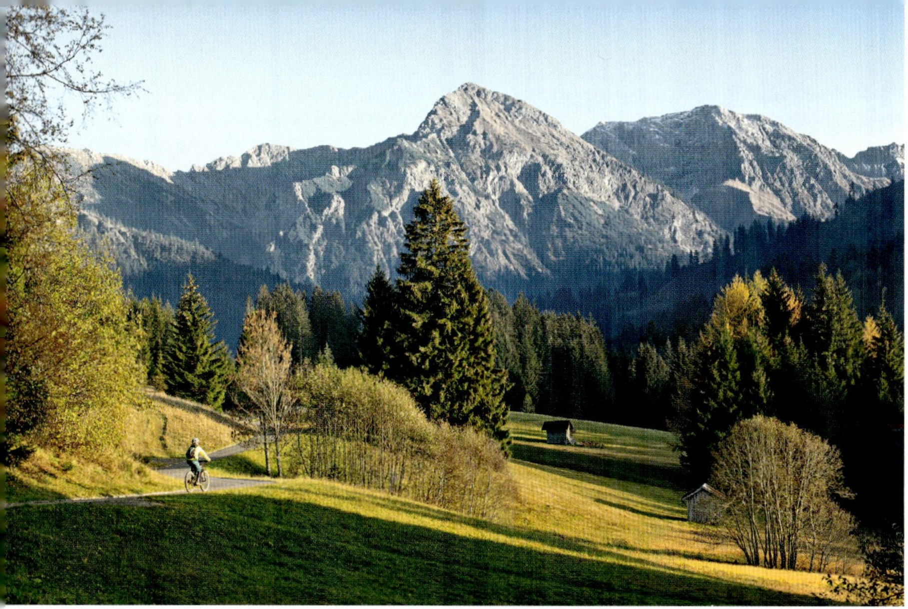

*Ohne große Anstrengungen geht es zur Strausbergalpe.*

te sich jedoch heraus, dass der gesamte Strausbergsattel für Radfahrer gesperrt ist. Aus Respekt und Achtung vor diesem schützenswerten Lebensraum halten wir dieses Verbot selbstverständlich ein und weisen andere Biker mit derselben Idee freundlich darauf hin.

Unsere Rundtour startet an dem kleinen Parkplatz, der sich in einer Linkskurve an der Straße nach Imberg befindet. Die Strecke hat keinerlei Mitleid mit uns, denn es geht sofort bergauf. Schnell erreichen wir den kleinen Weiler Imberg, einen Ortsteil von Sonthofen. Am Ortsausgang beginnt eine für Autos mautpflichtige Asphaltstraße, der wir stets bergauf folgen. Nachdem wir uns über mehrere ausgedehnte Kehren nach oben gewunden haben, können wir einen kurzen Abstecher zur Strausberghütte machen. Ansonsten geht es ohne große Anstrengungen weiter zur bewirteten Strausbergalpe (1227 m). Hier werden einige Gerichte in Bioqualität angeboten. Wir sollten uns den täglich frisch gebackenen Kuchen aus dem Holzofen schmecken lassen. Von der Terrasse aus sehen wir auf den Hindelanger Klettersteig, das Nebelhorn und die Rotspitze.

Am Wegesrand informieren uns immer wieder interessante Tafeln über das Strausbergmoos, die hier vorkommende Flora und Fauna und die Allgäuer Hochalpen. Von der Alpe ist es nicht mehr weit bis zum Ende des Kessels. Hier zweigt der für Radler gesperrte Weg zum Strausbergsattel ab. In einem großen Bogen fahren wir um das Strausbergmoos herum. Mühelos lassen wir es zur Alpe Sonthofer Hof (1141 m) rollen. Neben etwa 80 »Schumpen« (so werden im Allgäu die Jungrinder genannt) bekommt man hier auch Hasen, Ziegen, Hühner und den Esel Lilly zu Gesicht. Aus der Ziegenmilch wird auf der Alpe auch ein vorzüglicher Ziegenkäse hergestellt. Von hier aus tun sich schöne Ausblicke auf das Illertal und die gegenüberliegende Hörnergruppe auf.

Nach der Einkehr können wir es schon wieder ganz entspannt bergab rollen lassen. Dabei vergessen wir aber nicht, dass wir uns auf einer Mautstraße befinden und auf möglichen Gegenverkehr eingestellt sein sollten. Gut ausgeschildert (MTB-Beschilderung) erreichen wir, nachdem wir das militärische Gelände auf einem Schotterweg durchquert haben, den Weiler Hofen. Wir fahren an der kleinen Kapelle vorbei und weiter nach Margarethen. Die Wegweiser leiten uns durch einen Wald nach Binswangen, von wo es flach zum Parkplatz an der Straße nach Imberg zurück geht.

*Abendstimmung vor der Kulisse der Hörnergruppe.*

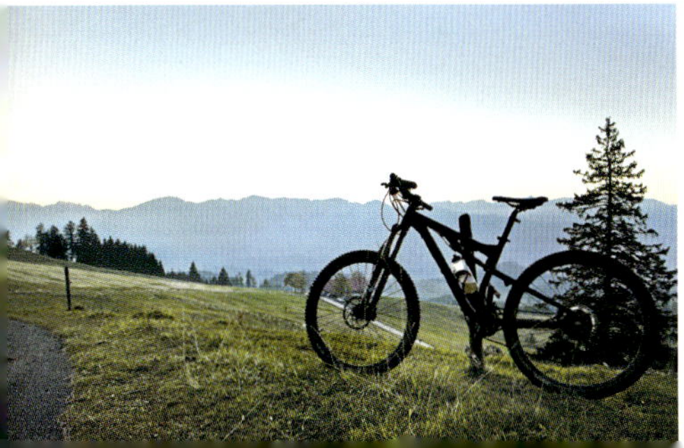

| km | Höhe | Beschreibung |
|---|---|---|
| **0,0** | 722 m | Start am **Parkplatz (1)** und die Asphaltstraße nach Imberg hinauf. |
| **1,4** | 878 m | In Imberg an der Kreuzung nach rechts, am Mautautomat und an der Schranke vorbei. |
| **2,8** | 1032 m | Wir folgen in einer leichten Kehre dem Straßenverlauf nach rechts. |
| **4,0** | 1181 m | Am **Abzweig Strausberghütte (2)** biegen wir nach rechts ab. Stets geradeaus in Ri. »Strausbergsattel«. *Ein kleiner Abstecher bringt uns geradeaus zur Strausberghütte.* |
| **5,9** | 1227 m | Wer nicht einkehrt, lässt die **Strausbergalpe (3)** links liegen. Gleich nach der Alpe geradeaus in Ri. »Strausbergsattel«. |
| **6,6** | 1244 m | Am Abzweig zum Strausbergsattel geradeaus in Ri. »Sonthofer Hof«. |
| **7,5** | 1245 m | Wir treffen auf einen Teerweg, dem wir nach rechts folgen. Immer in Ri. »Sonthofer Hof«. |
| **8,9** | 1141 m | Am **Sonthofer Hof (4)** weiter bergab in Ri. »Sonthofen/Altstädten«. An den nächsten Abzweigungen bleiben wir stets auf dem Teerweg. |
| **10,6** | 960 m | An diesem Abzweig geradeaus in Ri. »Hofen«. |
| **11,3** | 951 m | Wir biegen rechts auf eine Piste mit Fahrradbeschilderung in Ri. »Hofen« ein. Vorsicht, militärischer Bereich! |
| **12,1** | 906 m | Scharf nach rechts in Ri. »Hofen«. Nach wenigen Metern am Abzweig geradeaus und auf der Piste bis Hofen. |
| **13,5** | 808 m | **Hofen Kapelle (5)**. An der Kreuzung nach rechts in Ri. »Margarethen«. |
| **13,8** | 805 m | An der Bushaltestelle in Margarethen nach rechts in Ri. »Imberg«. Wir durchqueren den kleinen Ort und fahren in den Wald hinein. Hier weiter auf einem Schotterweg. |
| **14,3** | 843 m | An der T-Kreuzung im Wald nach links in Ri. »Binswangen«. Am nächsten Abzweig geradeaus. |
| **15,4** | 747 m | In **Binswangen (6)** nach rechts in Ri. »Imberg/Hindelang«. An allen Abzweigen geradeaus, bis wir wieder am Ausgangspunkt sind. |
| **16,2** | 722 m | **Parkplatz (1)**. |

71 % Asphalt
29 % Piste
0 % Singletrail

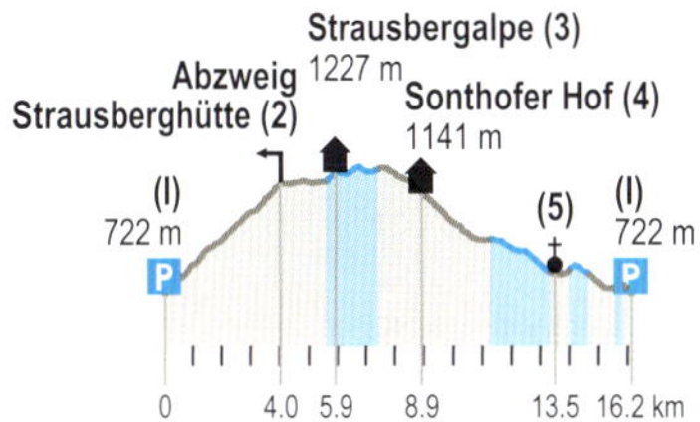

# 23 Trails am Bildstöckle

**Strecke**
7,1 km, 2.00 Std., 430 Hm, tiefster/höchster Punkt 887/1322 m, mittlere Steigung 10 %, maximale Steigung 16 %.

**Anspruch**
Kondition: ●●○○○
Fahrtechnik: ●●●●○

**E-Bike** ○○

**Verpflegungsmöglichkeiten**
Direkt an der Tour keine, jedoch zahlreiche in Sonthofen.

**Anfahrt/Ausgangspunkt**
In Sonthofen auf der B308 in Richtung »Bad Hindelang« und links nach »Staig/Unterried« abbiegen. Über die Ostrach, unmittelbar danach rechts und immer dem Straßenverlauf folgen bis zum Parkplatz auf der rechten Seite kurz vor Unterried. Exakter Startpunkt: am kleinen Parkplatz kurz vor dem Weiler Unterried.

**Karte**
DAV BY 3.

**Resümee**
Sehr kurze Biketour bei Sonthofen mit wenigen Höhenmetern. Das unbestrit-

Ein einstiger Geheimtipp der Allgäuer Locals hat sich mittlerweile zu einem echten Klassiker für Bike-Freerider und Trailliebhaber entwickelt. Auch wenn diese Tour längst weit über die Grenzen des Allgäus hinaus bekannt ist, hat sie an Charme und aufkommendem Downhill-Flow nichts verloren. Nach wie vor eine sehr zu empfehlende kurze Feierabendtour, die das Biker-Herz auf der 2,5 km langen durchgängigen Trailabfahrt höherschlagen lässt.
Nördlich des Ostrachtals zwischen Sonthofen und Bad Hindelang liegt das Tiefenbacher Eck mit einer Höhe von 1525 m. An dessen Südwestseite befindet sich das sogenannte Bildstöckle mit einem großen Holzkreuz. Von hier eröffnet sich ein wunderschöner Panoramablick über das Illertal, auf die Hörnergruppe, den Hohen Ifen und die Berggipfel rund um Oberstdorf. Um dort hinaufzugelangen, starten wir in dem kleinen Weiler Unterried, einem Ortsteil von Sonthofen. An der Kapelle St. Leonhard vorbei folgen wir immer der

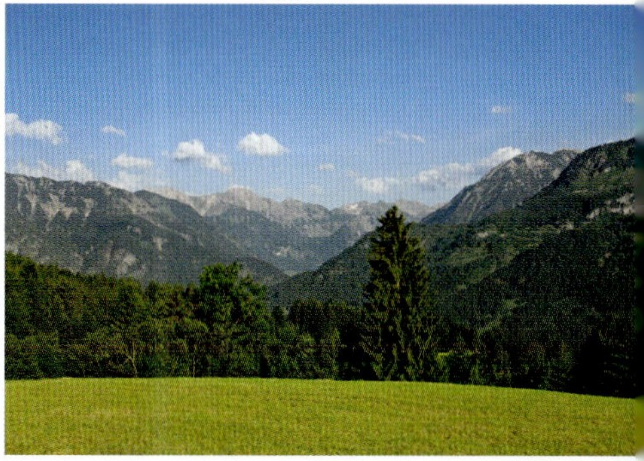

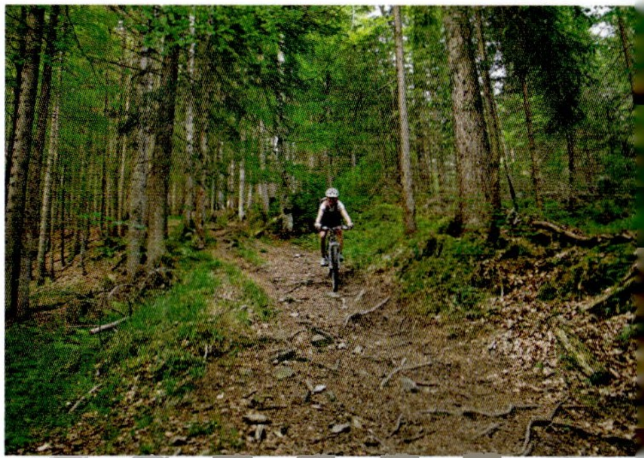

*Oben: Blick in Richtung Hintersteiner Tal.*
*Unten: Perfekt für Trailliebhaber!*

tene Highlight dieser Tour ist der extrem flowige Waldtrail! Nur sehr wenige Passagen stellen unsere Trailkünste tatsächlich auf die Probe. Immer wieder können wir die für uns perfekte Linienwahl treffen. Ein Muss für alle Trailliebhaber!

Teerstraße bergauf. Ohne Orientierungsprobleme, extreme Steigungen und große Anstrengungen fahren wir bergauf. In einem Bogen geht es um den Weiler Breiten herum. Das satte Grün der umgebenden Wiesen begleitet uns während der Auffahrt. Immer wieder tun sich schöne Ausblicke auf die felsigen Berge im Süden auf. Bei genauerem Hinsehen bekommen wir am Wegesrand im Wald schon einen kleinen Vorgeschmack auf den bevorstehenden Trail. Das letzte Stück führt uns durch einen Bergwald. Kurz vor dem höchsten Punkt der Tour zweigt in einer Rechtskehre ein kleiner Pfad ab. Wenn wir diesem Weg zu Fuß etwa 2 Min. folgen, erreichen wir das Bildstöckle. Ansonsten fahren wir weiter bergauf, bis nach wenigen Metern rechts der Downhill-Trail abzweigt. Jetzt beginnt der ultimative Abfahrtsspaß. Jeder, der ein bisschen Erfahrung auf Trails mitbringt, wird voll und ganz auf seine Kosten kommen. Ein wahrer Abfahrtsmix steht uns bevor: Waldwege und kurze Wieseneinlagen, unzählige Wurzeln, kleinere und größere Stufen, schmale und breite sowie flowige, aber auch ruppigere Passagen sorgen für Abwechslung. Insgesamt ist der Trail bis auf wenige Stellen durchweg flüssig und rasch zu fahren. Die schwierigeren Stellen bewegen sich auf S2-Niveau. An einigen Abschnitten können wir unserer Kreativität freien Lauf lassen und die für uns perfekte Linie suchen. Ein wahres Downhill-Erlebnis!

*Die Ruhe vor dem Sturm – am Bildstöckle beginnt der Traumtrail.*

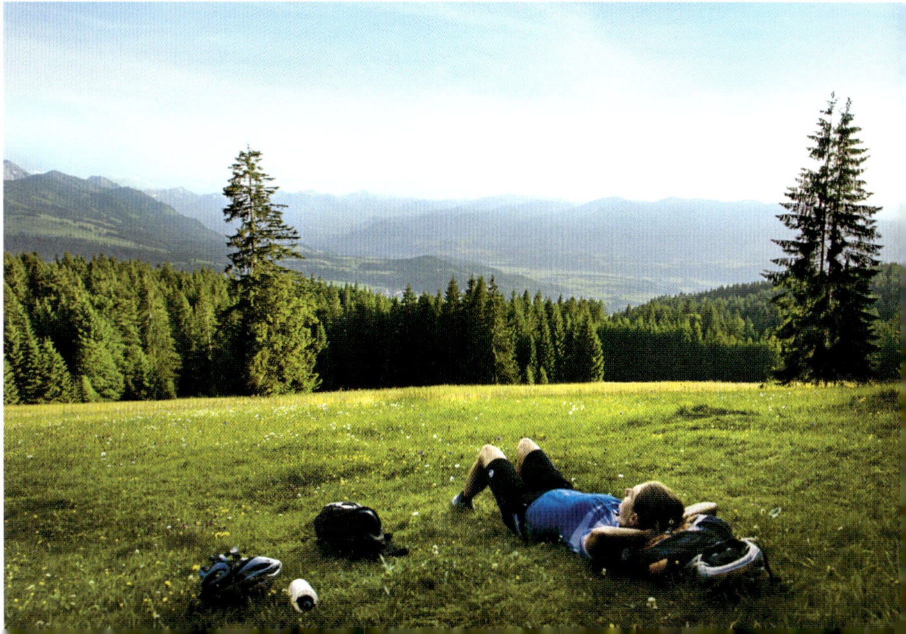

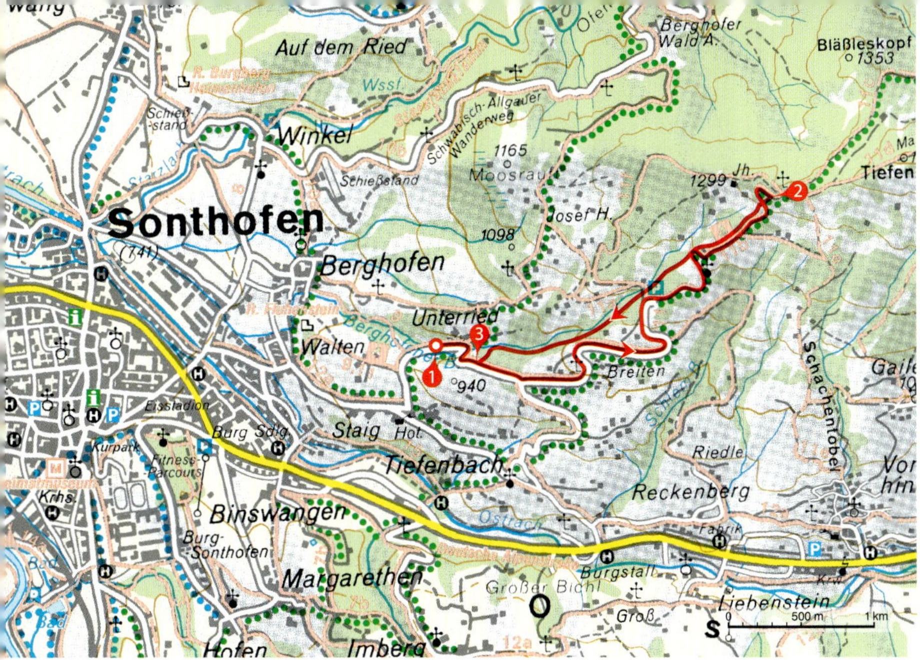


**0,0**
887 m
Startpunkt am kleinen **Parkplatz (1)** vor Unterried. Wir fahren bergauf nach Unterried.

**0,2**
911 m
In Unterried biegen wir direkt nach der Kapelle rechts ab, überqueren eine Brücke und fahren weiter auf dem Hauptweg bergauf.

**0,8**
973 m
Am Abzweig weiter geradeaus.

**1,7**
1052 m
Wir passieren auf dem Hauptweg den Weiler Breiten.

**2,6**
1132 m
Geradeaus bergauf und vorbei am Parkplatz. Dann an einer Schranke vorbei.

**4,0**
1305 m
Wir fahren die Kehre nach rechts bergauf. Von hier bietet sich ein kleiner Abstecher zu Fuß oder mit Bike zum namengebenden »Bildstöckle« an. Gehzeit 2 Min., lohnende Aussicht.

**4,1**
1322 m
Wir erreichen den **Abzweig zum Beginn des Trails (2)** auf der rechten Seite. Jetzt beginnt das etwa 400 Hm lange Trailvergnügen. Immer wieder kreuzen bzw. tangieren wir den bekannten Auffahrtsweg. Wir bleiben stets auf dem Trail.

**5,2**
1127 m
Geradeaus auf dem Trail bleiben.

**5,8**
1047 m
Wir fahren weiterhin geradeaus den Trail hinab.

**6,6**
925 m
**Ende des Trails (3)**. Wir stoßen auf die bekannte Auffahrtsroute und biegen rechts ab. Die letzten Meter rollen wie von selbst und ohne Holpern bergab.

**7,1**
887 m
**Parkplatz (1)** nach Unterried.

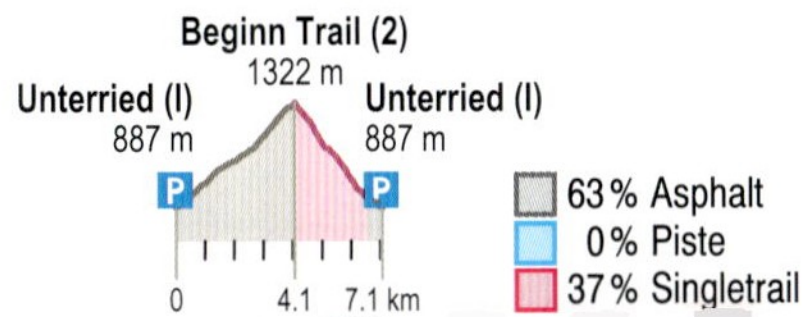

# 24 Rund um den Hirschberg

**Strecke**
14,4 km, 2.20 Std., 770 Hm, tiefster/höchster Punkt 780/1517 m, mittlere Steigung 14 %, maximale Steigung 22 %.

**Anspruch**
Kondition: ●●○○○
Fahrtechnik: ●●●●○

**E-Bike** ○○

**Verpflegungsmöglichkeiten**
Hirschalpe: Mai bis Anfang Nov., www.hirschalpe.de; Klankhütte: Mitte Mai bis Ende Okt., www.alpe-klank.de; Bad Hindelang: zahlreiche Einkehrmöglichkeiten.

**Anfahrt/Ausgangspunkt**
Nach Bad Hindelang und am Kreisverkehr am westlichen Ortsrand gut beschildert zur Talstation der Hornbahn. Mehrere Parkplätze in der Umgebung, z. B. beim Naturfreibad Bad Hindelang etwas östlich der Talstation. Kleiner Parkplatz direkt an der Talstation nur für Bahnnutzer. Exakter Ausgangspunkt: an der Wegkreuzung am kleinen Parkplatz direkt an der Talstation.

**Karte**
DAV BY 3.

**Resümee**
Kurz und knackig! Unzählige Serpentinen schlängeln sich von Bad Hindelang steil hinauf bis zur Hirschalpe, wo uns eine traumhafte Aussicht und eine Einkehr für die Strapazen entschädigen. Ein nicht zu unterschätzender Singletrail über Alpwiesen, durch Bergwald und ein Moorgebiet sorgt für ständige Abwechslung. Kurze Gegenanstiege machen ein durchgängiges Befahren des Trails fast unmöglich.

**Bike & Hike**
In wenigen Gehminuten erreichen wir den Gipfel des Spiesers (1651 m). Vom Trail nach der Hirschalpe zweigt ein beschilderter Wanderweg ab. Ohne Schwierigkeiten erreichen wir den herrlichen Aussichtsberg.

**Variante**
Diese Alternative über die neu errichtete Klankhütte bietet neben einer deutlich einfacheren Abfahrt zudem eine herrliche Einkehrmöglichkeit. Die Route verläuft ab dem Abzweig zunächst auf einer Piste, doch schon bald rollt es ganz entspannt auf dem Asphaltweg, an der Klankhütte und der St.-Wendelins-Kapelle vorbei, hinab ins Tal. Der schattige Bergwald wechselt sich immer wieder mit saftigen Alpwiesen ab.

Ausgangspunkt dieser Tour ist der bekannte heilklimatische Kurort Bad Hindelang im Ostrachtal. Die bei Sonthofen in die Iller mündende Ostrach schuf dieses Tal, das flächenmäßig fast komplett zu Bad Hindelang gehört. Mehr als 80 % des Gemeindegebiets sind als Landschafts- oder sogar Naturschutzgebiet ausgewiesen. Im Ortsteil Bad Oberdorf befindet sich am Fuße des Iseler eine Schwefelquelle. Diese war vor über hundert Jahren für den bayerischen Prinzregenten Luitpold der Anlass, um dem Ort den Titel »Bad« zu verleihen. Unmittelbar am nördlichen Ortsrand erhebt sich ein steiler und abgerundeter Kopf, der 1500 m hohe Hirschberg. Diese felsige Aussichtskanzel wurde von der Bad Hindelanger Bevölkerung zu ihrem Hausberg erkoren.
Zu Beginn des Rundkurses um den Hirschberg geht es durch den Ortskern von Bad Hindelang. Gegenüber der Kirche befin-

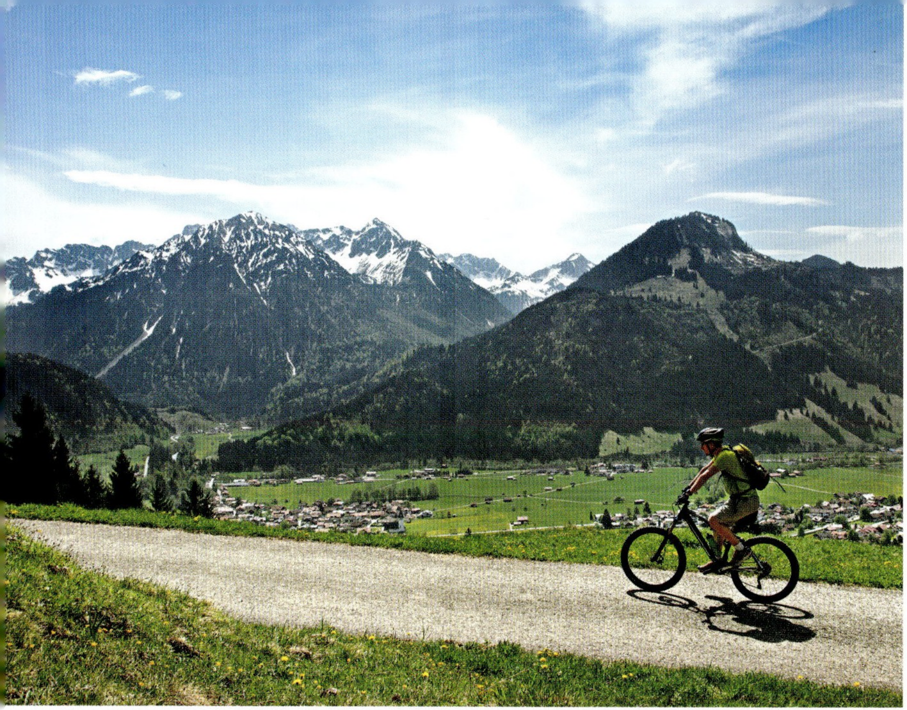

*Kurze Flachpassage bei der Auffahrt, bevor es wieder steil wird. Im Hintergrund das Imberger Horn.*

det sich das barocke Rathaus, das 1660 als Jagdschloss erbaut wurde und später den Fürstbischöfen von Augsburg als Sommerresidenz diente. Nachdem wir die Ortschaft hinter uns gelassen haben, ist Schluss mit der lockeren Aufwärmphase.

Auf der Alten Jochstraße geht es steil bergauf. Schnurstracks und gnadenlos steil schraubt sich die Asphaltstraße in schier unzähligen Serpentinen nach oben zur Hirschalpe. Einheimische Rennradfahrer nutzen diese Auffahrt gerne als Trainingsstrecke. Nach dieser kräftezehrenden Auffahrt bis zur Hirschalpe auf 1493 m haben wir uns eine Einkehr redlich verdient. Von der großen Sonnenterrasse genießen wir einen grandiosen Blick auf die Allgäuer Hochalpen. Besonders beeindruckend sind der Hohe Ifen und die Gottesackerwände mit den steilen Nordabbrüchen sowie der mächtige Hochvogel.

Frisch gestärkt geht es auf einem Trail hinter der Alpe weiter. Wir queren den Hang unterhalb des Spiesers. Wer das Gipfelglück sucht, kann zu Fuß den Gipfel des Spiesers (1651 m) in wenigen Minuten erklimmen. Der Trail ist größtenteils flowig. Nur wenige Passagen stellen unser Fahrkönnen tatsächlich auf die Probe. Wir durchqueren ein wildromantisches Hochmoor. Die schmalen Bretter und Stege führen uns über das sumpfige Gelände hinweg. Dabei gewähren wir den Wanderern stets Vorrang und steigen gerne auch mal ab. Ein sehr kurzer Gegenanstieg bringt uns zum Abzweig an der Karl-Hüller-Hütte.

Deutlich einfacher als der Hauptweg ist die Variante über die Klankhütte. Dafür wird man hier mit einer ausgezeichneten Einkehrmöglichkeit belohnt.

Die Hauptroute verläuft weiterhin auf dem Wanderweg durch den Wald in Richtung Sohlalpe. Zahlreiche Wurzeln, einige Holzdielen über den feuchten Stellen und mehrere kurze Gegenanstiege fordern nochmals Kraft, Kondition und Koordination. Vermutlich wird man die eine oder andere Passage schiebend überwinden. Doch schon bald wird der Weg breiter und somit einfacher zu befahren. Fortan können wir uns ganz entspannt an der rasanten Abfahrt zurück nach Bad Hindelang erfreuen.

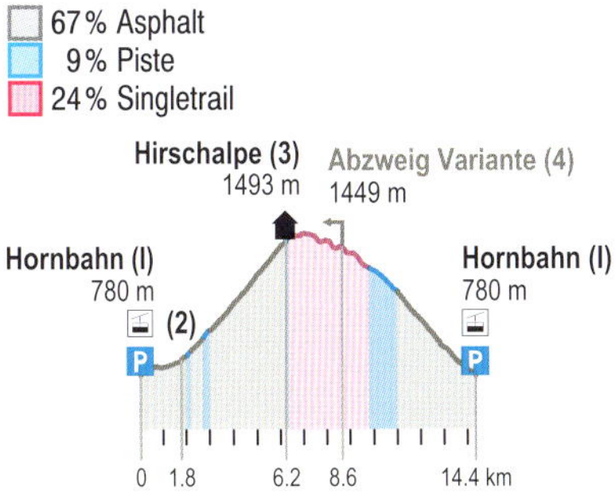


*Im Liegestuhl an der Hirschalpe lässt sich der gewaltige Blick auf den Hochvogel besonders gut genießen.*

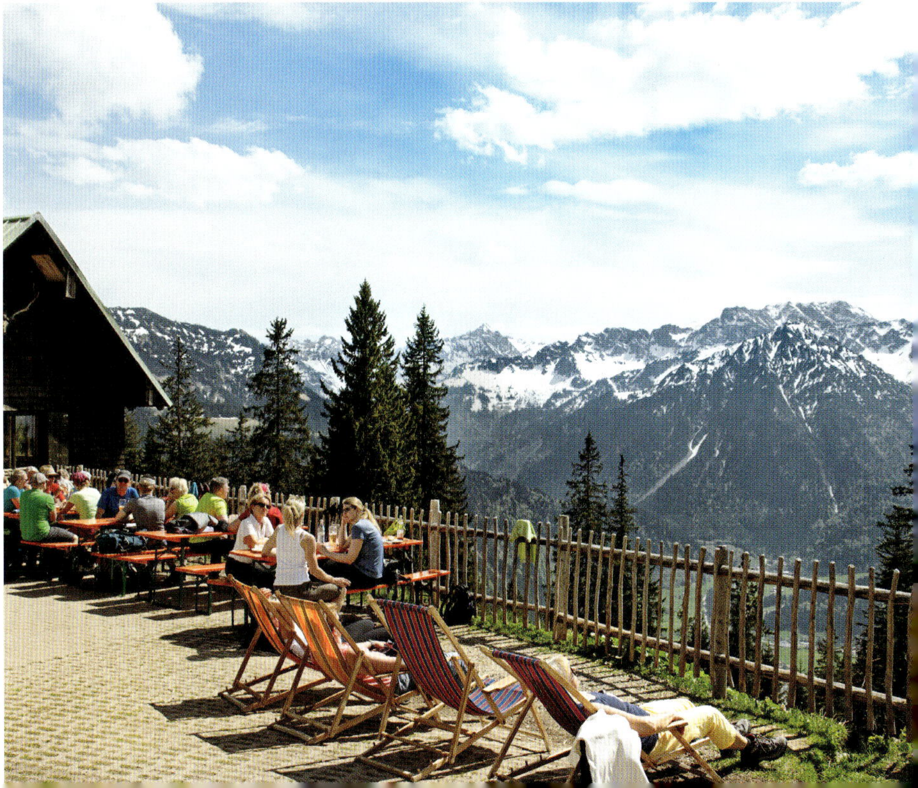

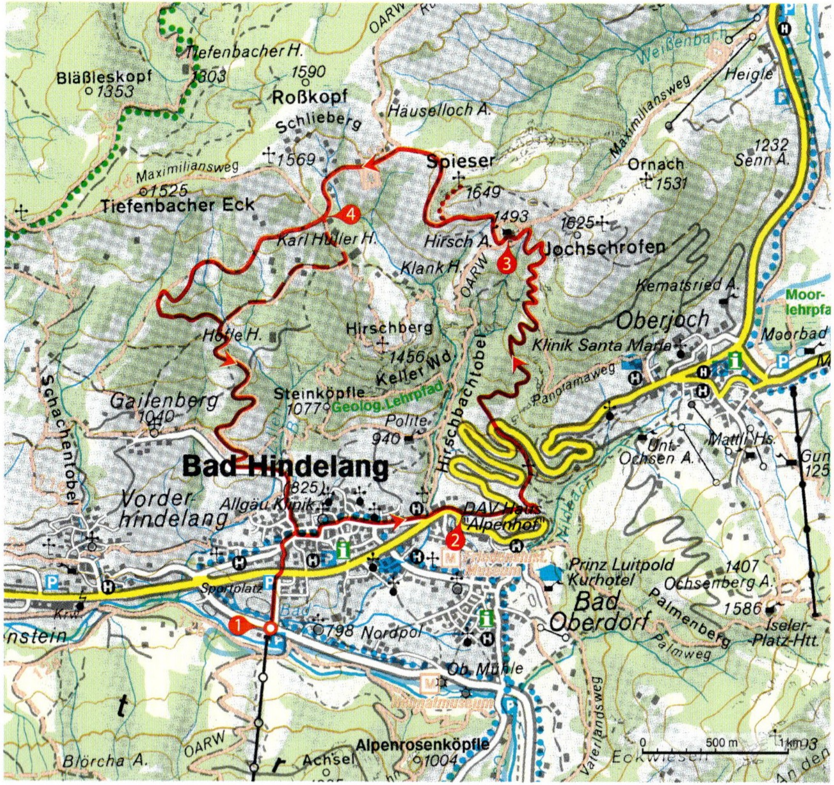


**0,0**
780 m

Wir starten an der Wegkreuzung direkt bei der Talstation der **Hornbahn (1)** und fahren nach Norden zum Ort Bad Hindelang. Dabei durchqueren wir eine Unterführung.

**0,6**
827 m

Wir biegen rechts in die Marktstraße ein und fahren durch den Ortskern an der Kirche und am Rathaus vorbei.

**1,0**
821 m

Am Ende der Marktstraße links in die Jochstraße.

**1,5**
843 m

Entlang der B308 fahren wir links leicht bergauf.

**1,8**
859 m

Nach der ersten Kurve folgen wir links der Beschilderung **»Alte Jochstraße« (2)**. Wir fahren bergauf und bleiben auf diesem Hauptweg.

**2,8**
980 m

In einer Rechtskehre fahren wir geradeaus weiter und verlassen den asphaltierten Weg.

**3,1**
1016 m

Wir überqueren die B308, passieren einen kleinen Parkplatz am Straßenrand und fahren weiter bergauf in Ri. »Hirschalpe«. Ab jetzt wird es steiler.

**4,7**
1263 m

Links auf der Teerstraße bleiben. Nach 170 m auf der Straße nach rechts.

**6,2**
1493 m

An der **Hirschalpe (3)** angekommen fahren wir zunächst auf einer Piste weiter in Ri. »Klankhütte«. Am Gipfelkreuz geht die Piste in einen Trail über. Zunächst noch fahrbar, aber

*Am Trail unterhalb des Spiesers sind Konzentration und Fahrkönnen angesagt!*

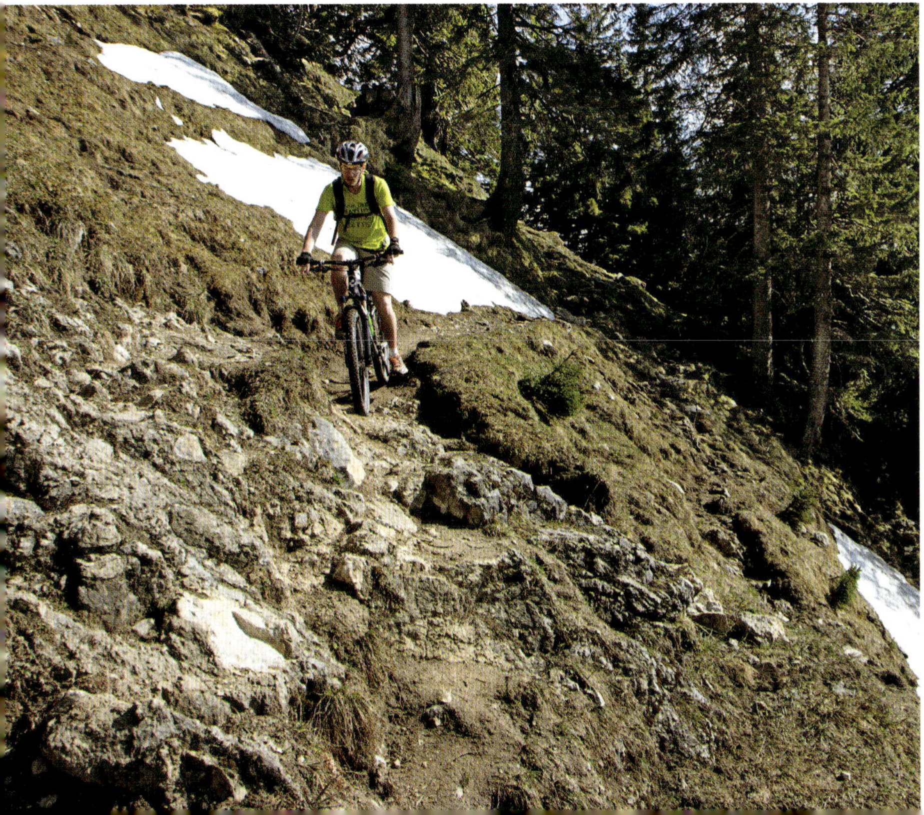

schon bald muss ein Stück geschoben werden.

**6,9**
1517 m — Hier besteht die Möglichkeit, in wenigen Minuten zum Gipfel des Spiesers zu laufen. Ansonsten immer geradeaus auf dem Trail in Ri. »Klankhütte«.

**7,8**
1477 m — Der Beschilderung folgend biegen wir links ab. Wir durchqueren ein kleines Moor, indem wir unser Bike immer wieder über Holzbretter manövrieren.

**8,6**
1449 m — Hier müssen wir uns entscheiden: Entweder nehmen wir rechts den Singletrail oder links den **Abzweig Variante (4)** über die Klankhütte.
Der Trail verläuft auch hier durch feuchtes Gelände, weswegen wieder einige Holzdielen zu bewältigen sind.

**9,8**
1340 m — Unser Trail endet hier. Wir fahren weiter bergab auf einer Piste.

**10,9**
1214 m — Die Piste geht in einen Teerweg über. Von links oben trifft hier die Variante wieder auf unseren Weg. Fortan immer auf diesem Weg bergab.

**12,7**
945 m — Wir fahren links weiter bergab nach Bad Hindelang. Im Ort bleiben wir auf der Gailenbergstraße.

**13,6**
845 m — Wir treffen wieder auf die Marktstraße. Auf bekanntem Weg zurück.

**14,4**
780 m — Geschafft: Talstation der **Hornbahn (1)**.

# 25 Runde am Imberger Horn

**Strecke**
7,6 km, 2.00 Std., 550 Hm, tiefster/höchster Punkt 780/1312 m, mittlere Steigung 16 %, maximale Steigung 20 %.

**Anspruch**
Kondition: ●●○○○
Fahrtechnik: ●●●○○

**E-Bike** ○○

**Verpflegungsmöglichkeiten**
Berggasthaus Zum Oberen Horn: www.zum-oberen-horn.de; Café NordSüd: Mo und Di Ruhetag, www.cafenordsued.de.

**Anfahrt/Ausgangspunkt**
Nach Bad Hindelang und am Kreisverkehr am westlichen Ortsrand gut beschildert zur Talstation der Hornbahn. Mehrere Parkplätze in der Umgebung der Talstation z. B. beim Naturfreibad Bad Hindelang etwas östlich der Talstation. Kleiner Parkplatz direkt an der Talstation nur für Bahnnutzer. Exakter Ausgangspunkt: an der Wegkreuzung am kleinen Parkplatz direkt an der Talstation.

**Karte**
Kompass Nr. 3.

**Resümee**
Ein Kurztrip mit einer Extraportion Adrenalin im Bikepark. Nach einer kurzen Auffahrt mit gut 500 Hm zur Bergstation der Hornbahn erwarten uns zwei Hauptabfahrten durch den Bikepark zurück nach Bad Hindelang. Die verschiedenen Schwierigkeitsgrade bieten jedem Mountainbiker die perfekte Abfahrt.

**Varianten**
Variante A – »Black Rock«:
Die schwierigste Abfahrtsmöglichkeit im Bikepark. Nur Profis mit entsprechender Ausrüstung und Erfahrung anzuraten. Die Abfahrt beginnt oben wenige Meter von der Bergstation entfernt. Wegfindung stellt keinerlei Schwierigkeiten dar; stets gut markiert.
Variante B – »Red Chilly«:
Im unteren Bereich des Bikeparks können wir auf die Variante »Red Chilly« abzweigen. Zahlreiche spannende Hindernisse mit unterschiedlichen Schwierigkeitsniveaus laden zum Ausprobieren ein. Sämtliche Hindernisse können jedoch auch umfahren werden.

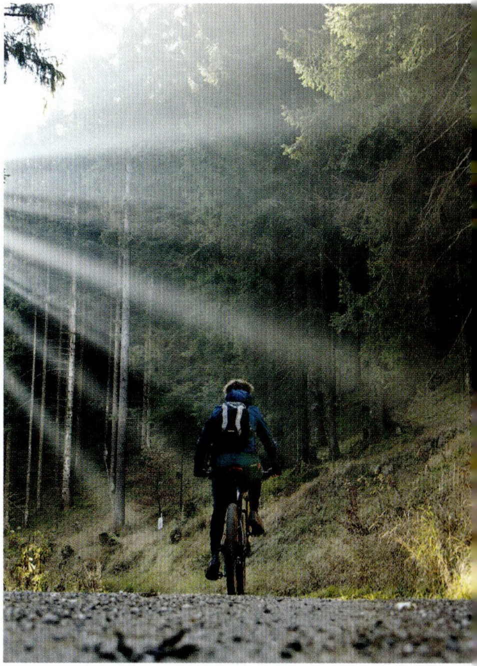

*Die ersten Sonnenstrahlen bei der Auffahrt.*

Südlich des Kurortes Bad Hindelang erhebt sich das 1655 m hohe Imberger Horn. Die Hornbahn transportiert Wanderer sowie Biker bis auf eine Höhe von 1312 m. Wir aber haben an einer Auffahrt genauso viel Freude wie bei einer Abfahrt, deswegen scheuen wir das Bergauf nicht. Die Bergstation der Hornbahn sowie das Berggasthaus erreichen wir auf überwiegend asphaltierten Wegen. Auf einem Anschnitt von gut drei Kilometern beträgt die Durchschnittssteigung knapp 16 %. Von der Bergstation eröffnet sich ein perfekter Blick über Bad Hindelang, Oberjoch, Hinterstein und auf die umliegenden Berggipfel wie Grünten, Spieser, Hirschberg, Sorgschrofen, Iseler, Bschießer und Ponten. Bei genauerem Hinsehen können wir auch den Verlauf der kurvenreichsten Passstraße Deutschlands von Bad Hindelang hinauf nach Oberjoch erkennen.

Doch das eigentlich Spannende und Aufregende an dieser Tour ist sicherlich die Abfahrt durch den Bikepark. Dieser hat mehrere Abfahrtsvarianten zu bieten. Anfänger wie auch Könner werden ganz auf ihre Kosten kommen. Die sogenannte »Black Rock«-Strecke ist eine klassische Downhillabfahrt mit zahlreichen Obstacles, also künstlich angelegten Hindernissen. Hier erwarten den Biker zum Beispiel Schanzen, Stege, Brücken und Rampen in unterschiedlichen Schwierigkeitsgraden. Somit stellt sie die anspruchsvollste Abfahrt im Bikepark dar. Wem es beim Lesen schon schwindelig wird, der sollte lieber die »Yellow Banana« wählen. Diese Abfahrt ist deutlich einfacher angelegt und die technischen sowie psychischen Anforderungen halten sich in Grenzen. Auch Anfänger werden hier ihren Abfahrtsspaß finden. Die Strecke verläuft fast ausschließlich auf relativ breiten Forst- und Karrenwegen. Der Wegesrand ist immer wieder mit kleinen und größeren, für uns

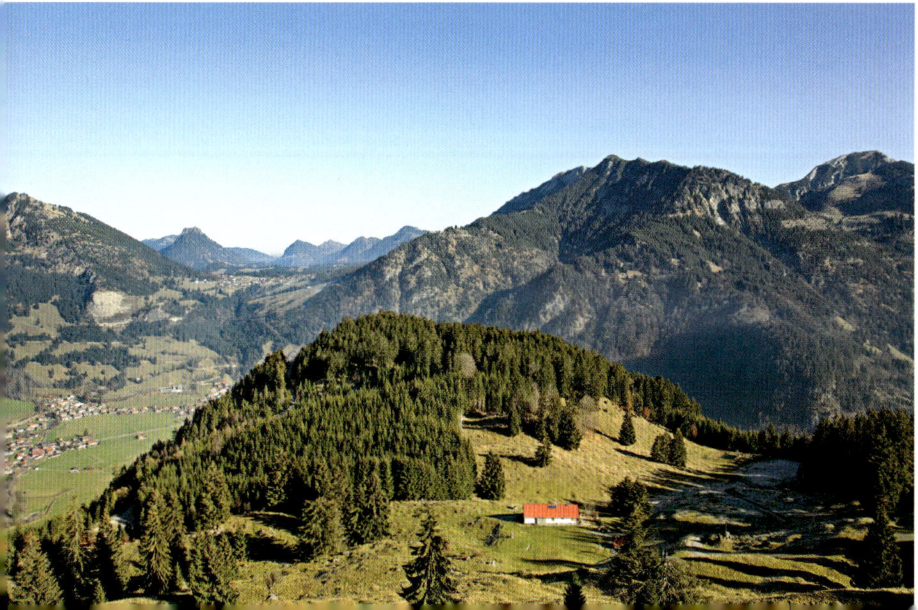

*Vom höchsten Punkt der Tour eröffnet sich ein schöner Blick auf Bad Hindelang und Oberjoch.*

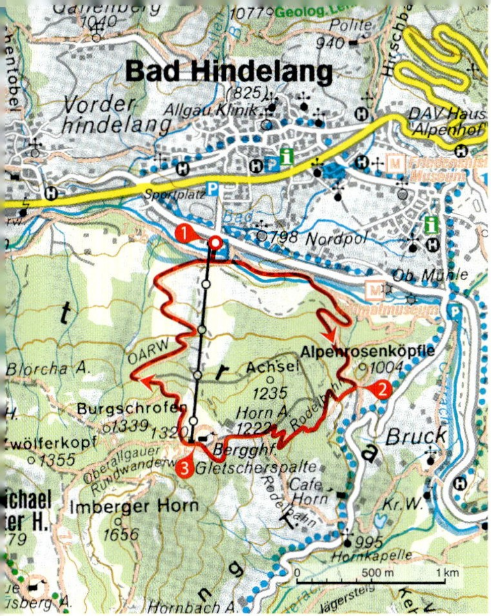


Biker künstlich angelegten Hindernissen gesäumt. Mit etwas Mut und technischem Können lassen wir uns von solch einem Hindernis hinreißen und wagen kleine Sprünge durch die Luft. Es können jedoch sämtliche Hindernisse problemlos umfahren werden. Weiter unten müssen wir uns nochmals entscheiden – entweder »Red Chilly« oder »Green Frog«. Der heimliche Stolz des Parks ist die rote Linie (Red Chilly). Hier finden wir einige Anlieger, Tables, Gaps und Sprünge. Auch diese können wieder umfahren werden. Trotzdem ist dieser Abschnitt nicht zu unterschätzen. Die grüne Abfahrt ist dagegen ohne größere Schwierigkeiten zu bewältigen. »Yellow Banana« und »Green Frog« sind sogenannte »shared trails«, was Rücksichtnahme auf etwaige Wanderer und Tempoanpassung voraussetzt. Nach dem Adrenalinkick der Abfahrt führen uns die letzten Meter der Tour flach und ganz entspannt entlang der Ostrach zurück zur Talstation der Hornbahn.

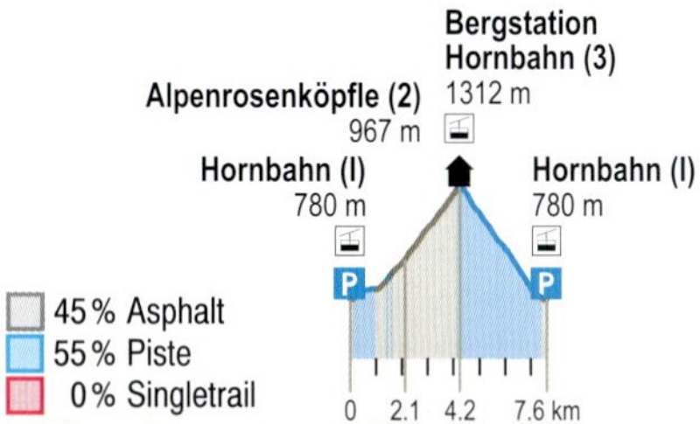


**0,0** 780 m — Wir starten an der Wegkreuzung direkt bei der Talstation der **Hornbahn (1)** in Bad Hindelang und folgen dem schmalen Teerweg in Ri. Süden (Schild »Hornbahn Bergstation«) links an der Talstation vorbei.

**0,1** 780 m — Nach wenigen Metern fahren wir geradeaus über die Brücke.

**0,2** 787 m — Nach der Brücke halten wir uns links und radeln die Piste bergauf.

**0,4** 830 m — An der Weggabelung geradeaus weiter.

**1,0** 829 m — Wir treffen auf einen Asphaltweg, dem wir in Ri. »Hornbahn Bergstation« bergauf folgen. Wir bleiben immer auf dem Hauptweg und folgen der Beschilderung.

**2,1** 967 m — Am **Alpenrosenköpfle (2)** scharf rechts. Stets dem Teerweg und den Schildern folgen.

**4,2** 1312 m — **Bergstation Hornbahn (3)**. Geradeaus weiter und der Bikepark-Beschilderung »Yellow Banana« folgen.

**4,5** 1296 m — Nach wenigen Metern im Wald scharf rechts.

**5,1** 1182 m — Zunächst geradeaus und am nächsten Abzweig nach rechts.

**6,0** 1020 m — Scharf nach links. Hier aufpassen, dass man nicht auf den »Black Course« gerät. Wir fahren hinab zur Ostrach.

**7,4** 787 m — Auf dem bekannten Weg zurück zum Ausgangspunkt.

**7,6** 780 m — **Hornbahn (1)**.

# 26 Retterschwangtal

**Strecke**
24,3 km, 3.00 Std., 700 Hm, tiefster/höchster Punkt 780/1445 m, mittlere Steigung 9 %, maximale Steigung 13 %.

**Anspruch**
Kondition: ●●●○○
Fahrtechnik: ●●●○○

**E-Bike** ●●
Mit E-Bike-Abfahrt über bekannte Auffahrt und nicht Trailabfahrt hinab in den Ortsteil Bruck (8).

**Verpflegungsmöglichkeiten**
Mitterhaus: Ende Mai bis Anfang Okt.; Hintere Entschenalpe: keine Einkehrmöglichkeit.

**Anfahrt/Ausgangspunkt**
Nach Bad Hindelang und am Kreisverkehr am westlichen Ortsrand gut beschildert zur Talstation der Hornbahn. Mehrere Parkplätze in der Umgebung der Talstation, z. B. beim Naturfreibad Bad Hindelang etwas östlich der Talstation. Kleiner Parkplatz direkt an der Talstation nur für Bahnnutzer. Exakter Ausgangspunkt: an der Wegkreuzung am kleinen Parkplatz an der Talstation.

**Karte**
Kompass Nr. 3.

**Resümee**
Technisch und auch konditionell einfache Tour in das meist einsame Retterschwangtal. Auffahrt durch das landschaftlich sehr reizvolle Tal zur Hinteren Entschenalpe erfolgt fast ausschließlich auf einer schmalen Teerstraße. Auf der Abfahrt lädt das Mitterhaus zu einer Rast ein und schließlich führt ein kurzer, flowiger Trail (S0) zurück ins Tal.

**Variante**
Alternativ zur Trailabfahrt können wir natürlich auch ab der Rautbrücke (5) den bekannten Weg auf der schmalen Teerstraße zurück ins Tal nehmen.

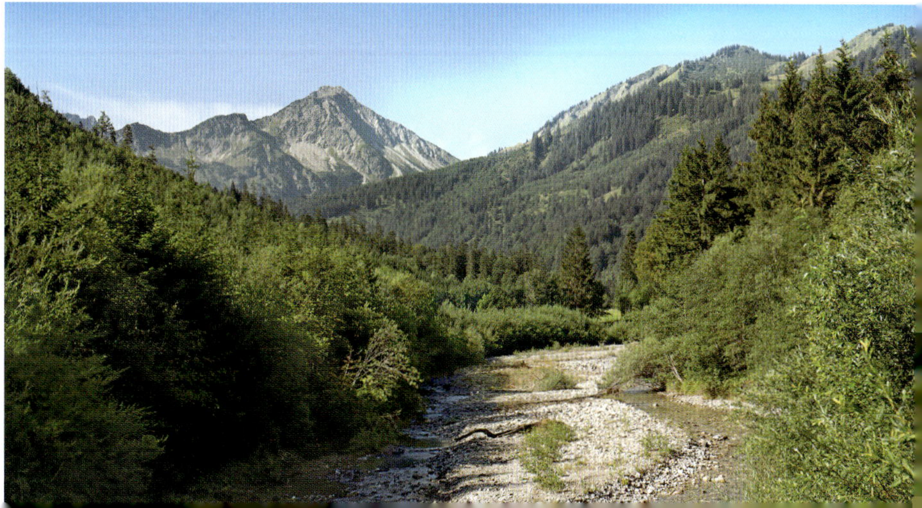

*Ab der Rautbrücke tauchen wir ein in das idyllische und ruhige Retterschwangtal.*

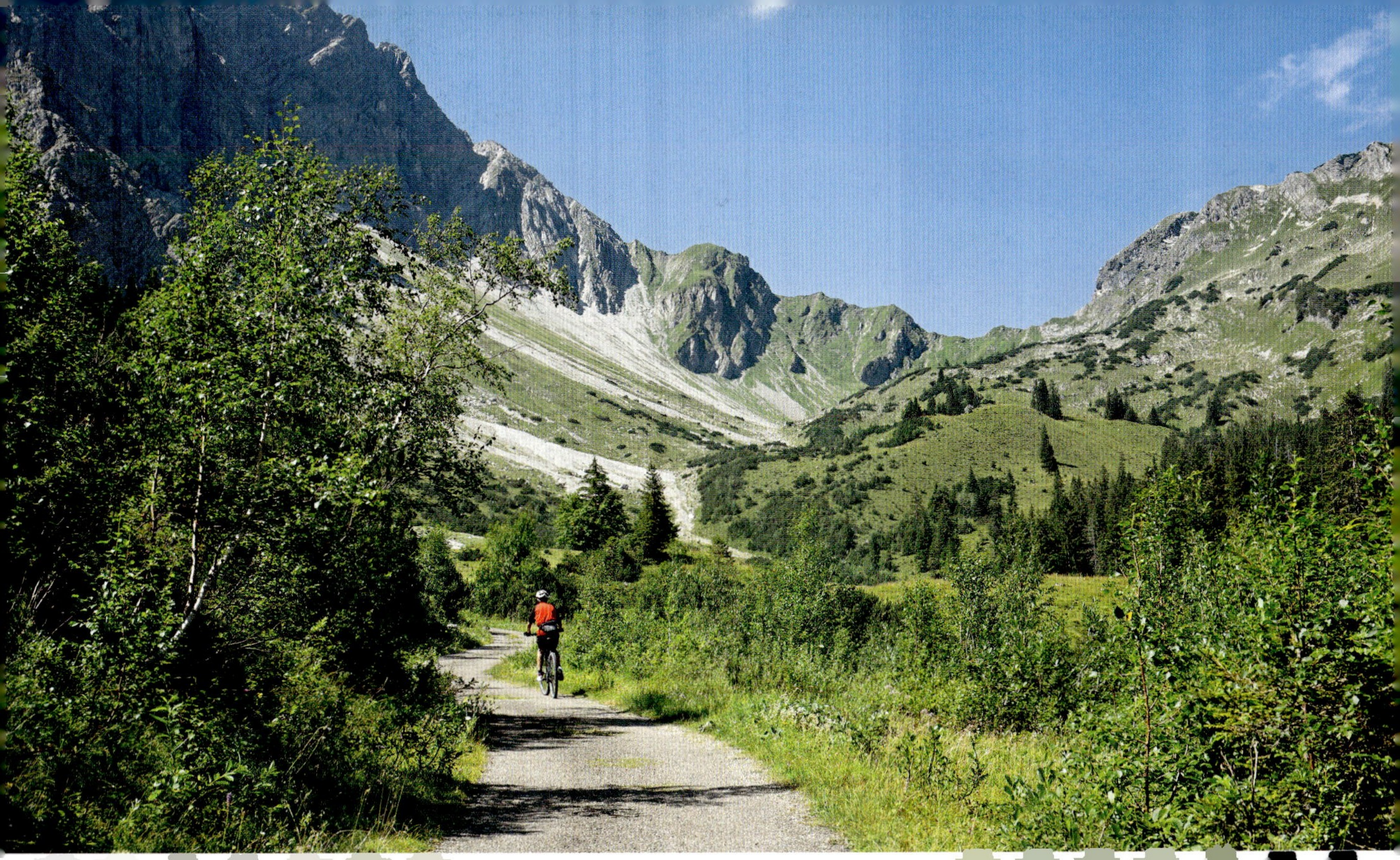

Im Winter wie im Sommer strömen unzählige Bergtouristen auf den Gipfel des 2224 m hohen Nebelhorns. Ein Großteil erreicht den Gipfel, der zur Daumengruppe gehört, mit der Nebelhornbahn von Oberstdorf aus. Die Bergstation mit großem Panoramarestaurant befindet sich direkt am Gipfel. Die Ansicht des Berges aus dem oberen Illertal ist verantwortlich für die Namensgebung: Denn wenn der Gipfel in Nebel gehüllt ist, kann von einem Wetterumschwung ausgegangen werden. 2016 wurde der barrierefreie Nordwandsteig am Nebelhorngipfel eröffnet. Nach dem Verlassen der Bergstation erreicht man durch einen kleinen Tunnel den luftigen Wegabschnitt, der durch eine beeindruckende Stahlkonstruktion realisiert wurde. Die etwa 100 m lange Konstruktion wurde in der Nebelhorn-Nordwand befestigt und ermöglicht jetzt eine komplette Umrundung des Gipfelbereichs. Der Nordwandsteig ist wie ein Balkon, von dem sich ein grandioser Ausblick auf die Bergwelt bietet. Besonders beeindruckend ist die Perspektive in die Tiefe. Fast 800 m geht es entlang der Nordwand senkrecht nach unten. Am Wandfuß steht am Ende des Retterschwangtals in einem Kessel auf einer Höhe von 1451 m die kleine und nicht bewirtschaftete Hintere Entschenalpe, die auch als Wankhütte bezeichnet wird. Die Alpe stellt ein Kontrastprogramm zum Nordwandsteig dar. Sehr ursprünglich und ruhig ist die Atmosphäre, und die gewaltige Nordwand des Nebelhorns wird nicht von oben, sondern von unten bewundert. Mit dem Mountainbike ist die Alpe, das Ziel dieser Radltour, durch das Retterschwangtal relativ einfach zu erreichen. Fast die komplette Auffahrt verläuft auf einer für Kraftfahrzeuge gesperrten, schmalen Asphaltstraße.

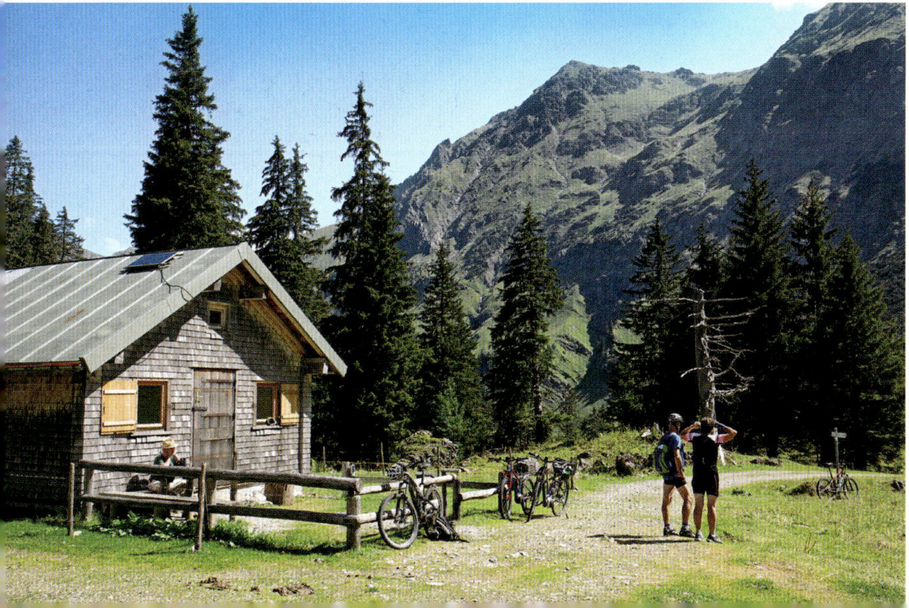

*Oben: Nur noch wenige Meter bis zur Hinteren Entschenalpe. Links oben das Nebelhorn.*
*Links: Der höchste Punkt der Tour, die Hintere Entschenalpe am Ende des Fahrwegs durch das Retterschwangtal.*

Wir starten an der Talstation der Hornbahn in Bad Hindelang. Vorbei an der Brücke beim Gruebplätzle und der Hammerschmiede erreichen wir nach dem ersten steilen Anstieg das Café Horn. Ab hier wird es deutlich flacher und wir dringen immer weiter ein in das wunderschöne Retterschwangtal. Vorbei am bewirtschafteten Mitterhaus überqueren wir kurz nach der Ställenalpe den Bach. Jetzt wartet der zweite steile Anstieg auf uns. Auf mehreren Serpentinen gewinnen wir an Höhe und schließlich bringt uns ein kurzes Stück auf einer Schotterpiste direkt zur Hinteren Entschenalpe. Direkt vor uns ragt die mächtige Nordwand des Nebelhorns in den Himmel. Rechts sind der Gipfel des Nebelhorns und der Nordwandsteig zu erkennen. Vom Gipfelbereich über den Grat nach links verläuft der bekannte Hindelanger Klettersteig bis zum Großen Daumen.

Nach der verdienten aussichtsreichen Rast schwingen wir uns wieder auf den Sattel und nehmen den bekannten Weg zurück. Während der rasanten Abfahrt bietet sich eine Einkehr beim Mitterhaus an. Sehr gute Brotzeitplatten und erfrischende Getränke werden angeboten. Die frische Milch und der Käse sind »echte« Mitterhaus-Produkte. Alle Wurstspezialitäten stammen von Tieren von Hindelanger Bio-Landwirten. Kurz nach dem Mitterhaus, an der Rautbrücke, müssen wir uns entscheiden: Entweder wir nehmen den direkten bekannten Weg zurück ins Tal (Variante) oder wir üben unser Fahrkönnen auf dem einfachen und flowigen Trail hinab in den Ortsteil Bruck. Bei der Befahrung des Trails ist besondere Rücksicht auf die oft zahlreichen Wanderer zu nehmen. Entlang der Ostrach rollen wir schließlich zurück zum Ausgangspunkt in Bad Hindelang.

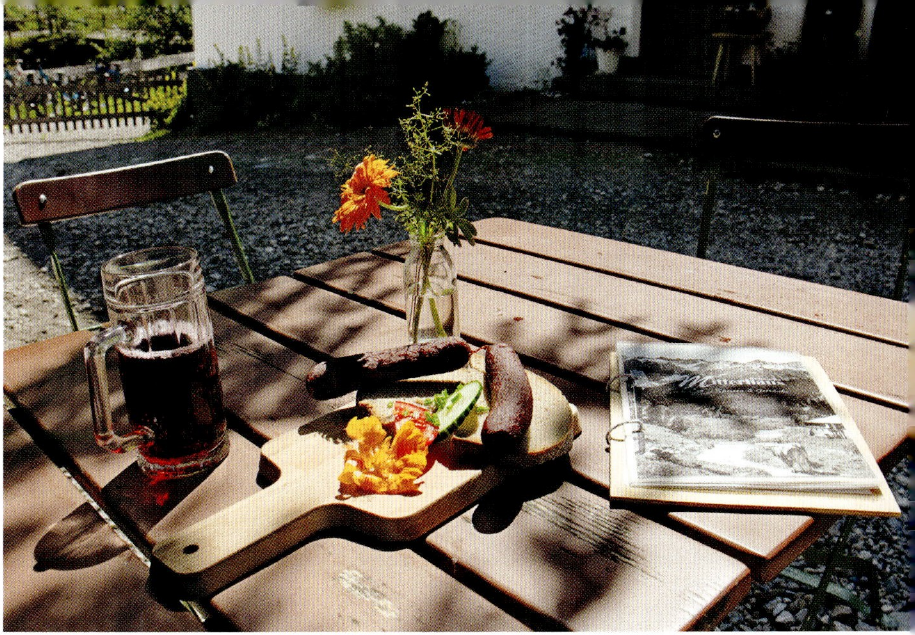

*Absolute Empfehlung: die Brotzeitplatte am Mitterhaus.*

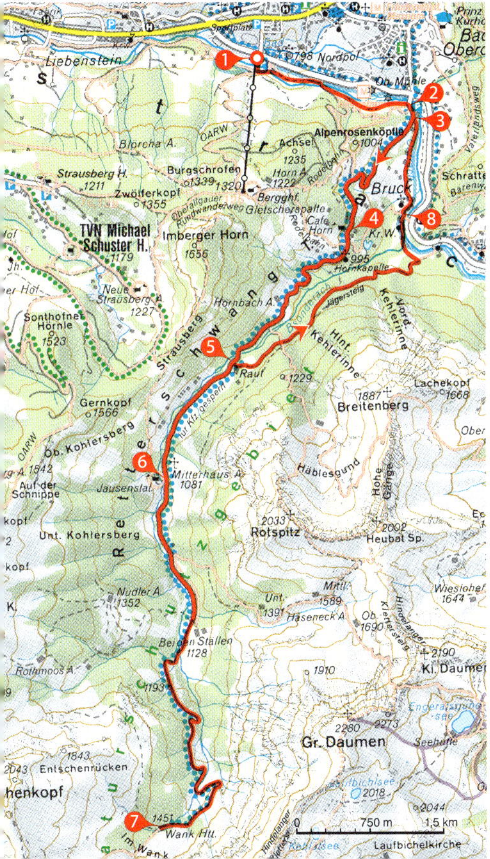


**0,0**
**780 m**
Wir starten an der Wegkreuzung direkt bei der Talstation der **Hornbahn (1)** in Bad Hindelang und folgen dem schmalen Teerweg in Ri. Süden (Schild »Bad Oberdorf«) links an der Talstation vorbei.

**0,1**
**780 m**
Wenige Meter nach der Talstation vor einer Brücke links und auf dem Schotterweg in Ri. »Bad Oberdorf«.

**0,8**
**788 m**
An der Bergwacht Bad Hindelang weiter geradeaus und direkt danach an der Y-Gabelung rechts über eine Holzbrücke in Ri. »Retterschwangtal«.

**0,9**
**790 m**
Kurz nach der Brücke am Abzweig links in Ri. »Bad Oberdorf«.

**1,8**
**813 m**
An einer Brücke beim **Gruebplätzle (2)** leicht rechts weiter in Ri. »Retterschwangtal«. Würde man die Brücke überqueren, käme man direkt zum Parkplatz Gruebplätzle (alternativer Startpunkt der Tour).

**2,0**
**819 m**
Wir lassen links die obere Hammerschmiede liegen und gelangen wenige Meter danach zum **Abzweig Hornstraße (3)**. An der Y-Gabelung geht es rechts bergauf in Ri. »Mitterhaus«. *Hinweis: Bei der Abfahrt wird unser Weg wieder hier einmünden.*

**3,1**
**945 m**
Geradeaus weiter in Ri. »Retterschwangtal«.

**3,8**
**986 m**
Das **Café Horn** (**4**, derzeit geschlossen) lassen wir links liegen. Wir bleiben auf der schmalen Teerstraße.

**5,8**
**1045 m**
Wir überqueren den Bach über die **Rautbrücke (5)** und halten uns am Abzweig nach der Brücke rechts, weiter auf der schmalen Teerstaße taleinwärts.

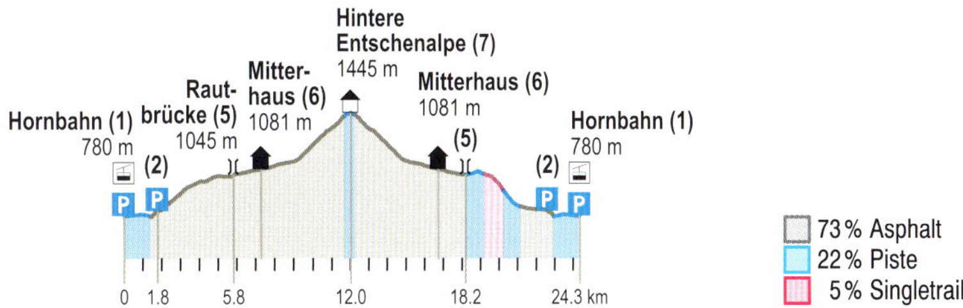

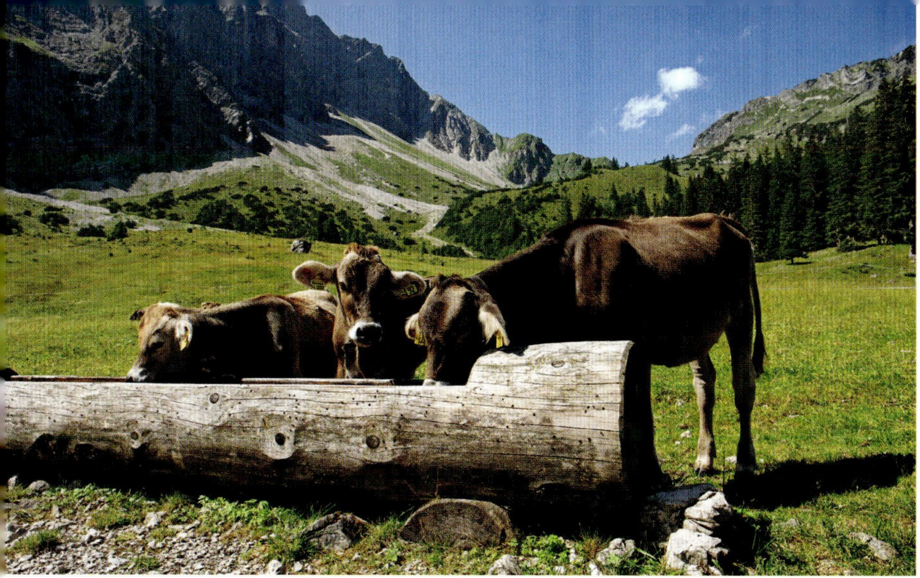

*Auch das Allgäuer Braunvieh erfrischt sich an der Hinteren Entschenalpe.*



*Hinweis: Diesen Abzweig merken, da wir hier bei der Abfahrt von der Teerstraße abbiegen werden.*

**7,3** 1081 m – Wir lassen auf der rechten Seite das **Mitterhaus (6)** liegen. Einkehrmöglichkeit.

**8,7** 1125 m – Die Gebäude der Ställenalpe lassen wir links liegen.

**9,1** 1140 m – Wir überqueren den Bach auf einer schmalen Brücke oder fahren bei wenig Wasser direkt durch den Bach und folgen weiter konsequent der schmalen Teerstraße. Es erfolgt der finale Anstieg.

**12,0** 1445 m – Nach der steilen Auffahrt geht die schmale Teerstraße in eine Schotterpiste über und es sind nur noch wenige Meter zur **Hinteren Entschenalpe (7)**.

**16,7** 1081 m – Auf bekanntem Weg fahren wir rasant bergab zum **Mitterhaus (6)**. Einkehrmöglichkeit.

**18,1** 1045 m – Vom Mitterhaus fahren wir zurück zum bekannten Abzweig direkt vor der **Rautbrücke (5)**. Hier zweigen wir nach rechts ab auf die Schotterpiste in Ri. »Bruck«. Es folgt ein kurzer, nicht steiler Gegenanstieg.

*Variante: Von hier direkt auf bekanntem Weg zurück zum Ausgangspunkt.*

**19,2** 1049 m – In einer Rechtskurve zweigen wir links ab in den Trail in Ri. »Bruck«, der durch den Wald bergab führt und in eine Schotterpiste übergeht.

**20,8** 857 m – Scharf links in Ri. »Bruck«.

**21,3** 832 m – Bei der **Brücke (8)** in Bruck nicht über die Brücke, sondern leicht links weiter in Ri. »Bad Oberdorf«.

**22,3** 819 m – Wir kommen zum bekannten **Abzweig Hornstraße (3)** und fahren geradeaus auf dem bekannten Weg zurück zum Ausgangspunkt.

**24,3** 780 m – Talstation der **Hornbahn (1)**.

# 27 Hintersteiner Tal

**Strecke**
36,3 km, 4.00 Std., 670 Hm, tiefster/höchster Punkt 780/1350 m, mittlere Steigung 7 %, maximale Steigung 25 %.

**Anspruch**
Kondition: ●●●○○
Fahrtechnik: ●○○○○

**E-Bike** ●●

**Verpflegungsmöglichkeiten**
Konstanzer Jägerhaus: Mo Ruhetag, www.konstanzer-jaegerhaus.de; Giebelhaus: www.giebelhaus.de; Alpe Engeratsgund: Juni bis Okt., Tel. +49 8324 94226; Alpe Laufbichl: Anfang Juni bis Anfang Okt., www.alpe-laufbichl.de; Alpe Plättele: Anfang Juni bis Anfang Okt.; Schwarzenberghütte (Variante): Tel. +49 8324 9531959; Alpe Unteres Bärgündele (Variante): Mai bis Anfang Okt., Tel. +49 173 3591331.

**Anfahrt/Ausgangspunkt**
Nach Bad Hindelang und am Kreisverkehr am westlichen Ortsrand gut beschildert zur Talstation der Hornbahn. Mehrere Parkplätze in der Umgebung der Talstation, z. B. beim Naturfreibad Bad Hindelang etwas östlich der Talstation. Kleiner Parkplatz direkt an der Talstation nur für Bahnnutzer. Exakter Ausgangspunkt: an der Wegkreuzung am kleinen Parkplatz direkt an der Talstation.

**Karte**
LDBV UK50-47.

**Resümee**
Eine recht lange und bis zum Giebelhaus überwiegend asphaltierte sowie flache Tour, die zwei interessante Varianten zu bieten hat. Wer zusätzlich zur Hauptroute beide Varianten in Angriff nimmt, muss sich auf eine streckenmäßig lange Tour mit über 1200 Hm einstellen. Die zahlreichen urigen Alpen am Wegesrand verführen den Genussbiker immer wieder zur Einkehr.

**Varianten**
Variante A – Schwarzenberghütte:
Der knapp 4 km lange Abstecher hinauf zur Schwarzenberghütte (1377 m) rentiert sich auch wegen der zahlreichen alten Ahornbäume am Wegesrand. Dazu fahren wir am Abzweig Schwarzenberghütte (5) auf einer stellenweise recht steilen Piste gut 240 Hm bergauf.

Variante B – Alpe Unteres Bärgündele:
Am Giebelhaus teilt sich das Hintersteiner Tal in das westlich gelegene Obertal mit der Alpe Plättele und in das südliche Bärgündeletal. Auch hier gibt es einen empfehlenswerten Abstecher zur urigen Alpe Unteres Bärgündele (1322 m). Diese Variante sorgt für zusätzliche 9 km und etwa 350 Hm. Vom Giebelhaus folgen wir der Fahrradbeschilderung entlang der Teerstraße bis kurz vor die Point-Hütte. Hier biegen wir links auf eine Piste ab. Es geht zunächst leicht bergab und nach einer Bachüberquerung wieder bergauf zum Ziel.

*Nicht mehr weit, dann ist das Giebelhaus unterhalb des markanten Giebels erreicht.*

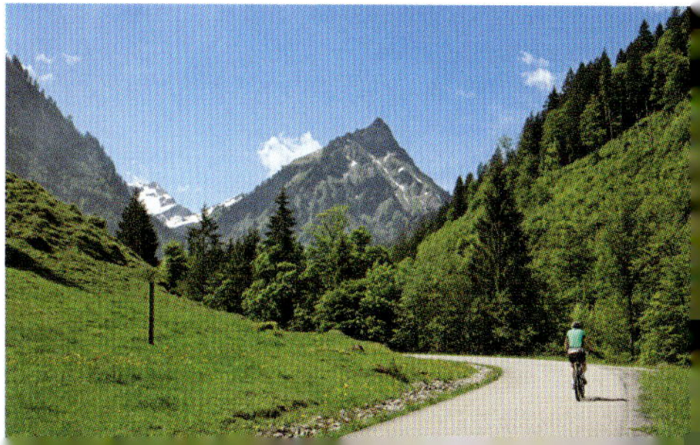

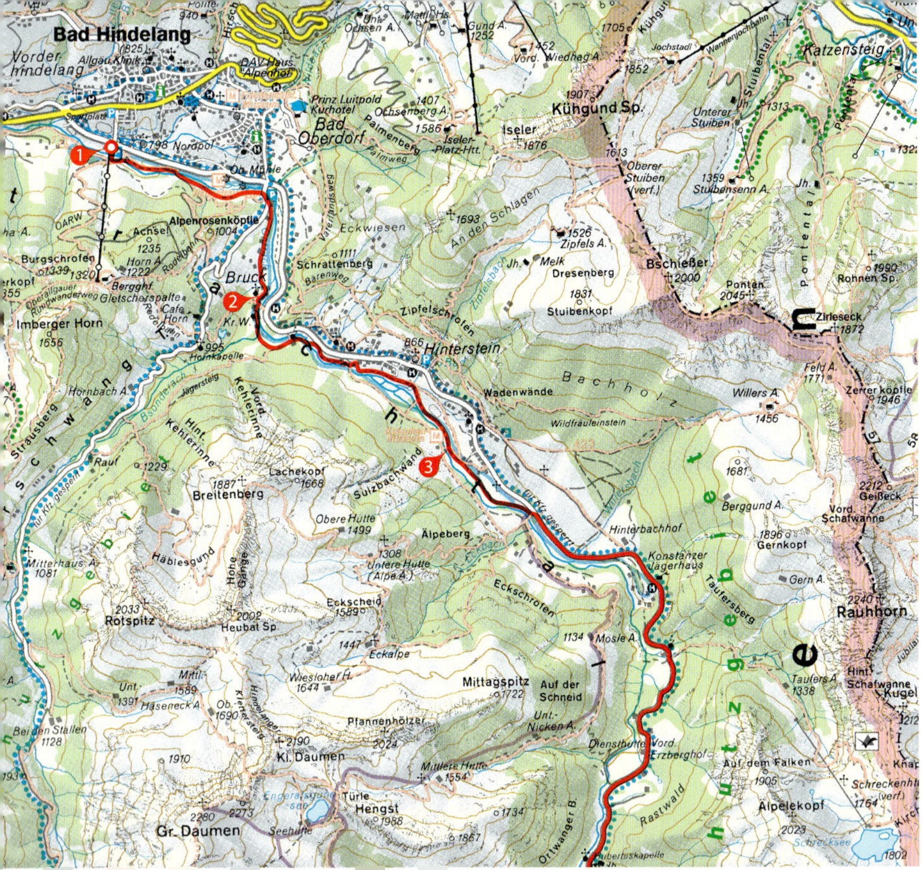


Diese technisch einfache, aber lange Einsteigertour führt uns hinein in die idyllische und imposante Bergwelt des Hintersteiner Tals bei Bad Hindelang. Ziel dieser Tour ist die sehr urige Alpe Plättele im Obertal. Die geschindelte Alpe hat gut 400 Jahre auf dem Buckel und ist somit eines der ältesten Alpgebäude im Oberallgäu. Ihre abgeschiedene Lage, die Ursprünglichkeit und die traumhafte Bergkulisse waren für den weltweit bekannten Spielzeughersteller »Playmobil« Anlass genug, um hier die Pressebilder für die neuen Playmobil-Spielzeuge zum Thema »Bergwelt« aufzunehmen. Wir spielen hier in diesen schönen Kulissen jedoch nicht mit Playmobil, sondern lassen uns lieber eine herzhafte Brotzeit schmecken. Für alle Mountainbiker, die es konditionell etwas knackiger und anstrengender mögen, sorgen die zwei Varianten für zusätzliche Kilo- und Höhenmeter. Wer die Hauptroute mit diesen beiden Zielen zur Schwarzenberghütte und zur Alpe Unteres Bärgündele verbindet, kommt bei diesem Unterfangen letztendlich auf 49 km und 1260 Hm.

Ausgangsort ist die Hornbahn am Ortsrand von Bad Hindelang. Ohne Orientierungsschwierigkeiten folgen wir dem Bachverlauf der Ostrach nach Hinterstein und weiter ins gleichnamige Tal. Der ursprüngliche Cha-

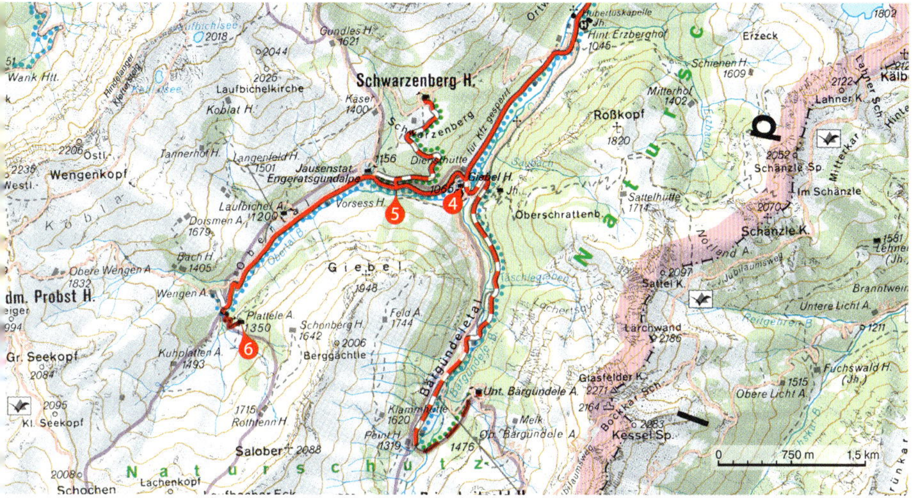


rakter des Tals wurde weitgehend erhalten. Die Ostrach grub sich hier tief in den Talboden ein und schuf zwei enge Klamme: die Eisenbreche und die Aueleswände. Von der Aussichtskanzel, die rechts am Wegesrand mit einem Schild markiert und zu Fuß erreichbar ist, hat man einen spektakulären Blick auf das tosende Wasser in der Klamm. Im weiteren Verlauf der Tour kommen wir an der 1928 errichteten hölzernen Hubertuskapelle vorbei. Nun steuern wir schnurstracks auf den einzigartig geformten Spitz des Giebels mit seinen 1949 m zu. Direkt darunter befindet sich das nach dem Berg benannte Giebelhaus. Unweit von hier vereinen sich die aus den beiden Seitentälern herausfließenden Bäche, Obertalbach und Bärgündlebach, zur Ostrach. Rund um das Giebelhaus ist an schönen Sommertagen meist viel Trubel, da bis hierher regelmäßig ein öffentlicher Wanderbus verkehrt. Wir scheuen die laut Hinweisschild 20%-ige Steigung hinauf ins Obertal keineswegs, denn wir wissen, dass uns dort mehrere bewirtete Alpen und weniger Trubel erwarten. Zunächst führt uns der Streckenverlauf an der Alpe Engeratsgund und der Alpe Laufbichel vorbei, bevor wir nach ein paar kurzen, aber »bocksteilen« Rampen die Alpe Plättele erreichen. Auf dem Weg sollten wir uns möglichst ruhig verhalten, denn dann können wir mit etwas Glück und guten Augen den gefährdeten Steinadler entdecken. Mit einer Spannweite von bis zu 230 cm ist er eine beeindruckende Erscheinung und ein unvergessliches Erlebnis.

Der Rückweg zum Giebelhaus erfolgt auf demselben Weg. Zwischen der Alpe Engeratsgund und dem Giebelhaus zweigt links die Variante zur Schwarzenberghütte ab. Zurück am Giebelhaus müssen wir, abhängig von Zeit, Kondition und Motivation, nochmal eine Entscheidung treffen: Entweder fahren wir direkt zurück nach Bad Hindelang oder hängen noch den Abstecher zur Alpe Unteres Bärgündele an. Egal, wie wir uns entscheiden, dieser Bikeausflug wird uns aufgrund der eindrucksvollen Kulisse und der schönen Alpen lange im Gedächtnis bleiben.

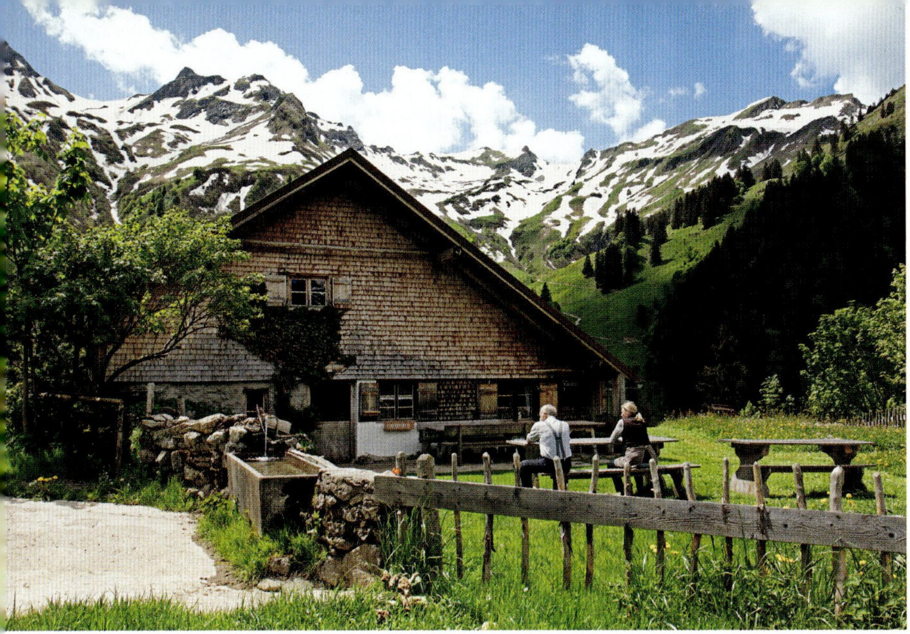

*Alpe Plättele – hier könnte man es ewig aushalten ...*

**0,0**
780 m

Wir starten an der Wegkreuzung direkt bei der Talstation der **Hornbahn (1)** in Bad Hindelang und folgen dem schmalen Teerweg in Ri. Süden (Schild »Bad Oberdorf«) links an der Talstation vorbei.

**0,1**
780 m

Schon wenige Meter nach der Talstation halten wir uns vor einer Brücke links und nehmen den Schotterweg in Ri. »Bad Oberdorf«.

**0,8**
788 m

An der Bergwacht Bad Hindelang weiter geradeaus und direkt danach an der Y-Gabelung rechts über eine Holzbrücke in Ri. »Retterschwangtal«.

**0,9**
790 m

Kurz nach der Brücke am Abzweig links in Ri. »Bad Oberdorf«.

**1,8**
813 m

An einer Brücke beim Gruebplätzle leicht rechts haltend weiter in Ri. »Bruck«. Würde man die Brücke überqueren, käme man direkt zum Parkplatz Gruebplätzle (alternativer Startpunkt der Tour).

**2,0**
819 m

Wir lassen links die obere Hammerschmiede liegen und gelangen wenige Meter danach zu einer Y-Gabelung, hier links in Ri. »Bruck«.

**3,0**
832 m

Geradeaus durch **Bruck** (**2**, nicht links über die Brücke), am E-Werk vorbei und weiter auf der Piste. Kurzer Gegenanstieg, dann eine Abfahrt.

**4,1**
832 m

Nach der Brücke, dem blauen Fahrradschild folgend, rechts weiter.

**4,5**
845 m

Bei den ersten Häusern von Hinterstein geradeaus an der Ostrach weiter, Fahrradschild in Ri. »Hinteres Dorf Hinterstein«.

**5,9**
851 m

Bei **Hinterstein (3)** rechts (ab hier nicht mehr dem Fahrradschild folgen) und nach wenigen Metern weiter auf einem Trail am Bach entlang.

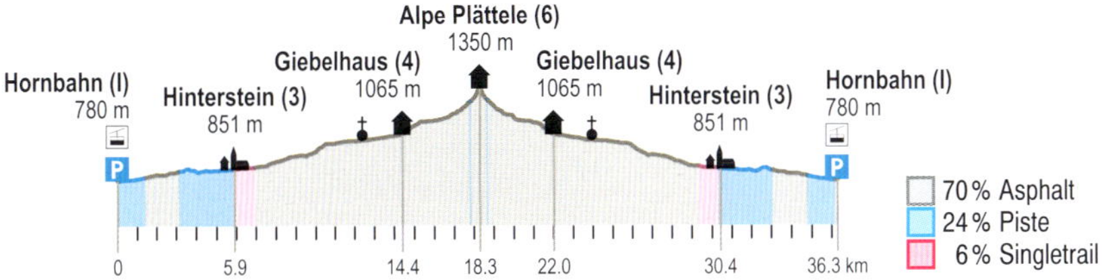


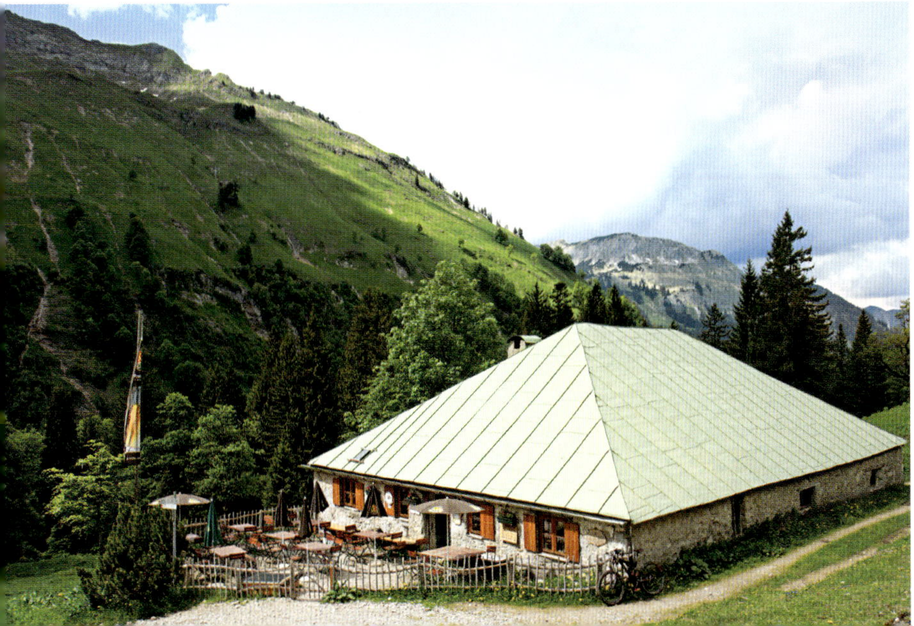

| | |
|---|---|
| **7,0**<br>864 m | Wir treffen an einer Brücke links auf die autofreie Asphaltstraße. Auf dieser immer geradeaus ins Tal hinein. Vorbei am Konstanzer Jägerhaus, an einem Wasserkraftwerk und an der Hubertuskapelle. |
| **14,4**<br>1065 m | Unmittelbar vor dem **Giebelhaus (4)** fahren wir rechts bergauf zum Obertal in Ri. »Alpe Plättele«. Laut Beschilderung 20 % Steigung. |
| **15,2**<br>1134 m | Am Abzweig **Schwarzenberghütte (5)** bleiben wir in einer leichten Linkskurve auf der Asphaltstraße. |
| **15,6**<br>1144 m | Wir lassen die Alpe Engeratsgund rechts liegen. |
| **16,9**<br>1184 m | Am Abzweig zur Alpe Laufbichl fahren wir geradeaus weiter bergauf. |
| **17,8**<br>1267 m | In einer Rechtskehre zweigen wir von der Teerstraße nach links auf eine Piste ab. |
| **18,3**<br>1350 m | Nach den kurzen, aber doch recht steilen Rampen erreichen wir die **Alpe Plättele (6)**. Von hier aus rollt es ganz entspannt über den bekannten Weg zurück zum Ausgangspunkt. |
| **36,3**<br>780 m | **Hornbahn (1)**. |

*Eine der Varianten bringt uns zur Alpe Unteres Bärgündele.*

# 28 Rund um Heuberg und Sorgschrofen

**Strecke**
31,4 km, 4.00 Std., 730 Hm, tiefster/höchster Punkt 878/1284 m, mittlere Steigung 8 %, maximale Steigung 20 %.

**Anspruch**
Kondition: ●●●○○
Fahrtechnik: ●●○○○

**E-Bike** ○○

**Verpflegungsmöglichkeiten**
Restaurant Grüntensee (auch Kiosk Grüntensee genannt); Haslacher Alpe: Ende Juni bis Ende Sept.; Alpe Stubental: Mi und Do Ruhetag, www.alpestubental.com; Restaurant Rehbach: Küche 11–15 Uhr, www.rehbach-hotel.at; Unterjoch: mehrere Einkehrmöglichkeiten; Gasthof Pfeiffermühle: www.pfeiffermuehle.com; Wertach (kleiner Umweg): mehrere Einkehrmöglichkeiten.

**Anfahrt/Ausgangspunkt**
Von der A7 über die B310 vorbei am Grüntensee nach Wertach. An der großen Kreuzung an der B310 mit Ampel links ab auf die Grüntenseestraße nach »Nesselwang, Grüntensee«. 200 m nach der Kreuzung über eine Brücke über die Wertach und direkt danach rechts ab zum gebührenfreien Parkplatz an der Kapelle St. Sebastian.

**Karte**
Kompass Nr. 3.

**Resümee**
Konditionell mittelanspruchsvolle Rundtour, bei der der Gipfel des Sorgschrofens im Uhrzeigersinn umrundet wird. Von Wertach vorbei am Grüntensee und z. T. steil bergauf zur Alpe Stubental. Von hier rasant bergab und schließlich im Auf und Ab südlich um den Sorgschrofen und über Unterjoch zurück nach Wertach. Zwei kurze Trailpassagen (z. T. Schieben) würzen die Tour, die ansonsten auf guten Forstwegen und schmalen Teerstraßen verläuft.

**Variante**
Abkürzung über Jungholz: Wir können die Tour deutlich abkürzen, indem wir den Sorgschrofen nicht südlich umfahren, sondern nach der Stubentalalm bei der Abfahrt in der Rechtskehre (7) weiter auf der schmalen Teerstraße bleiben. Diese bringt uns direkt durch den Ort Jungholz. Wir fahren immer geradeaus und gelangen nach der Ortschaft über Serpentinen zum Campingplatz Jungholz (11). Hier mündet die Hauptroute auf die Teerstraße, der wir weiter bergab folgen.

**Hinweis**
Tour befindet sich zum Teil in Österreich und ist nicht als offizielle MTB-Tour ausgeschildert.

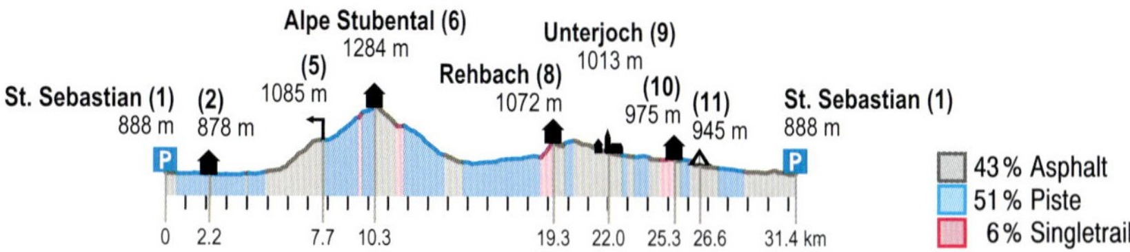

Die kleine Gemeinde Jungholz mit ihren gut 300 Einwohnern gehört zwar zu Tirol, ist aber ringsum von Bayern umgeben. Mit einer Fläche von gerade einmal 7 $km^2$ stellt die Gemeinde somit einen kleinen österreichischen »Fleck« auf der Landkarte dar. Die Einheimischen bezeichnen ihren Ort oft auch als »ein Stück Tirol im Allgäu«. Die einzige Zufahrtsstraße zum Ort verläuft über die deutsche Queralpenstraße von Oberjoch über Wertach. Eine direkte Verbindung zum restlichen Österreich gibt es lediglich im Gipfelbereich das Sorgschrofens. Der felsige Sorgschrofen ist einer der Hausberge von Jungholz und befindet sich südlich der Ortschaft. Nördlich vom Ort steht der deutlich unbekanntere und bis zum Gipfel bewaldete Heuberg. Bei der hier beschriebenen gut 30 km langen Rundtour werden wir auf dem Mountainbike beide Gipfel und auch die Exklave Jungholz umrunden.

Wir starten unsere Tour in der Nähe von Wertach und rollen uns zunächst entlang des Südufers des Grüntensees warm. Herrlich ist der Blick über den See und natürlich auch auf den Gipfel des Grünten als sogenanntem »Wächter des Allgäus«. Am östlichen Ende des Sees verlassen wir den Radweg am Ufer, und schon erwartet uns der erste steile Anstieg. Auf einer geteerten Mautstraße fahren wir hinauf zur Haslacher Alpe. Von hier tauchen wir auf einen Forstweg immer tiefer in den Bergwald ein. Ab und zu fordern steilere Rampen unsere Kondition. Kurz geht es bergab zu einer schmalen Holzbrücke. Auf den nächsten steilen und auch ausgesetzten Höhenmetern bergauf heißt es Schieben. Oft ist der schmale und steinige Pfad feucht und damit rutschig. Vorsicht ist also geboten!

*Blick vom Grüntensee direkt zum Gipfel des Grünten.*

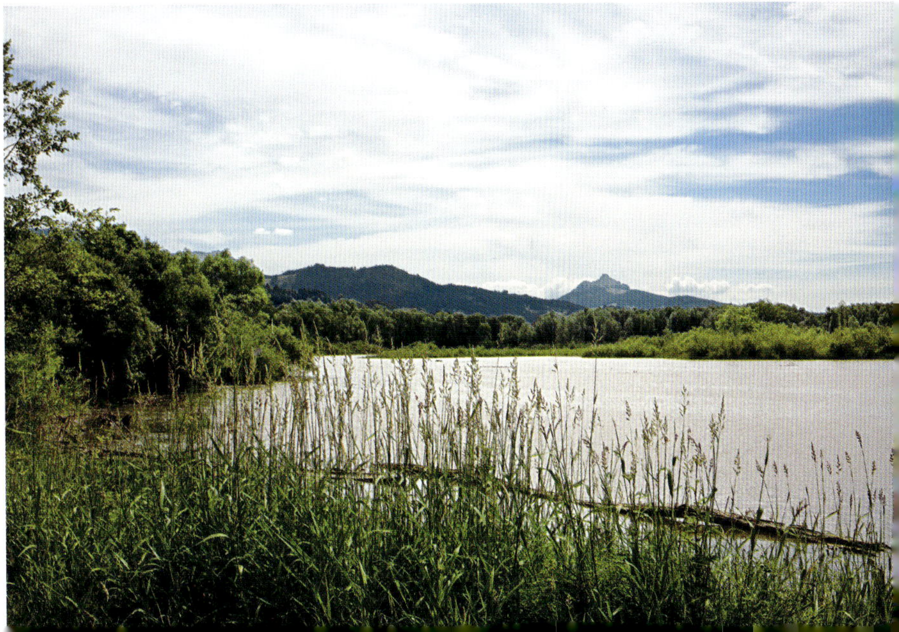

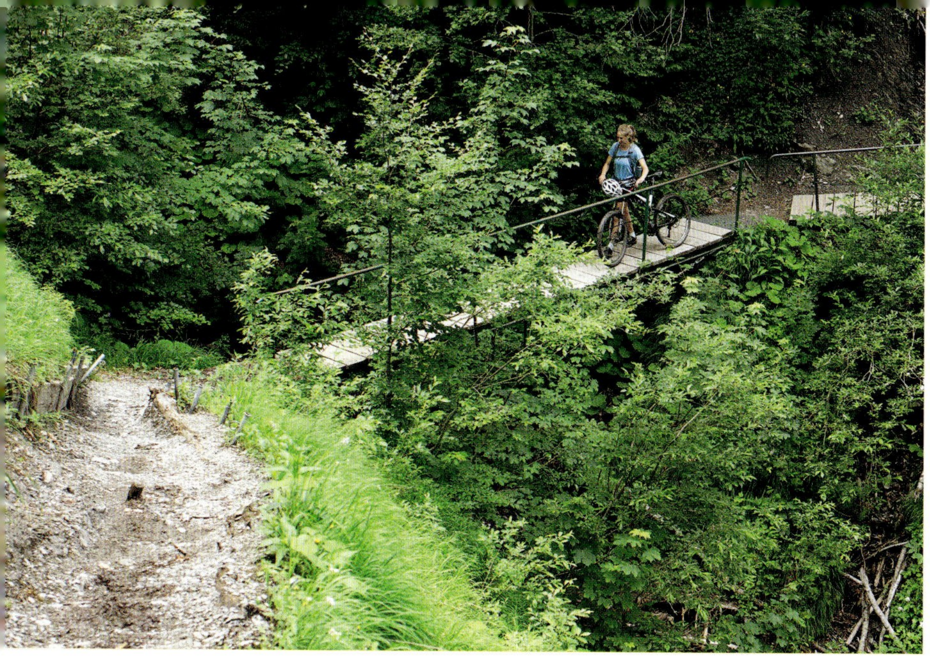

*Schiebepassage an der Holzbrücke kurz vor der Alpe Stubental.*

Nach wenigen Minuten erreichen wir erneut einen Forstweg, der uns aus dem Bergwald herausführt und uns zur aussichtsreich schön gelegenen Alpe Stubental bringt. Eine kurze Einkehr lohnt sich, da unsere Tour noch lange nicht zu Ende ist. Von der Alpe geht es zunächst auf einer schmalen Teerstraße, die direkt zur Gemeinde Jungholz führen würde, bergab. Wir biegen jedoch nach etwa einem Kilometer links ab, und ein kurzer flowiger Trailabschnitt bringt uns zu einer Brücke und schließlich wieder auf einen Forstweg. Dieser führt uns bergab ins Vilstal. Zu beachten ist, dass die Abfahrt im Wildschutzgebiet verläuft. Eine Befahrung ist zwischen Mitte November bis Mitte Mai untersagt!

Unten im Tal angekommen halten wir uns in Richtung Süden. Unser Weg führt direkt an der Vils entlang, wir überqueren zum dritten Mal die Staatsgrenze und befinden uns erneut auf österreichischem Boden. Wir rollen am Bach entlang und halten uns nach einem freien Wiesengelände rechts. Nach zwei kleinen Brücken geht es abermals steil auf einem schmalen Weg bergauf zum großen Gasthaus und Hotel Rehbach, das in etwa den südlichsten Punkt unsere Tour darstellt. An Strecke haben wir somit noch fast die Hälfte vor uns, Höhenmeter jedoch stehen kaum mehr auf dem Programm. Wir wechseln hinüber ins Tal der Wertach und radeln durch die Ortschaft Unterjoch. Auf guten Radwegen fahren wir entlang der Wertach in Richtung Norden. Jungholz lassen wir rechts oberhalb von uns liegen. Kurz vor der Ortschaft Wertach erreichen wir auf einem Rechtsbogen unseren Ausgangspunkt in der Nähe des Grüntensees.

**0,0** 888 m – Wir starten an der Infotafel am Parkplatz an der Kapelle **St. Sebastian (1)**. Vom Parkplatz wieder zurück zur eigentlichen Straße und hier rechts in Ri. »Grüntensee« (geteerter Radweg auf der linken Straßenseite).

**0,6** 885 m – Links ab auf die Piste in Ri. »Grüntensee – Rundweg«.

**1,1** 883 m – Geradeaus weiter in Ri. »Grüntensee«. Bald am Campingplatz vorbei und zum Grüntensee.

**2,2** 878 m – Am **Restaurant Grüntensee (2)** geradeaus weiter. Bei der kommenden Kreuzung ebenfalls geradeaus. Stets der Piste am Seeufer entlang folgen.

**4,0** 885 m – Am **Damm Grüntensee (3)** nach rechts auf die schmale Teerstraße in Ri. »Nesselwang«. Gleich danach an der Y-Gabelung links.

**4,4** 880 m – Rechts in Ri. »Buronhütte«.

**4,8** 891 m – Unter Strommasten hindurch und dann links zur nahen Straße.

**4,9** 895 m – Wir folgen der Straße nach links (geteerter Fahrradweg auf der rechten Straßenseite).

**5,6** 910 m – Kurz vor einer Brücke mit Parkplatz biegen wir rechts ab und nehmen die **Mautstraße (4)** bergauf in Ri. »Buronhütte«. Ab hier beginnt der eigentliche Anstieg. Wir folgen der schmalen Teerstraße und ignorieren alle Abzweige.

**7,7** 1085 m – Am Ende der geteerten Mautstraße am **Abzweig Haslacher Alpe (5)** fahren wir links in Ri. »Alpe Stubental«.

**8,3** 1106 m – Geradeaus weiter bergauf in Ri. »Alpe Stubental«. Gleich danach folgen wir dem Hauptweg rechts steil bergauf.

**8,9** 1165 m – Links in Ri. »Jungholz«. Bald wird der Weg schmaler und erneut folgen steile Rampen.

**9,5** 1225 m – Nach einer Kuppe fahren wir wenige Meter bergab und erreichen eine Holzbrücke. Ab hier folgt ein kurzes Schiebestück bergauf.

**9,7** 1255 m – Der Trail mündet in eine Forststraße, der wir nach links folgen.

**10,3** 1284 m – Auf der Piste erreichen wir bequem die **Alpe Stubental (6)**. Von hier nehmen wir die schmale Teerstraße bergab in Ri. »Jungholz«.

**11,4** 1170 m – In einer **Rechtskehre (7)** links ab auf einen Trail in Ri. »Dinserhütte, Gundhütte«. Einfacher Trail.

*Variante – Abkürzung über Jungholz: Für diese Variante folgen wir hier weiter der Teerstraße bergab in Ri. »Jungholz«.*

*Vierbeiniger Gegenverkehr bei der Abfahrt ins Vilstal.*

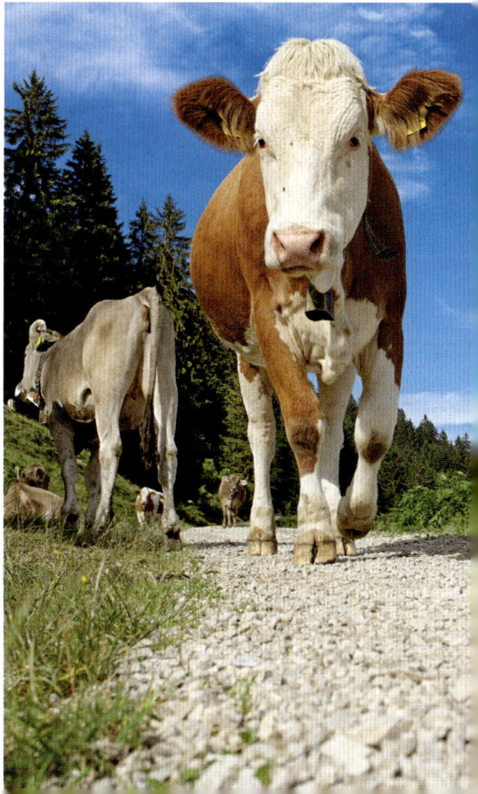

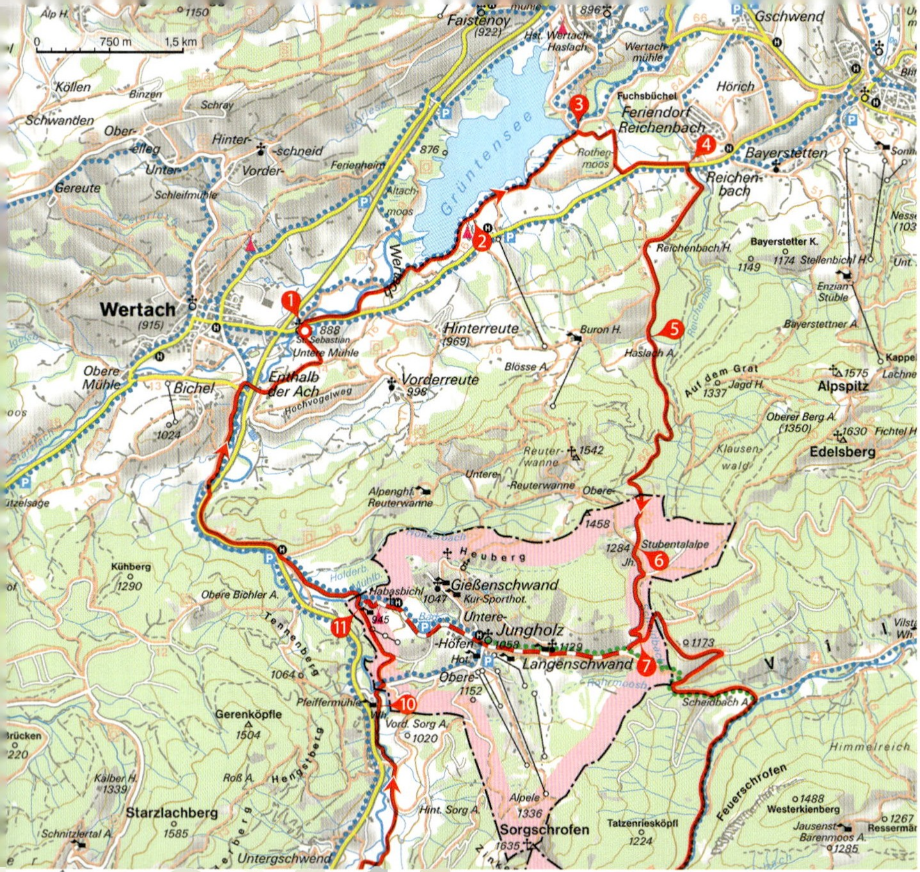


**11,8**
1175 m

Über eine Holzbrücke und direkt danach auf einer Piste rechts bergab.

**11,9**
1160 m

Geradeaus weiter bergab auf dem Hauptweg bleiben. Wir passieren zwei große Gatter.

**14,4**
960 m

Schließlich geht die Piste über in eine schmale Teerstraße, wir lassen rechts ein Almgebäude (Schneidbachalp) liegen und halten uns an der kommenden T-Kreuzung rechts in Ri. »Schattwald«. Bald geht die Straße über in eine breite, sehr gute Piste, die uns an der Vils entlangführt.

**17,1**
975 m

Bei einer Brücke nicht über diese, sondern geradeaus weiter auf ein Almgebäude zu, das wir dann links liegen lassen.

**18,2**
992 m

An einer Kreuzung rechts in Ri. »Schattwald«. Gleich über eine Brücke oder parallel dazu durch das kleine Bachbett und dann rechts in Ri. »Unterjoch«.

**18,6**
985 m

Rechts über eine kleine Holzbrücke, dann über eine zweite kleine Brücke und auf fahrbarem Trail bergauf.

**19,2**
1072 m

Am großen Gasthaus und Hotel in **Rehbach (8)** um das Gebäude herum, an der Terrasse rechts vorbei und auf der schmalen Teerstraße bergab.

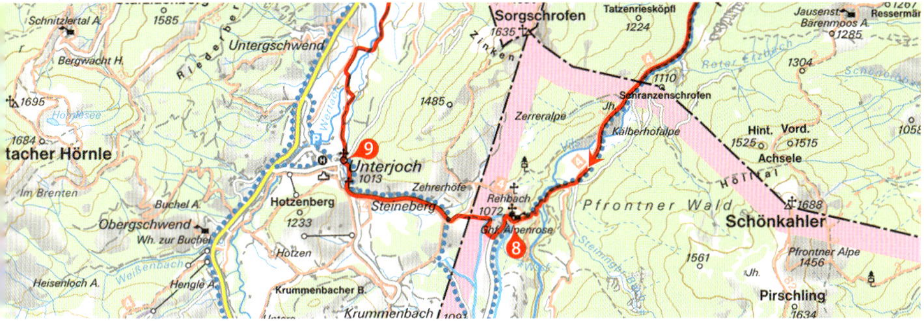


**19,7** 1054 m Rechts abbiegen und leicht bergauf einer schmalen Teerstraße folgen (Verbotsschild »Ausgenommen Landwirtschaft und Radfahrer«). Wir fahren durch Wiesengelände und nach einer Kuppe geht es bergab zu einer Häusergruppe.

**20,4** 1078 m Links bergab. Dann folgt eine Rechtskurve und auf der schmalen Teerstraße fahren wir bergab an Häusern vorbei.

**21,5** 1026 m Rechts in Ri. »Wertach«.

**22,0** 1013 m Wir gelangen in den Ortskern von **Unterjoch (9)**, lassen die Kirche links liegen und fahren direkt danach an Hotel Krone scharf rechts in Ri. »Wertach«.

**22,7** 998 m Nach links die Piste nehmen, gleich über eine Brücke.

**23,0** 993 m Rechts in Ri. »Wertach«.

**23,3** 989 m Rechts Piste in Ri. »Wertach« nehmen.

**24,1** 977 m Links die schmale Teerstraße in Ri. »Alpe Sorg 1« nehmen.

**24,5** 972 m Links und dann über die Brücke.

**24,6** 973 m Noch vor Erreichen der Hauptstraße leicht rechts ab auf den Trail in Ri. »Pfeiffermühle«.

**25,3** 975 m Wir erreichen das **Gasthaus Pfeiffermühle (10)**. An den Häusern vorbei, über den Parkplatz und links haltend der schmalen Teerstraße folgen. Wenige Meter bergab und dann scharf rechts in Ri. »Historische Wassermühle«.

**25,6** 971 m Scharf links ab von der Straße auf den Radweg in Ri. »Wertach«.

**26,6** 945 m Wir lassen den **Campingplatz Jungholz (11)** rechts liegen und halten uns dann an der Straße links bergab in Ri. »Wertach«.

**27,6** 921 m An der Hauptstraße fahren wir rechts in Ri. »Wertach« und verwenden den Radweg (Schotter) auf der linken Straßenseite. Wir folgen konsequent den Radschildern. Nach einer Weile entfernt sich der Radweg von der eigentlichen Hauptstraße nach links.

**30,1** 897 m Nach einer Unterführung kurz bergauf zur Straße. Hier rechts und gleich über die Brücke und so in den kleinen Ort »Enthalb der Ach«. Linkshaltend durch den Ort. Wir verlassen die kleine Ortschaft und folgen einer schmalen Teerstraße leicht bergab durch Wiesengelände.

**31,0** 890 m Wir zweigen links ab und sehen schon unseren Ausgangspunkt.

**31,4** 888 m Nun ist es nur noch ein kurzes Stück bis zum Parkplatz an der Kapelle **St. Sebastian (1)**.

# 29 Stuibenalpe

**Strecke**
9,0 km, 2.00 Std., 360 Hm, tiefster/höchster Punkt 1072/1417 m, mittlere Steigung 11%, maximale Steigung 14%.

**Anspruch**
Kondition: ●●○○○
Fahrtechnik: ●○○○○

**E-Bike** ●●
Teils steile Abschnitte bei der Abfahrt.

**Verpflegungsmöglichkeiten**
Stuibenalpe: Mo Ruhetag; Schattwald: Alpengasthof Post, www.alpengasthof-post.at; Restaurant S'Wannenjoch (an der Wannenjochbahn), www.swannenjoch.at.

**Anfahrt/Ausgangspunkt**
Ins Tannheimer Tal nach Schattwald und im Ort gut beschildert zum großen Parkplatz der Wannenjochbahn. Exakter Startpunkt: Kasse der Liftanlage im oberen Bereich des Parkplatzes.

**Karte**
f&b WK 352.

**Resümee**
Kurze Einsteigerrunde von Schattwald im Tannheimer Tal zur Stuibenalpe. Bequeme Auffahrt auf asphaltiertem Un-

Klein, aber sehr fein ist diese Rundtour durch das Stuibental zur Stuibenalpe. Die Alpe liegt auf einer Höhe von 1400 m in einem schönen Talkessel, umrahmt von Rohnenspitze, Zirleseck, Ponten, Bschießer und Wannenjoch. Ursprünglich und authentisch ist die Sennalpe. Bei gutem Wetter erwartet uns dort eine kleine Sonnenterrasse und bei weniger gutem Wetter heißt uns ein gemütlicher Gastraum in der Alpe willkommen. Die Brotzeiten, Suppen usw. sind mehr als empfehlenswert. Schon fast ideal liegt die Alpe am höchsten Punkt der Tour – so können wir Pause und Einkehr perfekt genießen.

Wir starten die Tour am großen Parkplatz der Wannenjochbahn-Talstation in Schattwald im Tannheimer Tal. Zum Warmrollen bleibt wenig Zeit, denn direkt am Ende des Parkplatzes beginnt die schmale Asphaltstraße, auf der wir zur Alpe gelangen. Wegen der durchweg humanen Steigung und des guten Untergrundes ist die Tour sehr gut für Einsteiger geeignet, die sich die »großen« Touren konditionell nicht zutrauen. Gerade mal knappe 3 km und etwa 300 Hm sind es vom Parkplatz bis zur

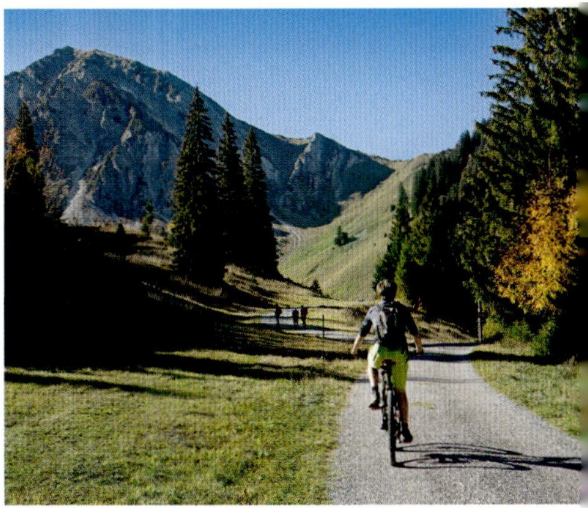

*Direkt auf den Bschießer zu geht es durch das Stuibental.*

Alpe. Die steileren Rampen und Serpentinen befinden sich bereits auf dem ersten Abschnitt der Auffahrt, anschließend wird es flacher und bequemer. Während der Auffahrt genießen wir immer wieder tolle Blicke ins Tannheimer Tal und auf die umliegenden Gipfel.

tergrund zur sehr einladenden Alm und anschließend aussichtsreiche Abfahrt auf guten Forstwegen.

**Variante**

Trailabfahrt nach Schattwald: Für Trailliebhaber gibt es eine Trailabfahrt (S0–S1), die keine schweren technischen Passagen aufweist, jedoch stellenweise sehr steil und schottrig ist. Vom WP 4 zunächst durch den Bergwald und anschließend über Wiesengelände direkt zurück zum Ausgangspunkt.

Schon parken wir unser Rad vor der Stuibenalpe und können uns dort mit einem erfrischenden Getränk und einer deftigen Brotzeit belohnen. An der Alpe endet der Asphaltuntergrund und so geht es nach der Einkehr auf einem guten Forstweg weiter. Ein Katzensprung ist es von der Stuibenalpe bis zum wirklich höchsten Punkt der Tour. Und dann erwartet uns eine rasante Abfahrt über mehrere Serpentinen durch den Bergwald hinab nach Zöblen. Für Trailliebhaber beschreiben wir zusätzlich eine direkte Abfahrt als Alternative auf einem wenig anspruchsvollen Trail direkt zurück zum Ausgangspunkt. In Zöblen überqueren wir die Hauptstraße und die Vils und rollen direkt am Bach entlang auf einem Radweg zurück nach Schattwald. Vorbei am Alpengasthof Post geht es schließlich nochmals kurz bergauf zum Parkplatz der Wannenjochbahn.

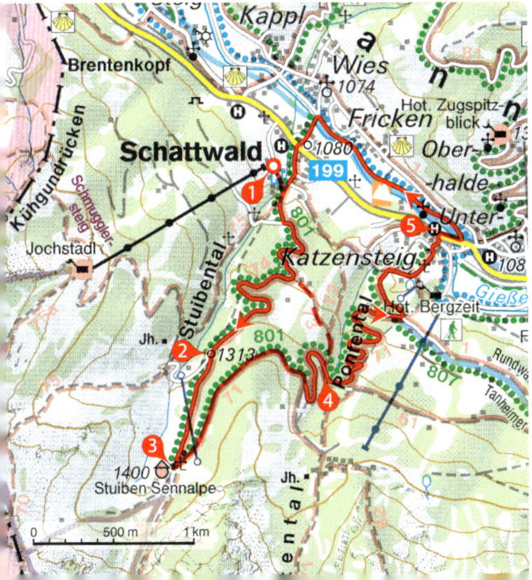


Nach der Stuibenalpe geht es nur noch kurz bergauf und schon wartet auf uns die Abfahrt ins Tal.

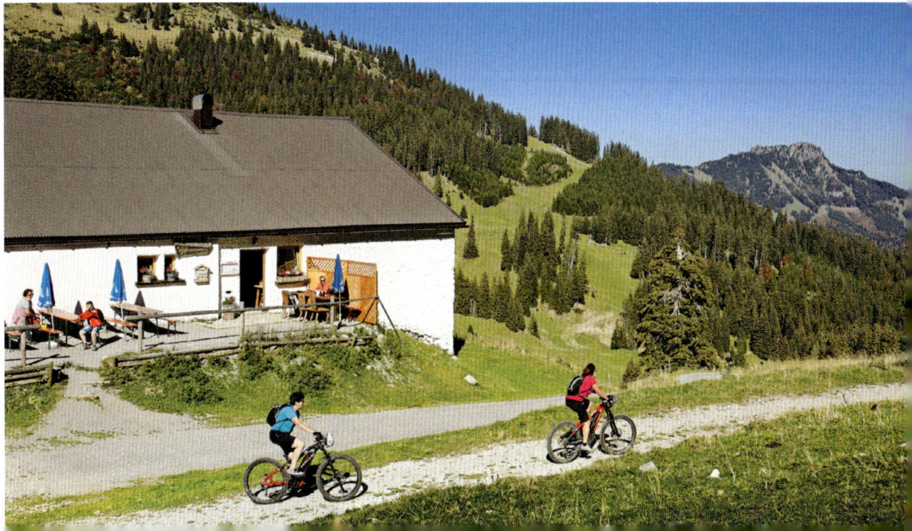

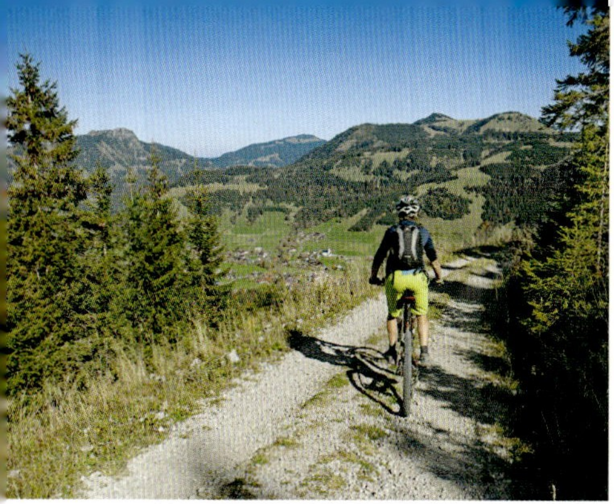

*Auf einer guten Schotterpiste geht es rasant zurück ins Tannheimer Tal.*

**0,0** 1095 m — Wir starten an der Kasse am Parkplatz der **Wannenjochbahn (1)** und fahren über den Schotterplatz in Ri. Osten zum Parkplatzende. Hier weisen uns Schilder in Ri. »Stuibenalpe«. Wenige Meter auf einem Pfad bringen uns zu einer Brücke und schließlich zu einer schmalen Teerstraße.

**0,2** 1110 m — An der Teerstraße halten wir uns rechts und folgen der schmalen Straße stets bergauf.

**2,0** 1313 m — An einem **Abzweig (2)** fahren wir auf der Teerstraße weiter geradeaus.

**2,8** 1400 m — Wir erreichen schließlich die **Stuibenalpe (3)**. An der Alm scharf links und auf dem breiten Schotterweg leicht bergauf in Ri. Norden am Hang entlang.

**3,5** 1417 m — Am höchsten Punkt der Tour halten wir uns an einem Abzweig weiter geradeaus in Ri. »Zöblen, Parkplatz Rohnenlifte«. Es geht ab jetzt bergab.

**4,2** 1380 m — Geradeaus weiter bergab in Ri. »Zöblen«.

**4,6** 1310 m — Am **Abzweig Trail (4)** folgen wir weiter geradeaus dem Forstweg. *Variante: Für die Trailabfahrt nach Schattwald nehmen wir hier den Weg links in Ri. »Talstation«.*

**4,8** 1300 m — Leicht links halten und weiter bergab in Ri. »Zöblen«.

**5,0** 1282 m — Wir folgen der Linkskehre weiter bergab.

**6,0** 1177 m — Geradeaus weiter bergab.

**6,2** 1155 m — Wir erreichen eine schmale Teerstraße und folgen dieser links bergab in Ri. »Zöblen«.

**6,9** 1095 m — Bei den ersten Häusern weiter geradeaus in Ri. »Zöblen Ortsmitte«. In den Ort und an einer T-Kreuzung links und weniger Meter bis zur Hauptstraße.

**7,1** 1080 m — An der **Bushaltestelle »Katzensteig« (5)** überqueren wir die Hauptstraße und halten rechts auf eine Holzbrücke zu. Nach dem Überqueren der Brücke links auf schmaler Teerstraße am Bach entlang.

**8,3** 1072 m — Bei der nächsten Kreuzung an einer Brücke links in Ri. »Stuibenrunde«. Über die Brücke und geradeaus leicht bergauf zur Hauptstraße in Schattwald.

**8,5** 1085 m — Die Hauptstraße überqueren wir am Alpengasthof Post und fahren geradeaus (Gasthaus links liegen lassen).

**8,6** 1093 m — Rechts in Ri. »Stuibenrunde«.

**8,8** 1110 m — Am bekannten Abzweig halten wir uns rechts und verlassen die schmale Teerstraße. Über die kleine Brücke und den Pfad auf bekanntem Weg zurück zum Ausgangspunkt.

**9,0** 1095 m — Parkplatz an der **Wannenjochbahn (1)**.

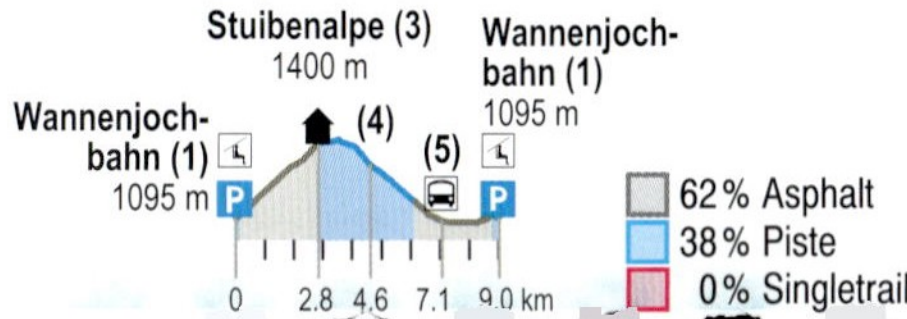

# 30 Kleine Runde im Tannheimer Tal

**Strecke**
12,3 km, 2.00 Std., 420 Hm, tiefster/höchster Punkt 1078/1477 m, mittlere Steigung 9 %, maximale Steigung 12 %.

**Anspruch**
Kondition: ●●○○○
Fahrtechnik: ●○○○○

**E-Bike** ●●

**Verpflegungsmöglichkeiten**
Fischerhütte am Greither Weiher: Mitte Mai bis Anfang Okt., Mo Ruhetag, www.greither-weiher.at; Zöblen: mehrere Einkehrmöglichkeiten; Berggasthaus Zugspitzblick: Di Ruhetag, www.zugspitzblick-tirol.com.

**Anfahrt/Ausgangspunkt**
Ins Tannheimer Tal nach Grän bzw. Haldensee. Von hier auf der B199 nach Tannheim. An der Bergbahn Neunerköpfle vorbei und schließlich die Abfahrt nach Berg nehmen. Kleiner Parkplatz direkt nach der Abfahrt neben der Bundesstraße. Auf der gegenüberliegenden Seite der Bundesstraße befindet sich ein M-Preis-Supermarkt. Exakter Startpunkt: Infotafeln am Parkplatz.

**Karte**
f&b WK 352.

**Resümee**
Kurze Einsteigertour, die immer wieder ein tolles Panorama auf das Tannheimer Tal und die umliegenden Gipfel bietet.

Die Rundtour verläuft auf schmalen Asphaltstraßen, Radwegen und guten Schotterpisten. Nach dem Hauptanstieg zum schön gelegenen Berggasthaus Zugspitzblick kann man hier auf der Terrasse den sagenhaften Ausblick genießen.

*Am höchsten Punkt haben wir einen prächtigen Blick auf Bschießer (links) und Kühgundkopf (rechts).*

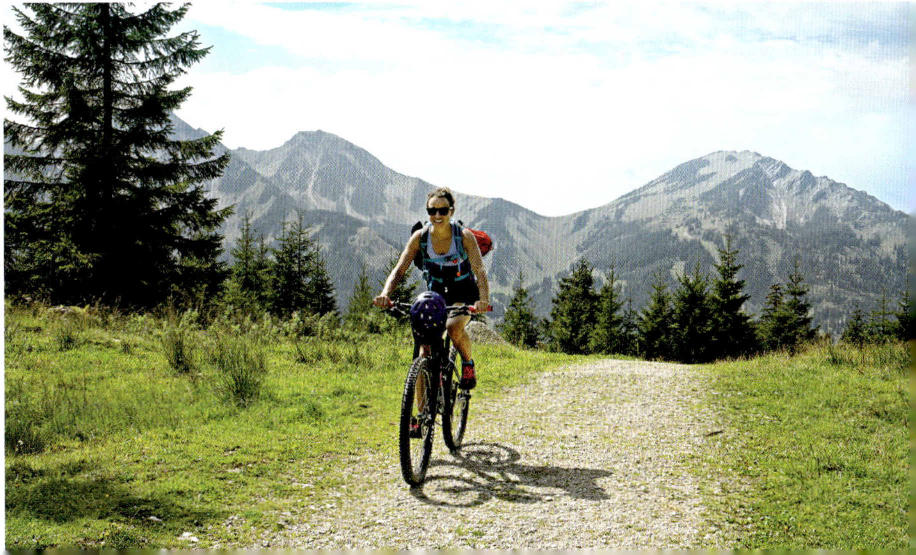

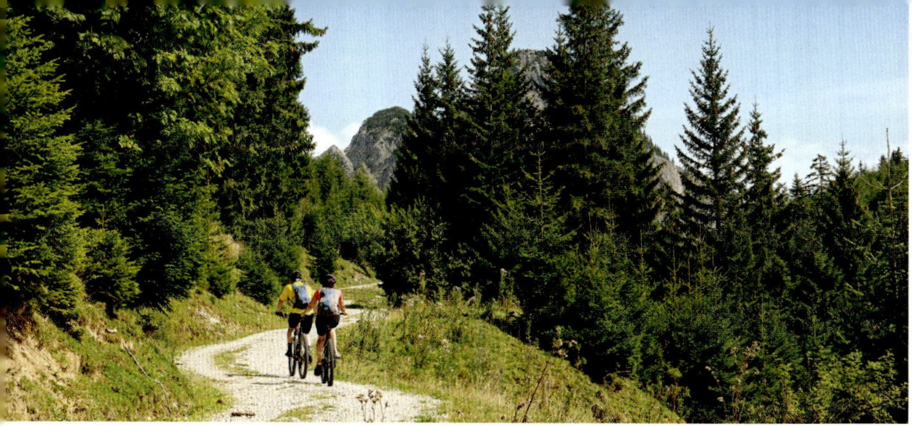

*Auf guten Forstwegen geht es oberhalb des Tannheimer Tals auf den Einstein zu.*

Nördlich von Tannheim und Zöblen im Tannheimer Tal ragt der 1866 m hohe Einstein in den Himmel. Das »Ein« im Namen steht für die frei stehende Lage des Berges und das »Stein« weist auf den felsigen Gipfelaufbau aus Kalkstein hin. Vielbesucht ist der Einstein und so tummeln sich an schönen Tagen in der Regel zahlreiche Wanderer am Gipfel und genießen die tolle Rundumsicht. In manchen Wanderbüchern wird sogar von einem »Aussichtsgipfel der Extraklasse« geschrieben.

Unsere Mountainbike-Rundtour führt an den Hängen südwestlich des Einsteins entlang. Die Tour verläuft ausschließlich auf schmalen Asphaltstraßen und guten Schotterpisten und bietet somit keine technischen Schwierigkeiten. Der Höhenmesser wird nach der Tour gerade einmal 400 Hm anzeigen, so hält sich die konditionelle Herausforderung ebenfalls in Grenzen. Eine Rundtour für Genießer und Einsteiger also. Wir starten die Tour an einem Parkplatz an der Hauptstraße durch das Tannheimer Tal bei der Ortschaft Tannheim und rollen uns im Tal Richtung Westen warm. Vorbei am Greither Weiher gelangen wir in den Ort Zöblen. Hier erwartet uns die eigentliche Auffahrt. Auf einer schmalen Teerstraße strampeln wir über mehrere Serpentinen hinauf zum Berggasthaus Zugspitzblick. Wie schon der Name verspricht, genießt man von hier oben einen prächtigen Blick auf Deutschlands höchsten Berg. Aber auch das gesamte Tannheimer Tal mit all seinen Gipfeln liegt einem zu Füßen.

Hinter dem Berggasthaus tauchen wir auf einem guten Forstweg in den Bergwald ein. Noch etwa 200 Hm sind es von hier bis zum höchsten Punkt der Tour. Immer wieder haben wir einen tollen Blick hinab ins Tal, auf die umliegenden Gipfel und natürlich auch auf den nahen Einstein. Rasant geht es schließlich auf einer guten Piste unterhalb des Einsteins bergab zurück ins Tal. Wir radeln durch die kleine Ortschaft Berg hindurch und erreichen so wieder unseren Ausgangspunkt – der Kreis schließt sich.

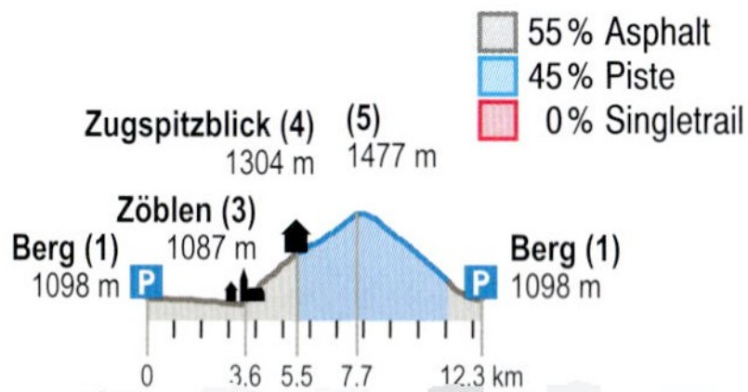

| km / Höhe | Wegbeschreibung |
|---|---|
| 0,0<br>1098 m | Am **Parkplatz Berg (1)** überqueren wir die Straße und nehmen die schmale Teerstraße in Ri. Westen rechts unterhalb der Hauptstraße. Schon bald zweigt diese nach rechts ab und wir folgen ihr. |
| 0,3<br>1097 m | Über eine Brücke und danach links auf den Radweg in Ri. »Zöblen«. |
| 1,0<br>1095 m | Geradeaus weiter. |
| 1,5<br>1091 m | Links abbiegen, über eine Brücke und direkt danach durch eine Unterführung. Nach der Unterführung nach rechts und dem Radweg folgen. |
| 2,0<br>1089 m | Rechts abbiegen, gleich über eine Brücke und danach links weiter. |
| 2,7<br>1083 m | Die **Fischerhütte (2)** am Greither Weiher lassen wir rechts liegen. |
| 3,3<br>1079 m | An einer Kreuzung bei einer Brücke rechts in Ri. »Kirche Zöblen«. |
| 3,4<br>1078 m | Geradeaus über die Hauptstraße. |
| 3,6<br>1087 m | Im Ort **Zöblen (3)** geradeaus bergauf in Ri. »Gasthaus Zugspitzblick«. |
| 3,8<br>1117 m | Links halten und sogleich über eine Brücke. Es folgen fünf Spitzkehren. |
| 5,5<br>1304 m | Das **Berggasthaus Zugspitzblick (4)** lassen wir links liegen, fahren über den Schotterparkplatz und folgen an dessen Ende der Schotterpiste. |
| 5,7<br>1292 m | Wenige Meter nach dem Gasthaus geradeaus weiter in Ri. »Tannheim«. |
| 6,5<br>1355 m | An der Weggabelung links weiter bergauf. |
| 6,8<br>1398 m | An einem beschilderten Abzweig rechts halten. |
| 6,9<br>1398 m | Wir folgen der Schotterpiste weiter geradeaus in Ri. »Berg«. |
| 7,7<br>1477 m | Am **höchsten Punkt (5)** der Tour durch ein Gatter mit Schildern. |
| 8,2<br>1450 m | Kurz nach dem Gatter bergab zur Weggabelung Lohmoos, hier rechts und weiter bergab. Es geht rasant bergab zur Ortschaft Berg. |
| 8,9<br>1393 m | Geradeaus. |
| 10,3<br>1255 m | Wir folgen dem Hauptweg durch eine Rechtskehre. |
| 10,9<br>1195 m | Auf dem Hauptweg weiter geradeaus. Kurz danach geht die Schotterpiste in eine schmale Teerstraße über. |
| 11,4<br>1121 m | Wir folgen der Teerstraße durch eine Linkskehre. |
| 11,7<br>1115 m | Am Ortsschild links. |
| 11,8<br>1105 m | Im Ort **Berg (5)** rechts bergab, aus dem eigentlichen Ort hinaus. Geradeaus über die bekannte Brücke und links zurück zum Ausgangspunkt. |
| 12,3<br>1098 m | **Parkplatz Berg (1)**. |

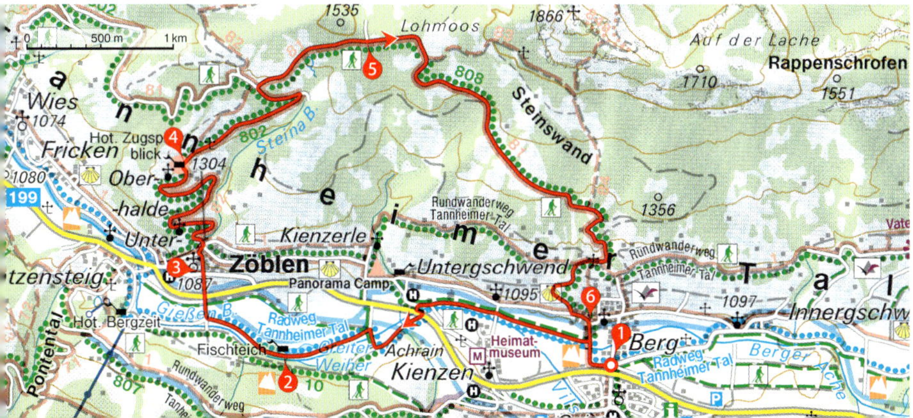

# 31 Älpele

**Strecke**
10,6 km, 2.30 Std., 450 Hm, tiefster/höchster Punkt 1090/1526 m, mittlere Steigung 11 %, maximale Steigung 13 %.

**Anspruch**
Kondition: ●●○○○
Fahrtechnik: ●●○○○

**E-Bike** ●●
Teils steile Abschnitte bei der Abfahrt.

**Verpflegungsmöglichkeiten**
Almwirtschaft Älpele: Mitte/Ende Mai bis Anfang Okt.; Tannheim: zahlreiche Einkehrmöglichkeiten, u. a. Pizzeria Mama Mia direkt an der Talstation, Mi Ruhetag, www.pizzeriamamamia-tannheim.at.

**Anfahrt/Ausgangspunkt**
Ins Tannheimer Tal zum Ort Tannheim und hier zur Talstation der Bergbahn Neunerköpfle am östlichen Ende des Ortes. Zahlreiche Parkmöglichkeiten bei der Talstation. Exakter Startpunkt: direkt an der Talstation beim Ortsschild »Tannheim« gegenüber der Pizzeria Mama Mia.

**Karte**
f&b WK 352.

**Resümee**
Genusstour von Tannheim zur schön in einem Gebirgskessel unterhalb von Geißhorn und Rohnenspitze gelegenen Almwirtschaft Älpele. Kurze Abschnitte auf Asphalt, meist auf guten Forstwegen. Schöne Feierabendtour, die mit den beschriebenen Trailabschnitten gewürzt oder mit den Bike & Hike-Möglichkeiten ergänzt werden kann.

**Varianten**
Variante A – Trailabfahrt:
Für Trailliebhaber gibt es parallel zur Abfahrt auf dem Forstweg drei lohnende Trailabschnitte (siehe Karte und GPS), auf denen man Rücksicht auf Wanderer nehmen sollte bzw. die bei hoher Frequentierung gemieden werden sollten. Der obere Abschnitt (S1–S2) ist flowig, wurzelig und mit wenigen Schlüsselstellen gewürzt. Speziell die ersten Meter auf dem mittleren Trailabschnitt (S2–S3) sind steil und durch die Spitzkehren anspruchsvoll. Der untere Trailabschnitt (S0–S1) bietet Fahrspaß pur.
Variante B – Start am Parkplatz P2:
Die Tour kann auch am Parkplatz P2 im Westen von Tannheim gestartet werden. Dadurch verkürzt sie sich um gut 2 km.

**Bike & Hike**
Bike & Hike A – Rohnenspitze: Vom Älpele (1526 m) zum Zirleseck (1872 m) und weiter zum Gipfel der Rohnenspitze (1990 m). Bis zum Zirleseck einfache Wanderwege. Am Grat zur Rohnenspitze kurze Drahtseilpassagen. Aufstieg etwa 1.30 Std. und Abstieg 1 Std.
Bike & Hike B – Geißhorn: Vom Älpele (1526 m) über das aussichtsreiche Plateau der Feldalpe zum Gipfel des Geißhorns (2249 m). Entweder auf bekanntem Weg zurück oder als Rundtour weiter über Geißeck und Zerrerköpfle zum Zirleseck (1872 m) und zurück zum Älpele. Im Gipfelbreich des Geißhorns Trittsicherheit unbedingt erforderlich. Rundtour etwa 4 Std.

Die urige Almwirtschaft Älpele liegt auf einer Höhe von 1526 m in einem wunderschönen Gebirgskessel, umrahmt von mehreren namhaften Gipfeln des Tannheimer Tals. Den hungrigen Gästen werden erfrischende Getränke, sehr gute Kuchen sowie einfache Brotzeiten angeboten. Nur wenige Meter nördlich der Einkehrmöglichkeit befindet sich auf der Wiesenkuppe ein großes Holzkreuz. Von hier aus bietet sich ein herrlicher Blick auf den markanten Aggenstein mit der Bad-Kissinger-Hütte sowie dem Tannheimer Tal. Bei dieser einfachen und kurzen Genuss-Biketour bleibt der Höhenmesser bei knapp 450 Hm stehen.

Wir starten in der touristisch gut erschlossenen Ortschaft Tannheim und rollen uns zunächst auf Asphalt im Tal etwas warm, bevor es ab der Siedlung Neu-Kienzen auf einer guten Schotterpiste weitergeht. Diese führt bald in moderaten Steigungen stetig bergan und kann – wegen des nicht optimalen Untergrunds an der einen oder anderen Stelle – den weniger gut trainierten Biker schon mal ins Schwitzen bringen. Mit jeder Serpentine gewinnen wir an Höhe, tauchen immer tiefer ein in die sehr ursprüngliche Gebirgswelt und lassen den Trubel im Tal hinter uns. Schon bald stellen wir unser Fahrrad vor der Alpe ab und können uns mit einer ausgiebigen Rast belohnen.

Zwar geht es von der Alpe mit dem Bike nicht mehr weiter, jedoch bietet sich von hier aus eine Vielzahl von schönen und lohnenden Wanderungen an. Möchten wir beispielsweise noch das Gipfelglück auf der Rohnenspitze (1990 m) oder dem Geißhorn (2249 m) genießen (siehe Bike & Hike), wird aus der kurzen Biketour schnell ein tagesfüllendes Programm.

Die Abfahrt von der Alpe zurück nach Tannheim erfolgt auf dem bekannten Forstweg. Für Trailliebhaber gibt es parallel zur Abfahrt auf dem Forstweg drei lohnende Abschnitte auf unterschiedlich schwierigen Singletrails. Den Tag können wir dann in einer der zahlreichen Einkehrmöglichkeiten im Ort Tannheim ausklingen lassen.

*Auf zahlreichen Kehren gewinnen wir an Höhe. Im Hintergrund Einstein (links) und Aggenstein (rechts).*

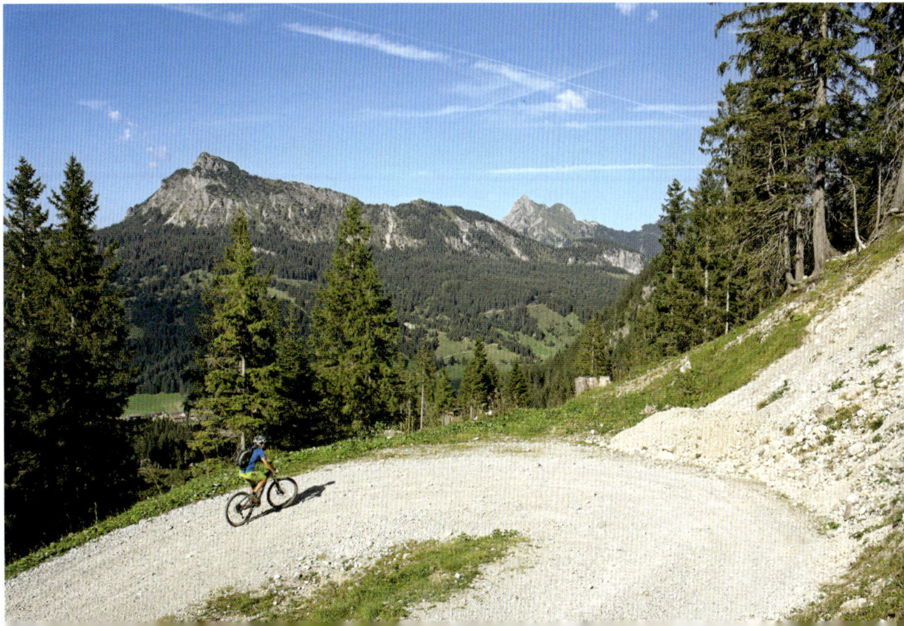

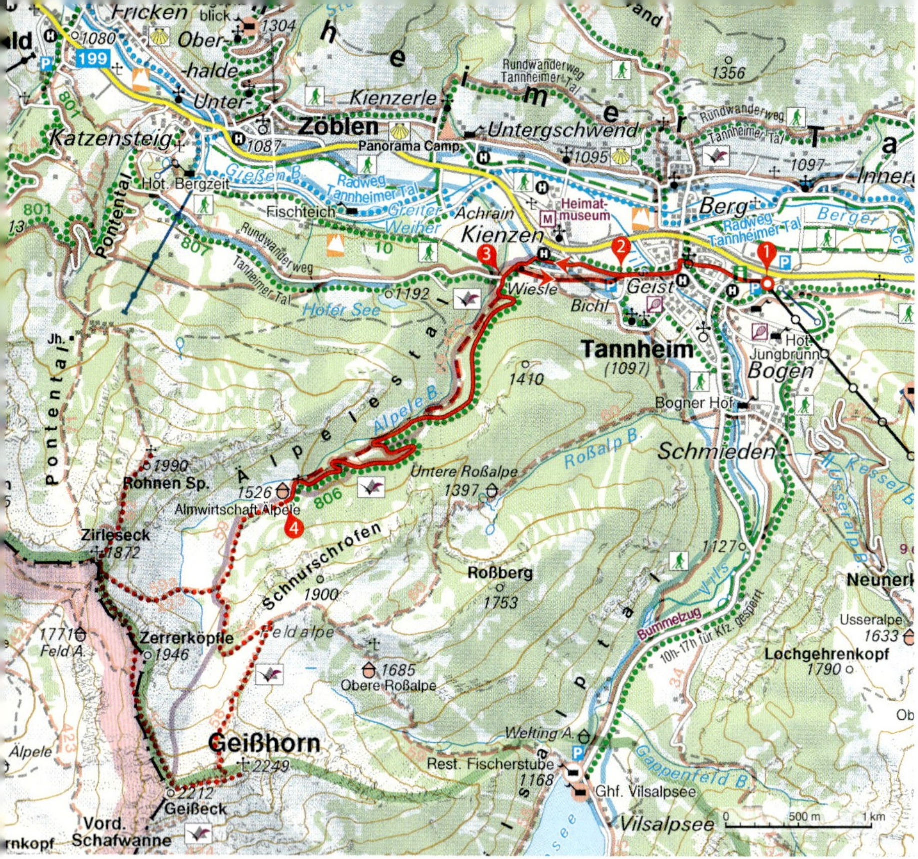


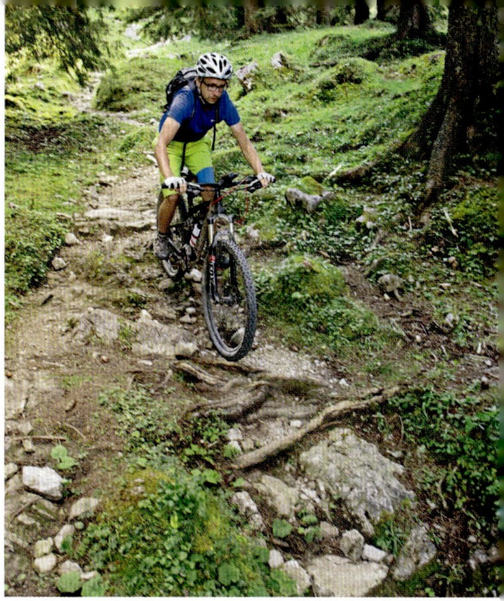

*Trailliebhaber finden ihren Spaß auf der Abfahrtsvariante.*

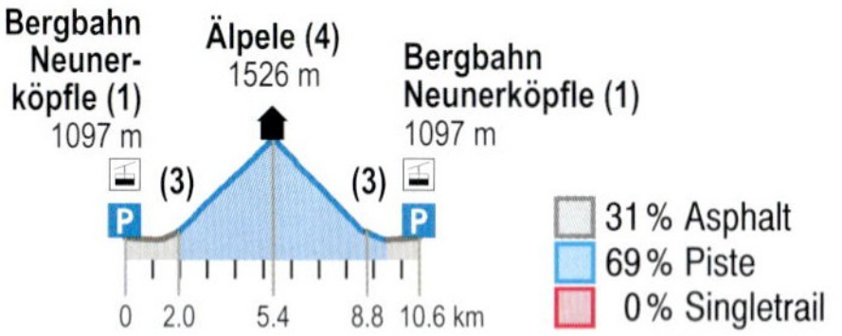

**0,0** 1097 m — Start an der **Bergbahn Neunerköpfle (1)**, auf der Teerstraße in Ri. Westen in den Ortskern von Tannheim (am großen Mammut vorbei).

**0,2** 1097 m — Am Kreisverkehr bei der Touristeninfo geradeaus in die Straße »Kirchacker«. Dann die Mittelschule rechts und anschließend die Kirche links liegen lassen.

**0,6** 1093 m — An der Raiffeisenbank links vorbei in die Straße »Geist«. Kurz danach lassen wir das Hotel Sägerhof links liegen.

**0,8** 1092 m — Über eine unscheinbare Brücke (kleiner Bach) und an der Hauptstraße geradeaus weiter in Ri. Westen.

**1,1** 1090 m — **Parkplatz P2 (2)** links liegen lassen. *Variante B: Hier alternative Startmöglichkeit.*

**1,4** 1093 m — Bei der Kreuzung links in den Ortsteil Neu-Kienzen. Dann an einer Weggabelung bei einem Brunnen links halten und in die Straße »Neu-Kienzen«.

**1,7** 1110 m — Anschließend links leicht bergauf und kurz danach rechts, dann erneut leicht rechts immer der schmalen Teerstraße folgen. Bei den letzten Häusern geht die Teerstraße in eine Piste über.

**1,9** 1122 m — Kurz nach den letzten Häusern erreichen wir eine beschilderte **Y-Gabelung (3)**. Links gut beschildert Ri. »Älpele«, auch als MTB ausgeschildert. Immer auf dieser Piste bleiben.

**5,3** 1526 m — Vom **Älpele (4)** nehmen wir für die Rückfahrt den bekannten breiten Schotterweg.

*Variante A – Trailabfahrt: Bald nach der ersten Rechtskurve zweigt links der erste Trailabschnitt ab.*

**8,8** 1122 m — An der **Y-Gabelung (3)** halten wir uns leicht rechts und fahren auf dem bekannten Weg weiter. Etwa 50 m nach der Gabelung nicht links auf bekannter Teerstraße zurück, sondern hier geradeaus auf der Piste weiter.

**9,6** 1090 m — Wir gelangen zum **Parkplatz P2 (2)** und lassen diesen links liegen. Kurz nach dem Parkplatz erreichen wir die Hauptstraße, der wir nach rechts folgen. Auf bekanntem Weg geht es zurück zum Ausgangspunkt.

**10,6** 1097 m — **Bergbahn Neunerköpfle (1)**.

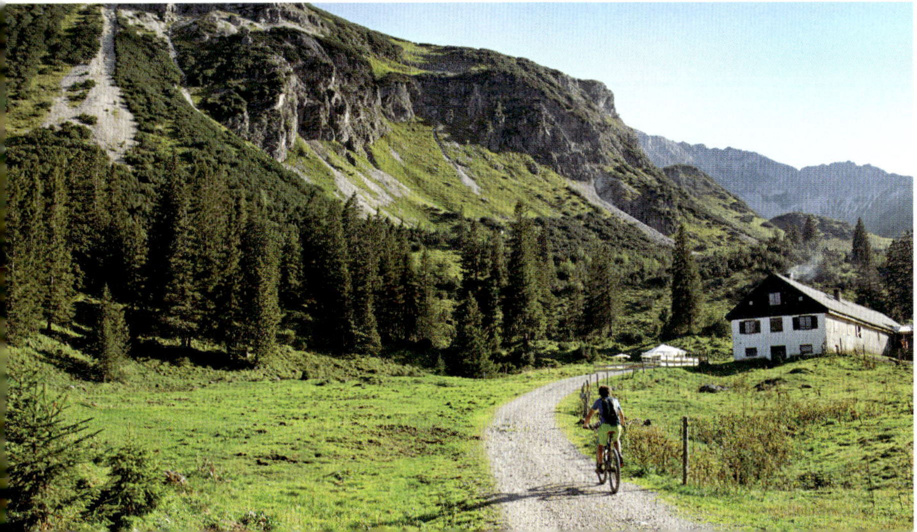

*Das Älpele im Älpelestal.*

# 32 Runde um den Einstein

**Strecke**
19,8 km, 3.00 Std., 680 Hm, tiefster/höchster Punkt 1075/1500 m, mittlere Steigung 11 %, maximale Steigung 15 %.

**Anspruch**
Kondition: ●●●○○
Fahrtechnik: ●●●●○

**E-Bike** ○○

**Verpflegungsmöglichkeiten**
Gasthaus Beim Öfner in Innergschwend: Mi und Do Ruhetag, Tel. +43 5675 6852; Grän (kleiner Umweg): mehrere Einkehrmöglichkeiten; Pfrontner Alm: keine Einkehr.

**Anfahrt/Ausgangspunkt**
Nach Pfronten und von hier auf der Achtalstraße ins Tannheimer Tal. Kurz vor (nördlich) der Ortschaft Grän befindet sich auf der linken Straßenseite der sehr große Wanderparkplatz (Terrassenstufen). Alternativ vom Tannheimer Tal an der Ortschaft Grän vorbei zum Parkplatz. Exakter Startpunkt: Abzweigung an der Hauptstraße zum Parkplatz.

**Karte**
f&b WK 352.

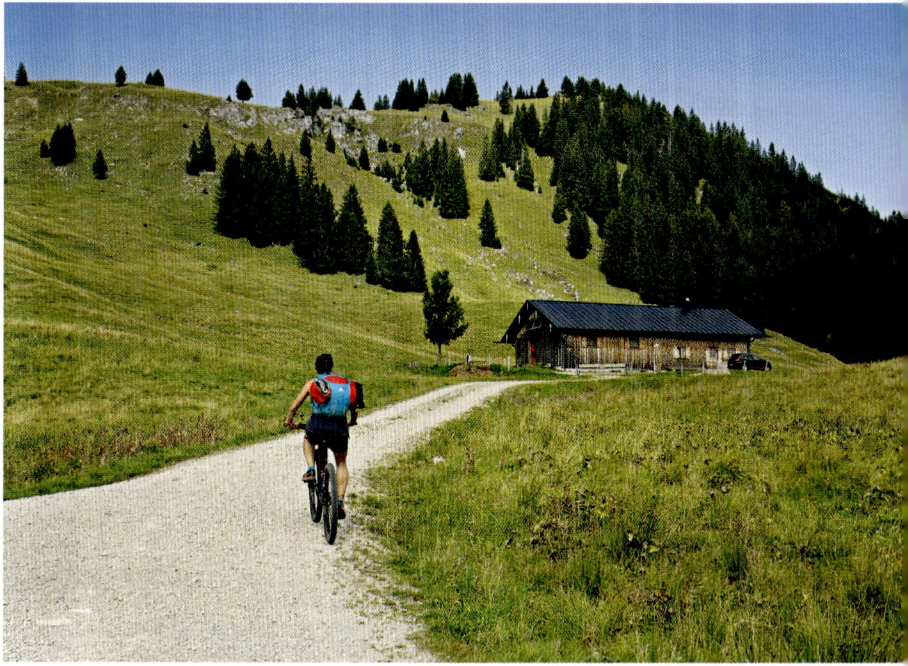

*Die Pfrontner Alm und direkt dahinter der Schönkahler (1688 m)*

**Resümee**
Auf dieser abwechslungsreichen Rundtour gibt es zwar keine Almen zum Einkehren, dafür ist man hier meist allein unterwegs. Neben zahlreichen schönen Aussichtspunkten wird die Tour mit einer tollen Traileinlage (S0–S1) kurz hinter der Pfrontner Alm geschmückt.

**Variante**
Wir können sogar mit dem Rad direkt zum Gipfel des Schönkahlers (1688 m). Dazu ist aber zunächst Schieben angesagt für etwa 40 Min. Belohnt werden wir mit einer tollen Abfahrt auf Wiesentrails (S1). Dazu von der Pfrontner Alm (3) den Wanderweg bergauf zum beschilderten Wiesensattel. Von hier (z. T. fahrbar) in 10 Min. zum Gipfel. Auf bekanntem Weg zurück zum Sattel und hier geradeaus weiter, erst flach, dann erneut ansteigend zum Pirschling. Weiter am Kamm entlang und über einen Wiesentrail bergab zur Schotterpiste (5).

**Hinweis**
Tour befindet sich in Österreich und ist auf Abschnitten nicht als offizielle MTB-Tour ausgeschildert.

*Für die Variante zum Gipfel des Schönkahlers ist ab der Pfrontner Alm Schieben angesagt.*

Die Mountainbiketour rund um den Einstein bietet zwar keine Einkehrmöglichkeit oben am Berg; das ist jedoch das einzige Manko dieser Tour. Die mit knapp 20 km Strecke und ca. 700 Hm eher moderate Tour ist ein wahrer Genuss, gespickt mit mehren Bikehighlights. Die konditionellen Anforderungen halten sich in Grenzen und die kurzen einfachen Trailpassagen zaubern ein breites zufriedenes Grinsen auf das Bikergesicht. Bei der Tour umrunden wir – zeitweise auf einsamen und sehr ruhigen Abschnitten – einmal komplett den 1866 m hohen Gipfel des Einsteins, der freistehend die Bergkulisse nördlich der Ortschaft Tannheim dominiert. Der Schön-

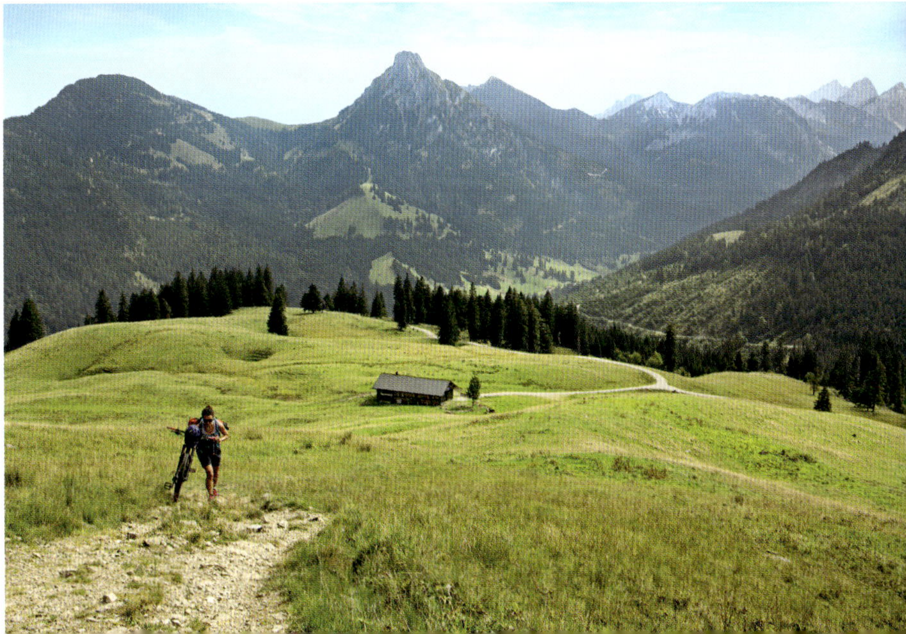

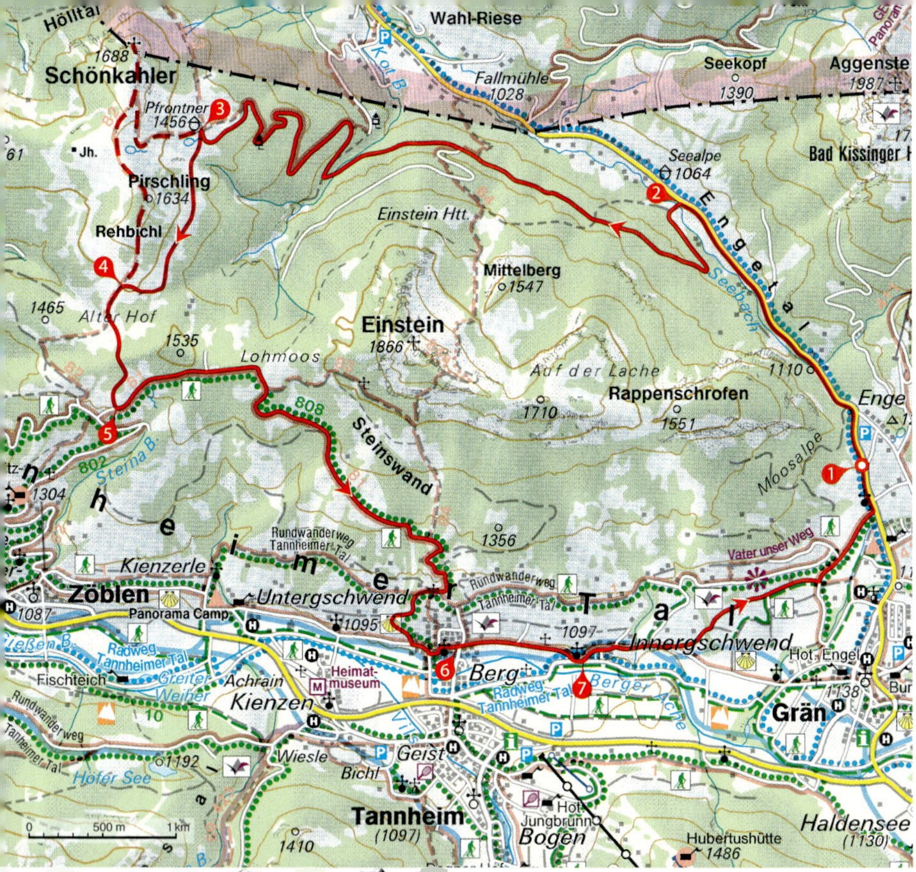


kahler mit seinen 1688 m stellt den zweiten Berggipfel dar, dem wir bei dieser Tour sehr nahe kommen. Alle, die das Bike auch gerne ein Stück schieben und die Herausforderungen auf anspruchsvollen Wiesentrails suchen, können sogar mit dem Fahrrad den Gipfel des Schönkahlers erreichen (siehe Variante). Bei dieser Gipfelaktion ist jedoch hohe Rücksichtnahme auf Wanderer und das Almvieh obligatorisch! Nach der gemeisterten Tour bietet sich die verdiente Einkehr in einer der Ortschaften im Tannheimer Tal an.

Unsere Tour startet am großen Wanderparkplatz bei Grän. Wir nehmen von hier die Straße in Richtung Pfronten. Entlang des Seebachs rollen wir durch das Engetal Richtung Norden. Zeitweise sorgt hier Vieh auf der Straße für eine Entschleunigung der Touristen, die oftmals ungeduldig in ihrem Auto sitzen und es kaum erwarten können, bis die Vierbeiner den Weg wieder frei geben. Kurz vor der Landesgrenze biegen wir bei der Seealpe von der Straße nach links ab. Ab hier beginnt die Auffahrt zur Pfrontner Alm. Die knapp 400 Hm bis zur Alm verlaufen auf einem eher einsamen, aber sehr guten Forstweg. Wanderer werden wir vermutlich erst auf dem zweiten Abschnitt der Auffahrt nach der Überquerung des

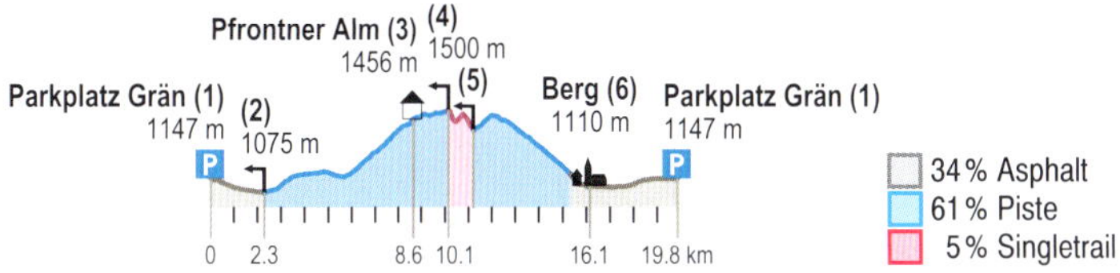


*Von einem Sattel (1483 m) führt ein Trail zurück ins Tannheimer Tal.*

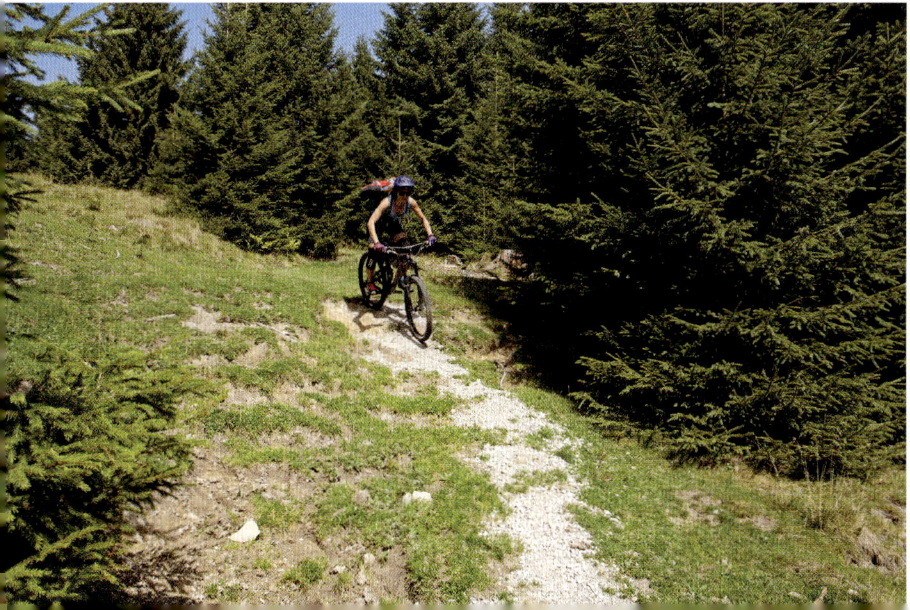

Kotbachs antreffen. Die Steigungen halten sich in Grenzen und nach mehreren Serpentinen stehen wir vor der Pfrontner Alm. Die Alm ist nicht bewirtschaftet, bietet aber einen herrlichen Ausblick auf die umliegende Bergwelt. Wir blicken auf den Breitenberg, den imposanten Aggenstein und die zahlreichen Gipfel rund um den Vilsalpsee. Zeitweise gibt es Getränke, die in der Viehtränke vor der Alm gekühlt werden und für die notwendige Erfrischung sorgen.

Falls wir uns nicht für die Gipfel-Variante entscheiden, bringt uns eine gute Piste mit bestem Ausblick unterhalb der Hänge des Pirschlings weiter in Richtung Süden. Schon bald verspricht ein flowiger Wiesentrail Abfahrtsspaß hinab bis zu einer kleinen Holzbrücke. Der schmale Weg von hier hinauf zu einem Sattel verlangt etwas Fahrkönnen und Power in den Oberschenkeln. Jenseits des Sattels wartet erneut eine Trailabfahrt auf uns, bis wir schließlich auf einen breiten Forstweg oberhalb des Tannheimer Tals gelangen. Kurz geht es erneut ein Stück bergauf und dann rasant unterhalb des Einsteins und der Steinswand hinab zum Ortsteil Berg im Tannheimer Tal. Von hier radeln wir bequem auf guten Radwegen nach Grän, und am großen Wanderparkplatz schließt sich der Kreis.

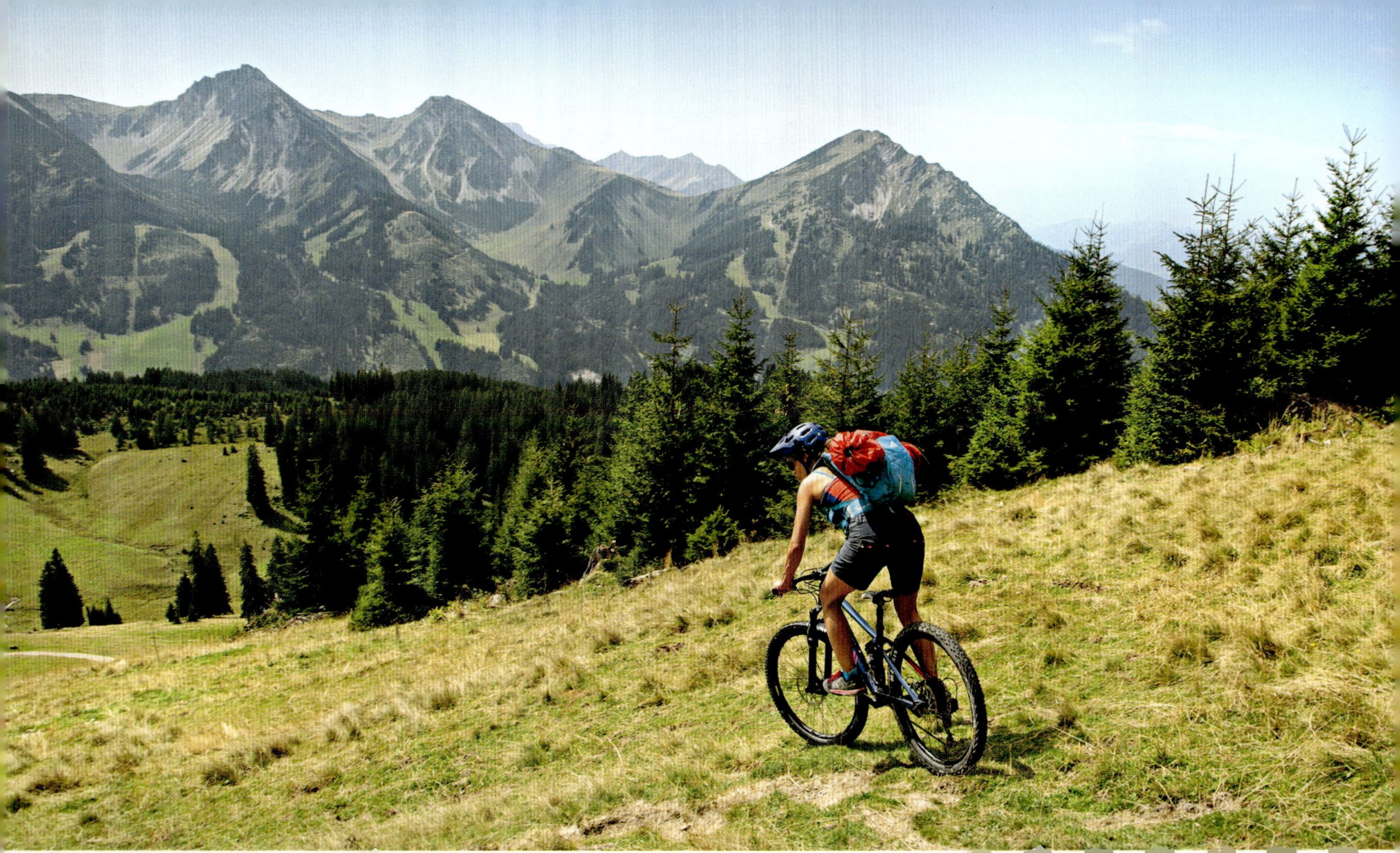

| | | |
|---|---|---|
| **0,0** | 1147 m | Am großen **Parkplatz Grän (1)** fahren wir zur Hauptstraße und folgen dieser nach rechts (Norden) in Ri. »Pfronten«. Bald rollt es bequem bergab. |
| **2,3** | 1075 m | Am **Abzweig (2)** bei der Seealpe links ab, auf einem Schotterweg über eine Brücke und in einer Linkskurve hinauf in den Bergwald. |
| **2,9** | 1100 m | Wir folgen dem Hauptweg durch die Rechtskehre. |
| **4,8** | 1148 m | Weiter geradeaus. |
| **5,8** | 1167 m | Nach einer Brücke folgen wir der Rechtskehre, gleich beim kommenden Abzweig weiter geradeaus auf der Piste bergauf. |
| **8,5** | 1438 m | Wenige Meter vor der sichtbaren Alm rechts auf dem Schotterweg zur Alm. |
| **8,6** | 1456 m | An der **Pfrontner Alm (3)** haben wir eine prächtige Aussicht und eine Rast verdient. Zurück die wenigen Meter auf bekanntem Weg zum Abzweig und hier rechts auf dem Schotterweg leicht bergab in Ri. Süden. *Variante – Trail Schönkahler: Wir schieben das Bike von der Alm über den steilen Wiesenhang nach Westen hinauf zum Wiesensattel.* |
| **10,1** | 1500 m | Wir queren auf einem guten Weg die Hänge unterhalb des Pirschlings und gelangen so zu einem beschilderten **Abzweig (4)**. Hier links ab auf einen schönen Wiesentrail und bergab bis zu einer kleinen Holzbrücke. |
| **10,4** | 1440 m | Bei der Holzbrücke auf Trail weiter geradeaus. Zunächst kurz flach, dann auf Trail bergan, aber fahrbar. |
| **10,7** | 1483 m | Ein paar enge Serpentinen (fahrbar) bringen uns zu einem Gatter, nach diesem haben wir den Sattel erreicht. Hier geradeaus auf einem einfachen Trail bergab durch den Wald. |
| **11,1** | 1398 m | Wir gelangen aus dem Wald. Der Trail führt uns zu einer breiten **Schotterpiste (5)**. Hier links leicht bergauf weiter in Ri. »Berg«. |
| **11,9** | 1477 m | Am höchsten Punkt dieses Abschnitts befindet sich ein Gatter mit Schildern. Weiter geradeaus. |
| **12,4** | 1450 m | Bei Lohmoos folgen wir der Rechtskehre bergab, bleiben stets auf der Schotterpiste und meiden alle Abzweige. |
| **15,3** | 1168 m | Die breite Piste quert oberhalb der Häuser von Berg in Ri. Westen und geht dann in eine schmale Teerstraße über. Wir bleiben auf dieser Straße. |
| **15,9** | 1121 m | Bei den ersten Häusern direkt am Ortsschild von Berg links weiter. |
| **16,0** | 1105 m | In Berg geradeaus. |
| **16,1** | 1110 m | Bei der Kapelle in **Berg (6)** rechts ab. Geradeaus verlassen wir die kleine Ortschaft. |
| **17,1** | 1104 m | Bei einer Kapelle leicht links und nur wenige Meter zum netten Gasthaus Beim Öfner in **Innergschwend (7)**. Hier leicht links weiter und auf der schmalen Teerstraße bleiben. |
| **17,7** | 1104 m | Leicht links, bald über eine Brücke und auch hier leicht links weiter. |
| **18,9** | 1149 m | Leicht links und anschließend geradeaus bis zur Hauptstraße. |
| **19,6** | 1148 m | An der Hauptstraße links und zurück zum Ausgangspunkt. |
| **19,8** | 1147 m | **Parkplatz Grän (1)**. |

*Oben: Abfahrt vom Pirschling (Variante).*
*Unten: Verdiente Pause am Gipfel des Schönkahlers (Variante).*

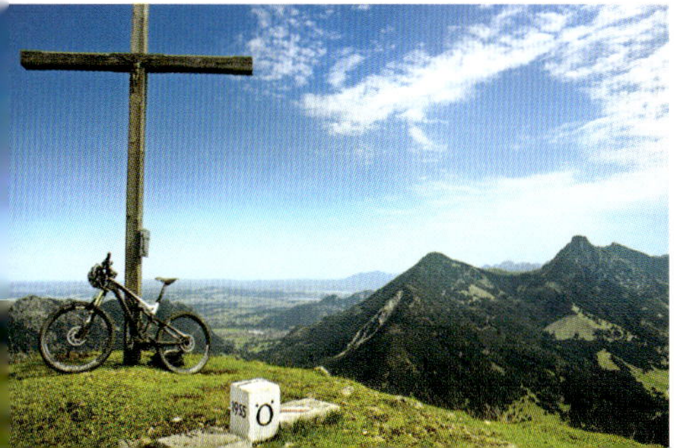

# 33 Usseralpe

**Strecke**
12,9 km, 2.30 Std., 540 Hm, tiefster/höchster Punkt 1097/1633 m, mittlere Steigung 10 %, maximale Steigung 13 %.

**Anspruch**
Kondition: ●●●○○
Fahrtechnik: ●●○○○

**E-Bike** ●○
Sehr steile Abschnitte bei der Abfahrt.

**Verpflegungsmöglichkeiten**
Usseralpe: Mitte Mai bis Ende Okt., kein Ruhetag, www.tannheimertal.at/usseralpe/; Tannheim: zahlreiche, z. B. Pizzeria Mama Mia, siehe Tour 31.

**Anfahrt/Ausgangspunkt**
Ins Tannheimer Tal nach Tannheim zur Talstation der Bergbahn Neunerköpfle am östlichen Ortsende. Zahlreiche Parkmöglichkeiten. Exakter Startpunkt: direkt an der Talstation beim Ortsschild »Tannheim« gegenüber der Pizzeria Mama Mia.

**Karte**
f&b WK 352.

**Resümee**
Nicht mit der Bergbahn, sondern mit dem Mountainbike in die Gipfelregion des Neunerköpfles im Tannheimer Tal. Ein stetig ansteigender, aber nicht extrem steiler Forstweg bringt uns zur schön gelegenen Usseralpe. Abfahrt erfolgt auf demselben Weg.

**Variante**
Rückweg oberhalb von Tannheim: Am WP 3 rechts ab von der eigentlichen Piste in Ri. »Talstation«. Ein kurzes Trailstück (wenige Meter) bringt uns auf eine gute Piste. Auf dieser queren wir die Hänge oberhalb von Tannheim und kehren schließlich zurück zur Talstation.

**Hinweis**
Tour befindet sich in Österreich und ist nicht als offizielle MTB-Tour ausgeschildert.

Der Gipfelbereich des Neunerköpfles ist nicht zuletzt wegen der modernen 8er-Gondelbahn stark frequentiert. Der 1862 m hohe Gipfel thront wie eine Aussichtskanzel über dem Tal und bietet nicht nur Wanderern ein traumhaftes 360-Grad-Panorama, sondern ist auch ein beliebter Startplatz für Gleitschirmflieger. So ist an vielen Tagen der Himmel voller bunter Schirme, deren Besitzer ihre Flugkünste in der Thermik präsentieren, während die Wanderer das Treiben vor einer fantastischen Bergkulisse vom Neunerköpfle beobachten können. Der Gipfelname leitet sich übrigens angeblich von »Neunuhrköpfle« ab. Diese Erklärung schrieb August Kübler bereits im Jahre 1898 in der Zeitschrift des Deutschen und Österreichischen Alpenvereins nieder. Ihm zufolge steht die Sonne um neun Uhr direkt über dem Gipfel, wenn man vom Tannheimer Ortsteil Höfen aus hinschaut.

Wir starten unsere Tour wie die vielen anderen Berg- und Luftliebhaber auch in der Ortschaft Tannheim, nutzen jedoch weder die Bergbahn noch steuern wir den eigentlichen Gipfel an. Unser Ziel ist die traumhaft südwestlich unterhalb des Gipfels gelegene Usseralpe (1633 m).

Vom Parkplatz an der Talstation der Neunerköpflebahn rollen wir los und fahren uns warm. Es geht zunächst durch den Ort Tannheim und dann auf der schmalen Teerstraße in Richtung Vilsalpsee. Schon bald zweigen wir jedoch von der Straße nach links ab und gelangen so zur eigent-

*Nur noch wenige Höhenmeter bis zur Usseralpe. Weit unten das Tannheimer Tal und im Hintergrund der felsige Gipfel des Einsteins.*

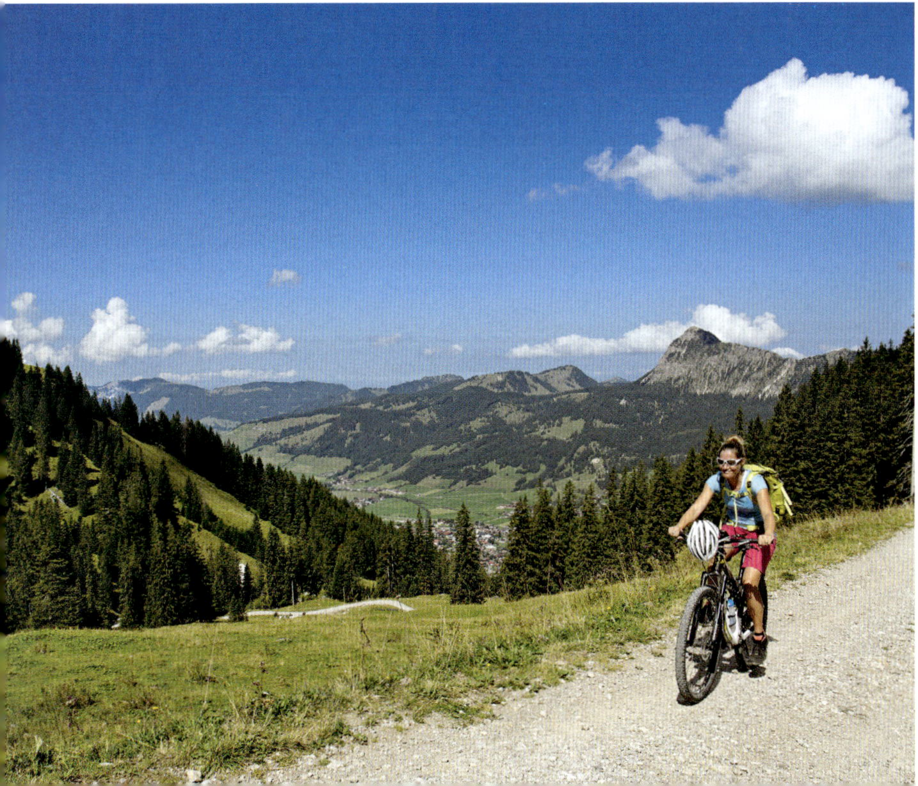

lichen Auffahrt. Auf einem guten Forstweg gewinnen wir durch zahlreiche Kehren am Südwesthang des Neunerköpfles rasch an Höhe. Zeitweise spendet der Bergwald angenehmen Schatten, und an zahlreichen Stellen bieten sich herrliche Blicke zurück ins Tannheimer Tal. Etwa auf halber Höhe wird es deutlich flacher und wir queren den Hang, bevor uns erneut wieder etwas steilere Serpentinen erwarten. Nach knapp 600 Hm erreichen wir die einladende und viel besuchte Usseralpe. Eine Pause und Einkehr haben wir uns nach der Anstrengung wirklich verdient.
Die anschließende rasante Abfahrt erfolgt auf dem uns bekannten Weg zurück ins Tal. Hier warten auf uns zahlreiche Restaurants und Cafés, in denen wir unseren Bike-Tag ausklingen lassen können.

26 % Asphalt
74 % Piste
0 % Singletrail

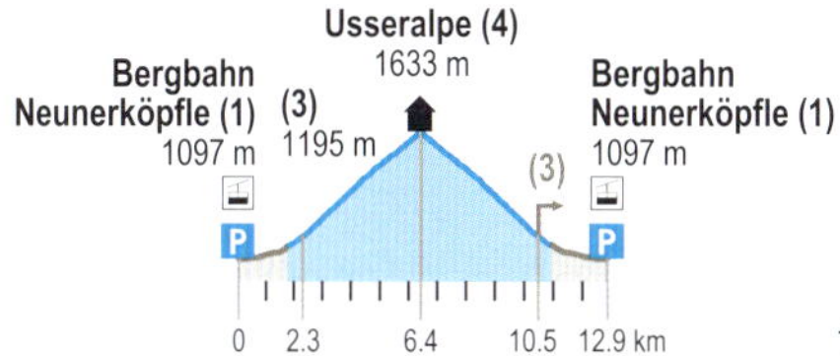

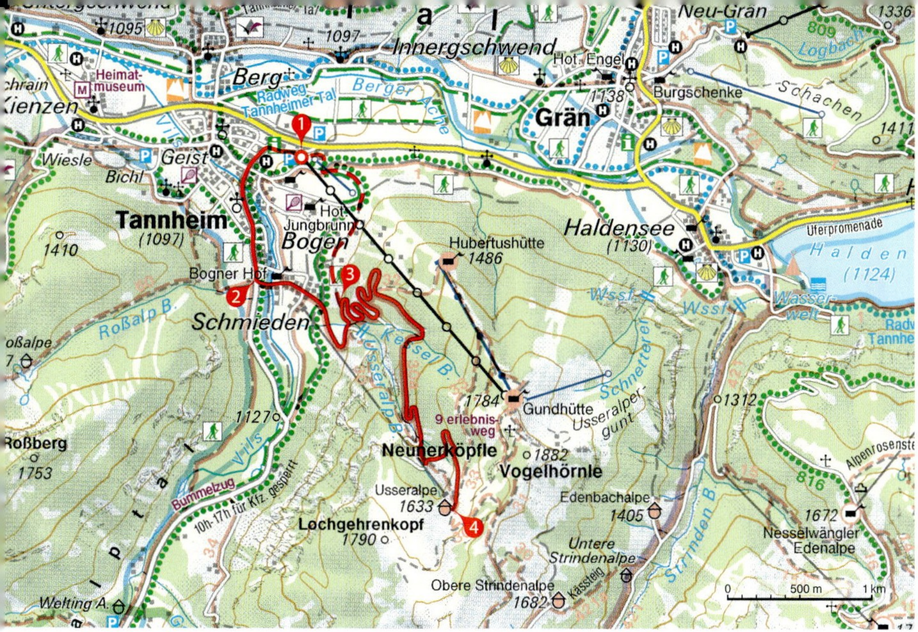


**0,0**
1097 m
Wir starten an der **Bergbahn Neunerköpfle (1)** und fahren auf der Teerstraße in Ri. Westen in den Ortskern von Tannheim (am großen Mammut vorbei).

**0,2**
1097 m
Am Kreisverkehr beim Touristeninformationszentrum links in die Vilsalpstraße. Gleich danach an der Sparkasse und am Hotel Schwarzer Adler weiter geradeaus.

**0,4**
1100 m
Geradeaus weiter auf der Vilsalpstraße.

**0,6**
1105 m
Weiter geradeaus. Bald lassen wir eine Kapelle links liegen und folgen stets der Straße. Dann lassen wir rechts einen kleinen Parkplatz liegen.

**1,2**
1120 m
An der **Haltestelle Bogen (2)** bei einer Schranke links ab in Ri. »Usseralpe«. Bald über eine Brücke.

**1,5**
1125 m
An der Kreuzung beim Gasthaus Bergheim geradeaus weiter. Ab jetzt bergauf. An der nächsten Kreuzung erneut geradeaus weiter.

**2,3**
1195 m
An einem beschilderten **Abzweig (3)** weiter auf der breiten Piste geradeaus bergauf.
*Hier zweigt bei der Abfahrt die Variante zur Talstation ab. Bei Bedarf diesen Abzweig merken.*

**3,6**
1330 m
Weiter auf der Piste geradeaus bergauf.

**4,7**
1460 m
Dem Hauptweg durch die Linkskehre folgen.

**6,4**
1633 m
**Usseralpe (4)**. Für die Abfahrt nehmen wir den bekannten Weg auf der Piste bergab.

**10,5**
1195 m
Am **Abzweig (3)** weiter geradeaus bergab, auf bekanntem Weg weiter.
*Variante – Rückweg oberhalb von Tannheim: Hier rechts ab von der Piste auf einen Pfad in Ri. »Talstation«.*

**12,9**
1097 m
**Bergbahn Neunerköpfle (1)**.

*Unten: Steile Auffahrt mit tollem Blick auf das felsige Rauhorn (links) und das Gaishorn (rechts).*

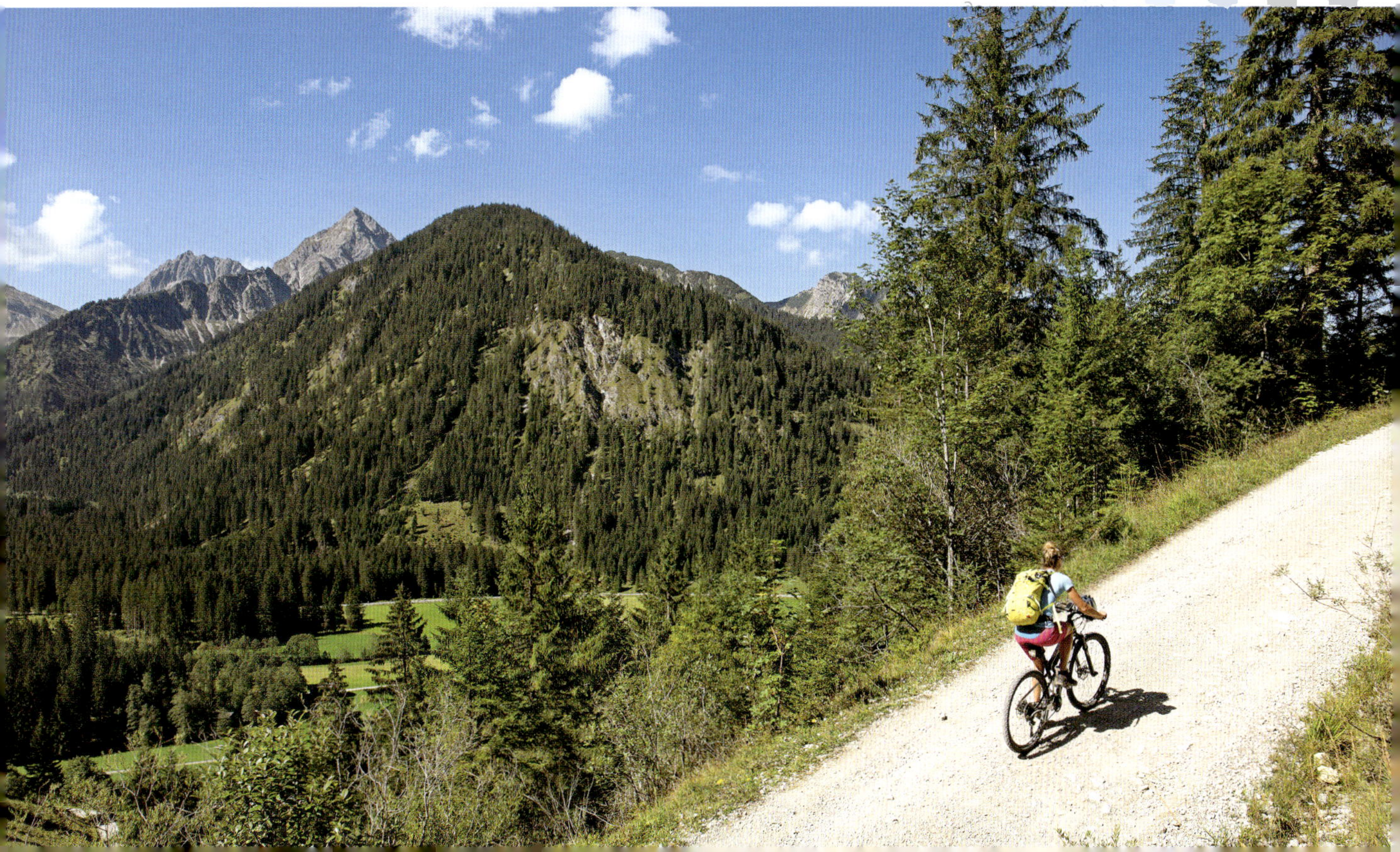

# 34 Runde an der Krinnenspitze

**Strecke**
20,2 km, 3.00 Std., 730 Hm, tiefster/höchster Punkt 1110/1727 m, mittlere Steigung 9 %, maximale Steigung 11 %.

**Anspruch**
Kondition: ●●●○○
Fahrtechnik: ●●●○○

**E-Bike** ●○
Kurze Abschnitte auf einfachem Trail (Meraner Steig).

**Verpflegungsmöglichkeiten**
Nesselwängler Ödenalpe (oft auch Nesselwängler Edenalpe): www.edenalpe.at; Gräner Ödenalpe: www.oedenalpe.at; Krinnenalpe: geöffnet Mitte Dez. bis Ostermontag und Mitte Mai bis zum letzten Sonntag im Okt., www.krinnenalpe.tirol; Jausenstation Klein Meran in Rauth; Landgasthof Schuster (direkt an der Talstation): Di Ruhetag, www.schuster.co.at.

**Anfahrt/Ausgangspunkt**
Ins Tannheimer Tal zum Ort Nesselwängle und hier zum großen gebührenpflichtigen Parkplatz an der Talstation des Sessellifts Krinnenalpe, Schild »Ski- und Wandergebiet Krinnenalpe«. Exakter Ausgangspunkt: direkt am Gebäude der Talstation.

**Karte**
f&b WK 352.

**Resümee**
Eine aussichtsreiche Genusstour hoch über dem Tannheimer Tal, die viele Highlights bietet: Auffahrt auf guter Schotterpiste mit humaner Steigung, drei aussichtsreiche und einladende Alpen, einfacher und flowiger Trail (S0), Bike & Hike-Möglichkeit auf die Krinnenspitze.

**Varianten**
Variante A – Trailabfahrt nach Rauth: Alternativ zur Abfahrt nach dem Meraner Steig auf der Schotterpiste können wir auch auf einem Trail (S1–S2) nach Rauth abfahren. Dazu zweigen wir am Abzweig (7) nach links auf den Trail ab. Bei der Trailabfahrt wird die eigentliche Abfahrt auf der Schotterpiste zweimal gekreuzt. In Rauth erreichen wir wieder den Hauptweg.
Variante B – Direkte Abfahrt Krinnenalpe: Verkürzung und Vereinfachung der Tour, indem wir bei der Abfahrt nach dem Alpenrosenweg am Abzweig direkt nach der Krinnenalpe (6) links auf einer Piste bergab zum WP 2 fahren und von dort die bekannte Piste direkt zum Ausgangspunkt nehmen (siehe Karte).

**Bike & Hike**
Von der Gräner Ödenalpe (5, 1714 m) bzw. vom Sattel auf einfachem und beschildertem Weg meist über Almwiesen bis zum Gipfel der aussichtsreichen Krinnenspitze (2000 m) und auf demselben Weg zurück zur Alpe. Gesamtzeit 1.30–2 Std.

Die kleine Ortschaft Nesselwängle mit ihren knapp 500 Einwohnern liegt am Osteingang des Tannheimer Tals. Nördlich der Gemeinde steht das Gimpelhaus wie ein Adlerhorst oben am Hang. Dahinter ragen die bekannten, felsigen Gipfel von Roter Flüh, Gimpel und Köllenspitze in den Himmel. Im Sommer tummeln sich hier in den steilen Südwänden zahlreiche Kletterer und genießen den warmen Fels – Felsformationen, die an die Dolomiten erinnern. Südlich von Nesselwängle sieht es landschaftlich etwas lieblicher und weniger steil aus. Hier dominiert der Gipfelaufbau der exakt 2000 m hohen Krinnenspitze das Landschaftsbild. Die Krinnenspitze ist durch eine Liftanlage, zahlreiche Alpen und ein dichtes Wegenetz sehr gut für Bergtouristen erschlossen. Auch für uns Biker hat die Krinnenspitze viel zu bieten, die hier beschriebene Rundtour verspricht hohe Abwechslung, zahlreiche Einkehrmöglichkeiten, ein tolles Bergpanorama und eine große Portion Fahrspaß!

*Die felsige Nordwand des Litnisschrofen. Die Tour führt links vom Gipfel über den Sattel zur Gräner Ödenalpe.*

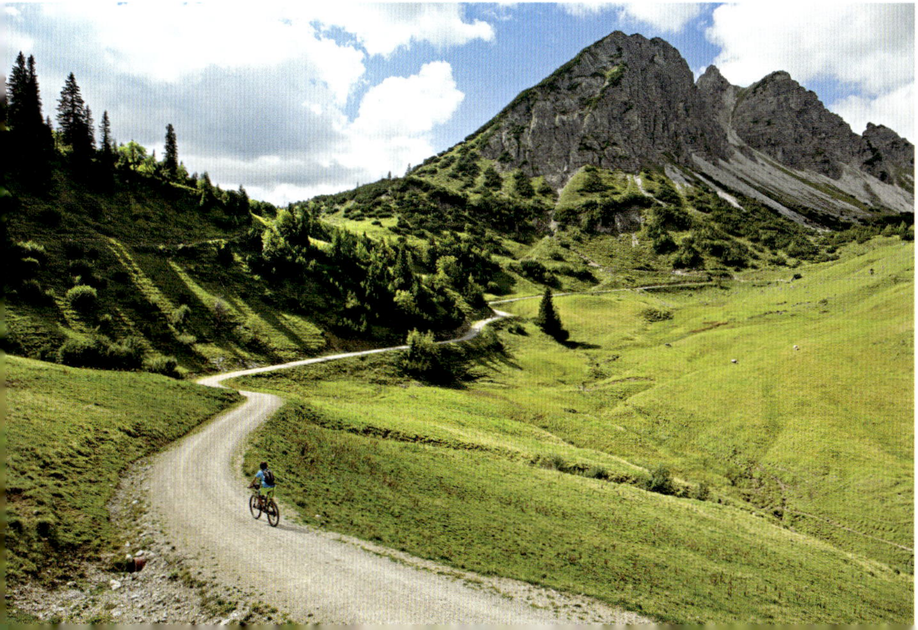

Wir starten an der Talstation des Sessellifts Krinnenalpe. Die zunächst schmale Teerstraße geht schon bald in einen guten Forstweg über und wir gewinnen rasch an Höhe. Der Bergwald spendet an heißen Tagen wertvollen Schatten. Schnaufen und Schwitzen sind trotzdem angesagt. Und beim Blick auf die nahe Sesselliftanlage können wir uns schon die Frage stellen, warum wir nicht in einem dieser »Sessel« sitzen. Ab der Nesselwängler Ödenalpe wird es dann flacher und der Ausblick auf die umliegende Bergwelt wird immer besser. Über einen ab der Nesselwängler Ödenalpe gut erkennbaren Sattel erreichen wir schließlich die sehr schön südwestlich der Krinnenspitze gelegene Gräner Ödenalpe. Von der Alpe genießen wir einen herrlichen Blick hinab ins Lechtal und auf all die Gipfel der Lechtaler Alpen.

Nach der verdienten Einkehr bietet sich ein Abstecher zu Fuß zum Gipfel der Krinnenspitze oder des Litnisschrofens an.

Rasant geht es auf dem bekannten Weg zurück zur Nesselwängler Ödenalpe und hier rechts ab über den sogenannten Alpenrosensteig zur Krinnenalpe. Der Blick auf Rote Flüh, Gimpel und Köllenspitze könnte kaum besser sein. Als Variante können wir von hier die direkte Abfahrt zurück zur Talstation nehmen. Wir empfehlen jedoch den Weiterweg auf dem Meraner Steig. Dabei handelt es sich um einen einfachen und sehr flowigen Singletrail, der unterhalb der Krinnenspitze am Hang entlang Richtung Osten führt. Nach dem Trailabschnitt wartet auf uns eine schnelle Abfahrt auf einem guten Forstweg hinab zum kleinen Ort Rauth. Von hier rollen wir bequem durch das Tannheimer Tal zurück zum Ausgangspunkt an der Talstation bei Nesselwängle.

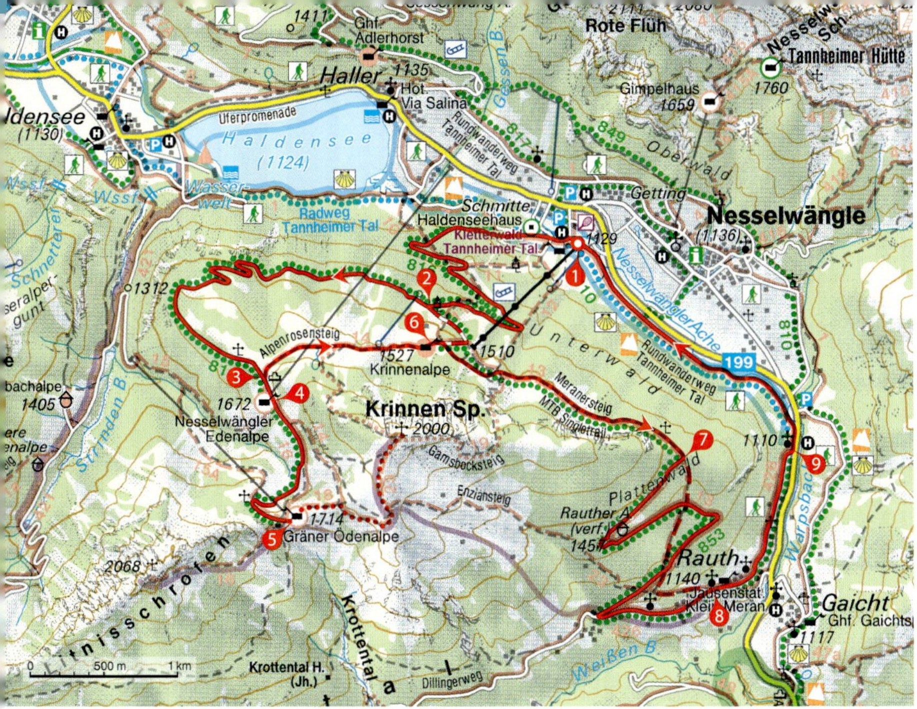


| | |
|---|---|
| **0,0**<br>1129 m | Start am Treppenaufgang der **Talstation Krinnenalpe (1)**, zum westlichen Ende des Parkplatzes. Hier auf schmaler Teerstraße links bergauf in Ri. »Krinnenalpe« (MTB-Schild). |
| **0,4**<br>1165 m | In der folgenden Linkskehre auf der Teerstraße bleiben. |
| **0,6**<br>1176 m | Am Abzweig scharf rechts weiter bergauf in Ri. »Krinnenalpe«. Ab jetzt Piste. |
| **3,4**<br>1457 m | In einer **Linkskehre (2)** rechts ab flach zur sichtbaren Talstation einer kleinen Liftanlage. Von hier kurz bergab und anschließend wieder bergauf. |
| **6,7**<br>1662 m | Am **Abzweig (3)** geradeaus zur schon sichtbaren Alpe. *Diesen Abzweig für die Abfahrt merken.* |
| **6,8**<br>1672 m | Vorbei an der **Nesselwängler Ödenalpe (4)**. Wir bleiben auf dem Hauptweg, der leicht bergab am Hang entlangläuft. Dann wieder bergauf. |
| **7,8**<br>1693 m | In einer Linkskehre bleiben wir auf dem Hauptweg. |

**8,1**
1727 m
Wir überqueren den Bergrücken an einem Sattel.

**8,2**
1714 m
Nur wenige Meter nach dem Sattel liegt die **Gräner Ödenalpe (5)**. Von der Alpe nehmen wir den bekannten Weg zurück zum Abzweig.

*Bike & Hike: Von hier bzw. vom nahen Sattel bietet sich die Wanderung zum Gipfel der Krinnenspitze an.*

**9,6**
1662 m
Am bekannten **Abzweig (3)** rechts ab, leicht bergauf in Ri. »Krinnenalpe/ Alpenrosenweg«.

*Verdiente Pause an der Gräner Ödenalpe. Im Hintergrund der Gipfelaufbau des Litnisschrofen.*

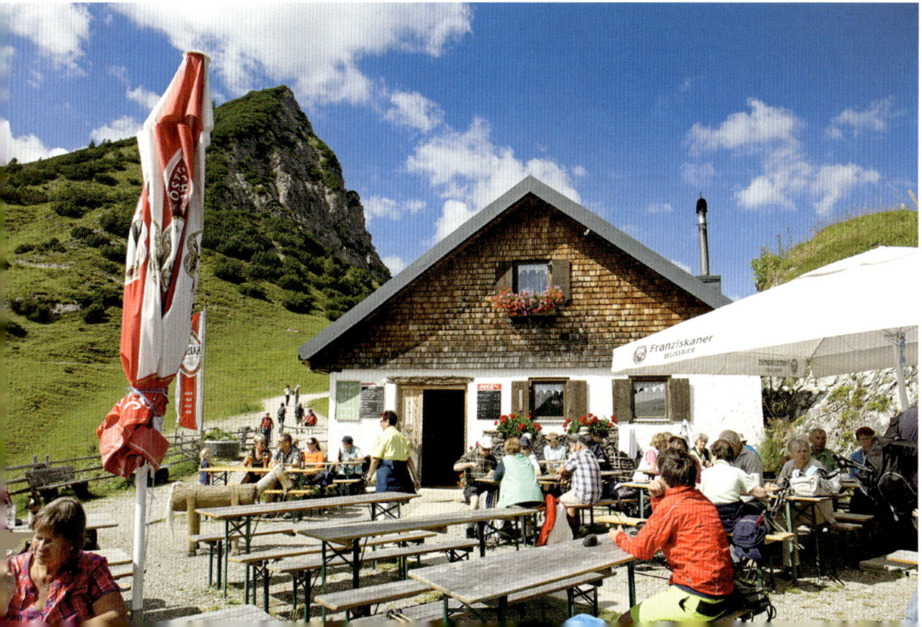


**11,1**
1527 m
Der aussichtsreiche Alpenrosenweg bringt uns direkt zur **Krinnenalpe (6)**. Für den Weiterweg fahren wir unterhalb der Alpe weiter und lassen diese damit rechts liegen.

**11,2**
1525 m
Direkt nach der Alpe am Abzweig rechts und auf den oberen Weg in Ri. »Rauth/Meraner Steig«.
*Variante B – Direkte Abfahrt Krinnenalpe: Wir halten uns hier links, fahren direkt zurück zum WP 2 und weiter zum Ausgangspunkt.*

**11,5**
1517 m
Geradeaus weiter auf dem Meraner Steig.

**11,6**
1526 m
An einer Wegekreuzung weiter geradeaus. Hier geht die Piste in den Trail über, der sich am Hang entlang windet.

**13,1**
1466 m
Nach einer Rechtskurve an einem **Abzweig (7)** geradeaus weiter auf dem Hauptweg und gleich danach wieder geradeaus die Piste nehmen.
*Variante A – Trailabfahrt nach Rauth: Wir halten uns am Abzweig (7) links, verlassen damit den Hauptweg und nehmen den Trail in Ri. »Rauth Nr. 13«.*

**14,0**
1438 m
Nach einer Linkskehre weiter geradeaus dem Hauptweg folgen.

**15,6**
1252 m
Weiter geradeaus.

*Rechts: Trailabfahrt nach Rauth (Variante A), im Hintergrund die Gaichtspitze.*
*Unten: Aussichtsreiche Auffahrt von der Nesselwängler Ödenalpe zur Gräner Ödenalpe, am Horizont der Aggenstein.*

**16,0** 1213 m — Wir folgen dem Hauptweg durch die Linkskehre.

**16,8** 1140 m — An einer Kapelle vorbei. Kurz danach geht bei den ersten Häusern von Rauth die Schotterpiste in eine Teerstraße über, danach trifft von links die Trailabfahrt auf diese Teerstraße. Bei der Kapelle in **Rauth (8)** gelangen wir an einen Abzweig. Hier halten wir uns rechts und folgen weiter der Teerstraße bergab.

**18,0** 1110 m — Die schmale Teerstraße bringt uns zur **Bushaltestelle Rauth (9)**, die an der Hauptstraße liegt, die vom Lechtal ins Tannheimer Tal führt. An der Bushaltestelle nehmen wir die Piste in Ri. »Nesselwängle«, die parallel zur Hauptstraße nach Norden führt.

**18,4** 1114 m — Geradeaus immer der Beschilderung »Nesselwängle Talstation« folgen.

**19,4** 1129 m — Geradeaus auf der Piste weiter und so zurück zum Ausgangspunkt.

**20,2** 1129 m — **Talstation Krinnenalpe (1)**.

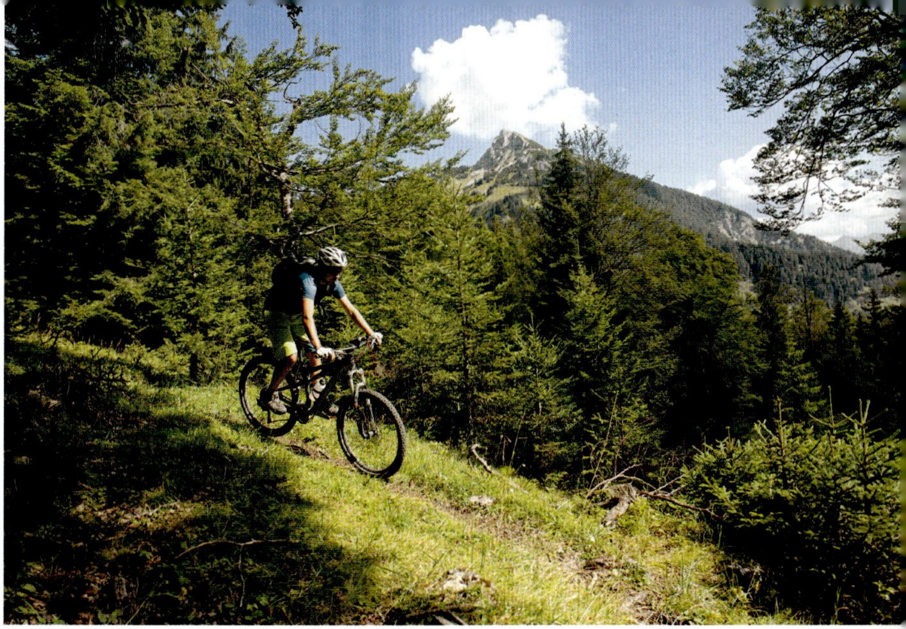

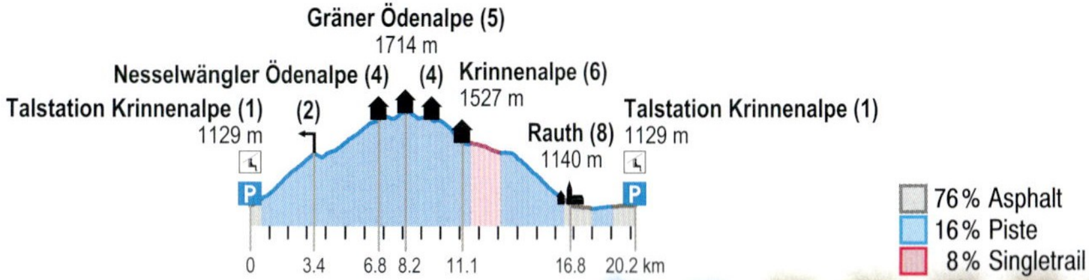

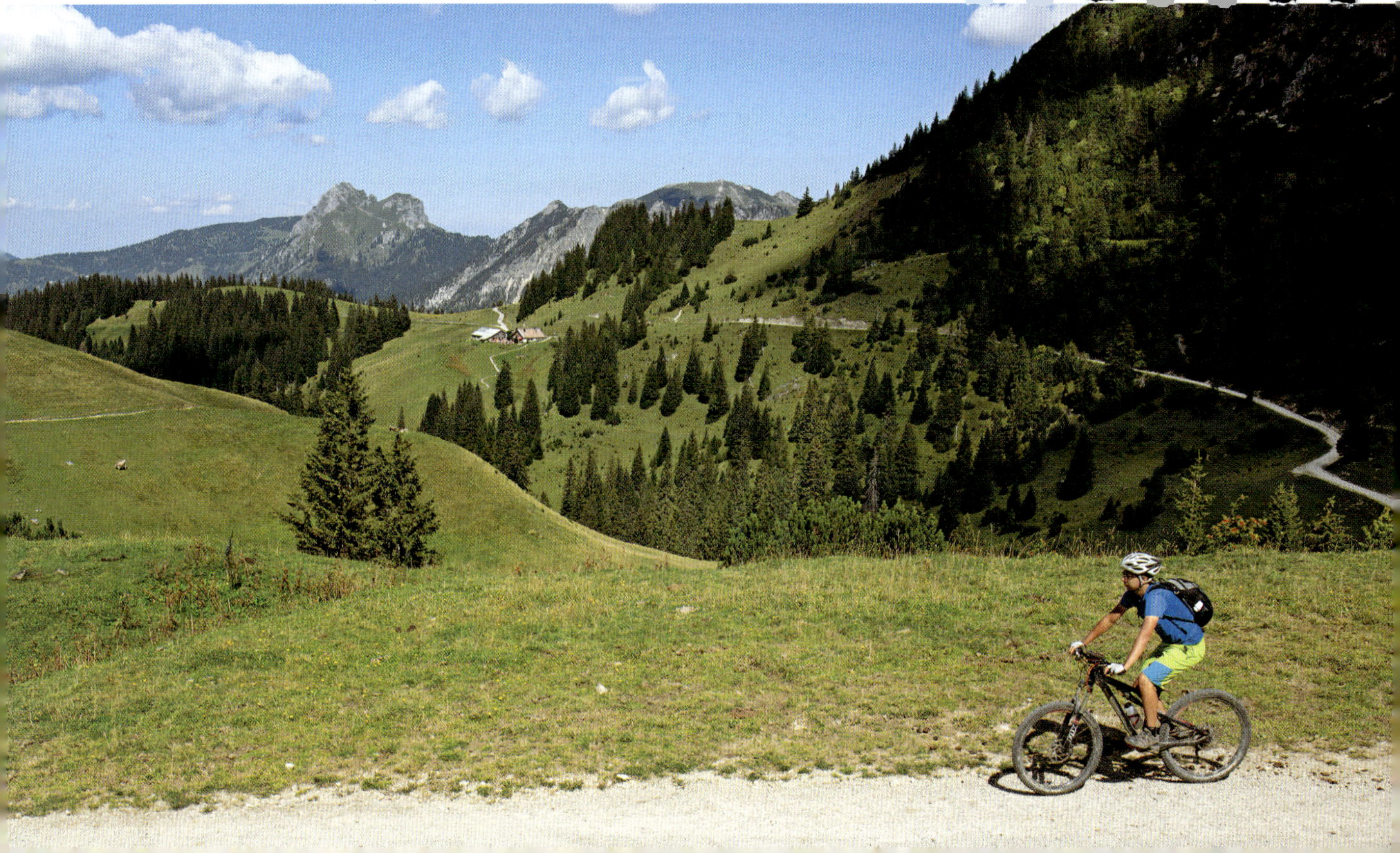

# 35 Dinserhütte

**Strecke**
24,7 km, 3.00 Std., 740 Hm, tiefster/höchster Punkt 853/1495 m, mittlere Steigung 9 %, maximale Steigung 15 %.

**Anspruch**
Kondition: ●●●○○
Fahrtechnik: ●●○○○

**E-Bike** ●○
Mit E-Bike bei der Abfahrt auf dem Forstweg bleiben und nicht die Trailabschnitte nutzen.

**Verpflegungsmöglichkeiten**
Vilstalsäge: Mo und Di Ruhetag, Mi ab 15 Uhr, www.vilstalsaege.de; Dinserhütte: Juni bis Mitte Sept., an Sa, So und Feiertagen, Tel. +49 8363 6352; Gundhütte: Di und Mi Ruhetag, www.gundhuette.de; Pfronten: zahlreiche Einkehrmöglichkeiten.

**Anfahrt/Ausgangspunkt**
Nach Pfronten und dort zum Bahnhof. Mehrere Parkmöglichkeiten in der Umgebung des Bahnhofs. Exakter Startpunkt: direkt vor dem Haupteingang des Bahnhofs in Pfronten.

**Karte**
f&b WK 352.

**Resümee**
Technisch einfache Rundtour von Pfronten zur aussichtsreichen Dinserhütte. Zunächst bequemes Warmradeln auf Asphalt durch das Vilstal und dann homogen steiler Anstieg auf guten Forstwegen zur Hütte. Die Abfahrt zur Gundhütte kann alternativ mit anspruchsvollen Trailabschnitten (Variante) aufgepeppt werden.

**Variante**
Trailabfahrt: Auf dem Abschnitt von der Dinserhütte zur Gundhütte kann alternativ zur Schotterpiste immer wieder auf Trails abgefahren werden. Oft sind die Trails (S2, Stellen S3) sehr verwurzelt und mit zahlreichen Stufen gewürzt. Bei Nässe werden die Trails deutlich anspruchsvoller. Auf Wanderer Rücksicht nehmen!

**Hinweis**
Die Tour verläuft zum Teil durch ein Wildschutzgebiet (Hinweisschilder), das vom 1.10. bis 30.04. gesperrt ist.

Südlich unterhalb des Edelsbergs bei Pfronten liegt idyllisch inmitten der Alpweiden auf einer Höhe von knapp 1500 m die Dinserhütte. Während der Sommermonate zwischen Juni und Mitte September grasen die Schumpen – so nennen die Allgäuer das junge Vieh – auf den saftigen Wiesen rund um die Alpe. Im Herbst kehren die Schumpen dann wieder in die Ställe der Bauern im Tal zurück. Die Alpbetreiber kümmern sich aber nicht nur um das Jungvieh, sondern auch Wanderer und Mountainbiker sind herzlich willkommen. Neben dem tollen Bergpanorama werden gute und deftige Brotzeiten sowie erfrischende Getränke angeboten. Bei der hier beschriebenen technisch einfachen Rundtour mit knapp 800 Hm von Pfronten aus stellt die aussichtsreiche Dinserhütte den höchsten Punkt dar. Die gesamte Tour verläuft auf schmalen Teerstraßen und guten Forstwegen; somit ist sie eine attraktive Einsteigertour.

Wir starten am Bahnhof in Pfronten, radeln durch den Ort und schließlich durch das nur sehr leicht ansteigende Vilstal. Ab der Schneidbachalm verlassen wir den

Asphaltuntergrund und es beginnt die eigentliche Auffahrt in Richtung Edelsberg. Teilweise im schattigen Bergwald und teils über freie, aussichtsreiche Alpweiden gewinnen wir an Höhe, wobei sich die maximale Steigung an den einzelnen Rampen in Grenzen hält. Immer wieder wartet auf uns ein herrlicher Blick in Richtung Süden auf die nahen Gipfel. So sind zum Beispiel im Tannheimer Tal der Bschießer und der Ponten gut zu erkennen. Noch weiter und beeindruckender fällt schließlich das Panorama von der Dinserhütte aus, wo wir eine wohlverdiente und ausgiebige Pause genießen. Zu beachten ist, dass die Alpe ausschließlich am Wochenende und an Feiertagen bewirtschaftet ist.

Nach der Rast schwingen wir uns wieder auf den Sattel und nehmen zunächst den bekannten Forstweg bergab. An einem größeren Abzweig halten wir uns dann in Richtung Gundhütte. Für Trailliebhaber bieten sich immer wieder lohnende, aber anspruchsvolle Abschnitte auf einem Singletrail (siehe Variante) an, der den eigentlichen Forstweg abkürzt. Falls wir nicht noch eine zweite Einkehr wünschen, lassen wir die Gundhütte rechts liegen. Wir rollen weiter bergab und erreichen wieder die ersten Häuser von Pfronten. Schließlich geht es durch den Ortskern zurück zu unserem Ausgangspunkt am Bahnhof in Pfronten.

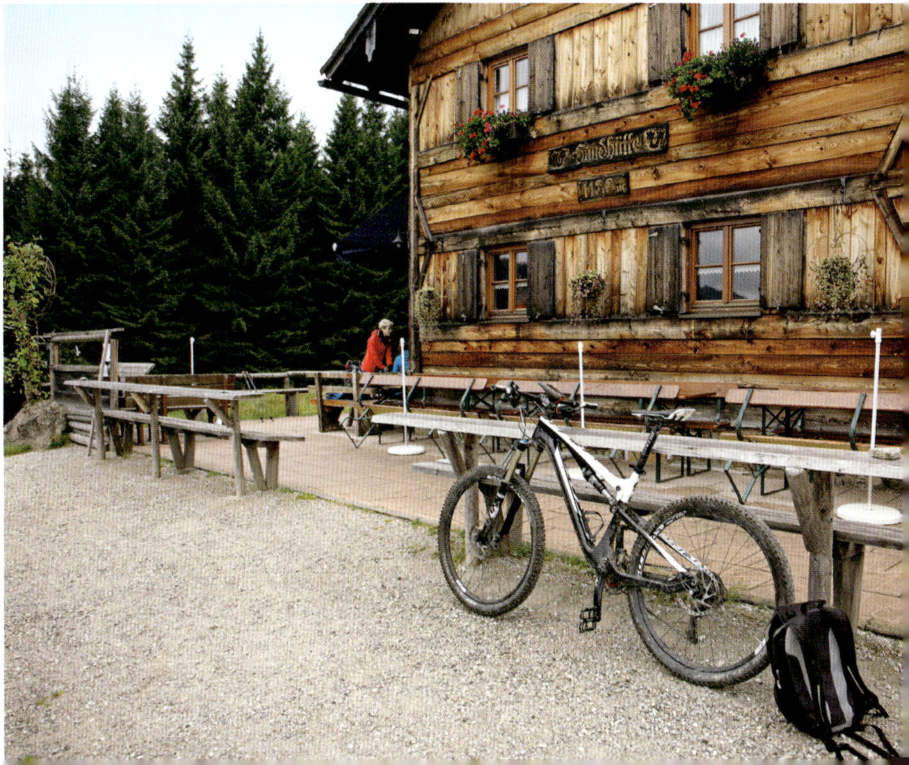

*Bei der Abfahrt nach Pfronten bietet sich die Gundhütte für eine Einkehr an.*

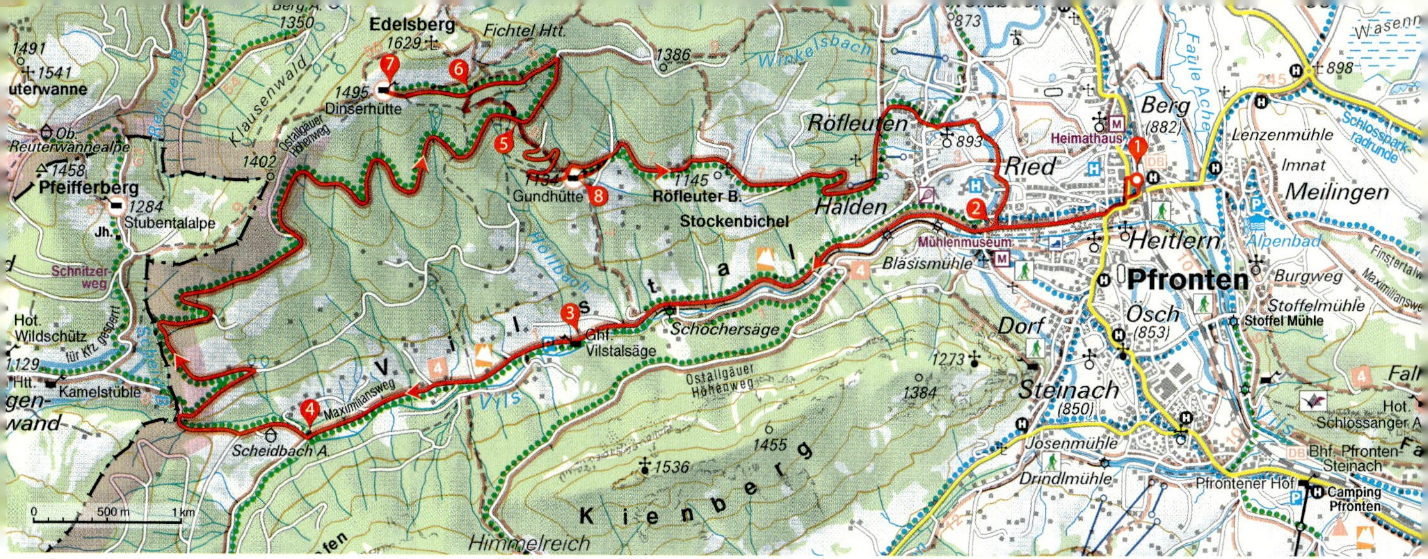


**0,0**
853 m
Wir starten am Haupteingang des Bahnhofs in **Pfronten (1)** und fahren auf der Bahnhofsstraße in Ri. Westen.

**0,1**
853 m
Links abbiegen und der Allgäuer Straße in den Ortskern bzw. in Ri. »Reutte, Tannheim« folgen.

**0,2**
855 m
Weiter geradeaus auf der Hauptstraße, anschließend der Rechtskurve folgen.

**0,4**
859 m
Am Rathaus von Pfronten (linke Seite) biegen wir nach rechts ab in die Vilstalstraße in Ri. »Sonnenlifte, Grundhütte«.

**1,2**
864 m
An einem beschilderten **Abzweig (2)** geradeaus weiter in Ri. »Vilstalparkplatz«.
*Hinweis: Hier an diesem Abzweig wird unsere Abfahrt einmünden.*
Etwa 30 m danach erneut geradeaus weiter.

**1,7**
870 m
Das Tenniscenter lassen wir rechts liegen.

**2,3**
883 m
Geradeaus weiter in Ri. »Tannheim, Schattwald«.

**4,2**
897 m
Vorbei an der **Vilstalsäge (3)**.

**5,8**
928 m
An einem Holzkreuz vorbei weiter der schmalen Teerstraße folgen.

**6,3**
936 m
Am beschilderten **Abzweig Schneidbachalm (4)** rechts ab in Ri. »Dinserhütte«. Es geht leicht bergauf.

**6,8**
972 m
Nach einem Almgebäude (linke Seite) halten wir uns rechts.

**7,3** 1004 m
Nach einer Rechtskehre nicht scharf links ab, sondern weiter geradeaus auf dem Hauptweg bleiben. Hinweisschild Wildschutzgebiet.

**7,4** 1014 m
Wir passieren ein großes Gatter.

**8,8** 1143 m
Wir folgen in einer Rechtskehre dem Hauptweg in Ri. »Dinserhütte«.

**9,2** 1186 m
Durch eine Linkskehre dem Hauptweg folgen.

**10,4** 1324 m
Geradeaus weiter.

**13,2** 1335 m
Zu einem beschilderten **Abzweig (5)**. *Hinweis: Für die Abfahrt nehmen wir später hier den Weg rechts bergab in Ri. »Gundhütte«.*
Zunächst weiter geradeaus.
*Etwa 10 m weiter mündet von links oben die Trailabfahrt auf die Schotterpiste ein.*
Auch hier fahren wir weiter geradeaus und folgen dem Hauptweg.

**13,8** 1375 m
Scharf links weiter in Ri. »Dinserhütte«.

**14,5** 1457 m
Am **Abzweig Trail (6)** fahren wir weiter geradeaus.
*Hier zweigt bei der Abfahrt die Trailvariante ab.*

**14,8** 1468 m
Weiter geradeaus zur schon sichtbaren Dinserhütte.

**15,1** 1495 m
**Dinserhütte (7)**.

**15,7** 1457 m
Auf bekanntem Weg zurück zum **Abzweig Trail (6)** und weiter geradeaus auf ebenfalls bekanntem Weg.
*Variante – Trailabfahrt: Dafür hier rechts ab in Ri. »Gundhütte«.*

**16,9** 1335 m
Entweder auf der bekannten Schotterpiste oder auf dem Trail zum **Abzweig (5)** und hier links bergab in Ri. »Gundhütte«.

**17,2** 1290 m
Rechts weiter bergab der Schotterpiste folgen.
*Variante – Trailabfahrt: Die folgenden Kehren können immer wieder auf Trailabschnitten direkt bis zur Gundhütte abgekürzt werden.*

**18,6** 1145 m
Scharf rechts abzweigen zur Gundhütte. Der Abstecher zur Gundhütte kann auch ignoriert werden, falls eine direkte Abfahrt gewünscht ist.

**18,9** 1134 m
**Gundhütte (8)**. Zurück zum bekannten Abzweig und jetzt leicht rechtshaltend weiter bergab.

**20,2** 1135 m
Weiter geradeaus in Ri. »Pfronten-Halden«. Die Schotterpiste geht bald in eine schmale Teerstraße über, der wir konsequent bergab (Serpentinen) folgen. An einer Liftanlage vorbei auf die Häuser von Pfronten zu.

**22,4** 885 m
Nach den ersten Häusern von Pfronten gelangen wir an einen Abzweig bei einer Kapelle. Hier links und gleich wieder rechts in Ri. »Vils, Pfronten-Ried, Radweg« fahren.

**23,1** 867 m
Vorbei an der Fachklinik Allgäu.

**23,5** 864 m
Am bekannten **Abzweig (2)** links und und schließlich auf bekanntem Weg zurück zum Ausgangspunkt.

**24,7** 853 m
Bahnhof in **Pfronten (1)**.

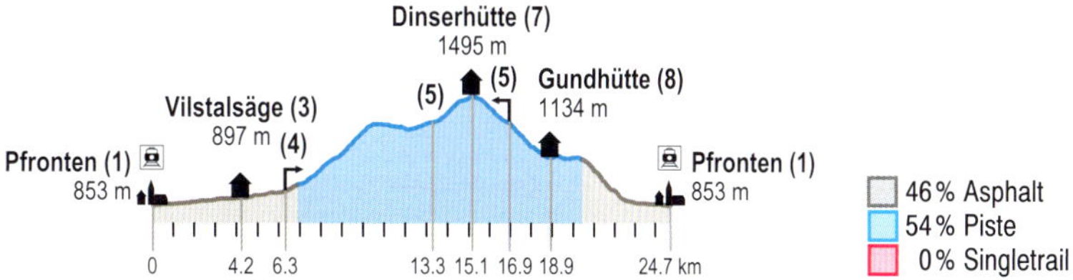

# 36 Breitenberg

**Strecke**
23,4 km, 4.00 Std., 1020 Hm, tiefster/höchster Punkt 841/1838 m, mittlere Steigung 12 %, maximale Steigung 26 % (kurzes Stück zur Ostlerhütte).

**Anspruch**
Kondition: ●●●●○
Fahrtechnik: ●●○○○

**E-Bike** ●○
Sehr steile Abschnitte speziell bei der Auf- und Abfahrt zur Ostlerhütte (5).

**Verpflegungsmöglichkeiten**
Gasthaus Fallmühle: Mi und Do Ruhetag, www.fallmuehle.de; Ostlerhütte: Di Ruhetag, www.die-ostler-huette.de; Hochalphütte: www.hochalphuette.jimdofree.com; Berghaus Allgäu: Mo Ruhetag; Breitenbergbistro (an der Talstation der Breitenbergbahn): www.breitenbergbistro.de; Pfronten: zahlreiche Einkehrmöglichkeiten.

**Anfahrt/Ausgangspunkt**
Nach Pfronten und dort beschildert zur Talstation der Breitenbergbahn in Pfronten-Steinach. Zahlreiche Parkmöglichkeiten. Gegenüber der Talstation befin- Hochalpbahn (Sessellift). Von hier kurzer, aber sehr knackiger Anstieg zur Ostlerhütte direkt am Breitenberggipfel. Anschließend rasante Abfahrt über Schotterwege direkt zurück zum Ausgangspunkt.

**Variante**
Trail zur Hochalphütte: Aus Rücksicht auf die zahlreichen Wanderer diesen Trail am besten erst am Abend fahren, sobald der Liftbetrieb eingestellt ist! Der Trail stellt eine attraktive Variante zur Schotterpistenabfahrt vom Abzweig Ostlerhütte (4) zur Hochalphütte (6) dar. Zunächst auf gutem Weg in Ri. »Aggenstein« und dann an einem beschilderten Abzweig links auf Trail bergab in Ri. »Hochalphütte«. Flowig geht es auf einem Almpfad (S1) bergab bis zu einem weiteren beschilderten Abzweig. Hier links, kurzer Gegenanstieg und dann auf einem breiteren Weg den Hang querend zur Schotterpiste an der Hochalphütte.

**Bike & Hike**
Sehr lohnender Aufstieg zum Gipfel des Aggensteins (1985 m). Vom Abzweig Ostlerhütte (4) in 1.15 Std. zunächst

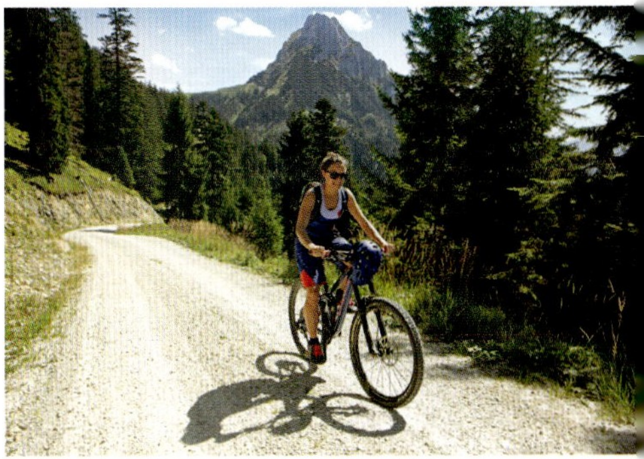

*Am Südhang des Breitenbergs gewinnen wir auf vielen Kehren schnell an Höhe.*

Der Breitenberg (1838 m) und der Aggenstein (1985 m), die durch einen Sattel miteinander verbunden sind, zählen wohl zu den bekanntesten Gipfeln der Gemeinde Pfronten. Der Ort mit seinen gut 8000 Einwohnern liegt am Nordrand der Allgäuer Alpen im Landkreis Ostallgäu und bietet nicht zuletzt aufgrund der Breitenbergbahn und des dichten und gut ausgebauten Wegenetzes im Bereich der beiden

det sich der Bahnhof Pfronten-Steinach.

**Karte**

f&b WK 352.

**Resümee**

Schöne und sehr aussichtsreiche Rundtour zum Gipfel des Breitenbergs bei Pfronten. Zunächst bequemes Warmradeln im Achtal und dann homogen steiler Anstieg zur Bergstation der flach über einen Kamm (hier Rad abstellen), dann im Zickzack über eine steile und felsige Rampe und in einer Rechtsschleife um den Gipfel herum und auf einem steilen, felsigen Weg mit Drahtseilsicherung zum höchsten Punkt mit schönem Blick auf die Bad Kissinger Hütte. Der Abstieg erfolgt auf demselben Weg.

*Ausblick auf den Forggensee (links) im oberen Teil der Abfahrt von der Ostlerhütte.*

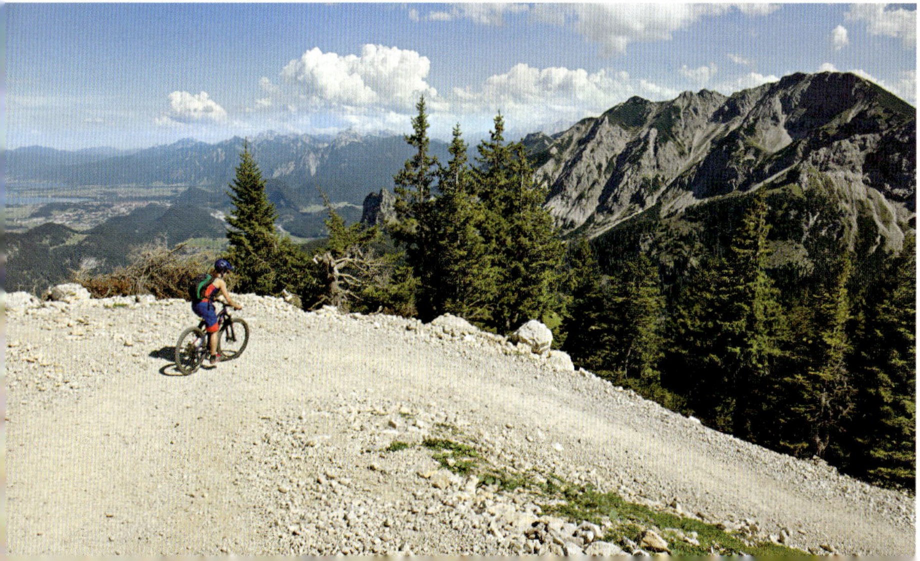

Gipfel einen guten Startpunkt für diverse Freizeitaktivitäten in der faszinierenden Bergwelt. Direkt am Gipfel des Breitenbergs steht beispielsweise die private Ostlerhütte, von der sich ein prächtiger Blick auf das Alpenvorland und die Gemeinde Pfronten bietet.

Auf der beschriebenen Rundtour werden wir mit unserem Mountainbike den Gipfel des Breitenbergs und die Ostlerhütte mit der nötigen Beinkraft erreichen. Für die sehr lohnenswerte Besteigung des markanten Aggensteins (siehe Bike & Hike) müssen wir am Sattel zwischen den beiden Gipfeln auf Wanderschuhe umsteigen. Ein schmaler und stellenweise ausgesetzter Pfad führt uns bis ganz nach oben. Drahtseile erleichtern die Begehung der anspruchsvollen Felsabschnitte. Am höchsten Punkt angekommen, erwartet uns ein atemberaubender Rundumblick inklusive des Tannheimer Tals mit seinen vielen Gipfeln, der Allgäuer Alpen sowie zahlreicher schöner Seen.

Wir starten unsere Tour an der Talstation der Breitenbergbahn und radeln zunächst durch das Achtal, der Verbindungsstrecke zwischen Pfronten und dem Tannheimer Tal. Auf etwa halber Strecke biegen wir dann links ab. Jetzt erfolgt der lange

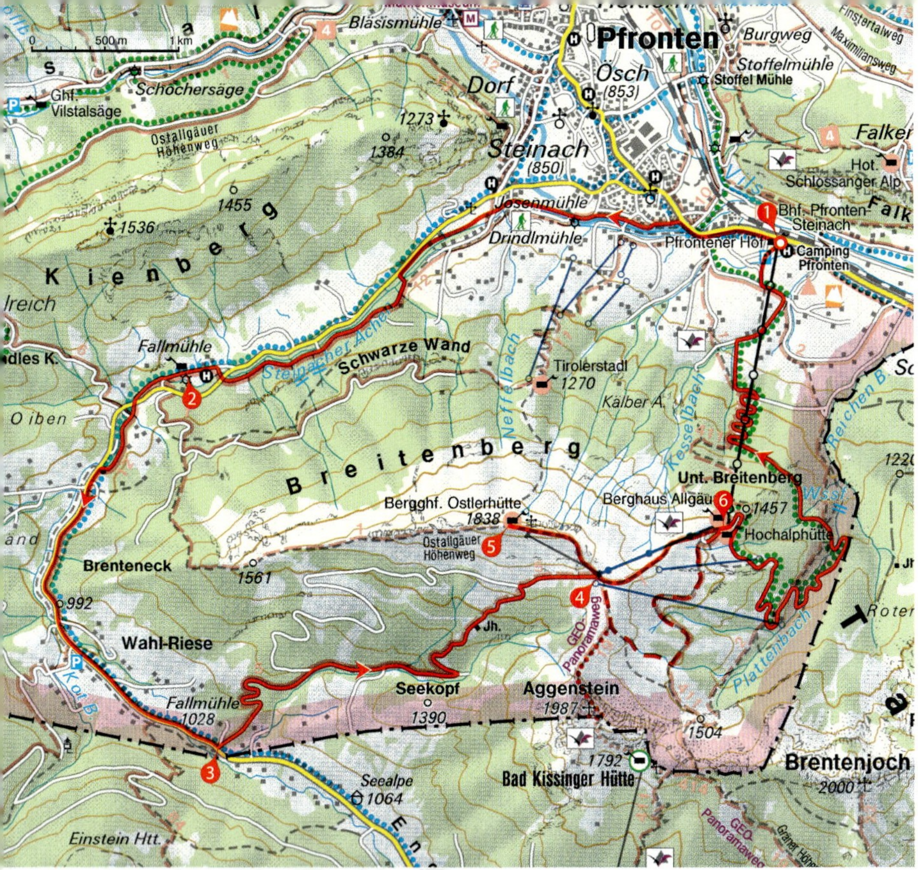


Anstieg von Südwesten aus hinauf zur Bergstation der Breitenbergbahn. Die Auffahrt auf sehr gutem Untergrund ist homogen steil und weist keine extremen Rampen auf. Ganz anders schaut es auf dem letzten Abschnitt aus; der Weg von der Bergstation hinauf zur Ostlerhütte ist zwar kurz, aber knackig steil. Zudem erfordert der oft schlechte Untergrund eine sehr gut trainierte Beinmuskulatur sowie gute Fahrtechnik, um das Durchrutschen des Hinterrads zu vermeiden. Wer bis oben im Sattel bleibt, darf sich wohlwollend auf die Schulter klopfen. Belohnt werden jedoch alle mit einem herrlichen Ausblick vom Breitenberggipfel und einer verdienten Pause auf der Sonnenterrasse der Ostlerhütte.

Wer noch nicht genug hat, stellt sein Rad im Sattel ab und begibt sich auf die zuvor erwähnte Bike & Hike-Tour auf den Aggenstein. Für die anderen geht es auf der bekannten Schotterpiste direkt zurück ins Tal. Die rasante Abfahrt auf guten Forstwegen verläuft grob entlang der Bergbahn. Schnell verlieren wir an Höhe und erreichen schließlich unseren Parkplatz an der Talstation der Breitenbergbahn.

*Unten: Trailabfahrt zur Hochalphütte (Variante).*

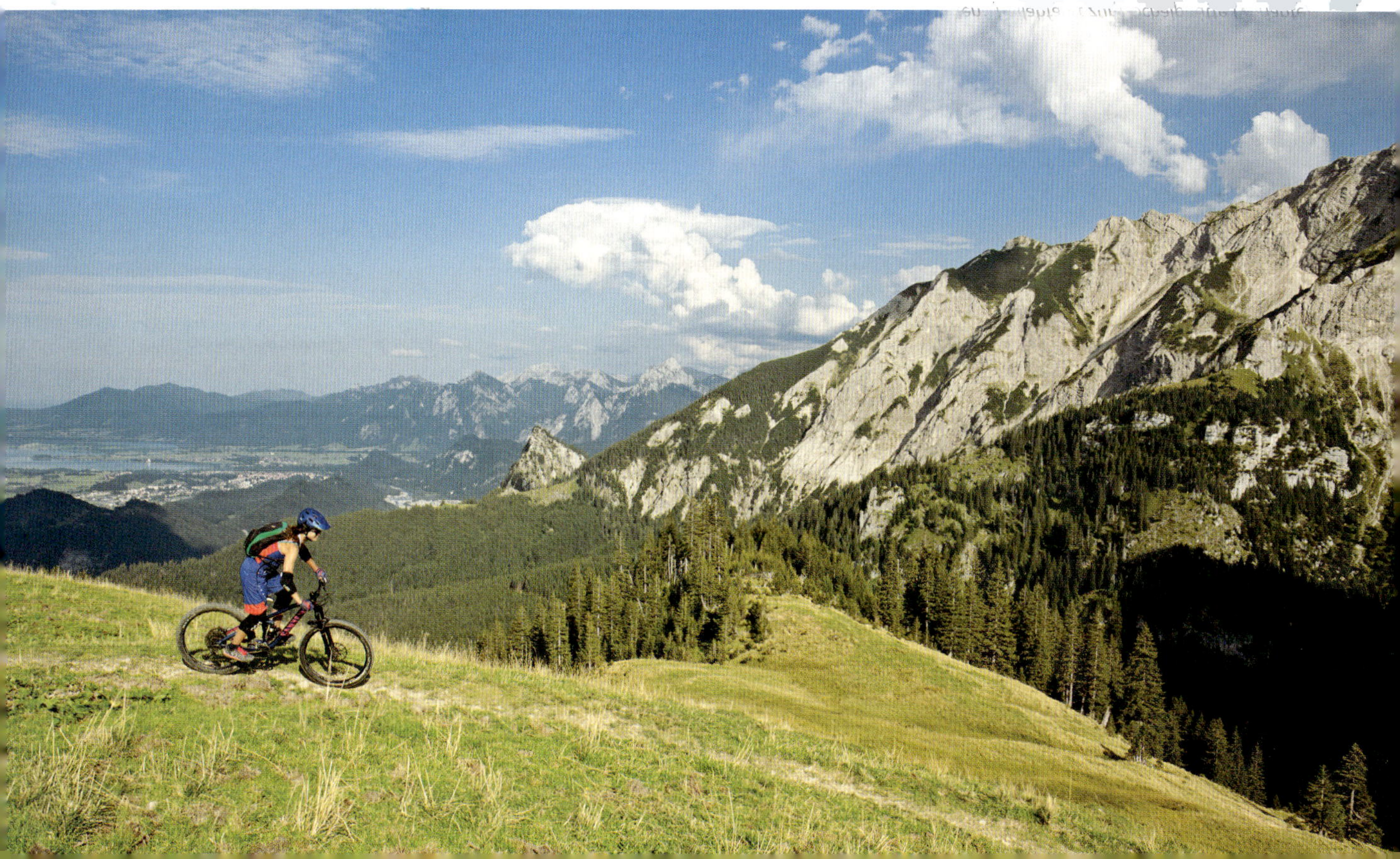

**0,0**
841 m
Wir starten direkt am Eingang der Talstation **Breitenbergbahn (1)** und fahren von hier auf der Hauptstraße nach links (Westen) in Ri. »Pfronten – Steinach«.

**0,7**
846 m
Rechtskurve auf Straße, dann über eine Brücke und wenige Meter danach links ab in die Enzianstraße. Wir bleiben konsequent geradeaus auf dieser Straße. Links von uns fließt die Steinacher Ache. Bei einer Brücke geht die Straße in eine Piste über. Wir fahren weiter geradeaus.

**2,8**
881 m
An einer T-Kreuzung links, direkt danach über eine Brücke und nach der Brücke rechts.

**4,4**
915 m
Durch eine Unterführung, dann über eine Brücke und im Anschluss an der T-Kreuzung links. Wir folgen der Teerstraße.

**4,6**
930 m
Vorbei am **Gasthaus Fallmühle (2)**, kurz ansteigend und dann auf Piste weiter am Bach entlang. Eine Unterführung bringt uns wieder auf die andere Seite der Hauptstraße. Wir bleiben auf dem Radweg entlang der Hauptstraße.

**7,0**
1000 m
Am Parkplatz Schönkahler weiter geradeaus.

**7,7**
1010 m
Am Parkplatz Achtal mit Bushaltestelle weiter geradeaus.

**8,2**
1037 m
Bei einem weiteren kleinen Parkplatz zweigen wir vom Radweg bzw. von der Straße ab und nehmen den **Forstweg (3)** nach links bergauf in Ri. »Ostlerhütte«. Jetzt erfolgt die eigentliche Auffahrt auf einem guten Forstweg.

**9,6**
1165 m
Am nächsten Abzweig dem Hauptweg nach links folgen.

**13,8**
1670 m
Kurz vor dem Sattel lassen wir ein Gebäude links oben liegen und fahren weiter geradeaus.

**14,0**
1677 m
Am **Abzweig Ostlerhütte (4)** bei der Bergstation der Hochalpbahn (Sessellift) halten wir uns zunächst scharf links. Jetzt erfolgt der extrem steile finale Anstieg! Rücksicht auf Wanderer nehmen und Durchhaltevermögen zeigen!

**14,8**
1838 m
Der steile Schotterweg bringt uns direkt zur **Ostlerhütte (5)** am Gipfel des Breitenbergs. Nach der verdienten Rast nehmen wir den bekannten Weg zurück.

**15,7**
1677 m
Jetzt halten wir uns am bekannten **Abzweig Ostlerhütte (4)** links. Wenige Meter danach gelangen wir zum Abzweig, an dem es nach rechts in Richtung Aggenstein geht. Für die eigentliche Abfahrt halten wir uns geradeaus und nehmen den breiten Weg bergab.

*Variante – Trail zur Hochalphütte: Für die Trailvariante fahren wir hier geradeaus direkt auf den Gipfel des Aggensteins zu.*

*Bike & Hike – Aggenstein: Hier beginnt auch die Wanderung zum Gipfel des Aggensteins.*

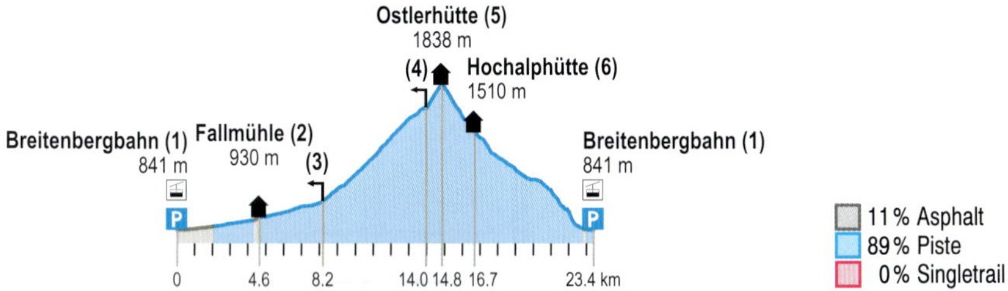

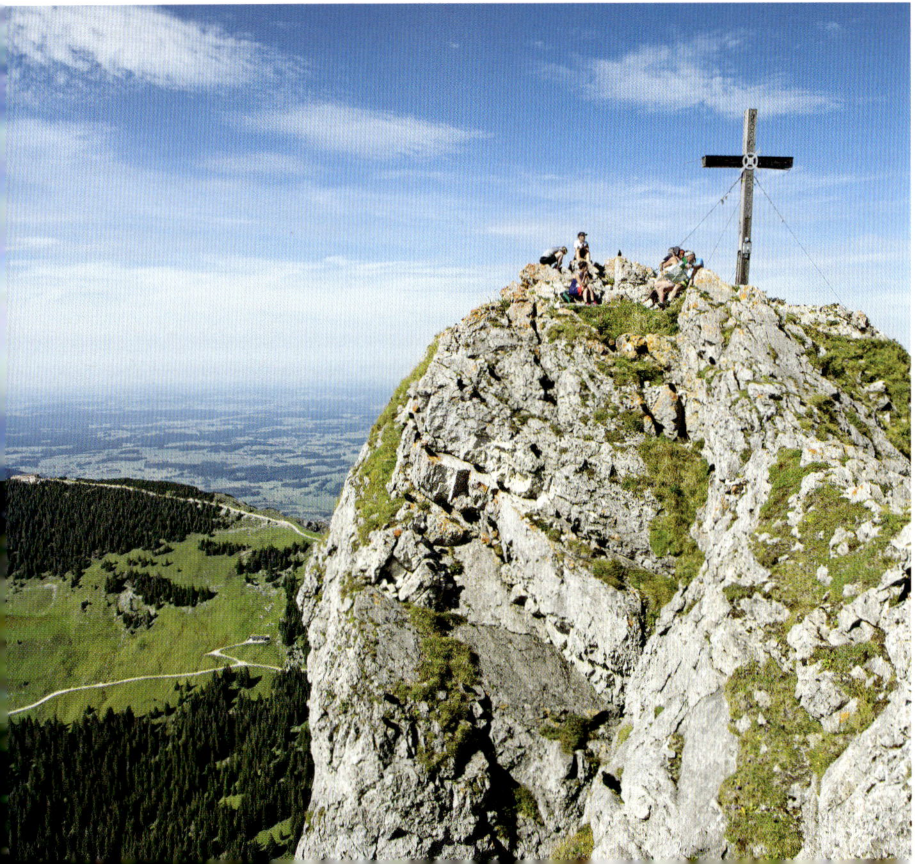

**16,7**
1510 m
Nach rasanter Abfahrt erreichen wir die **Hochalphütte (6)**. Hier befinden sich auch die Bergstation der eigentlichen Breitenbergbahn und das Berghaus Allgäu. Wir fahren rechts um die Hütte herum und nehmen den breiten Schotterweg bergab, auf dem wir konsequent bleiben. Nachdem wir unter den Drahtseilen der Bergbahn hindurch gefahren sind, erwarten uns viele enge Serpentinen, auf denen wir schnell an Höhe verlieren.

**22,0**
983 m
Am Ende der Serpentinen kurz aufpassen und den Abzweig vom Hauptweg nicht verpassen. Hier scharf links bergab. Der Weg wird etwas schlechter.

**22,5**
875 m
Rechts weiter bergab.

**22,9**
846 m
Links und der schmalen Teerstraße folgen.

**23,1**
845 m
Rechts ab auf eine Piste und dieser bis zur nahen Talstation folgen.

**23,4**
841 m
Über den Parkplatz erreichen wir wieder die Talstation der **Breitenbergbahn (1)**.

*Am Gipfel des Aggensteins (1985 m) mit Blick zur Ostlerhütte (Bike & Hike).*

# 37 Vilser Alm

**Strecke**
9,6 km, 2.00 Std., 400 Hm, tiefster/höchster Punkt 826/1226 m, mittlere Steigung 10 %, maximale Steigung 15 %.

**Anspruch**
Kondition: ●●○○○
Fahrtechnik: ●○○○○

**E-Bike** ●●

**Verpflegungsmöglichkeiten**
Vilser Alm: Mo und Di Ruhetag, warme Küche bis 19 Uhr, www.vilseralm.at; Vils: mehrere Einkehrmöglichkeiten.

**Anfahrt/Ausgangspunkt**
Nach Vils und dort zur Kirche im Ortskern. Mehrere Parkmöglichkeiten am Platz vor und unterhalb (nördlich) der Kirche. Startpunkt ist die Touristinformation direkt an der Hauptstraße bei der Kirche.

**Karte**
f&b WK 352.

**Resümee**
Genusstour vom Ort Vils zur viel besuchten Vilser Alm unterhalb des Vilser Kegels. Nach einer angenehmen Einrollphase auf schmalen Asphaltstraßen im Tal erfolgt die Auffahrt bis zur Alm auf einer sehr guten Schotterpiste. Steilere Rampen gibt es nur am Anfang und am Ende der Auffahrt. Zurück geht es auf dem bekannten Weg.

**Variante**
Hundsarschjoch: Für extreme Biker, die das Rad auch gerne für längere Abschnitte schieben und tragen, lässt sich die Tour zu einer sehr anspruchsvollen Rundtour erweitern. Von der Vilser Alm sind es knapp 400 Hm bergauf bis zum Hundsarschjoch. Die Abfahrt vom Joch erfolgt dann teilweise auf flowigen, aber auch auf sehr anspruchsvollen Trailpassagen (S3–S4).

**Bike & Hike**
Von der Vilser Alm (1226 m) können wir zu Fuß über das Hundsarschjoch (1600 m) den Gipfel des Vilser Kegels (1831 m) erreichen. Guter Wanderweg von der Alm bis zum Joch. Schottriger und z. T. ausgesetzter Weg vom Joch bis zum Gipfel. Trittsicherheit und Schwindelfreiheit somit erforderlich. Abstieg auf dem Aufstiegsweg. Aufstieg ca. 1.30 Std. und Abstieg ca. 1 Std.

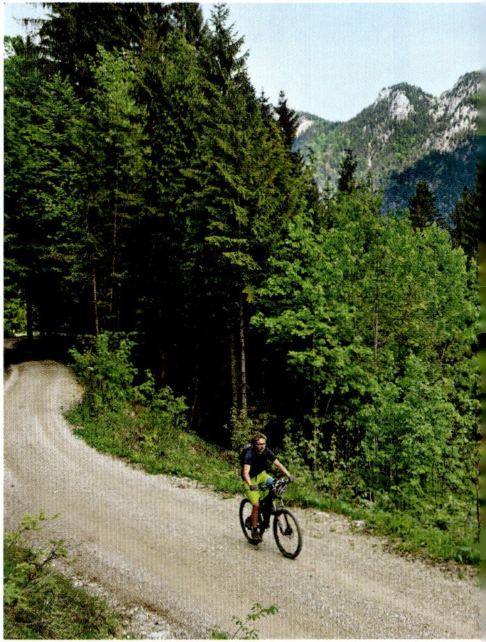

*Der erste Teil der Auffahrt verläuft meist schattig im Bergwald.*

In der Ortschaft Vils, etwas südwestlich von Füssen gelegen, leben etwa gut 1500 Einwohner. Geprägt wird das Ortsbild durch eine Drahtseilbahn. Mit dieser werden jedoch nicht Personen, sondern das Rohmehl für das Unternehmen Schretter & Cie an den entsprechenden Standort transportiert. Mit der Gründung dieses Zementwerks im Jahre 1899 wurde Vils zu einem Industriestandort. Die Rohstoffe Kalkstein und Mergel werden in den südlich von Vils gelegenen Kalksteinbrüchen abgebaut und mithilfe der Materialseilbahn in das eigentliche Werk transportiert. Unsere Mountainbiketour zur Vilser Alm, die in einem herrlichen Gebirgskessel oberhalb des Tales liegt, führt an den Steinbrüchen vorbei.

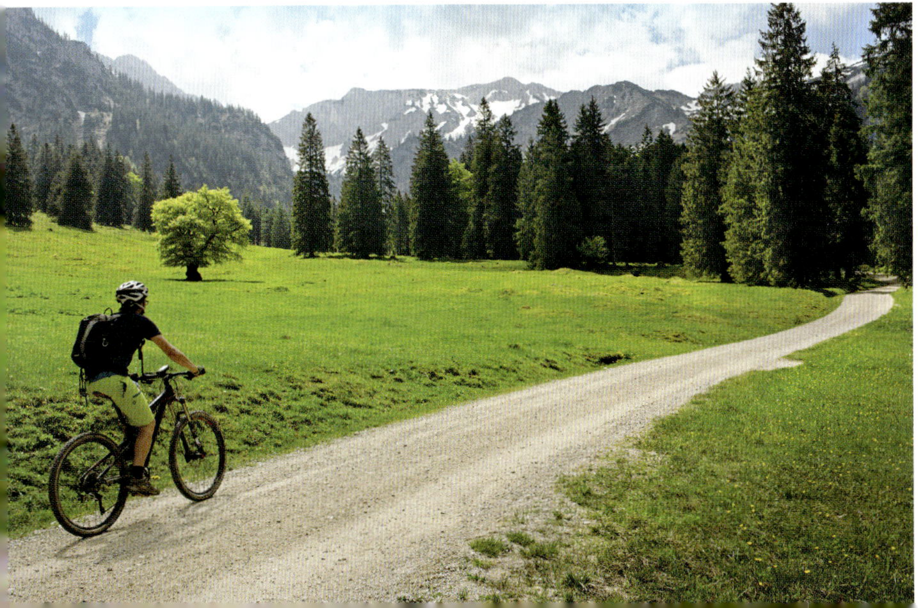

Direkt an der Kirche in Vils starten wir unsere Tour. So können wir uns auf dem ersten, fast ebenen Abschnitt bis zum großen Wanderparkplatz der Vilser Alm warm radeln. Ab dem Parkplatz sind wir auf einem Forstweg mit gutem Untergrund unterwegs. Im schattigen Bergwald geht es stetig bergauf, und immer wieder wollen steile Rampen mit einer Steigung von bis zu 15 % gemeistert werden. Ein Aussichtspunkt mit einer Infotafel zum »Steinbruch Fall bei Vils« bietet sich als Rastpunkt zum Durchschnaufen an. Der Steinbruch ist eine Art geologisches Fenster, das einen interessanten Einblick in die unterschiedlichen Gesteinsschichten bietet. Die etwas in die Jahre gekommene Infotafel liefert dazu wertvolle Hintergrundinformationen. Ab der Infotafel wird es deutlich flacher, und schon erreichen wir die freien Almflächen der Vilser Alm, von wo aus wir den Blick auf die umliegenden Gipfel genießen können. Ein finaler kurzer Anstieg erwartet uns noch kurz vor dem Erreichen der Vilser Alm. Die Alm ist in der Regel viel besucht, auf der aussichtsreichen Terrasse mischen sich Wanderer und Biker. Während der Ein-

*Im zweiten Teil der Auffahrt geht es eher sanft ansteigend über freie Flächen im Alptal.*

kehr können wir uns in Ruhe überlegen, wie es weitergeht. Entweder wir nehmen den bekannten Weg direkt zurück zum Ausgangspunkt oder wir machen von der Alm aus zu Fuß einen Abstecher auf einem schönen Wanderweg zum Gipfel des Vilser Kegels (1831 m) mit einem tollen Rundumblick (siehe Bike & Hike).

Für die »Wilden« unter uns bietet sich die Variante über das Hundsarschjoch an, durch die die Mountainbiketour zu einer lohnenden Rundtour wird. Diese ist aber technisch sehr anspruchsvoll (bis S4), und wir müssen das Rad knapp 400 Hm bis zum Joch schieben und stellenweise sogar tragen. Entscheiden Sie selbst!

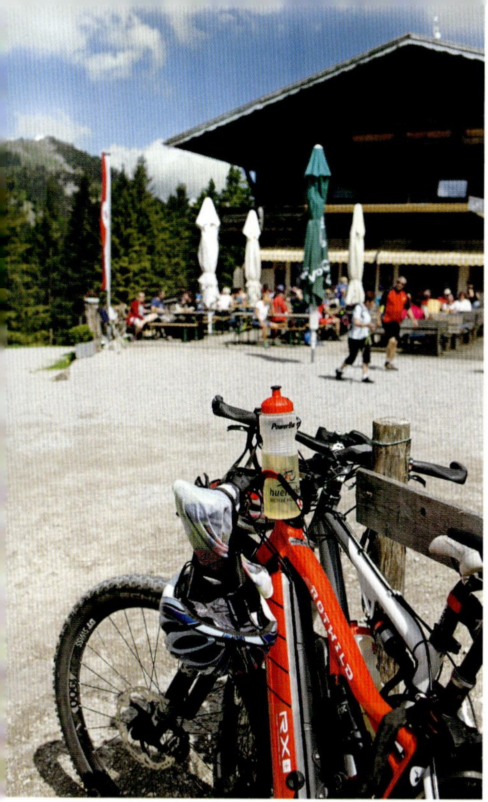

*Verdiente Pause bei der viel besuchten Vilser Alm.*

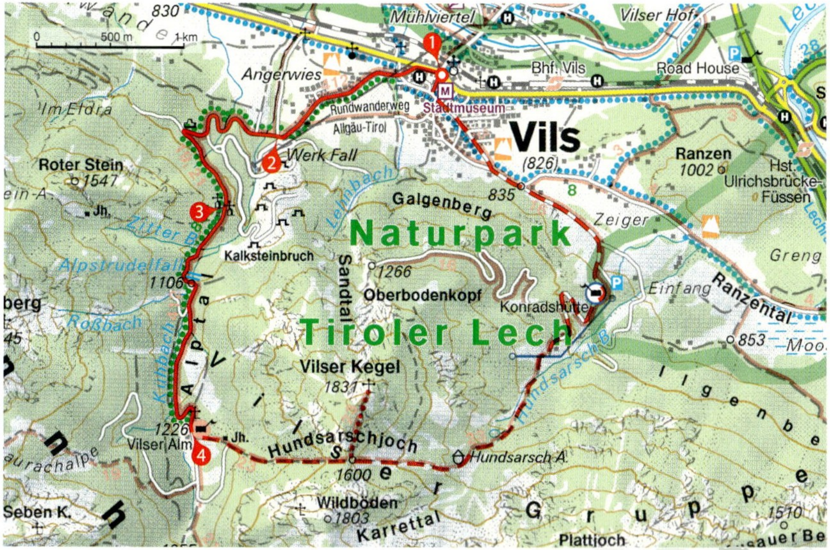

**0,0** 826 m — Wir starten direkt bei der Touristinformation vor der Kirche in **Vils (1)** und folgen der Hauptstraße nach Westen (Pfronten).

**0,2** 826 m — Etwa 100 m vor der Transportseilbahn biegen wir links ab in den Fallweg. Schild in Ri. »Vilser Alm«.

**0,4** 834 m — Bei der nächsten Kreuzung geradeaus weiter in Ri. »Vilser Alm«. Auf schmaler Teerstraße immer geradeaus durch die folgende Häusergruppe. Nach den Häusern auf schmaler Teerstraße weiter, leicht bergauf in den Wald.

**1,5** 870 m — Im Wald erreichen wir den großen **Wanderparkplatz (2)** für die Vilser Alm. Hier über eine Brücke und ab jetzt dem guten Forstweg bzw. der MTB-Beschilderung »Vilser Alm« folgen.

**3,0** 1044 m — Nach dem steilen Anstieg lassen wir die **Infotafel »Steinbruch Fall« (3)** links liegen. Es wird deutlich flacher.

**4,8** 1226 m — Nach zwei Kehren erreichen wir die **Vilser Alm (4)**.

*Hier starten die Variante Hundsarschjoch und die Bike & Hike-Möglichkeit Vilser Kegel.*

**9,6** 826 m — Von der Vilser Alm auf bekanntem Weg zurück nach **Vils (1)**.

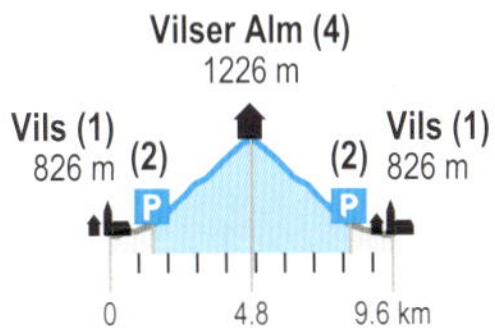


31 % Asphalt
69 % Piste
0 % Singletrail

**Variante:**

Die Variante über das **Hundsarschjoch** richtet sich an extreme Biker, die ihr Rad auch gerne für längere Abschnitte schieben bzw. tragen. Mit der Variante über das Joch wird die Tour zu einer sehr anspruchsvollen Rundtour, bei der wir den Gipfel des Vilser Kegels einmal komplett umrunden. Dazu schieben wir unser Bike von der Vilser Alm (4) auf einem Wanderweg in Ri. Osten zum Joch. Auf dem letzten Abschnitt muss das Bike stellenweise getragen werden. Nach 45–60 Min. erreichen wir das Hundsarschjoch (1600 m). Von hier könnten wir zu Fuß und ohne Bike den Gipfel des Vilser Kegels (1831 m) erklimmen.

Vom Joch geht es zunächst auf einem Trail (S3) über Spitzkehren steil bergab zur sichtbaren Almwiese. Nach einem flowigen Abschnitt über die Wiese führt der Trail in den Bergwald. Hier erwarten uns immer wieder anspruchsvolle Trailabschnitte (S3–S4) über hohe Stufen, Spitzkehren und verblocktes Gelände. Auf einer Höhe von etwa 1170 m überqueren wir einen Forstweg, und der folgende Trail bringt uns bis zum Hundsarschbach, den wir überqueren. Es folgt eine rasante Abfahrt auf einer Schotterpiste hinab ins Tal, wo wir auf einer Asphaltstraße den Ausgangspunkt in Vils erreichen.

*Die Variante über das Hundsarschjoch bietet herausforderndes Trailvergnügen.*

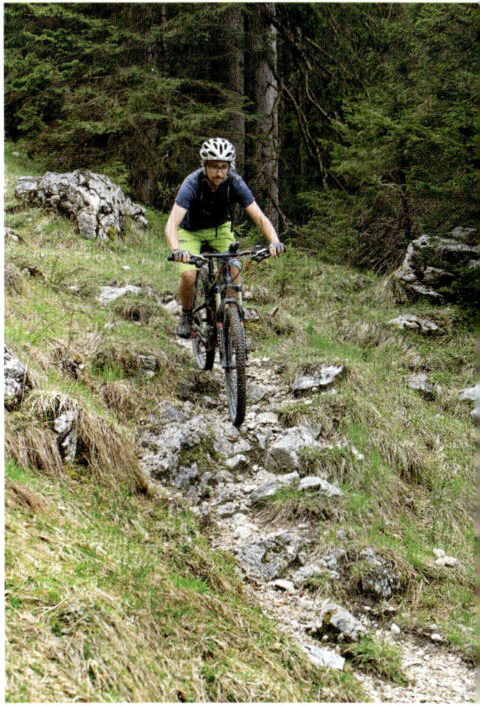

# 38 Hahnenkamm

**Strecke**
20 km, 4.00 Std., 920 Hm, tiefster/höchster Punkt 915/1717 m, mittlere Steigung 11 %, maximale Steigung 18 %.

**Anspruch**
Kondition: ●●●●○
Fahrtechnik: ●●●●○

**E-Bike** ○○

**Verpflegungsmöglichkeiten**
Höfener Alm: Mi Ruhetag, www.hoefener-alm.at; Lechaschauer Alm: www.lechaschauer-alm.at; Schneetalalm: Ende Mai bis Mitte Okt., Mo Ruhetag, www.schneetalalm.at; Panoramarestaurant (Variante A).

**Anfahrt/Ausgangspunkt**
Von Reutte weiter in Richtung Lechtal. In Höfen rechts ab von der Hauptstraße (B198) auf die Bergbahnstraße. Auf der schmalen Teerstraße gut beschildert bergauf zur Talstation der Hahnenkammbahn. Exakter Startpunkt: Parkplatz P5 auf der linken Straßenseite direkt unterhalb des Hauses Diana, noch vor dem Kreisverkehr bei der Talstation.

**Karte**
f&b WK 352.

**Resümee**
Eine anspruchsvolle Tour, die viel Abwechslung verspricht! Zunächst wird bei der Auffahrt auf einer guten Schotterpiste mit zahlreichen steilen Rampen die Kondition getestet. Einfache Trailabschnitte (meist S0) bringen uns zu zwei sehr schönen Almen, von denen wir einen herrlichen Ausblick auf die umliegende Bergwelt genießen.

**Varianten**
Variante A – Panoramarestaurant:
Wollen wir die Trailabschnitte meiden, so empfiehlt sich die Auffahrt zum Panoramarestaurant (1730 m) direkt an der Bergstation der Hahnenkammbahn. Dazu bleiben wir am Abzweig Höfener Alm (3) auf der breiten Piste, fahren an der Höfener Alm vorbei und überwinden von hier die letzten 70 Hm bis zum bereits sichtbaren Panoramarestaurant.
Variante B – Trailabfahrt nach Winkl:
Sehr lohnende, lange Trailabfahrt (S1–S2) von der Lechaschauer Alm (4) nach Winkl und zurück zum Ausgangspunkt.

**Hinweis**
Auffahrt mit Fahrrad nur vom 1. April bis 31. Okt. erlaubt! Tour befindet sich in Österreich und ist nicht als offizielle MTB-Tour ausgeschildert.

Die hier beschriebene Tour am Hahnenkamm hoch über Reutte verspricht Genuss pur! Mehrere sehr einladende Almen bieten sich für eine Pause an, und das Panorama in alle Himmelsrichtungen ist facettenreich und beeindruckend. Für die Techniker wird eine tolle Trailabfahrt als Variante angeboten. All diese Schmankerl müssen aber zunächst erarbeitet werden: Eine bis zu 18 % steile Schotterpiste bringt uns von der Talstation der Hahnenkammbahn in Höfen bei Reutte im Lechtal durch das Skigebiet hinauf zur Höfener Alm. Zwar spendet der Bergwald immer wieder wertvollen Schatten, jedoch gibt es kaum flache Abschnitte, sodass bei dieser Auffahrt unsere Kondition anhaltend beansprucht wird. Von der Höfener Alm ist es nicht mehr wirklich weit bis zum Panoramarestaurant (siehe Variante A) direkt an der Bergstation der Hahnenkammbahn, von wo aus wir ein

herrliches Panorama über das Lechtal und Reutte genießen. Wir empfehlen jedoch von der Höfener Alm den Weiterweg über einen einfachen und gut fahrbaren breiten Trail hinüber zur Lechaschauer Alm. Der Weg führt fast eben und sehr aussichtsreich am Hang entlang. Auf dem kurzen Abschnitt von der Lechaschauer Alm zur Schneetalalm können wir erneut unsere Kraft und Fahrtechnik unter Beweis stellen. Zunächst führt ein Trail (S0) bergauf zum Tiefjoch und dann geht es ebenfalls auf einem Trail (S0–S1) bergab zur sehr schön gelegenen Schneetalalm, wo der Kaiserschmarren einzigartig und das Panorama auf die nahen Felsgipfel der Tannheimer Berge beeindruckend ist.
Mit der notwendigen Power in den Oberschenkeln ist der Rückweg über das Joch zur Lechaschauer Alm gleichfalls ohne Absteigen machbar. Speziell auf diesem Abschnitt ist Rücksichtnahme auf die zahlreichen Wanderer geboten. Von der Lechaschauer Alm geht es dann bequem zurück zum Abzweig an der Höfener Alm und von hier auf der Schotterpiste rasant zurück zum Ausgangspunkt. Wer Lust auf eine längere Trailabfahrt verspürt, dem empfehlen wir von der Lechaschauer Alm die Abfahrt über Variante B nach Winkl. Mehr als die Hälfte der Abfahrtshöhenmeter verläuft bei dieser Variante auf abwechslungsreichen und sehr lohnenden Trailabschnitten (S1–S2).

Insgesamt also eine Tour mit zahlreichen Variationsmöglichkeiten, bei der für jeden Mountainbiker das eine oder andere Highlight dabei sein sollte!

*Vom Tiefjoch führt ein Trail bergab zur Schneetalalm. Im Hintergrund Rote Flüh (links), Gimpel und Köllenspitze.*

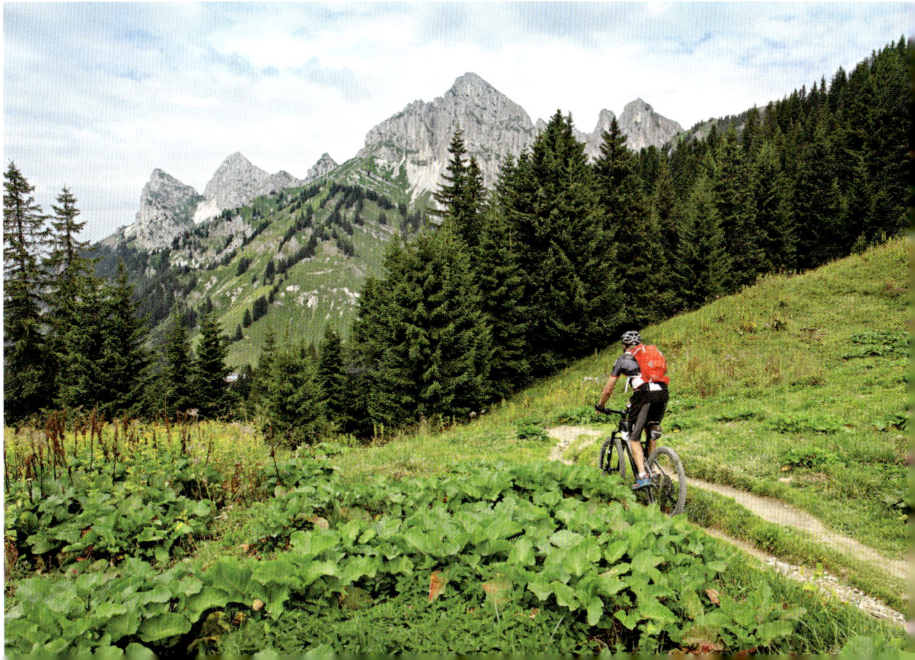

0,0
915 m
Wir starten am Parkplatz der **Hahnenkammbahn (1)** direkt unterhalb des Hauses Diana (Parkplatz P5) und fahren die Teerstraße wenige Meter bergauf zum Kreisverkehr. Am Kreisverkehr geradeaus weiter zum Parkplatz P3. Über den P3 (linkshaltend) und so zu dessen Ende auf der rechten Seite. Hier nehmen wir die schmale Straße in Ri. »Höhenweg Höfen«.

1,7
1025 m
Bei einer Rechtskehre bleiben wir auf dem Hauptweg weiter bergauf.

2,1
1075 m
Weiter geradeaus auf dem Hauptweg.

4,0
1250 m
Wir passieren ein großes Metallgatter.

4,3
1265 m
Wir folgen dem Hauptweg durch die Rechtskehre.

6,4
1568 m
In einer Linkskehre fahren wir an der **Cillihütte (2)** vorbei.

7,3
1660 m
In einer Linkskehre am **Abzweig Höfener Alm (3)** etwa 50 m vor der eigentlichen Alm zweigen wir rechts ab auf einen guten Wanderweg in Ri. »Lechaschauer Alm, Schneetalalm«. *Variante A: Hier nicht rechts ab, sondern weiter auf dem Hauptweg in Ri. »Bergbahn«, an der Höfener Alm vorbei und so zum bereits sichtbaren Panoramarestaurant.*

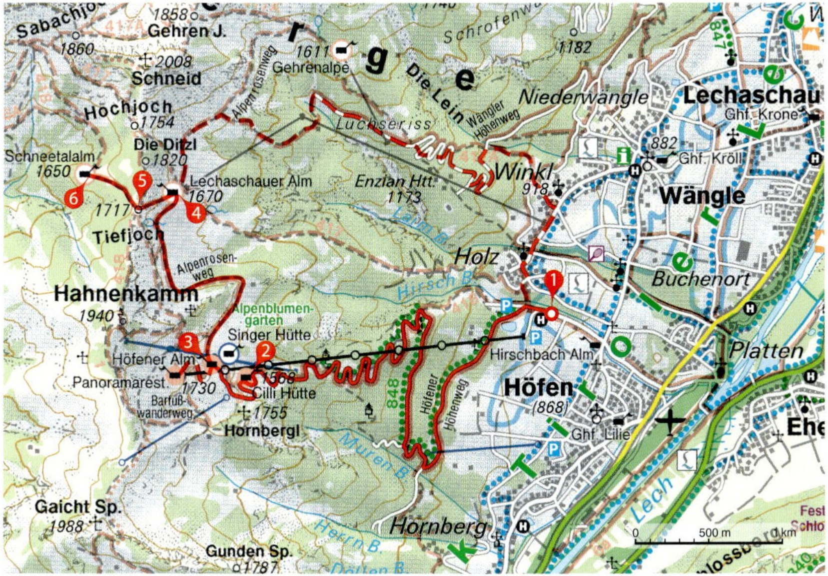


7,5
1685 m
Wir bleiben auf dem guten Wanderweg geradeaus und queren weiter fast eben die Hänge in Richtung Norden, bis wir in einem Linksbogen den Bergrücken umfahren.

8,8
1675 m
Auf gutem Wanderweg weiter geradeaus.

9,2
1670 m
Wir erreichen den Abzweig direkt vor dem Gebäude der **Lechaschauer Alm (4)** und halten uns hier scharf links, auf dem jetzt steilen und schmalen Trail (auf Wanderer Rücksicht nehmen) bergauf in Ri. »Schneetalalm«.

*Variante B: Die lange Trailabfahrt direkt nach Winkl startet an der Lechaschauer Alm.*

**9,5** 1717 m – Über das **Tiefjoch (5)** bei einer großen Tafel mit Wanderkarte und auf Trail bergab in Ri. »Schneetalalm«.

**10,0** 1650 m – Der gut fahrbare, teils felsige Trail bringt uns direkt zur **Schneetalalm (6)**.

**10,8** 1670 m – Auf bekanntem Weg über das Tiefjoch zurück zur **Lechaschauer Alm (4)**. Für den Hauptweg hier scharf rechts und auf bekanntem Weg zurück zur Höfener Alm.

*Variante B: Die lange Trailabfahrt nach Winkl startet hier.*

**12,7** 1660 m – Am **Abzweig Höfener Alm (3)** links und auf der bekannten Schotterpiste bergab zum Ausgangspunkt.

**20,0** 915 m – Parkplatz **Hahnenkammbahn (1)**.

**Variante B:**

Für Trailliebhaber bietet sich diese Abfahrtsvariante (S1–S2) von der **Lechaschauer Alm (4)** direkt nach Winkl an. Wir nehmen dazu den Wanderweg direkt an der Terrasse der Alm entlang und halten uns am beschilderten Abzweig am Ende der Terrasse links in Ri. »Gehrenalpe«. Leicht bergab queren wir den Hang und überqueren bald einen kleinen Bach. Sobald der eigentliche Wanderweg wieder leicht ansteigt, dürfen wir den Abzweig nach rechts nicht verfehlen. Es gibt keine Beschilderung und meist ist auf dem ersten Abschnitt auch keine Spur erkennbar. Wir verlassen den Wanderweg nach rechts und schieben bzw. fahren über eine steile Almwiese etwa 50 Hm bergab, bis wir eine Pfadspur erreichen, der wir nach links in den Wald folgen. Ab hier ist die Orientierung unproblematisch. Auf zahlreichen Serpentinen verlieren wir rasch an Höhe. Schließlich queren wir nach Nordosten, überqueren einen kleinen Bach und erreichen einen Forstweg, dem wir rechts bergab folgen und der ins Tal hinab nach Wängle führt. Wir fahren zunächst an der Materialseilbahn der Gehrenalpe vorbei, biegen dann (150 m nach der Materialseilbahn) aber wieder rechts ab auf einen Trail. Dadurch kürzen wir einige Serpentinen auf dem Forstweg ab. Anschließend bleiben wir entweder ein kurzes Stück auf dem breiten Forstweg oder nutzen weiter den Trail bergab. Schließlich nehmen wir an einem Wegweiser das letzte Trailstück in Angriff. Deutlich leichter und flowig bringt uns dieser Trailabschnitt auf eine schmale Teerstraße, die uns in den kleinen Ort Winkl bringt. Von hier sind es nur wenige Minuten zurück zum Ausgangspunkt.

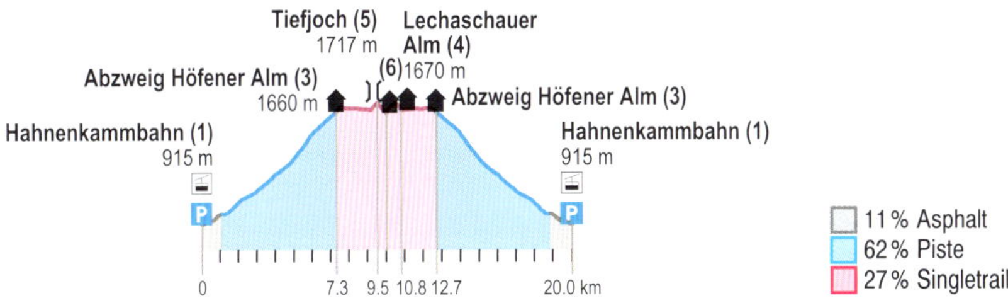


*Auf der Abfahrtsvariante nach Winkl gibt es immer wieder flowige Abschnitte.*

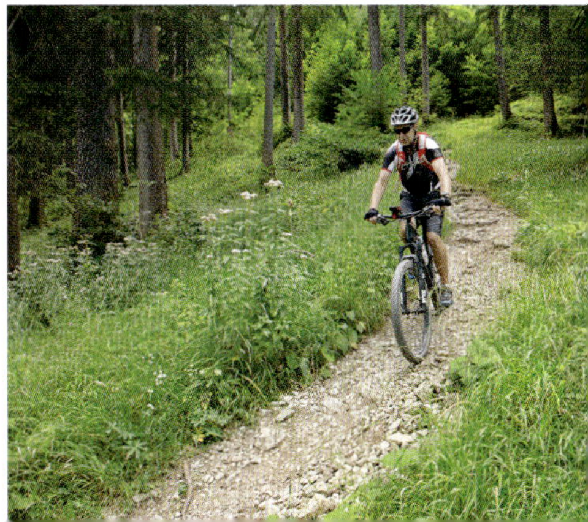

# 39 Füssener Hütte und Otto-Mayr-Hütte

**Strecke**
16,7 km, 3.00 Std., 690 Hm, tiefster/höchster Punkt 850/1535 m, mittlere Steigung 9 %, maximale Steigung 15 %.

**Anspruch**
Kondition: ●●●○○
Fahrtechnik: ●●○○○

**E-Bike** ●●
Teils loser Untergrund im oberen Bereich.

**Verpflegungsmöglichkeiten**
Gasthaus Bärenfalle: www.baerenfalle.com; Musauer Alm: Mitte Mai bis Okt., Di Ruhetag, www.musaueralm.at; Otto-Mayr-Hütte: www.ottomayrhuette.com; Füssener Hütte: Mitte Mai bis Mitte Okt., Mo Ruhetag, www.fuessener-huette.at.

**Anfahrt/Ausgangspunkt**
Auf der Reuttener Landstraße nach Musau im Lechtal kurz nach dem Grenztunnel bzw. nach Füssen. Durch den Ort hindurch weiter in Ri. »Pflach«. Bei Roßschläg rechts ab von der Landstraße zum Gasthaus Bärenfalle (beschildert), dort zahlreiche Parkplätze. Exakter Startpunkt: direkt vor dem Gasthaus.

**Karte**
f&b WK 352.

**Resümee**
Genusstour auf ausschließlich guten Forstwegen vom Lechtal durch das Raintal hinauf zur Otto-Mayr-Hütte und zur Füssener Hütte. Beeindruckend ist der Blick auf die steilen, felsigen Nordwände der Tannheimer Gipfel. Die Tour kann durch zwei sehr attraktive Bike & Hike-Möglichkeiten ergänzt werden.

**Bike & Hike**
Bike & Hike A – Große Schlicke:
Von der Füssener Hütte (1535 m) bzw. Otto-Mayr-Hütte (1528 m) führt ein schmaler und guter Wanderweg (beschildert) in Richtung Norden steil bergauf in Ri. »Große Schlicke«. Wir empfehlen für den Aufstieg bis zum Gipfel der Großen Schlicke (2059 m) den direkten Aufstieg und für den Abstieg den Weg über die Vilser Scharte. Aufstieg etwa 1.30 Std. und Abstieg etwa 1 Std.
Bike & Hike B – Friedberger Klettersteig: Für Klettersteigliebhaber lässt sich die Bike-Tour durch die Begehung des Friedberger Klettersteigs (Schwierigkeit C)

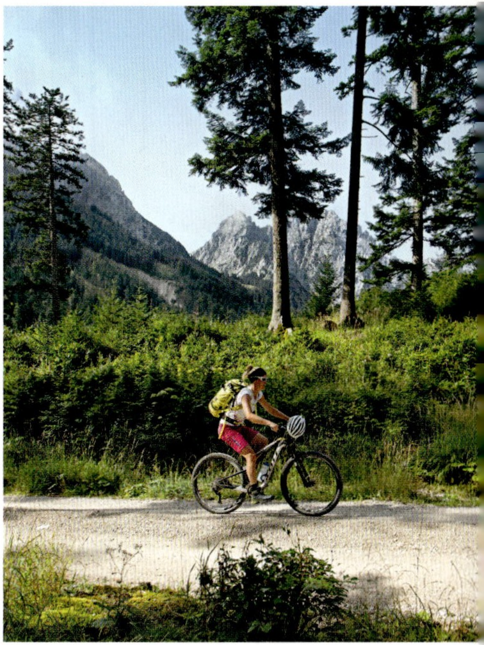

*Wir tauchen immer weiter ein in das reizvolle Raintal.*

erweitern. Dazu steigen wir von der Füssener Hütte (1535 m) in Richtung Westen auf zur Gelben Scharte, die den Einstieg des Klettersteigs darstellt. Von der Scharte über den kurzen, aber sehr schönen Klettersteig zum Gipfel des Schartschrofens (1973 m). Von hier über das Hallergernjoch zurück zur Füssener Hütte. Gesamtzeit etwa 3 Std.

**Hinweis**

Sind viele Wanderer unterwegs, dann empfehlen wir nicht die direkte Abfahrt vom Abzweig (4) am Sababach entlang zur Brücke (3), sondern den von der Auffahrt bekannten Forstweg nördlich durch den Bergwald mit kurzem Gegenanstieg.

0 % Asphalt
100 % Piste
0 % Singletrail

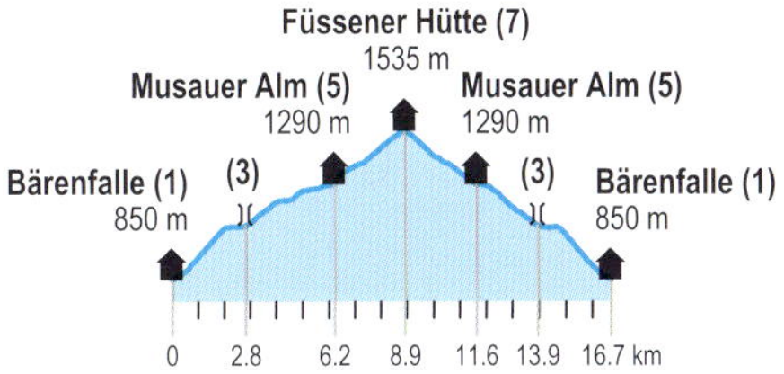


Auch ein schöner Rücken kann entzücken! Bekannt und viel besucht sind die Gipfel Gehrenspitze, Köllenspitze und Gimpel im Herzen der Tannheimer Berge. Die meisten Wanderer und Kletterer nähern sich diesen Paradegipfeln von Süden an, und so ist es an den Wochenenden am Gimpelhaus gar nicht so einfach, einen guten Platz auf der Terrasse zu ergattern. Warum also nicht mal einen Perspektivenwechsel wagen? Ganz anders schaut es nämlich nördlich der drei Gipfel aus. Im vergleichsweise eher ruhigen und landschaftlich sehr reizvollen Raintal schießen die felsigen Nordwände von Gimpel und Co noch weiter, mächtiger und beeindruckender in die Höhe.

*Der gute Forstweg endet an der Füssener Hütte. Im Hintergrund der Schartschrofen (1973 m), auf den von der linken Scharte der Friedberger Klettersteig führt (Bike & Hike B).*

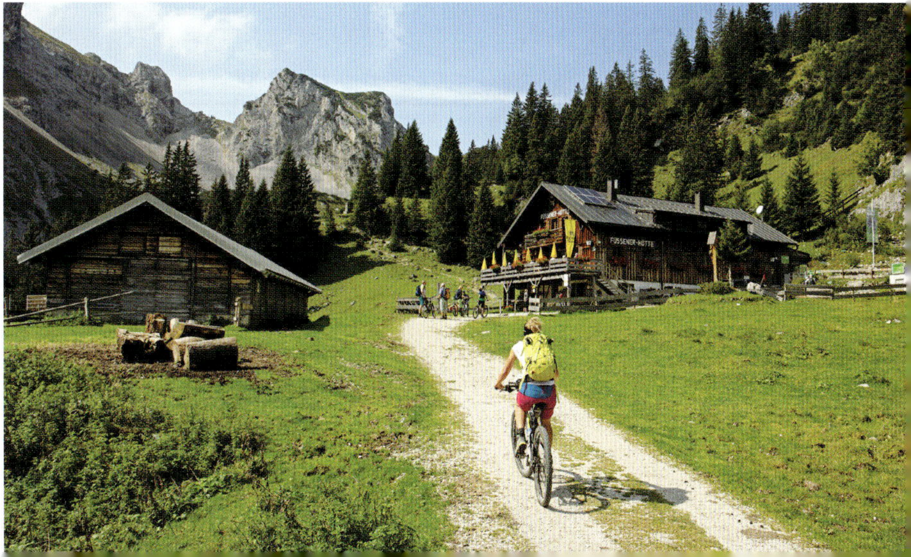

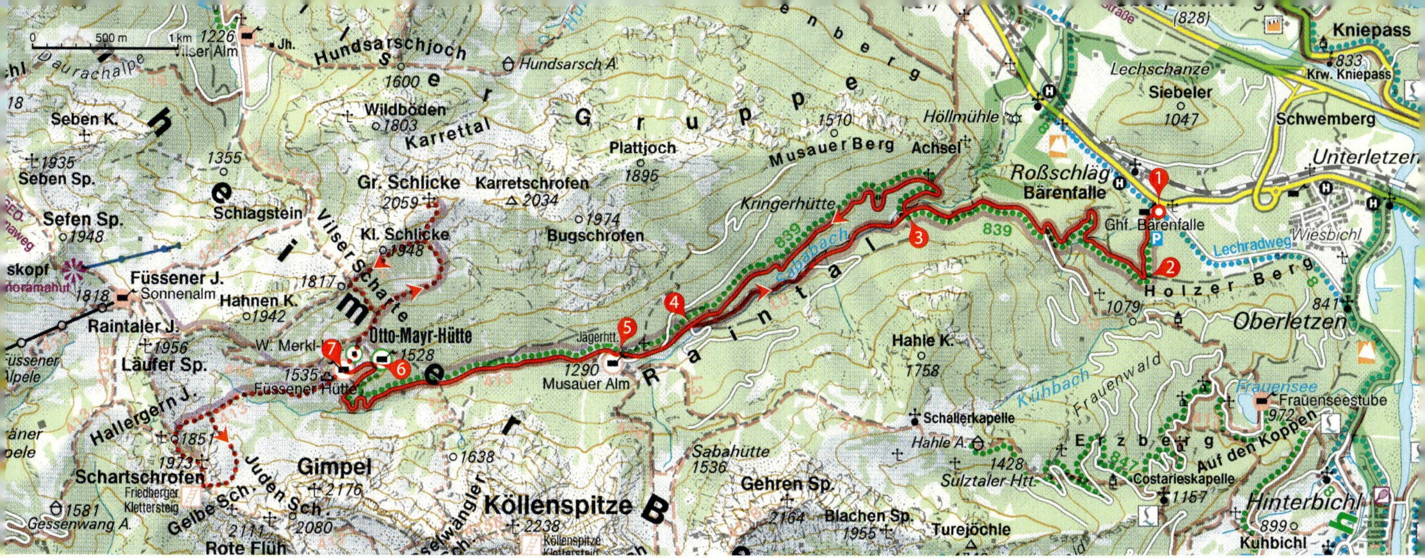


Unsere Radtour in das Raintal startet bei Reutte im Lechtal. Nach einem gleich zu Beginn der Tour steilen Anstieg im schattigen Bergwald tauchen wir schließlich ein in eine wunderschöne und märchenhafte Landschaft. Alle Wege, die wir bei dieser Tour befahren, sind sehr gut befestigte Forstwege mit idealem Untergrund. Somit eignet sich die Tour auch für E-Biker hervorragend. Der idyllische Sababach mit seinem frischen, klaren Gebirgswasser ist häufig unser direkter Nachbar und bietet an heißen Tagen immer wieder die Möglichkeit für eine Erfrischung. An der Musauer Alm haben wir etwa zwei Drittel der Höhenmeter gemeistert. Auf einem kurzen Flachstück können wir uns etwas erholen, bevor wir den zweiten steileren Anstieg in Angriff nehmen. Wir erreichen schließlich die Otto-Mayr-Hütte und die Füssener Hütte, die nur wenige Meter voneinander entfernt sind. Beide Hütten bieten von ihrer Terrasse einen aussichtsreichen Rundumblick auf die Nordwände – ein wahres Traumpanorama.

Wer noch Zeit und Kraft hat, sollte sich auf keinen Fall den Bike & Hike-Ausflug auf die Große Schlicke oder die Begehung des Friedberger Klettersteigs entgehen lassen. Nach der verdienten Einkehr auf einer der beiden Hütten oder der Musauer Alm geht es dann rasant durch das Raintal zurück zum Ausgangspunkt im Lechtal.

**0,0** 850 m – Wir starten am Gasthaus **Bärenfalle (1)** und nehmen die Piste in Richtung Wald (Südwesten).

**0,4** 880 m – Leicht ansteigend zum großen **Parkplatz (2)** im Wald. An dessen Ende halten wir uns rechts und nehmen die ab jetzt deutlich steilere Piste in Ri. »Musauer Alm, Otto-Mayr-Hütte«.

**1,7** 1050 m – Wir folgen dem Hauptweg nach rechts.

**2,0** 1085 m – Nach dem Steilstück wird es flacher, an einer Weggabelung geradeaus.

**2,8** 1100 m – Den Hang querend erreichen wir eine **Brücke (3)**. Hier rechts (Schild »Mountainbikeroute«) über die Brücke. *Hinweis: Brücke für die Abfahrt merken.*

**3,2** 1130 m – Geradeaus weiter auf dem Hauptweg.

**5,6** 1270 m – An einem beschilderten **Abzweig (4)** fahren wir weiter geradeaus. *Hinweis: Abzweig für die Abfahrt merken.*

**6,2** 1290 m – Die **Musauer Alm (5)** lassen wir links liegen, weiter auf der Schotterpiste.

**7,1** 1373 m – Geradeaus weiter.

**7,4** 1396 m – Geradeaus weiter auf dem Fahrweg in Ri. »Otto-Mayer-Hütte«. Wanderweg kreuzt hier.

**8,7** 1528 m – Nach einer paar Serpentinen und steileren Rampen erreichen wir die **Otto-Mayr-Hütte (6)**. Entweder wir kehren hier ein oder fahren nach links zur nahen Füssener Hütte.

**8,9** 1535 m – Der Fahrweg endet direkt bei der **Füssener Hütte (7)**. *Bike & Hike A und B: Zwei verschiedene Möglichkeiten starten direkt bei der Füssener Hütte.*

**9,1** 1528 m – Zurück zur **Otto-Mayr-Hütte (6)**.

**11,6** 1290 m – Auf bekanntem Weg zurück zur **Musauer Alm (5)** und weiter auf bekanntem Weg.

**12,2** 1270 m – Am **Abzweig (4)** jetzt rechts in Ri. »Bärenfalle«. Direkt am Bach auf einer schmalen schottrigen Piste bergab. *Hinweis: Sind viele Wanderer unterwegs, empfehlen wir den von der Auffahrt bekannten Weg, also am Abzweig (4) geradeaus.*

**13,2** 1191 m – Nach einer Brücke geradeaus weiter.

**13,9** 1100 m – Stets am Bach entlang zur **Brücke (3)**, hier geradeaus weiter und auf bekanntem Weg zurück zum Ausgangspunkt.

**16,7** 850 m – Gasthaus **Bärenfalle (1)**.

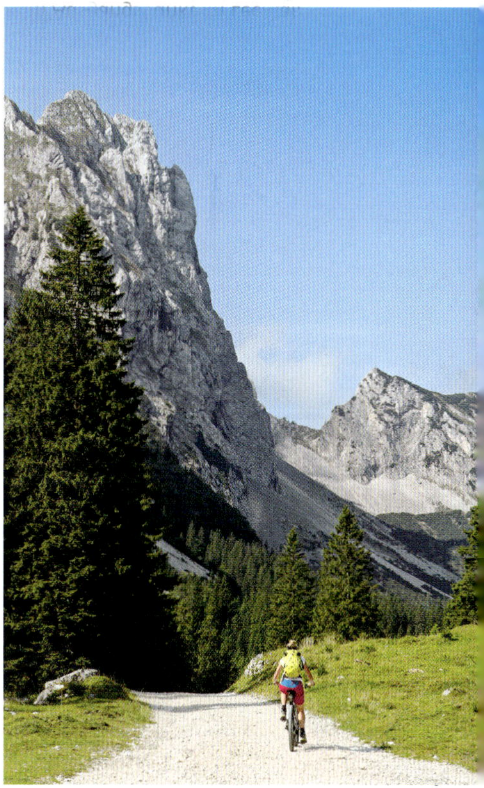

*Imposant: die steile Nordwand des Gimpels.*

# 40 Runde am Alatsee

**Strecke**
14,6 km, 2.00 Std., 480 Hm, tiefster/höchster Punkt 796/1089 m, mittlere Steigung 14 %, maximale Steigung 23 %.

**Anspruch**
Kondition: ●●●○○
Fahrtechnik: ●●●○○

**E-Bike** ●○
Sehr steile Abschnitte bei der Abfahrt von der Saloberalm (5) zum Alatsee (4).

**Verpflegungsmöglichkeiten**
Salober Alm: Mo und Di Ruhetag, www.saloberalm.de; Hotel Alatsee: www.hotel-alatsee.de; Hotel-Restaurant Frühlingsgarten: www.hotel-fruehlingsgarten.de; Füssen: zahlreiche Einkehrmöglichkeiten.

**Anfahrt/Ausgangspunkt**
Von der A7 kommend nach Füssen, Ausfahrt 139 »Füssen/Schwangau/Hopferau«. Auf der Kemptener Straße nach Füssen hinein, durch ein Gewerbegebiet. Auf der rechten Seite befindet sich der große Parkplatz »Morisse P3«. Exakter Ausgangspunkt: an der Schranke direkt an der Einfahrt zum Parkplatz.

**Karte**
f&b WK 352.

**Resümee**
Einfache, aber sehr schöne Rundtour am Falkensteinkamm zwischen Füssen und Vils. Ein einfacher Trail (S0) entlang der Lechauen, eine steile Auffahrt zur Salober Alm mit herrlichem Panorama auf die Tannheimer und Allgäuer Berggipfel, eine Erfrischungsmöglichkeit im schönen Alatsee und zu guter Letzt eine kurvenreiche Abfahrt zurück nach Füssen sorgen für Abwechslung und Fahrspaß.

**Bike & Hike**
Der Lechfall ist ein im bayerischen Alpenraum einmaliges Naturdenkmal. Hier stürzt der Lech über viele Meter in eine tiefe Schlucht hinab. Kurz nach Bad Faulenbach zweigt dieser kurze, bestens ausgeschilderte Abstecher am WP 2 ab. In wenigen Minuten erreichen wir zu Fuß über einen kleinen Steig den Lechfall.

**Hinweis**
Diese Tour kann mit der Tour 37 »Vilser Alm« kombiniert werden. Hierzu starten wir wie hier beschrieben und fahren bis nach Vils. Anstatt gleich zum Alatsee zu fahren, peilen wir die Kirche in Vils an. Dort am Touristenzentrum beginnt die Tour 37. Insgesamt erweitert sich dann die Tour um zusätzliche 10 km und 400 Hm.

*Auffahrt zur Salober Alm.*

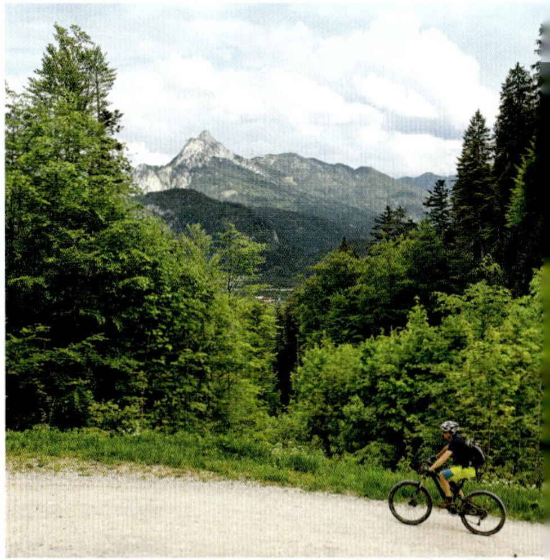

Eine perfekte Einsteigertour am Falkensteinkamm bei Füssen. Am kurzen Steilstück hoch zur Salober Alm, dem höchsten Punkt der Tour, können wir unsere Kondition und Kraft auf die Probe stellen. Wir starten unsere Tour in der historischen Stadt Füssen, deren Wurzeln bis auf die Römerzeit zurückgehen. Das lateinische Wort »fauces« war namensgebend für die Stadt und bedeutet so viel wie »Schlund«. Mit dem Schlund haben die Römer den unweit entfernten Lechfall gemeint. An diesem bekannten bayerischen Geotop stürzen die aus den Alpen gespeisten Wassermassen des Lechs eindrucksvoll über mehrere Stufen sieben Meter in die Tiefe. Kurz nach dem Wasserfall verengt sich der Flusslauf und tritt in die felsige Lechschlucht ein. Gleich, nachdem wir Füssen hinter uns gelassen haben, können wir auf einem Fußweg zum Lechfall hinunter steigen und das Wasserspektakel bewundern.

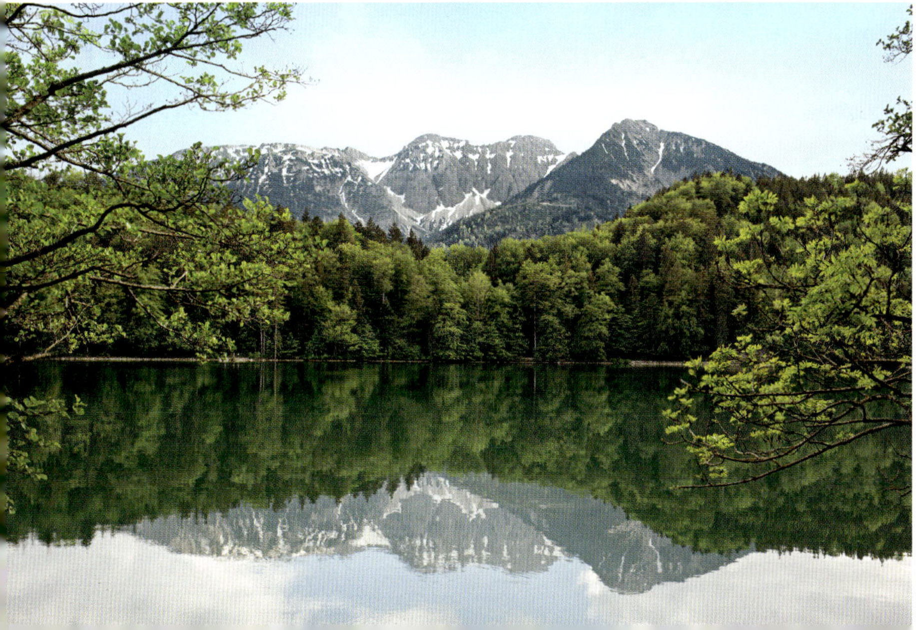

Von hier an bewegen wir uns auf einem wunderschönen, wildromantischen und zugleich sehr einfachen Trail (S0) entlang des Lechs sowie durch die Lechauen. Es tun sich endlos schöne Blicke auf die Kiesbänke im türkisfarbenen oder nach Regenfällen milchigen Lechwasser auf.

Auf dem »Länderweg« folgen wir immer der MTB-Markierung in Richtung Vils und fahren unter der Fernpassstraße hindurch. Am Rande des Städtchens Vils, einer der kleinsten Städte Österreichs, biegen wir rechts nach Norden ab. Schnell haben wir die Vilser Scharte erreicht. Wir lassen es von hier zum Alatsee hinab rollen. Die Leseratten unter uns kennen den See vermutlich aus dem Allgäu-Krimi »Seegrund«. Kommissar Kluftinger entdeckt am Ufer des Alatsees eine Leiche in einer riesigen roten Lache. Was auf den ersten Blick nach Blut aussah, entpuppte sich als eine organische

*Spiegelungen im Alatsee.*

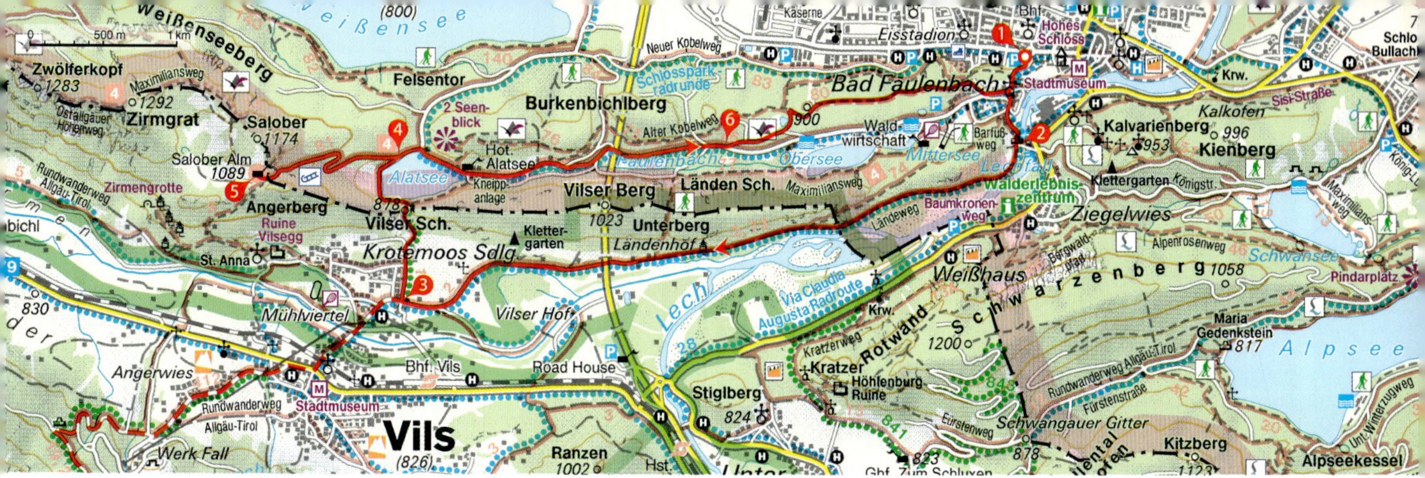


Substanz aus dem Bergsee. In einer Tiefe von 15 bis 18 m weist der Alatsee nämlich eine leuchtend rote Schicht auf, die von Purpur-Schwefelbakterien hervorgerufen wird. Während des Zweiten Weltkriegs nutzten Waffentechniker den Alatsee, um Aerodynamiktests an Unterwassermodellen eines Militärflugzeuges durchzuführen. Für uns Mountainbiker stellt der See jedenfalls eine traumhaft schöne Kulisse dar. Die Wiesen rund um das Ufer laden zum Verweilen ein. Eine kurze Verschnaufpause kann hier auch nicht schaden, denn das anfangs erwähnte Steilstück liegt nun direkt vor uns. Ein Schotterweg führt uns steil hinauf zur Salober Alm. Von der Sonnenterrasse der Alm haben wir einen sensationellen Panoramablick auf die angrenzenden Berggipfel. Besonders herausragend ist die Sicht auf den felsigen Gipfelaufbau des Aggensteins.

Nach einer zünftigen Einkehr geht es wieder hinab zum Alatsee und am Nordufer entlang bis zum Hotel Alatsee, wo der Faulenbach aus dem See heraustritt. Auch wir verlassen hier den See und folgen auf der Teerstraße dem Talverlauf nach Osten. Eine Mountainbike-Beschilderung weist uns den Weg in Richtung »Füssen Morisse über Kobelweg«. Ein kurvenreicher Weg führt uns in stetigem Auf und Ab durch den verwunschenen Wald nach Bad Faulenbach. Dieser Stadtteil und zugleich Kurort von Füssen ist ein Mineral- und Moorheilbad. An heißen Sommertagen empfiehlt sich ein kurzer Abstecher zu einem der beiden Naturfreibäder am Mitter- oder Obersee. Von Bad Faulenbach geht es über die Morisse-Enge, einen künstlichen Felsdurchbruch und den einzigen Zufahrtsweg für den motorisierten Verkehr, zurück zum Ausgangspunkt in Füssen.

| | |
|---|---|
| **0,0**<br>796 m | **Parkplatz Morisse (l)**. Von der Schranke direkt an der Einfahrt überqueren wir den Parkplatz in Ri. Osten (Supermarkt Feneberg). An der Straße rechts leicht bergauf nach Bad Faulenbach. |
| **0,4**<br>804 m | In Bad Faulenbach an der Kirche bergab in die schmale Straße »Am Kapellenberg« in Ri. »Lechfall«. |
| **0,5**<br>797 m | Weiter auf ansteigendem »Länderweg«. Kurzes Stück schieben: Fahrradverbot! |
| **0,8**<br>819 m | **Abzweig Lechfall (2)**. Geradeaus weiter auf Trail (S0) in Ri. »Vils über Länderweg« (MTB-Beschilderung). Immer auf diesem Weg bleiben, über die Grenze, am Ländenhof vorbei und durch die Unterführung. Eventuell Abstecher zu Fuß zum Lechfall. |
| **5,4**<br>813 m | **Abzweig Verbindung Tour 37 (3)**. Hier rechts in Ri. »Salober Alm«. Wir bleiben stets auf diesem Weg. |
| **6,3**<br>875 m | An der Vilser Scharte geradeaus und wenige Meter hinab zum Alatsee. Im Uhrzeigersinn am Ufer entlang. |
| **6,9**<br>871 m | **Alatsee (4)** mit Abzweig Salober Alm. Scharf links und steil bergauf zur Salober Alm. |
| **8,3**<br>1089 m | Von der **Salober Alm (5)** zurück zum WP 4. |
| **9,7**<br>878 m | **Alatsee (4)** mit Abzweig Salober Alm. Geradeaus am Ufer in Ri. »Füssen« weiter. |
| **10,2**<br>871 m | Am Hotel Alatsee geradeaus auf Asphaltstraße weiter. |
| **12,0**<br>837 m | Am **Abzweig links MTB-Beschilderung (6)** fahren wir leicht bergauf in Ri. »Füssen Morisse über Kobelweg«. Dann immer geradeaus auf dem Weg bleiben. |
| **12,6**<br>857 m | Scharf rechts und der MTB-Beschilderung folgen. |
| **13,9**<br>821 m | Am Ortsanfang von Bad Faulenbach leicht rechts in den Ort hinein, links halten und zur bekannten Kirche (wie MTB-Beschilderung). |
| **14,3**<br>802 m | An der Kirche links bergauf und auf bekanntem Weg zurück zum Parkplatz. |
| **14,6**<br>796 m | **Parkplatz Morisse (1)**. |

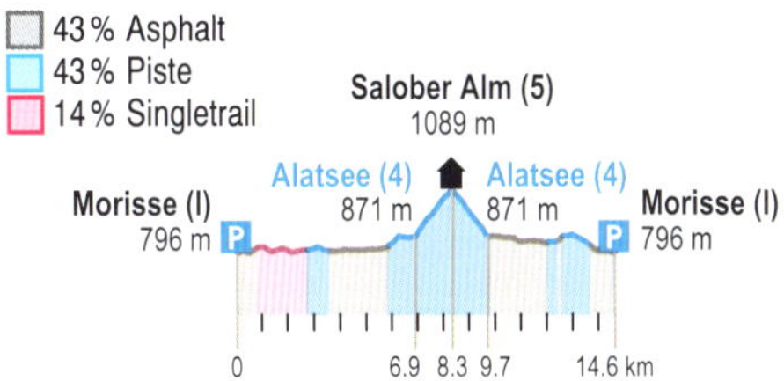


*Einfacher Abschnitt entlang des Lechs.*

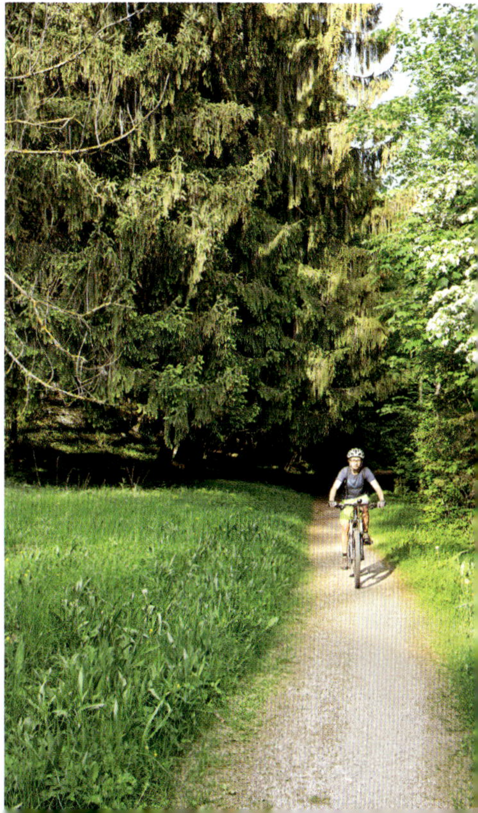

# Ortsverzeichnis

# Tourenübersicht

| Nr. | Tour | Strecke | Art des Belages | | | Fahrzeit | Höhenmeter | max. Höhe | Kondition | Technik | E-Bike |
|---|---|---|---|---|---|---|---|---|---|---|---|
| 1 | Pfänder | 23,9 km | 52% | 47% | 1% | 3.00 Std. | 820 Hm ↑↓ | 1062 m | ●●●○○ | ●●●○○ | ●○ |
| 2 | Salmaser Höhe | 27,0 km | 59% | 9% | 32% | 4.30 Std. | 730 Hm ↑↓ | 1254 m | ●●●●○ | ●●●●○ | ○○ |
| 3 | Rund um den Prodel | 35,0 km | 44% | 41% | 15% | 4.30 Std. | 1280 Hm ↑↓ | 1426 m | ●●●●○ | ●●●●○ | ●○ |
| 4 | Hochhäderich | 26,2 km | 42% | 42% | 16% | 4.00 Std. | 1110 Hm ↑↓ | 1520 m | ●●●○○ | ●●●●○ | ○○ |
| 5 | Nagelfluhrunde West | 39,1 km | 63% | 34% | 3% | 6.00 Std. | 1790 Hm ↑↓ | 1726 m | ●●●●● | ●●●○○ | ○○ |
| 6 | Nagelfluhrunde Ost | 42,3 km | 70% | 22% | 8% | 7.00 Std. | 2100 Hm ↑↓ | 1727 m | ●●●●● | ●●●●○ | ○○ |
| 7 | Rund um den Piesenkopf | 30,7 km | 50% | 46% | 4% | 3.30 Std. | 950 Hm ↑↓ | 1434 m | ●●●○○ | ●●●●○ | ○○ |
| 8 | Walmendinger Horn | 10,7 km | 13% | 46% | 41% | 3.00 Std. | 770 Hm ↑↓ | 1941 m | ●●●●○ | ●●●●○ | ○○ |
| 9 | Tälertour im Kleinwalsertal | 25,6 km | 26% | 68% | 6% | 3.00 Std. | 810 Hm ↑↓ | 1408 m | ●●●○○ | ●●○○○ | ●● |
| 10 | Rund um den Hohen Ifen | 47,8 km | 35% | 52% | 13% | 6.30 Std. | 1570 Hm ↑↓ | 1752 m | ●●●●● | ●●●●● | ○○ |
| 11 | Fellhorn und Kanzelwand | 30,3 km | 37% | 48% | 15% | 5.30 Std. | 1540 Hm ↑↓ | 1920 m | ●●●●○ | ●●●●● | ○○ |
| 12 | Hörnlepass | 22,3 km | 68% | 26% | 6% | 3.00 Std. | 790 Hm ↑↓ | 1283 m | ●●●○○ | ●●●●○ | ○○ |
| 13 | Rappenalptal | 35,4 km | 64% | 36% | 0% | 4.00 Std. | 850 Hm ↑↓ | 1482 m | ●●●○○ | ●●○○○ | ●● |
| 14 | Käseralpe | 20,6 km | 52% | 48% | 0% | 2.20 Std. | 580 Hm ↑↓ | 1401 m | ●●●○○ | ●●○○○ | ●○ |
| 15 | Nebelhorn | 16,1 km | 100% | 0% | 0% | 4.30 Std. | 1110 Hm ↑↓ | 1932 m | ●●●●● | ●●●○○ | ○○ |
| 16 | Hörnerrunde | 35,5 km | 77% | 12% | 11% | 5.30 Std. | 1500 Hm ↑↓ | 1665 m | ●●●●○ | ●●●○○ | ○○ |
| 17 | Mittag | 13,6 km | 76% | 17% | 7% | 2.30 Std. | 700 Hm ↑↓ | 1410 m | ●●●○○ | ●●●●○ | ●○ |
| 18 | Rund um das Immenstädter Horn | 22,3 km | 72% | 25% | 3% | 3.00 Std. | 840 Hm ↑↓ | 1440 m | ●●●○○ | ●●●○○ | ●○ |
| 19 | Trails am Falken | 8,2 km | 43% | 14% | 43% | 2.30 Std. | 410 Hm ↑↓ | 1115 m | ●●○○○ | ●●●●● | ○○ |
| 20 | Grüntenhütte | 9,8 km | 75% | 9% | 16% | 2.30 Std. | 650 Hm ↑↓ | 1477 m | ●●●○○ | ●●●●○ | ●● |

| | | | | | | | | | | | |
|---|---|---|---|---|---|---|---|---|---|---|---|
| 21 | Runde am Grünten | 30,3 km | 50% | 48% | 2% | 4.00 Std. | 990 Hm↑↓ | 1375 m | ●●●○○ | ●●●○○ | ●○ |
| 22 | Unterhalb des Strausbergsattels | 16,2 km | 71% | 29% | 0% | 2.30 Std. | 600 Hm↑↓ | 1252 m | ●●●○○ | ●●○○○ | ●● |
| 23 | Trails am Bildstöckle | 7,1 km | 63% | 0% | 37% | 2.00 Std. | 430 Hm↑↓ | 1322 m | ●●○○○ | ●●●●○ | ○○ |
| 24 | Rund um den Hirschberg | 14,4 km | 67% | 9% | 24% | 2.20 Std. | 770 Hm↑↓ | 1517 m | ●●○○○ | ●●●●○ | ○○ |
| 25 | Runde am Imberger Horn | 7,6 km | 45% | 55% | 0% | 2.00 Std. | 550 Hm↑↓ | 1312 m | ●●○○○ | ●●●○○ | ○○ |
| 26 | Retterschwangtal | 24,3 km | 73% | 22% | 5% | 3.00 Std. | 700 Hm↑↓ | 1445 m | ●●●○○ | ●●●○○ | ●● |
| 27 | Hintersteiner Tal | 36,3 km | 70% | 24% | 6% | 4.00 Std. | 670 Hm↑↓ | 1350 m | ●●●○○ | ●○○○○ | ●● |
| 28 | Heuberg und Sorgschrofen | 31,4 km | 43% | 51% | 6% | 4.00 Std. | 730 Hm↑↓ | 1284 m | ●●●○○ | ●●○○○ | ○○ |
| 29 | Stuibenalpe | 9,0 km | 62% | 38% | 0% | 2.00 Std. | 360 Hm↑↓ | 1417 m | ●●○○○ | ●○○○○ | ●● |
| 30 | Kleine Runde im Tannheimer Tal | 12,3 km | 55% | 45% | 0% | 2.00 Std. | 420 Hm↑↓ | 1477 m | ●●○○○ | ●○○○○ | ●● |
| 31 | Älpele | 10,6 km | 31% | 69% | 0% | 2.30 Std. | 450 Hm↑↓ | 1526 m | ●●○○○ | ●●○○○ | ●● |
| 32 | Runde um den Einstein | 19,8 km | 34% | 61% | 5% | 3.00 Std. | 680 Hm↑↓ | 1500 m | ●●●○○ | ●●●●○ | ○○ |
| 33 | Usseralpe | 12,9 km | 26% | 74% | 0% | 2.30 Std. | 540 Hm↑↓ | 1633 m | ●●●○○ | ●●○○○ | ●○ |
| 34 | Runde an der Krinnenspitze | 20,2 km | 76% | 16% | 8% | 3.00 Std. | 730 Hm↑↓ | 1727 m | ●●●○○ | ●●●○○ | ●○ |
| 35 | Dinserhütte | 24,7 km | 46% | 64% | 0% | 3.00 Std. | 740 Hm↑↓ | 1495 m | ●●●○○ | ●●○○○ | ●○ |
| 36 | Breitenberg | 23,4 km | 11% | 89% | 0% | 4.00 Std. | 1020 Hm↑↓ | 1838 m | ●●●●○ | ●●○○○ | ●○ |
| 37 | Vilser Alm | 9,6 km | 31% | 69% | 0% | 2.00 Std. | 400 Hm↑↓ | 1226 m | ●●○○○ | ●○○○○ | ●● |
| 38 | Hahnenkamm | 20,0 km | 11% | 62% | 27% | 4.00 Std. | 920 Hm↑↓ | 1717 m | ●●●●○ | ●●●●○ | ○○ |
| 39 | Füssener Hütte/Otto-Mayr-Hütte | 16,7 km | 0% | 100% | 0% | 3.00 Std. | 690 Hm↑↓ | 1535 m | ●●●○○ | ●●○○○ | ●● |
| 40 | Runde am Alatsee | 14,6 km | 43% | 43% | 14% | 2.00 Std. | 480 Hm↑↓ | 1089 m | ●●●○○ | ●●●○○ | ●○ |

□ Asphalt □ Piste □ Singletrail

# ROTHER BIKE GUIDES

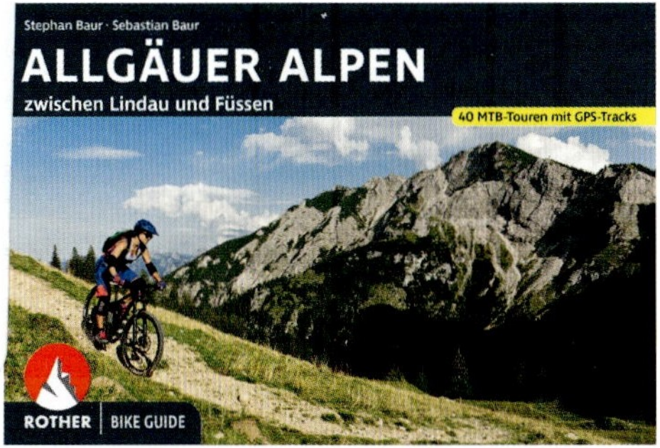


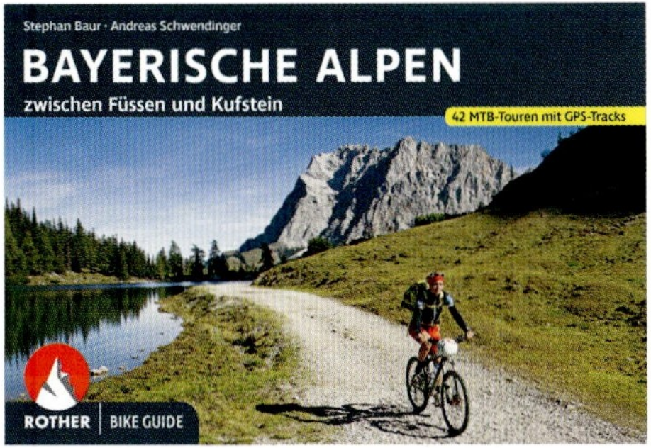


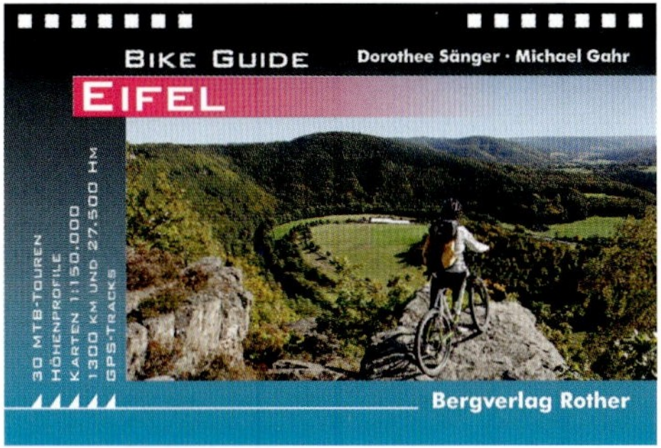


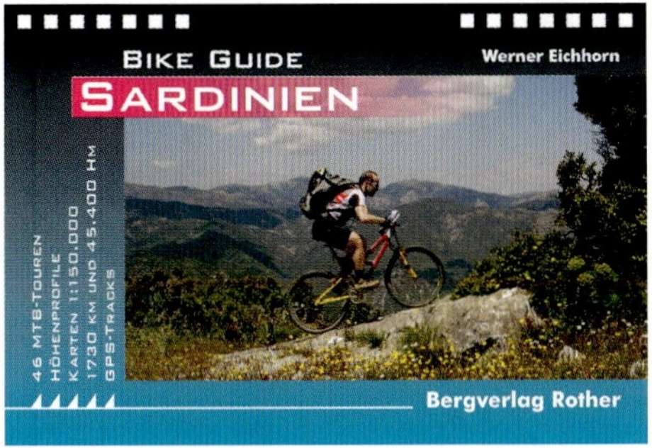